中交四航工程研究院有限公司基金
南京水利科学研究院出版基金　资助

工程排水与加固技术及港口工程理论与实践

——第十二届全国工程排水与加固技术研讨会暨港口工程技术交流大会论文集

主　编　董志良　戴济群
副主编　陈平山　关云飞　曹凤帅

中国水利水电出版社
www.waterpub.com.cn
·北京·

内 容 提 要

本书是第十二届全国工程排水与加固技术研讨会暨港口工程技术交流大会论文集。全书共收录了 45 篇文章，总结、交流了近年来在水运、公路、水利、市政等行业以及港口工程和工程排水与加固领域的热点、难点问题和科技创新成果，包括港口工程和工程排水与加固领域的理论研究、新技术新材料、现场监测检测技术及重大工程实例等内容。

本书适合从事港口工程、岩土工程、水利工程、市政工程领域的科研、设计、施工和管理人员参考。

图书在版编目（ＣＩＰ）数据

工程排水与加固技术及港口工程理论与实践. 第十二届全国工程排水与加固技术研讨会暨港口工程技术交流大会论文集 / 董志良，戴济群主编. -- 北京 ：中国水利水电出版社，2023.10
ISBN 978-7-5226-1886-9

Ⅰ. ①工… Ⅱ. ①董… ②戴… Ⅲ. ①港口工程－学术会议－文集 Ⅳ. ①U65-53

中国国家版本馆CIP数据核字(2023)第200230号

书 名	工程排水与加固技术及港口工程理论与实践 ——第十二届全国工程排水与加固技术研讨会暨 港口工程技术交流大会论文集 GONGCHENG PAISHUI YU JIAGU JISHU JI GANGKOU GONGCHENG LILUN YU SHIJIAN ——DI-SHI'ER JIE QUANGUO GONGCHENG PAISHUI YU JIAGU JISHU YANTAOHUI JI GANGKOU GONGCHENG JISHU JIAOLIU DAHUI LUNWENJI
作 者	主 编 董志良 戴济群 副主编 陈平山 关云飞 曹凤帅
出版发行	中国水利水电出版社 （北京市海淀区玉渊潭南路 1 号 D 座 100038） 网址：www.waterpub.com.cn E-mail：sales@mwr.gov.cn 电话：（010）68545888（营销中心）
经 售	北京科水图书销售有限公司 电话：（010）68545874、63202643 全国各地新华书店和相关出版物销售网点
排 版	中国水利水电出版社微机排版中心
印 刷	北京印匠彩色印刷有限公司
规 格	184mm×260mm 16 开本 24.5 印张 596 千字
版 次	2023 年 10 月第 1 版 2023 年 10 月第 1 次印刷
定 价	**158.00 元**

第十二届全国工程排水与加固技术研讨会
暨港口工程技术交流大会

一、组织单位

（1）主办单位：

中国土木工程学会港口工程分会

（2）承办单位：

中交第四航务工程局有限公司

中交四航工程研究院有限公司

广东省土木建筑学会

广东省岩土力学与工程学会地基处理专业委员会

（3）协办单位：

中交水运规划设计院有限公司

水利部 交通运输部 国家能源局南京水利科学研究院

南京水科院瑞迪科技集团有限公司

中交天津港湾工程研究院有限公司

江苏中联路基工程有限公司

深圳市中泰基建设工程有限公司

徕卡测量系统贸易（北京）有限公司

广州大学

二、委员会

（1）学术委员会：

顾　问：刘家豪　吴　澎　赵维炳

主　任：戴济群　吕卫清　杨国平　董志良

副主任（以姓氏拼音为序）：

陈　达　陈思周　陈文华　陈永辉　程泽坤　高长胜

顾　勇　季则舟　江辉煌　金国强　刘爱民　卢永昌

梅国雄　潘　伟　阮春生　沈雪松　时蓓玲　苏建光
唐云清　田正宏　王宝善　王　晋　王立忠　王仙美
王　园　杨守华　俞元洪　张留俊　赵剑豪　赵　群
赵振清

委　员（以姓氏拼音为序）：

蔡　建　蔡艳君　曹凤帅　陈　嘉　陈海军　陈平山
陈秀瑛　程永舟　戴雨薇　邓永锋　樊秀峰　冯海暴
高倚山　高兆福　关云飞　郭述军　国　振　胡建新
胡永涛　姜　晔　姜建芳　金亚伟　蓝日彦　李德光
李家义　李照东　梁丙臣　梁发云　刘　勇　刘传新
刘干斌　刘吉福　刘加才　刘忠玉　马　驰　孟宪鹏
齐明柱　孙剑平　唐小微　唐晓武　汪海生　汪自力
王　栋　吴良勇　武亚军　谢新宇　徐东升　徐建国
杨　明　杨明昌　尹利华　余　闯　俞　缙　喻志发
翟　秋　张　曦　张金凤　张亚明　张宇亭　章荣军
郑　彬　周　琦　朱福明　朱鸿鸣

（2）组织委员会：

主　任：董志良

副主任：陈平山　关云飞　曹凤帅

委　员：李　燕　耿之周　田　琦　张夏虹　王　婧

P 前言
PREFACE

  在"双碳"背景下，交通、水利、市政等基础设施建设领域迎来了新的发展机遇与挑战，以科技创新引领行业低碳绿色发展是落实国家"双碳"战略的必然选择。近年来，港口与航道工程建设、软弱地基处理等技术领域取得了一系列低碳环保的创新科技成果，有力促进了水运、公路、水利、市政等行业基础设施建设的技术进步。为及时总结港口工程和工程排水与加固领域的科技创新成果，促进新理论、新技术、新材料、新设备的交流与推广，搭建广大科研、设计、施工、管理人员的交流平台，中国土木工程学会港口工程分会于 2023 年 11 月在广州召开第 12 届全国工程排水与加固技术研讨会暨港口工程技术交流大会，会议主题为"双碳背景下港口工程和排水加固地基创新技术"。

  论文集共收录 45 篇论文，总结、交流了近年来交通、水利、市政等行业基础设施建设领域的热点、难点问题和创新成果，包括港口工程和工程排水与加固领域的理论研究、新技术新材料、现场监测检测技术及重大工程实例等。会议论文征集工作得到了中国土木工程学会港口工程分会各位理事与论文作者的大力支持。在此，对各理事单位、各位理事、论文作者和评审专家表示感谢！

编者

2023 年 10 月

C目录
ONTENTS

第二部分　港　口　工　程

第一部分　工程排水与地基加固技术

"双碳"背景下公路软土地基处理技术回顾与展望

张留俊[1,2]　裘友强[1,2]　刘军勇[1,2]　尹利华[1,2]

(1. 中交第一公路勘察设计研究院有限公司，陕西西安　710075；
2. 陕西省公路交通防灾减灾重点实验室，陕西西安　710064)

摘　要：随着我国沿海地区基础设施建设日新月异，软土地基处理技术得到快速发展与应用。为助力沿海地区高等级公路绿色低碳建设，聚焦"双碳"背景下公路软土地基处理技术，在回顾其发展历程的基础上，系统总结了近年来排水加固法、复合地基法等技术现状，并介绍了多种极富特色的软土地基处理新技术和新材料。结合现行公路行业软土地基方面相关的标准规范，着重展现了公路软土地基处理领域相关技术新理论，同时较全面阐述了公路软土地基处理技术的发展趋势。

关键词："双碳"背景；公路；软土地基处理；技术现状；发展趋势

1　引言

近年来，在国家"碳达峰、碳中和"大背景下，我国从国家发展战略、理念、重大行动方案（纲要、规划）等方面制定了一系列政策和法规，对我国各行各业未来的可持续发展产生了深远的影响和挑战，同时也带来了新的发展机遇。低碳循环公路建设是交通运输行业贯彻"创新、协调、绿色、开放、共享"五大发展理念，支撑交通强国建设，实现交通运输行业绿色高质量发展的重要举措。2020年，交通运输部发布了《绿色公路建设技术指南》，对环境敏感区提出了环境保护的原则性要求，并大力推进绿色公路建设先进技术推广、技术创新及建设实践，有力地推动了绿色公路技术创新。

软土是分布最广、涉及最多、对工程影响最大的一类特殊土，虽然其成因、结构和形态不同，但都具有含水率大、压缩性高、强度低和透水性差的特点，将直接影响工程的稳定性和耐久性[1]。若不经过处理或处理不当，会引起工程质量的降低甚至破坏。据不完全统计，我国80%以上的大规模公路、铁路、港口和机场等重大基础设施分布在沿海、内陆湖泊等软土地区[2]。尤其是进入21世纪以来，随着我国外向型经济的发展以及基础设施建设的大规模开展，陆地用地供给日益紧缺，很多沿海城市在海域浅滩地区开展了大规模的围海造地及大型港口建设，沿海域滩涂建设的疏港公路则成为与之配套的海陆运输连接枢纽。然而，传统的软土地基处理技术需要投入大量的人力、物力和财力，消耗大量资源和能源，且容易导致环境污染问题。

作者简介：张留俊（1962—　），男，河南滑县人，博士，正高级工程师，主要从事公路路基与特殊地基处理研究。

基金项目：陕西省科协青年人才托举计划资助项目（CLGC202206），国家重点研发计划（2021YFB2600103、2016YC0802203）。

在此背景下，面对海域滩涂软土地区公路建设与生态环境保护问题，其规模和难度都处于国际空前水平，国家生态文明建设和"双碳"目标实现的要求越来越高，对软土地基处理技术也提出了更高的要求。认真思考、积极践行绿色低碳发展理念是公路软土地基处理领域发展的机遇所在。为响应国家绿色低碳发展战略，国内外许多学者和相关技术人员正结合工程实际需求，在传统技术基础上，进一步深入、系统性地开展公路软土地基处理新技术研究，并取得了一定的研究成果和实践经验，部分成熟可靠的新理论、新材料、新工艺、新方法在公路软土地基处理中陆续得到推广应用，使公路软土地基处理技术整体水平有了较大的提高。本文基于"双碳"背景，在回顾我国公路软土地基处理技术发展历程的基础上，系统阐述了公路软土地基处理技术现状与展望，旨在为我国公路软土地基处理绿色低碳化提供一定的参考和借鉴。

2　公路软土地基处理技术发展历程

回顾我国公路软土地基处理技术的发展历程，大致可分为以下三个阶段：

（1）第一阶段（1990 年前）。1990 年前，我国公路建设以低等级公路为主，技术储备较少，遇到的软土地基处理问题不突出，对软土地基处理技术要求不高，公路软土地基处理技术处于初步探索阶段。在此期间，主要采用排水固结法[3-4] 解决公路软土地基加固问题，即通过布置竖向排水体（塑料排水板、袋装砂井、挤密砂桩等）并采取预压、超载预压等方式，改善地基的排水条件，以加速软土的固结和强度增长。但传统塑料排水板受材质和工艺的影响，芯板和滤膜分离，存在质量参差不齐、淤堵排水有限、易老化断带或施工回带等问题，无法有效解决地基排水固结过程中的淤堵问题；而预压、超载预压等方式存在施工工期过长、地基强度增长有限等问题。

（2）第二阶段（1990—2000 年）。1990—2000 年期间，我国公路建设尤其是高等级公路建设进入了快速发展时期，这一时期的公路建设主要集中在东南部沿海地区，遇到的软土地基处理排水加固问题日益凸显，对公路软土地基处理技术也提出了更高的要求，公路软土地基处理技术处于蓬勃发展阶段。与此同时，结合实体工程，相关学者和技术人员开展了一系列有针对性的公路软土地基处理技术研究，研发并成功应用了水泥搅拌桩（包括粉喷桩和浆喷桩）、水泥粉煤灰碎石桩（CFG 桩）、真空预压、强夯置换等多种方法[5-9]，公路软土地基处理技术呈现"百花齐放、百家争鸣"的局面，为这一期间我国公路软土地基处理提供了强有力的技术支持。但传统水泥搅拌桩受工艺影响，存在桩身强度离散性较大、施工长度受限（不宜超过 10m）、质量不易控制等缺点；CFG 桩需要成孔工序，存在施工工期较长、工程造价较高、深厚淤泥地段易塌孔等缺点；真空预压法受制于工艺和设备条件，存在真空压力偏低、排水板易淤堵、固结效率低下等缺点，无法直接应用于吹填淤泥和高路堤处理。

（3）第三阶段（2000 年至今）。2000 年以后，随着我国西部大开发、"一带一路"互联互通和"碳达峰、碳中和"等国家战略的实施，我国公路建设重心逐渐转向西部环境敏感地区和海域浅滩地区，建设场地条件由单一化逐渐转向多元化和特殊化，西部地区公路建设中面临的特殊土地基（湿软黄土、盐渍化软土等）和海域浅滩地区公路建设中存在的超软土地基，为公路软土地基处理技术带来了巨大的挑战，公路软土地基处理技术正处于多元化创新发展阶段。近年来，我国公路软土地基处理技术发展的一个典型趋势就是在既有较为成熟的地基加固技术基础上，将两种或两种以上加固技术进行综合使用，形成了多种极富特色的新型联合加固地基技术，比如真空-堆载联合预压技术、电渗-真空降水联合加固法、现浇混凝土大直径管桩法等[10-13]，弥补了单种方法的不足，使得这种联合后的技术能够更好地发挥原来各自的优势。

3　公路软土地基处理技术现状

3.1　公路软土地基处理新技术

现今软土地基处理方法多种多样，但各种方法都有其自身特殊的适用条件。笔者团队主持或参与编写了 JTG/T D31-02—2013《公路软土地基路堤设计与施工技术细则》、JTG/T 3331-08—2022《盐渍土地区公路路基设计与施工技术细则》、JTG D30—2015《公路路基设计规范》、JGJ/T 213—2010《现浇混凝土大直径管桩复合地基技术规程》、T/CECS G：D21-01—2019《公路吹填流泥地基处理技术规程》等一系列涉及软基处理的行业标准和团体标准[13-17]，并参与了沿海和内陆省份众多公路工程项目软土地基处理勘察、设计及施工技术服务等工作，能够准确把握公路软土地基处理新技术的发展动态和应用情况。基于此，同时结合近年公路软土地基处理的技术资料和科研成果，按照类别将公路软土地基处理代表性新技术总结如下。

3.1.1　排水固结地基处理新技术

排水固结法是通过改善地基排水条件，同时采取加压、抽气、抽水等措施，加速软土固结沉降，从而有效提高软土地基承载力的一类常用方法。根据加压方式的不同，排水固结法可分为堆载预压法、超载预压法、真空预压法、降水预压法等多种方法。近年来随着深厚软土地基处理和大面积吹填地基处理的需要，排水固结技术通过组合使用的方式取得了突破性进展，尤其是在真空预压技术方面涌现出以下多种新型组合式排水固结技术，并在多个实体工程中得到成功应用。

（1）复式真空预压技术。复式真空预压技术是通过增设了密闭排水系统及增压系统，综合应用封闭式、增压式、分级式等真空预压技术，对吹填流泥地基进行预压固结的一种地基处理方法，工艺形式简单且高效，如图1所示。与传统真空预压方法相比，复式真空预压技术采用整体式塑料排水板代替传统分体式塑料排水板，能够防止排水固结过程中的淤堵，增强排水能力；采用PVC钢丝软管取代水平滤管作为水平排水系统，采用密闭式连接取代绑扎方式，能够缩短真空压力传递路径；采用竖向增压板、增压管路和空气压缩泵形成增压系统，能够有效提高固结压力，加速排水固结。蔡袁强等[18-20]对复式真空法进行了一系列试验和理论研究，并对吹填淤泥真空预压固结机理与排水体防淤堵处理技术进行了分析，使复式真空预压技术在天津、连云港、温州等实体工程中逐步完善并形成了团体标准[17]和省级工法。

（2）絮凝真空预压技术。絮凝真空预压技术是首先通过掺入絮凝剂对吹填流泥进行絮凝化处理，然后进行真空预压的一种地基处理方法。与传统真空预压方法相比，絮凝真空预压方法中掺入絮凝主要是为了解决预压过程中排水板淤堵和排水条件受限问题，但地基处理仍以真空预压为主。赵森等[21]通过不同絮凝剂掺量下真空预压室内模型试验，发现

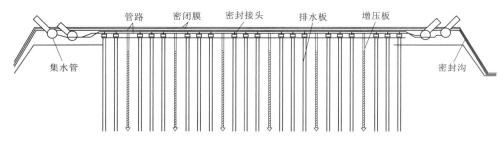

图 1　复式真空预压系统示意图

采用该法处理吹填土，其加固效果能够得到大幅度提升，并明确了温州地区吹填土的最佳絮凝剂掺量为 1.5%。张雷等[22] 设计了不同电渗介入时间情况下的絮凝-真空-电渗联合加固试验，发现当固结度为 80% 时介入电渗，能够有效地控制排水速率减小的趋势，使孔压消散更加均匀。

（3）劈裂真空预压技术。劈裂真空预压技术是首先通过注入高压气体使土体内部产生劈裂裂隙，快速形成固结排水通道，然后进行真空预压的一种地基处理方法，加固深度能达到 30m 以上。刘松玉等[23-25] 对该法开展了一系列试验和理论研究，分析了相关影响因素，完善了设计方法和加固效果，并经多项实体工程应用形成了地方标准。祝建成等[26] 通过实际施工应用与监测，详细阐述了该法的施工工艺和质量控制措施，为其推广应用提供了施工技术方面的参考。

（4）真空降水强夯技术。真空降水强夯法是基于饱和软土的动力特性和动力固结机理，将真空井点降水技术和强夯技术结合起来的一种新型复合式动力排水固结法。该法通过两种加固技术相联合，可以充分发挥强夯和真空降水的技术优势，使其共同发挥作用；利用真空降水来加速强夯产生的超静孔压消散和孔隙水排出，从而可以迅速提高软土的固结度，有效避免强夯过程中出现的"橡皮土"现象，使得加固作用合理有效。曾华健等[27] 依托湖州市某软土地基，开展了真空降水联合不同强夯工艺加固处理应用研究，阐述了相关设计、施工工艺和加固效果，为类似工程提供施工参考。

3.1.2　复合地基处理新技术

针对传统地基处理工期长、桩基础造价高等问题，结合大面积和大厚度软土地基处理的需要，高效、经济、快速的复合地基技术已经成为我国软土地基处理的主要手段，系统组合型复合地基处理新技术不断涌现，尤其是龚晓南院士团体历经 20 余年创建了复合地基理论体系，建立了复合地基设计方法和技术标准，形成了复合地基工程应用体系，极大地推动了复合地基新技术在软土地基中的发展，满足了工程建设的多样性需求。

（1）现浇混凝土大直径管桩技术。现浇混凝土大直径管桩（简称 PCC 桩）充分吸收了振动沉管桩和预应力管桩的优点，其桩侧面积和桩端面积均大于实心桩，使得其承载力和摩阻力更大，与同等承载力传统圆形桩相比，PCC 桩能够节省混凝土用量，并实现造价低、承载力高、沉降量小的目标，是一种适用于软土地区的新型绿色地基处理技术。刘汉龙等[28-30] 对 PCC 桩开展了大量系统的理论和试验研究，完善了设计方法，规范了施工工艺，并形成了行业技术标准[13]。现浇混凝土大直径管桩施工现场如图 2 所示。

（2）现浇 X 形混凝土桩复合地基技术。现浇 X 形混凝土桩（简称 XCC 桩）在传统圆形沉管灌注桩的基础上，基于等截面异形周边扩大原理，通过改变截面形状达到增加桩侧表面积和桩侧摩阻力的目的，同时可以节省混凝土用量，同样是一种适用于软土地区的新型绿色地基处理技术。与传统圆形灌注桩相比，在等周长条件下，XCC 桩可节省混凝土用量 50% 以上，节省施工耗能 30% 以上。在此基础上，丁选明等[31-32] 依托实体工程，开展了 XCC 桩质量检测现场试验研究，进一步完善了 XCC 桩技术的质量检测。XCC 桩实物如图 3 所示。

图 2　现浇混凝土大直径管桩施工现场图　　　　图 3　XCC 桩实物图

（3）变截面双向搅拌桩技术。水泥搅拌法是软土地基处理中较常用的一种方法，是利用专门机械设备，将地基土与水泥浆或水泥粉在原位进行混合搅拌，制成具有一定强度的柱状桩体，以提高地基承载力、减小沉降和增加稳定性[33]。为了进一步提高成桩质量和加大地基处理深度，东南大学在原有浆喷桩的基础上研制出了双向水泥搅拌桩。双向水泥搅拌桩最大的创新在于将内、外两组搅拌叶片安装在同心钻杆上同时正反向旋转，显著提高了水泥搅拌桩搅拌的均匀性[34]。近几年，东南大学在双向搅拌桩的基础上，通过调整搅拌叶片的伸缩，形成截面积变化的搅拌桩，称为变截面双向搅拌桩[35-36]。与常规双向搅拌桩相比，变截面双向搅拌桩由于其变截面结构与地基中应力传递规律相一致，使加固体的受力更为合理，地基处理效果更佳。

3.1.3　绿色软基处理新材料

绿色软基处理新材料是指选用无污染或少污染、低能耗、易回收的材料进行软土地基加固。为了践行国家"双碳"战略，贯彻绿色发展理念，近几年涌现不少绿色软基加固新材料，例如：泡沫轻质土材料、微生物注浆加固材料，以最大限度减少对环境的污染，同时节约资源。

（1）泡沫轻质土材料。泡沫轻质土又称为泡沫混凝土、泡沫轻质混凝土或气泡混合轻质土等，是以水泥浆为基材与预制泡沫充分拌和后得到的多孔轻质材料，同时可以消纳胶凝类固体废弃物（例如：粉煤灰），促进资源的循环利用，具有良好的环保节能效果。泡沫轻质土作为一种新型的公路路基填料，由于其自身具有轻质性、高流动性、施工便捷性等特点，使得泡沫轻质土在公路工程应用中能取得较好的工程效果，为解决公路软土地基加固问题提供了一种全新的技术手段[37]。本质上，现浇泡沫轻质土路基是软土地基处理的一种路基结构措施，通过减轻路基结构的重量减小地基的沉降量，提高地基和路基的整体稳定性，达到与对地基进行加固处理类似的工程效果。现浇泡沫轻质土路基填筑如图4所示。

图 4　现浇泡沫轻质土路基填筑

（2）微生物注浆加固材料。微生物注浆加固是近年来兴起的一种新的地基处理方法，主要是通过微生物诱导产生碳酸钙沉积（MICP）胶结岩土材料，再现自然界缓慢长期的造岩过程，实现这一过程的快速和工程化。MICP形成的碳酸钙不仅可填充在土体孔隙之间，而且是优质的胶结材料，将土颗粒黏结起来，从而达到提高土体强度、减小土体孔隙的加固效果。该材料对环境影响小，具有环境友好性。邵光辉等[38]通过室内试验，验证了MICP固化吹填粉土的有效性和优越性。赵志峰等[39]依托江苏省某吹填工程，分析了间隔时间、胶结液浓度、环境温度对MICP加固海相粉土效果的影响。

（3）钢渣/电石渣/赤泥等改良土。钢渣/电石渣/赤泥等是工业生产过程中的固体废弃物，在激发剂作用下具有胶凝特性，可取代水泥或石灰用作软土路基加固材料，极大地节约资源和能源，具有较好的稳定固化效果和绿色环保性[40-43]。目前，各类工业废渣改良土在公路软土路基工程中的应用范围逐步扩大，极具应用推广前景和社会经济效益。

3.1.4　爆炸挤淤技术

爆炸挤淤法亦称爆炸排淤填石法，是利用炸药爆炸能量将片石、块石等填料沉入淤泥中，并将淤泥或淤泥质软土挤出，其本质上是一种地基处理置换法，如图5所示。爆炸挤淤法特别适用于海域滩涂淤泥地基处理，处理深度一般为4～15m，其处理深度受施工过程中隆起的淤泥包厚度的影响较大。鉴于海浪冲刷能够有效地削减淤泥包的厚度，因此，当公路路线越靠近海边（即海浪冲刷作用小）时，爆炸挤淤法的处理深度会逐渐减小；当路线越伸入海域（即海浪冲刷作用大）时，爆炸挤淤法的处理深度会逐渐增大。

海域滩涂地区公路建设场地条件存在明显的复杂性和特殊性：其一是滩涂走廊带一侧为陆地，一侧为海洋，地表及地基土层往往向海域具有较大的倾斜度，易形成影响路基稳定的潜在滑动面；其二是路基位于潮间带，临海侧遭受涨潮、退潮海浪交替影响，承受动水压力、水流冲刷、剥蚀等多种不利于因素影响；其三是地基土层均有软土层存在，具有

图 5　爆炸排淤填石

高压缩性、高含水率、低强度的特点，常以淤泥层（上覆流泥层）的形态存在，工程性质极差。海域滩涂地区公路建设与其他地区道路建设相比，无论是设计还是施工均存在更多的风险，采用爆炸挤淤法处理海域滩涂淤泥地基是比较合适的，近几年已得到广泛应用，并取得了较好的效益。

3.2　公路软土地基处理相关技术新理论和标准化建设

3.2.1　刚性桩复合地基沉降计算和稳定分析

对于刚性桩复合地基而言，其桩土模量差异较大，桩土变形不协调，若采用现有复合模量法进行沉降计算，其沉降计算值严重偏小，导致实际沉降值超过计算沉降值。刘吉福等[44-45]在分析桩土沉降关系和桩土作用的基础上，提出采用附加应力法计算刚性桩复合地基路基沉降，即首先根据桩土作用计算桩土附加应力，然后再采用分层总和法计算复合地基沉降。在此基础上，通过工程实例验证，同时与现行方法计算的沉降进行对比研究，发现附加应力法由于综合考虑了单桩竖向承载力、桩帽转移荷载能力、桩土相互作用等因素的影响，其沉降计算值与实测值更接近，弥补了现有复合地基沉降计算方法的缺陷。

近几年沿海地区多个刚性桩复合地基路堤滑塌事故表明，刚性桩承载力不足或桩帽太小会导致桩间土附加应力过大、桩间土位移和沉降较大，产生绕流滑动或绕流滑动趋势，导致刚性桩受弯断裂或倾倒[46]。针对此问题，刘吉福等[47-49]提出一种考虑桩间土绕流的刚性桩复合地基稳定分析方法——修正重度法，工程实例证明修正重度法分析结果与工程实际更符合。

3.2.2　多元复合地基固结分析理论

针对多元复合地基固结问题，卢萌盟等[50-51]以高置换率散体材料桩-不排水桩的多元复合地基为研究对象，通过引入散体材料桩内径、竖向渗流，对散体材料桩和土体均采用固结方程进行求解，同时推导出其固结控制方程及解析解答，并对解答的合理性进行了验证。杨涛等[52-53]分别以多元不排水长短桩复合地基、变荷载下劲性搅拌桩复合地基为研究对象，推导出相应的桩间土的固结方程，建立了相应的固结解析解，并通过与有限元解的比较验证了解析解的正确性。上述研究成果，进一步完善和发展了多元复合地基固结分析理论，为多元复合地基的工程设计和应用提供了关键的理论支撑。

3.2.3 软土地基沉降系数经验计算方法

地基总沉降是衡量公路软土地基排水加固处治效果的重要指标之一，当采用沉降系数法计算地基总沉降时，根据笔者团队多年工程试验经验，结合国内外相关科研成果和技术资料，总结提出了关于沉降系数计算的经验公式[14]：

$$m_s = 0.123\gamma^{0.7}(\theta H^{0.2} + VH) + Y \tag{1}$$

式中：H 为路堤中心高度，m；γ 为路堤填料的重度，kN/m^3；θ 为地基处理类型系数，采用塑料排水板处理时取 $0.95\sim1.10$，采用水泥搅拌桩等复合地基处理时取 0.85，预压时取 0.90；V 为加载速率修正系数，当加载速率为 $20\sim70mm/d$ 时，取 0.025；当采用分期加载，速率小于 20mm/d 时取 0.005；当采用快速加载，速率大于 70mm/d 时取 0.05；Y 为地质因素修正系数，当同时满足软土层不排水抗剪强度小于 25kPa、软土层的厚度大于 5m、硬壳层厚度小于 2.5m 三个条件时，$Y = 0$；其他情况下可取 $Y = -0.1$。

式（1）最大的特点在于，能够有效避免沉降系数在 $1.1\sim1.7$ 范围内取值的盲目性，使计算结果更合理、准确，式（1）已列入 JTG/T D31‑02—2013《公路软土地基路堤设计与施工技术细则》修订内容中[14]。

3.2.4 加固土强度龄期优化

关于加固土强度龄期的选取，不同规范之间存在一定的差异，TB 10113—96《粉体喷搅法加固软弱土层技术规范》和 JGJ 79—2012《建筑地基处理技术规范》均采用 90d 龄期的强度作为加固土的标准强度[54-55]，而之前 JTJ 017—96《公路软土地基路堤设计与施工技术规范》却采用 28d 龄期的强度[56]。合理的处理方法是加固土强度的龄期与实际工程进度结合考虑，当路堤填筑至设计高度时，加固土的强度才能充分发挥，但加固土成桩 28d 之前其承受的荷载非常小，可忽略不计；此外，从目前施工情况来看，加固土成桩 90d 之内，路堤高度可填至 3m 左右，稳定计算仍是偏安全的。因此，加固土的标准强度选取 28d 龄期是不太适宜的，而采用 90d 龄期的强度作为标准强度更符合公路工程的实际。

值得注意的是，选取 90d 龄期的强度作为加固土的标准强度，存在一个弊端，即养护龄期过长，会给现场检测和室内试验带来一定的困难。为了在较短时间内计算加固土 90d 的标准强度，目前采用两种方法解决：方法一是根据强度经验公式进行计算，即参照 7d 或 28d 的强度试验结果推算出 90d 的标准强度，相关经验公式可参考表 1；方法二是利用高温快速养生的方法，使试件在较短的时间内快速达到标准养生 90d 的强度，根据研究发现[57]，高温快速养生 30h 的强度相当于标准养生 28d 的强度，高温快速养生 96h 的强度相当于标准养生 90d 的强度。

3.2.5 软土地基处理标准化建设

针对上述公路软土地基新技术和新理论，相关成果已形成或纳入相关标准规范中，包括 JGJ/T 213—2010《现浇混凝土大直径管桩复合地基技术规程》、GB/T 50783—2012《复合地基技术规程》、JTG/T D31‑02—2013《公路软土地基路堤设计与施工技术细则》、JGJ/T 402—2017《现浇 X 形桩复合地基技术规程》、T/CECS G：D21‑01—2019《公路吹填流泥地基处理技术规程》、T/CECS 822—2021《变截面双向搅拌桩技术规程》、DB44/T 2418—2023《公路路堤软基处理技术标准》等[13-17,59-62]，比较集中反映了我国近年来在公路软土地基处理方面所取得的技术进展和工程实践经验。

表 1　　　　　　　　　不同地区水泥搅拌土强度与龄期关系式对比表

研究机构	取样地区	强度经验公式	假设 28d 强度为 1.0MPa，按经验公式计算	
			7d 强度 /MPa	90d 强度 /MPa
中交二公院	天津、福建、连云港和南通地区	$q_{u28}=2.37q_{u7}-0.19$（$r=0.87$，$n=12$） $q_{u90}=1.14q_{u28}+0.85$（$r=0.79$，$n=15$）	0.50	1.99
TB 10113—96 粉体喷搅法加固软弱土层技术规范[54]	/	$q_{u28}=1.49q_{u7}$；$q_{u90}=1.97q_{u7}$；$q_{u90}=1.33q_{u28}$	0.67	1.33
天津港湾工程研究所	天津地区	淤泥：$q_{u7}=0.364q_{u90}$；$q_{u28}=0.652q_{u90}$	0.56	1.54
		淤泥质黏土：$q_{u7}=0.262q_{u90}$；$q_{u28}=0.485q_{u90}$	0.54	2.06
叶书麟等《地基处理》[58]	上海地区	$q_{u7}=0.56q_{u28}$（$r=0.98$，$S=0.059$，$n=15$） $q_{u90}=1.63q_{u28}$（$r=0.98$，$S=0.143$，$n=9$）	0.56	1.63

注　q_{u7}、q_{u28}、q_{u90} 分别表示 7d、28d、90d 无侧限抗压强度；r、S、n 分别表示相关系数、标准差、统计组数。

4　公路软土地基处理技术的发展趋势

毫无疑问，经过近几年系统的理论试验研究和工程实践，我国公路软土地基处理技术进入了多元化创新发展阶段。从公路软土地基处理技术研究现状和需求来看，虽然在排水固结法、复合地基处理法、绿色新材料等方面取得了突出进展，但不可否认目前对公路软基处理技术的理论研究是落后于工程实践的，尤其是一些新技术还未经过足够的工程实践检验，尚在不断的发展和完善中，其加固机理、设计方法、施工工艺、检测质量还有待进一步的深入探究。因此，系统总结"双碳"背景下公路软土地基处理技术的发展趋势，对明确我国公路软土地基处理技术今后努力方向至关重要。概况来讲，"双碳"背景下公路软土地基处理技术的发展趋势主要体现在以下几个方面。

4.1　向组合式新型软基处理技术方向发展

为了快速满足公路软土地基处理对排水固结沉降和地基承载力的要求，经过多年的研究和工程试验，在现有成熟的软基处理技术的基础上，将两种或两种以上的软基处理技术综合使用，研发出了一系列的组合式新型软基处理技术，比如复式真空预压技术、絮凝真空预压技术、现浇 X 形混凝土桩复合地基技术等。组合式新型软基处理技术的发展，使各个加固技术优势得以充分发挥，扬长避短，达到提高地基承载力和稳定性、减小地基沉降、快速施工等目的，有效地扩大了其工程应用范围，极大地提升了公路软土地基处理技术水平。截至目前，关于组合式新型软基处理技术的发展，要从两方面进行进一步探究和完善：一是既有的一些组合式新型软基处理技术还未经过足够的工程实践检验，需要对其加固机理、沉降和承载性状等进行深入研究；二是更深层次挖掘多种技术结合的优势，持续大胆创新研发多元组合式新型软基处理技术。

4.2　向环境友好型、资源节约型施工工艺方向发展

为积极响应国家提倡的环保和节能建设要求，增强可持续发展能力，在实际工程应用

中,应重视施工工艺对环境的影响,尽量避免或减少对环境的污染,向环境友好型、资源节约型施工工艺方向稳步发展。关于环境友好型、资源节约型施工工艺的发展,应从两方面做出努力:一方面,在软土地基处理中加大固体废弃物、泡沫轻质土以及建筑垃圾再生料资源化的研究和应用;另一方面,持续改进和提升施工机械设备及性能,既提高施工质量和施工效率,又避免或减少对周边环境噪声等污染。

4.3 向远程化、智能化、信息化监测技术方向发展

以人工智能、大数据等为代表的新一代信息技术,为公路软土地基处理技术监测或检测提供了一种全新的技术途径,极大地方便了监测数据的采集、传输、管理与分析。关于远程化、智能化、信息化监测技术的发展,应从三方面努力:一是改进现有监测手段,可多层、多点布置,能在恶劣自然环境下保持全天候监测;二是研发大量程的沉降监测系统,满足公路软土地基长期大变形监测需求;三是智能化监测,无须人工干预,监测频率联动调节并实时预警。

4.4 向规范化、标准化方向发展

鉴于公路软土地基处理技术成果在现行国家标准、规范和规程中还未完全形成统一,不能为相关设计人员、施工人员、检测人员等开展相应工作提供完全信服的科学依据,尚应从规范化、标准化方面努力,加大工程实践验证力度,积极推广成熟可靠的技术,为将这些技术尽早纳入国家标准创造条件。

5 结语

(1)通过对我国公路软土地基处理技术三个阶段发展历程的回顾,提出我国公路软土地基处理技术已进入了多元化创新发展阶段,对相应技术也提出了更高的要求和挑战。

(2)结合大面积和深厚软土地基处理的需要,在现有较成熟软土地基处理方法的基础上,通过多种方法组合的形式,充分发挥了各自方法的优势,扬长避短,形成和发展了多种极富特色的新技术,包括复式真空预压技术、絮凝真空预压技术、真空降水强夯技术、现浇 X 形混凝土桩复合地基技术、变截面双向搅拌桩技术等,并介绍了现浇泡沫轻质土、微生物注浆加固材料、工业废渣改良等多种绿色软基处理新材料。

(3)结合现行公路软基相关标准规范制修订内容,从刚性桩复合地基沉降计算和稳定分析、多元复合地基固结理论、软土地基沉降系数经验计算方法、加固土强度龄期优化等方面展现了公路软土地基处理技术最新理论成果和标准化建设情况。

(4)较全面阐述了公路软土地基处理技术的发展趋势,包括向多元组合式新型软基处理技术方向发展,向环境友好型、资源节约型施工工艺方向发展,向远程化、智能化、信息化监测技术方向发展,向规范化、标准化方向发展,指明了"双碳"背景下我国公路软土地基技术今后发展的方向。

参考文献

[1] 张留俊,王福胜,刘建都. 高速公路软土地基处理技术 [M]. 北京:人民交通出版社,2002.
[2] 刘汉龙. 绿色地基处理技术探讨 [J]. 土木工程学报,2018,51 (7):121-128.

[3]　赵维炳. 工程排水与加固技术理论与实践 [M]. 北京：中国水利水电出版社，2011.

[4]　赖裕高. 道路软土地基处理中几个问题的探讨 [J]. 铁道建筑，1992 (7)：6-9.

[5]　朱从俭. 介绍一种大面积加速软基固结方法——真空预压法 [J]. 路基工程，1993 (1)：76-78.

[6]　王正寿，王会英. 水泥粉喷桩法在天津港区加固软土地基中的应用 [J]. 铁道工程学报，1997 (3)：78-84.

[7]　龚晓南. 地基处理技术及其发展 [J]. 土木工程学报，1997 (6)：3-11.

[8]　梁志松，刘芙蓉. 强夯置换法加固地基的实践 [J]. 土工基础，2002，16 (2)：27-28.

[9]　张留俊. 软土地基处理的爆炸挤淤法 [J]. 福州大学学报 (自然科学版)，2000，28 (增1)：44-51.

[10]　夏振军，尹敬泽，魏建年. 真空堆载联合预压法加固高速公路软土地基施工技术 [J]. 公路，1999 (增1)：3-5.

[11]　易耀林，刘松玉，赵玮，等. 变径双向水泥土搅拌桩施工技术 [J]. 岩土工程学报，2010，32 (增2)：387-390.

[12]　张小龙，刘宝臣，吴名江，等. 短程超载真空预压动力排水固结法加固深厚淤泥软基工法研究 [J]. 工程地质学报，2012，20 (1)：109-115.

[13]　JGJ/T 213—2010，现浇混凝土大直径管桩复合地基技术规程 [S]. 北京：中国建筑工业出版社，2010.

[14]　JTG/T D31-02—2013，公路软土地基路堤设计与施工技术细则 [S]. 北京：人民交通出版社，2013.

[15]　JTG/T 3331-08—2022，盐渍土地区公路路基设计与施工技术细则 [S]. 北京：人民交通出版社股份有限公司，2022.

[16]　JTG D 30—2015，公路路基设计规范 [S]. 北京：人民交通出版社，2015.

[17]　T/CECS G：D21-01—2019，公路吹填流泥地基处理技术规程 [S]. 北京：人民交通出版社股份有限公司，2019.

[18]　蔡袁强. 吹填淤泥真空预压固结机理与排水体防淤堵处理技术 [J]. 岩土工程学报，2021，43 (2)：201-225.

[19]　蔡袁强，周岳富，王鹏，等. 考虑淤堵效应的疏浚淤泥真空固结沉降计算 [J]. 岩土力学，2020，41 (11)：3705-3713.

[20]　王军，蔡袁强，符洪涛，等. 新型防淤堵真空预压法室内与现场试验研究 [J]. 岩石力学与工程学报，2014，33 (6)：1257-1268.

[21]　赵森，曾芳金，王军，等. 絮凝-真空预压加固吹填淤泥试验研究 [J]. 岩石力学与工程学报，2016，35 (6)：1291-1296.

[22]　张雷，吕延栋，王炳辉，等. 絮凝-真空-电渗联合加固滩涂软土的模型试验研究 [J]. 岩土力学，2022，43 (9)：2383-2390.

[23]　刘松玉，韩文君，章定文，等. 劈裂真空法加固软土地基试验研究 [J]. 岩土工程学报，2012，34 (4)：591-599.

[24]　章定文，韩文君，刘松玉，等. 劈裂真空法加固软土地基的效果分析 [J]. 岩土力学，2012，33 (5)：1467-1472，1478.

[25]　韩文君，刘松玉，章定文. 劈裂真空法加固软土室内模型试验研究 [J]. 土木工程学报，2013，46 (10)：108-118.

[26]　祝建成，徐浩，段立超. 软弱地层气压劈裂真空预压加固施工技术 [J]. 路基工程，2023，(3)：171-173.

[27]　曾华健，李军，梅军，等. 真空降水联合不同强夯工艺在仓储软土地基处理中的应用 [J]. 地基处理，2021，3 (1)：64-70.

[28]　Liu H，Kong G，Ding X，et al. Performances of Large-Diameter Cast-in-Place Concrete Pipe

Piles and Pile Groups under Lateral Loads [J]. Journal of Performance of Constructed Facilities, 2013, 27 (2): 191 - 202.

[29] Zhou M, Liu H, Chen Y, et al. First application of cast - in - place concrete large - diameter pipe (PCC) pile - reinforced railway foundation: a field study [J]. Canadian Geotechnical Journal, 2015, 53 (4): 708 - 716.

[30] 郑长杰, 刘汉龙, 丁选明, 等. 饱和黏性土地基中现浇大直径管桩水平振动响应解析解 [J]. 岩土工程学报, 2014, 36 (8): 1447 - 1454.

[31] 丁选明, 范玉明, 刘汉龙, 等. 现浇 X 形桩低应变动力检测足尺模型试验研究 [J]. 岩石力学与工程学报, 2017, 36 (增 2): 4290 - 4296.

[32] 丁选明, 孔纲强, 卢一为. 现浇 X 形混凝土桩质量检测现场试验研究 [J]. 地下空间与工程学报, 2013, 9 (增 2): 1989 - 1995.

[33] 叶观宝, 叶书麟. 水泥土搅拌桩加固软基的试验研究 [J]. 同济大学学报 (自然科学版), 1995, (3): 270 - 275.

[34] 刘松玉, 易耀林, 朱志铎. 双向搅拌桩加固高速公路软土地基现场对比试验研究 [J]. 岩石力学与工程学报, 2008, 27 (11): 2272 - 2280.

[35] 向玮, 刘松玉, 经绯, 等. 变径水泥土搅拌桩处理软土地基的应用研究 [J]. 工程勘察, 2009, 37 (3): 22 - 26.

[36] 易耀林, 刘松玉, 赵玮, 等. 变径双向水泥土搅拌桩施工技术 [J]. 岩土工程学报, 2010, 32 (增 2): 387 - 390.

[37] 裴友强. 软土地基上泡沫轻质土路基工程特性研究 [D]. 西安: 长安大学, 2018.

[38] 邵光辉, 陈海涛, 侯敏, 等. 微生物注浆固化粉土矿化反应的沿程变化特性 [J]. 岩土工程学报, 2023, 45 (1): 206 - 212.

[39] 赵志峰, 邵光辉. 微生物诱导碳酸钙沉积加固海相粉土的试验研究 [J]. 应用基础与工程科学学报, 2021, 29 (1): 231 - 238.

[40] 邓永锋, 赵余, 刘情雯, 等. 钢渣的硅系与复合系激发及其在软土固化中的应用 [J]. 中国公路学报, 2018, 31 (11): 11 - 20.

[41] Jiang N J, Du Y J, Liu S Y, et al. Multi - scale laboratory evaluation of the physical, mechanical and microstructural properties of soft highway subgrade soil stabilized with calcium carbide residue [J]. Canadian Geotechnical Journal, 2016, 53 (3): 373 - 383.

[42] 陈瑞锋, 田高源, 米栋云, 等. 赤泥改性黄土的基本工程性质研究 [J]. 岩土力学, 2018, 39 (增 1): 89 - 97.

[43] 王海成, 金娇, 刘帅, 等. 环境友好型绿色道路研究进展与展望 [J]. 中南大学学报 (自然科学版), 2021, 52 (7): 2137 - 2169.

[44] 刘吉福, 郑刚, 龚晓南. 附加应力法计算刚性桩复合地基路基沉降 [J]. 岩土工程学报, 2018, 40 (11): 1995 - 2002.

[45] 姜启珍, 刘吉福.《广东省公路路堤软基处理技术标准》主要增改内容释义 [J]. 广东公路交通, 2019, 45 (3): 41 - 46.

[46] 顾行文, 黄炜旺, 谭祥韶, 等. 基底倾斜的管桩复合地基路堤破坏模式研究 [J]. 岩土工程学报, 2017, 39 (增 1): 204 - 208.

[47] 刘吉福, 郑刚. 单桩承载力对刚性桩复合地基路堤稳定性的影响 [J]. 岩土工程学报, 2019, 41 (11): 1992 - 1999.

[48] 刘吉福, 郑刚, 龚晓南, 等. 柔性荷载刚性桩复合地基修正密度法稳定分析改进 [J]. 岩土工程学报, 2017, 39 (增 2): 33 - 36.

[49] 刘吉福, 郭舒洋, 肖昌建, 等. 修正密度法分析混凝土桩复合地基路基绕流滑动稳定性 [J]. 广

东公路交通，2016，(5)：12 - 20.

[50] 卢萌盟，敖祖瑞，李东旭，等. 高置换率散体材料桩-不透水桩多元组合桩复合地基固结分析 [J]. 岩土工程学报，2021，43 (7)：1253 - 1260.

[51] 卢萌盟. 复合地基固结解析理论研究方法与进展 [J]. 地基处理，2020，2 (6)：451 - 460.

[52] 杨涛，吉映竹. 变荷载下长排水体-短不排水桩复合地基固结解析解 [J]. 岩土力学，2022，43 (5)：1187 - 1196，1206.

[53] 杨涛，李超，阮一舟. 多元不排水长短桩复合地基固结解析解 [J]. 岩土工程学报，2017，39 (12)：2195 - 2202.

[54] TB 10113—96，粉体喷搅法加固软弱土层技术规范 [S]. 北京：建设司标准科情所，1996.

[55] JGJ 79—2012，建筑地基处理技术规范 [S]. 北京：中国建筑工业出版社，2012.

[56] JTJ 017—96，公路软土地基路堤设计与施工技术规范 [S]. 北京：人民交通出版社，1996.

[57] 张留俊，李刚，蔡宁，等. 综合加固土的试验研究 [J]. 路基工程，2004，(6)：26 - 28.

[58] 叶书麟，叶观宝. 地基处理 [M]. 北京：中国建筑工业出版社，1997.

[59] GB/T 50783—2012，复合地基技术规范 [S]. 北京：中国计划出版社，2012.

[60] JGJ/T 402—2017，现浇 X 形桩复合地基技术规程 [S]. 北京：中国建筑工业出版社，2017.

[61] T/CECS 822—2021，变截面双向搅拌桩技术规程 [S]. 北京：中国计划出版社，2021.

[62] DB44/T 2418—2023，公路路堤软基处理技术标准 [S]. 广州：广东省市场监督管理局，2023.

海上丝路地基处理技术创新与工程实践

王德咏[1,2]　王　婧[1,2]　胡君龙[1,2]　谢　尧[1,2]

(1. 中交四航工程研究院有限公司，广东广州　510230；

2. 中交集团交通基础工程环保与安全重点实验室，广东广州，510230)

摘　要：随着"一带一路"倡议的提出和"走出去"战略的推进，越来越多的中国基础设施建设企业走出去，参与海外基础设施建设。"一带一路"贯穿亚欧非大陆，沿线特殊岩土体类别多、分布广、工程性质复杂多样，尤其"海上丝绸之路"基础设施建设面临的环境更加艰难、复杂，严重威胁沿线基础设施的顺利建设和安全运营。中外地基处理标准存在较大差异，以致海外工程建设技术难度加大，甚至大大增加中国企业的建设成本。针对海上丝路沿线特殊岩土及地基处理工程问题，系统研究了中外在水运工程建设领域常用的地基处理设计方法和检测技术方面的差异，提出了地基疏浚回填料的过程控制方法与流程，系统解读了欧美地基处理验收曲线的提出思路与方法；结合大量工程实践，分析我国企业在海上丝路水运工程地基处理关键技术问题，并提出了相应的工程技术对策与措施。

关键词：海上丝路；特殊土；地基处理；中外标准对比；细粒含量；检测与验收

1　引言

随着"一带一路"倡议的提出和"走出去"战略的推进，越来越多的中国基础设施建设企业走出去，参与海外基础设施建设。其中"海上丝绸之路"基础设施建设面临的环境更加艰难、复杂，基础设施是海外丝绸之路战略实施的重要组成部分，而地基处理是建筑稳定和安全的重中之重。

近几十年来，中国交建及四航局参建了大量的海外地基处理工程，起初也遇到了不少问题，包括：不熟悉欧美标准及中欧美标准差异、不适应欧美的高标准及要求管理、特殊地质和特殊土体等问题，并针对相关技术持续开展了大量的科学研究和应用实践，形成了系列技术对策。

2　工程统计

2.1　中交四航局参建的海外工程分布

近 40 年来，四航局已在 20 多个国家和地区承建了大量的港口、码头等项目 100 多

作者简介：王德咏（1982—　），男，湖北麻城人，博士，正高级工程师，主要从事水运工程地基处理和公路边坡工程等方面的科研与技术工作。E-mail：de_yong_wang@163.com.

项，项目主要分布于非洲、东南亚、中东等地区，如图1所示，应用的技术以欧美标准为主。

2.2 海外地基处理项目

四航局近20年来在海外地基处理研究及服务咨询方面积累了一定的经验和人才，参与技术服务和咨询的地基处理项目见表1和表2，遇到的特殊岩土包括珊瑚礁砂、深厚粉细砂、软土、膨胀土、风化页岩、盐渍土、有机质土、硅藻土和红黏土等。

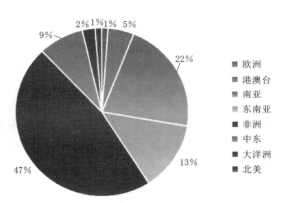

图 1 项目分布（不完全统计）

表 1　　　　　　　　　　　　　　　　　高要求地基处理项目

序号	项目名称	处理方式	时间	区域	备注
1	科威特 LNGI 工程地基处理项目	振冲密实	2016—2017	中东	吹填砂
2	吉赞 JIGCC 取排水项目	强夯	2013—2015		砂性地基
3	卡塔尔多哈新港一期工程码头地基处理	强夯	2011—2015		砂性地基
4	埃及塞得东港集装箱二期码头	振冲密实	2009—2012		吹填砂
5	科特迪瓦阿比让港口扩建工程	振冲密实	2016—2019	西非	疏浚砂
6	香港机场第三跑道扩建工程	搅拌桩	2017—2018	香港	吹填土
7	纳米比亚鲸湾港新建集装箱码头项目	强夯	2014—2016	西非	疏浚砂
8	喀麦隆克里比深水港一期工程	强夯	2012—2014		疏浚砂
9	安哥拉洛比托港扩建项目	强夯	2009—2010		疏浚砂

表 2　　　　　　　　　　　　　　　　特殊岩土及地基处理项目

序号	项目名称	地基处理	时间	区域	备注
1	沙特吉达 RSGT 工程	振冲密实	2008—2009	中东	
2	东帝汶帝巴湾新集装箱码头项目	碎石桩	2018—2021	东南亚	珊瑚礁砂
3	苏丹港新集装箱码头后方堆场项目	强夯	2008—2010	东非	
4	科威特巴比延岛海港项目一期工程	堆载预压	2008—2009	中东	盐渍土
5	巴基斯坦瓜达尔深水港一期工程	堆载预压	2002—2005	中东	软土
6	越南 PHC 管桩预制厂软基处理	真空预压	2009—2010	东南亚	
7	越南西贡国际集装箱码头堆场软基处理工程	真空联合堆载预压	2008	东南亚	
8	肯尼亚蒙内铁路项目	综合处理	2014—2017	东非	页岩
9	斯里兰卡汉班托塔港一期工程	强夯法	2008—2011	南亚	含有机质疏浚土
10	印尼雅加达国际集装箱码头工程	排水板＋堆载预压	2006	东南亚	

3 海外地基处理中遇到的问题

3.1 规范标准

海外地基处理工程，以欧美验收标准为主，由于中国设计、施工、检测等规范中的方法、标准与欧美标准存在一定的差异，而我们对欧美标准研究不够透彻，在工程建设中遇到较多困难，以致建设技术难度大，甚至增加中国企业的建设成本。究其原因主要有：对项目所用欧美规范理解不透、对国内外规范的差异了解不够、对欧美规范的使用经验积累不够。

3.2 材料要求

在地基处理过程中，中外标准对材料本身的力学、工程特性要求略有差别。以振冲密实法为例，美国海军军用标准[1] 和英国建筑业研究和信息协会标准[2] 要求细粒含量小于20%，英国土木工程师学会标准[3] 要求细粒含量不超过10%，我国《水运工程地基设计规范》[4] 要求黏粒含量小于10%。也有不少学者对振冲密实法的细粒含量进行了研究，但并无定论。当然，这里还有一个区别就是：欧美地基处理相对更重视勘察、施工、测试的过程监督和过程控制。

3.3 地基处理验收准则

在海外地基处理检测验收时，欧美咨工极为重视的一个验收标准就是检测验收曲线。欧美一般以地基设计指标为基础，以土体密实度为纽带，在建立相对密度与地基处理工艺技术参数关系的同时，也建立相对密度与检测验收指标（q_c，N）的关系，提出综合考虑了承载力、沉降、密实度、液化稳定性的曲线，称之为验收曲线（acceptance curve）。我国地基处理工程直接根据设计指标提出验收的 q_c 或 N 值，进而提出工艺参数。

4 研究对策

4.1 中外常用地基处理流程对比研究

如图 2 所示，欧美标准中地基处理设计考虑的指标主要有承载力、沉降、密实度和抗震液化，中国设计标准中没有密实度的指标要求。中外地基处理设计的基本思路是一致的，不同的是关键指标的计算方法，欧美偏向于先将设计的指标转换成标贯击数 N 值或锥尖阻力 q_c，再根据 N 值或 q_c 与相对密度 D_r 指标之间经验关系，转换成相对密度 D_r 指标要求，并利用 D_r 与工艺技术参数建立经验关系或相关的计算图表，进行工艺技术参数的选取，而国内标准对于工艺技术参数选取往往根据工程经验进行选取，直接给出标贯击数 N 值或者锥尖阻力 q_c 值。

关于天然地基承载力，欧美标准文献用的是基于实际基础尺寸和埋深计算的极限承载力，并乘以相应的分项系数，而国内标准除了水运工程地基设计规范，大部分是采用安全系数法。基于原位测试等经验公式方式，中、欧美标准均是采用安全系数法，不同的是，欧美标准往往是根据实际尺寸进行计算，而国内标准计算出来结果还需根据实际基础深宽尺寸进行修正。

在沉降计算方面，欧美标准沉降计算包括瞬时沉降、固结沉降、二次固结沉降，进行

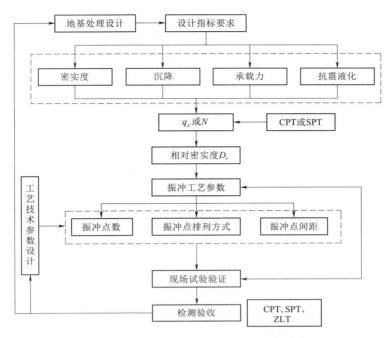

图 2 欧美标准地基处理设计

分别计算进而获得总沉降；中国标准则是倾向在固结沉降计算基础上乘以相应经验系数来获取总沉降；在固结沉降部分，欧美标准倾向采用压缩指数，中国标准倾向采用压缩模量。

此外，欧美地基处理设计指标的设计，除了采用规范中推荐的公式，还会经常引用文献、书籍中认可度较高的经验公式，而相比国内地基处理的设计文件，大都仅采用规范推荐方法，很少引用文献、书籍中的经验关系。

4.2 标准差异分析算例

算例：有一块细砂含量为 8%、厚度为 5m 的砂地，砂子的最小和最大空隙率分别为 0.456 和 0.950，初始孔隙率为 0.673。设计要求使用振冲密实法将散砂压实至目标相对密度 75%。

根据《水运工程地基设计规范》[4] 的 8.9.1.4，振冲点易按等边三角形或正方形布置，其间距应根据土的颗粒组成、要求达到的密实程度、地下水位和振冲器功率在 2.0～4.0m 范围内选取，必要时通过现场试验验证后确定。

根据英国 CIRIA 协会标准（C573），目标相对密度 $D_r = 75\%$，所需的影响系数为 12.5，如图 3 所示。由于三角形图案的质心处的影响系数由三个压实点贡献。单个压实点的影响系数为 12.5/3＝4.2。影响系数（4.2）对应的振冲间距为 1.7m。

4.3 回填料选择室内试验及现场监控

4.3.1 室内试验

针对多年吹填砂土地基处理工程实践中存在的高细粒含量标准不统一的问题，进行了

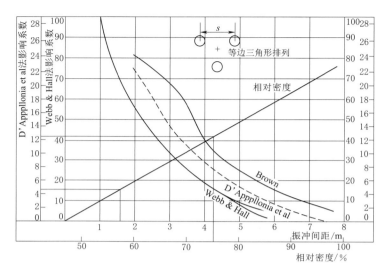

图 3　基于欧美标准的振冲密实间距分析

图 4　室内深层振冲密实地基处理模型试验

室内模型试验，如图 4 所示。

探索了不同细粒含量（10％、20％、35％）的砂经振冲密实法处理的影响范围、深度以及工后沉降等。如图 5 所示，加密影响范围和加固效果随黏粒含量的增加而明显减小，细粒含量达 35％时，在距振冲点 25cm 范围加固效果有限，其主要是因为细粒含量高，土体承载力低，其次细粒含量尤其是黏粒会降低地基渗透性。试验确定粉细砂振冲密实处理时的细粒含量阈值为 20％。

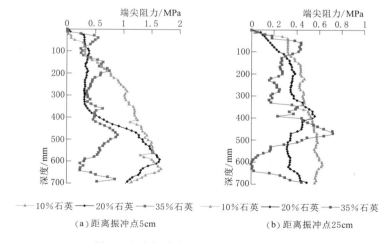

（a）距离振冲点5cm　　　　　　（b）距离振冲点25cm

图 5　室内振冲密实处理 CPT 检测效果

4.3.2　现场监控

以科威特 LNGI 工程[5]为例，技术规格书要求振冲密实处理填料的细粒含量低于 15%，而实际疏浚料的细粒含量高于 35%。为此，针对该工程实际情况，制定了"源头疏浚料—疏浚过程—疏浚工艺—吹填工艺—吹填现场监控-CPT 检测"等的全套控制流程，如图 6 所示。

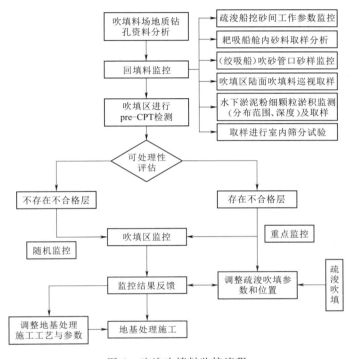

图 6　疏浚吹填料监控流程

针对欧美标准对地基处理疏浚料的高要求，自主开发了适用于深水区域淤泥质砂土的重力式取样器和适合浅水取样的手持式取样器，如图 7 所示，对吹填中的水下不合格料的范围、深度等进行了有效监测，并提出了清理措施。后期地基处理检测对比表明，经过监控的吹填区加固效果远好于角落处未经处理的场地，并满足验收要求。

4.4　基于欧美标准的地基处理验收曲线

目前大面积地基处理检测一般采用静力触探试验（CPT）或标准贯入试验（SPT），检测验收曲线非常重要，其准确性直接影响到地基处理的成本和工期。基于欧美标准的海外地基处理工程，一般根据地基设计指标的承载力、沉降、密实度、抗震液化等要求，基于相对密实度的转换，建立不同设计指标与检测指标的关系曲线，然后综合得到地基检测的验收曲线[5]，该曲线须经业主、咨工、

（a）深水取样器　　（b）浅水取样器

图 7　自主研发的重力式水下取样器

21

设计、第三方等审核通过。四航研究院在海外工程中积累了一定的经验[5,6]。

表 3　　地 基 处 理 要 求

工程案例	承载力	沉降	压实度 Dr	液化稳定性
卡塔尔多哈新港	≥50kPa	20 年沉降≤300mm	—	不液化
科威特 LNG 工程	≥200kPa	10 年沉降≤25mm	水下 90%，水上 95%	$LPI<2$
东帝汶帝巴湾码头	最大设计荷载 62kPa	25 年沉降≤35cm	桩间土≥50%	地震加速度 0.53g，不液化

根据表 3 中三个工程的地基处理要求，利用图 2 中的思路，分别提出了卡塔尔多哈新港、科威特 LNG 工程[5]、东帝汶帝巴湾码头的地基处理检测验收曲线，如图 8、图 9 所示。

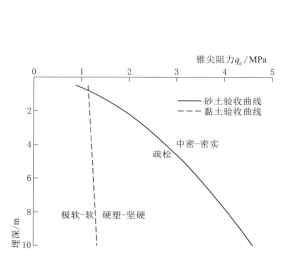 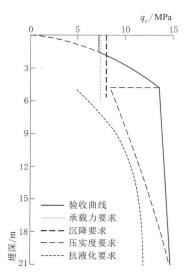

图 8　卡塔尔多哈新港强夯处理验收曲线（CPT）　　图 9　科威特 LNG 工程振冲密实处理验收曲线（CPT）

我国的地基处理检测验收，一般是根据经验直接给给出检测验收指标（N 值或 q_c 值）。欧美的检测验收曲线，考虑了上覆土压力和细粒含量的影响，相对更为科学。

4.5　特殊土的地基处理

针对表 2 中含特殊土（珊瑚礁砂、盐渍土、超软土、页岩、有机质土等）的地基，中交四航局进行了针对性的研究，主要包括两方面：一是特殊土的工程特性及在具体工程中的可用性；二是对应的地基处理措施和施工工艺。在珊瑚礁砂方面，研究了振动碾压和不同功率强夯法加固珊瑚礁砂填料的地基工程性能[7]，建立了基于原位测试的珊瑚礁砂地基强度与变形参数关系[8]；在盐渍土方面，研究了盐渍土的工程特性[9]，并对地基处理提出了建议措施；针对页岩的膨胀性、崩解性和软化性进行了试验研究[10]，为蒙巴萨港站陆域形成回填料的选择提供了技术支持；超软土方面，针对真空及真空联合堆载预压法加固软基的机理与理论进行了研究[11]。

5　结论与建议

（1）欧美标准或文献地基处理设计偏向提供密实度控制指标，并需提供具体、详细的验收曲线计算过程，即通过密实度 D_r 要求换算 CPT、SPT 验收指标，或通过 SPT－CPT 转换，联合 SPT、CPT 各自优点进行地基处理检测验收，这是参与海外项目的中国工程师务必要熟悉的。

（2）试验表明振冲密实法处理的砂性地基的细粒含量的阈值可为 20%，相对我国标准的 10% 来说更为宽松，与英国 CIRIA 的标准一致；地基处理材料应从勘探地质分析、疏浚及吹填工艺、应急处理等多方面监控。

（3）基于 CPT 或 SPT 的地基处理质量检测验收曲线是地基各项设计指标的综合反映，考虑了上覆土压力和细粒含量的影响，相对来说较科学。

参考文献

［1］　Navfac. Soil Dynamics And Special Design Aspects. 1997.

［2］　Mitchell J M，Jardine F M. A guide to ground treatment ［J］. 2002.

［3］　Telford T. Specification for ground treatment：notes for guidance ［M］. Thomas Telford，1987.

［4］　中华人民共和国交通运输部. 水运工程地基设计规范：JTS 147—2017 ［S］. 北京：人民交通出版社，2017.

［5］　王德咏，陈华林，梁小丛，等. 静力触探技术在吹填砂地基处理全过程中的应用 ［J］. 水运工程，2018，（5）：176－182.

［6］　叶锋. 基于 CPT 判别土类及状态在地基检测中的应用 ［J］. 水运工程，2013（12）：160－163.

［7］　冯波，黄俊文，陈平山，等. 粗粒珊瑚礁回填料地基加固处理与工程性能分析 ［J］. 2016，36（4）：6－8.

［8］　滕爱国，黄俊文，王新，等. 基于原位测试的珊瑚礁砂地基强度与变形参数关系初探 ［J］. 2017，31（5）：576－578，582.

［9］　鲍树峰，董志良，张功新，等. 科威特 Boubyan 岛土体工程特性研究 ［J］. 2012.

［10］　王新，尹培林. 蒙巴萨港站陆域回填料适用性试验研究 ［C］//2017 年全国锚固与注浆技术学术研讨会论文集，2017.

［11］　董志良，胡利文，张功新. 真空及真空联合堆载预压法加固软基的机理与理论研究 ［J］. 水运工程，2009，1（423）：30－38.

避免水载预压路堤工后沉降过大的对策

刘吉福

（广东省交通规划设计研究院集团股份有限公司，广东广州　510507）

摘　要：部分水载预压路堤工后沉降超标，其主要原因是预压荷载不足。针对导致预压荷载不足的主要因素，提出了对策。设计应给出填土设计厚度，路堤填筑应按照设计填土厚度进行；根据设计水载计算水袋设计充水高度时应考虑均匀荷载系数；水袋充水顺序应利于水袋接触紧密以增大水载；水池底面坡度应与路基设计坡度一致，以避免预压程度差异过大；沉降监测宜采用沉降计，并根据沉降监测结果推算水载前需要的补填土方。

关键词：软基；水载预压；工后沉降；均匀荷载系数；沉降计；补填土方

1　引言

软基路堤经常采用排水固结法处理，并且通常进行等载预压或超载预压。等载或超载预压完毕后需要卸除等载、超载土方。低路堤的等、超载土方体积接近甚至超过路堤设计土方体积。大规模的工程建设造成我国沿海地区土源日益紧缺，价格不断上涨，同时也破坏了环境。

针对上述问题，广东省航盛建设集团有限公司于 2003 年结合沿海地区河网密布、水资源丰富的特点，在现场试验、工程应用的基础上成功开发了软基路堤水池预压法[1,2]，并在佛山一环、佛山南国六路、广州—珠海高速公路广州段等项目中均得到成功应用。2017 年，武汉速安达建筑塑料制品有限公司等单位研发了软基路堤水袋预压法，并在湖南省南县—益阳高速公路、广东省兴宁—汕尾高速公路、广东东海岛—雷州高速公路、广东汕头苏埃通道、浙江温州绕城高速公路得到成功应用[3-5]。软基路堤水载预压技术产生了显著的经济和社会效益。

大部分水载预压路堤是成功的，但是部分水载预压路堤出现工后沉降过大的问题。针对工后沉降过大的原因，提出对策，为水载预压进一步推广应用提供了技术支撑。

2　原因分析

在中国公路学会标准《公路软土地基路堤水载预压技术指南》编制过程中，对出现工后沉降过大的水载预压软基路堤进行的全面调查分析表明，工后沉降过大的主要原因是以下原因导致的实际预压荷载不足：

（1）未提供设计填土厚度，导致施工单位根据路堤设计填土标高确定开始水载预压的

作者简介：刘吉福（1971—　），男，博士，教授级高工，主要从事公路设计与科研等工作。E - mail：617067152@qq.com。

时机，水载预压前未将剩余沉降对应的土方在水载预压前填筑完，水载施工后无法或很难补填土方，导致实际预压荷载不足。

（2）未弄清设计水载与水袋设计充水高度的关系。设计水载是路基顶面的均布荷载。由于充水后的水袋断面为不规则的椭圆形（见图1），设计水载不等于水袋设计充水高度与水重度之积，应考虑荷载均匀系数的影响。部分设计人员认为水袋设计充水高度等于设计水载与水重度之商，导致实际水载偏小。

（3）水袋充水时，对水袋的间距控制不严格、水袋充水顺序不合理等导致水袋之间未挤压紧密，甚至存在较大间隙，进而导致实际水载小于设计水载。

（4）由于沉降计算准确性不高，需要在水袋施工前，根据施工监测资料合理推算剩余沉降，并将剩余沉降土方填筑完毕。但是

图1 充水后的水袋形状

部分水载预压路段缺少施工监测断面，或者未根据施工监测资料合理确定剩余沉降，导致未能在水载前将剩余沉降土方填筑完毕，进而导致实际预压荷载不足。

（5）部分采用水池法水载预压的项目，为使水池内各处水深相同，将水池底面填筑成水平面后再进行水载预压，导致部分区域预压荷载不足。

3 对策

为避免工后沉降过大，从设计、施工、监测等方面提出了对策，保证实际预压荷载满足设计要求。

3.1 明确设计填土厚度

设计文件一般只明确路堤设计高度，未明确设计填土厚度。水载施工后无法或很难补填土方，因此要求在水载前将沉降土方（不包括容许工后沉降）和路堤土方填筑完毕。为保证预压荷载充足、指导路基填筑施工，水载预压路堤需要明确设计填土厚度。

3.1.1 设计填土厚度计算方法

等载预压路段设计填土厚度应按式（1）计算，超载预压路段设计填土厚度应按式（2）计算。

$$T_d = H_e + S_{td} - p_w / \gamma_f \tag{1}$$
$$T_d = H_o + S_{td} - p_w / \gamma_f \tag{2}$$

式中：T_d 为路堤设计填土厚度；H_e 为将路面重度换算为填土重度后的路堤高度；S_{td} 为路堤施工期（含预压期）的设计沉降，等于路面设计使用年限期末的沉降与容许工后沉降之差；p_w 为设计水载；γ_f 为填土重度；H_o 为超载预压路堤高度，等于 H_e 与超载对应的填土厚度之和。

3.1.2 算例

路床顶面设计高度为 5m，路面结构层厚 0.87m。路堤填土重度为 $20kN/m^3$，路面结

构层平均重度为 24kN/m^3。采用排水固结法处理，路堤最终沉降为 2.4m。A 段路基设计工后沉降为 0.2m，采用等载预压。B 段路基设计工后沉降为 0.1m，采用超载预压，超载为 15kPa。设计水载预压 p_w 均为 18kPa。

由于采用排水固结法处理，路面设计使用年限期末的沉降等于路堤最终沉降，即 2.4m。

A 段路基施工期设计沉降 S_{td} 为 2.2m。按式（1）计算的设计填土厚度为 T_d 为 7.344m。B 段路基施工期设计沉降 S_{td} 为 2.3m。按式（2）计算的设计填土厚度为 T_d 为 8.194m。

可见，设计填土厚度远大于设计填土高度，不可以按照设计填土高度进行填土控制。

3.2 计算水袋设计充水高度应考虑均匀荷载系数

充水后的水袋断面为不规则的椭圆形，水袋相互挤压后形状更加不规则，见图 2。

根据大量水载预压工程实践及充水试验等获得均匀荷载系数，以便于根据设计水载计算水袋设计充水高度。水袋设计充水高度应根据式（3）计算，且不应大于水袋容许充水高度。

$$h_b = \frac{p_w}{\gamma_w \delta} \tag{3}$$

式中：h_b 为水袋设计充水高度；δ 为均匀荷载系数，宜取 $0.85 \sim 0.9$。

3.3 水袋充水顺序应使水袋接触紧密

工程实践表明，水袋纵坡大于 2% 时，水袋易滚动。为防止水袋滚动，利于水袋之间相互挤压紧密，水袋充水顺序宜满足以下要求：

（1）水袋充水顺序应由低处向高处进行充水作业。

（2）最低点位于凹曲线中部的路段，宜先对最低处的水袋充水，然后由低处向高处两侧对称地进行充水作业，如图 3（a）所示。

图 2 水袋预压现场

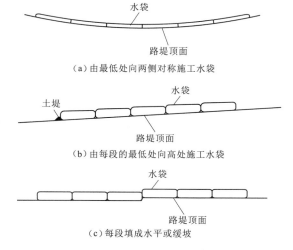

图 3 避免水袋滚动的措施

（3）路堤纵坡大于 2% 时，宜沿路堤纵向分成若干段，在每段最低处设置土堤，并由每段的最低处向高处进行充水作业，如图 3（b）所示；也可沿路基纵向分成若干段，每段填筑成纵坡小于2%的台阶，如图3（c）所示。

3.4　水池底面坡度应与路基坡度相同

为减少软基路堤预压程度的差异性，通常按照路基顶面设计坡度施工水载预压承载面。下面举例说明整平水池底面并不能提高水池法预压程度的均匀性。某段路基长50m，纵向坡度为3%，起点A处路床顶面高度为5m，终点B处路床顶面高度为3.5m，如图1所示。路堤填土重度为20kN/m³，路面结构荷载为20kPa。水池法最大蓄水深度为2.5m。三种水载预压方案见表1和图4，图中数值单位为m。

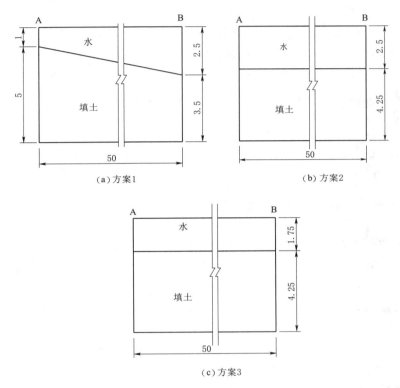

图4　水池预压方案对比

表1 水 池 预 压 方 案 对 比

预　压　方　案		1	2	3
设计荷载/kPa	A 处	120	120	120
	B 处	90	90	90
预压荷载/kPa	A 处	110	110	102.5
	B 处	95	110	102.5
材料数量/m²	土	212.5	212.5	212.5
	水	87.5	125	87.5
预压荷载/设计荷载	A 处	0.917	0.917	0.854
	B 处	1.056	1.222	1.139

方案 1 水池底面纵向坡度为 3%，最大水深为 2.5m，最小水深为 1m；方案 2 按照设计填土量将水池面整平，即水池底面纵向坡度为 0%，各处的水深均为 2.5，预压水体积为方案 1 的 1.43 倍；方案 3 按照设计填土量将水池底面整平，即水池底面纵向坡度为 0%，各处的水深均为 1.75m，预压水体积与方案 1 相等。三种方案的预压荷载、材料数量（不包括沉降土方）、预压荷载与设计荷载的比值见表 1。由表 1 可知，水池底面整平时，路堤预压程度的不均匀性增大，进而增大工后沉降的不均匀性，而且会增加工程量，因此不建议整平水池底面。

3.5 采用合适的监测技术

通常情况下路堤中线附近的沉降最大，因此路基卸载时间往往受路堤中线附近的沉降控制。为合理确定卸载时间，预压期间需要监测路堤中线附近的沉降。但是，在路堤中线附近设置沉降板不利于水池围堰设置、不利于沉降板附近的水袋之间相互挤压紧密。因此，建议采用沉降基准点位于压缩以下、基于大量程位移计的沉降计[6]，不建议采用沉降板。沉降计量程宜大于计算沉降的 1.2 倍。当沉降大于 0.5m 时，宜采用多圈电位器式沉降计。

一般路段监测断面的间距不宜大于 100m。路基高度超过天然地基极限填土高度的路段，监测断面间距不宜大于 50m。

3.6 根据预测剩余沉降确定补填土方厚度

3.6.1 补填土方确定方法

部分软基路堤水载预压施工前，填土厚度不足导致欠载预压，放水后继续填土的费用高且减少了预压时间。为减少这种情况，水载预压前应按以下方法确定水载前需要补填的土方厚度，并补填到位。

等载预压路段需要补填的土方厚度宜按式（4）计算，超载预压路段宜按式（5）计算：

$$\Delta H = H_e + S_d - p_w/\gamma_f - H_t - S_t - S_{ra} \tag{4}$$

$$\Delta H = H_o + S_d - p_w/\gamma_f - H_t - S_t - S_{ra} \tag{5}$$

式中：ΔH 为水载预压前需要补填的土方厚度；H_e 为将路面重度换算为填土重度后的路基高度；S_d 为等载对应的最终沉降；p_w 为设计水载；γ_f 为路堤填土重度；H_t 为水载预压前的路堤高度；S_t 为水载预压前已完成的沉降，m；S_{ra} 为容许工后沉降；H_o 为超载预压高度，等于 H_e 与超载厚度之和。

多个软基试验段和施工监测工程表明，软土地基路堤最终沉降与路堤沉降完成后的高度基本成正比[6]，因此等载对应的最终沉降 S_d 可按式（6）计算：

$$S_d = \frac{S_p H_e}{H_t - S_p + S_t} \tag{6}$$

式中：S_p 为水载预压前预压荷载对应的最终沉降。

刘吉福根据固结度简化计算公式推导得到沉降速率等于剩余沉降与 β 的乘积[7]，因此

$$S_p = S_t + \frac{V_s}{\beta} \tag{7}$$

$$\beta = \frac{\pi^2 C_v}{4L_d^2} + \frac{8C_h}{Fd_e^2} \tag{8}$$

$$F = \frac{n^2}{n^2-1}\ln n - \frac{3n^2-1}{4n^2} \tag{9}$$

$$n = \frac{d_e}{d_w} \tag{10}$$

式中：V_s 为与 S_t 对应的沉降速率；C_v 为竖向固结系数；L_d 为最大竖向排水路径长度。单面排水时取软土厚度，双面排水时取软土厚度的 0.5 倍；C_h 为水平固结系数；d_e 为排水体影响直径。正方形布置时取排水体间距的 1.128 倍，正三角形布置时取间距的 1.05 倍；d_w 为排水体直径。排水板可按周长相等的原则换算得到直径。

水载预压前，存在超过 90 天的加载间歇时间时，S_d 宜按式（11）、式（12）计算。式（12）中的 S_1、S_2、S_3 应是上述加载间歇时间内的实测沉降，且对应的监测时间 t_1、t_2、t_3 应满足 $t_3 - t_2 = t_2 - t_1$。

$$S_d = \frac{S'_p H_e}{H_1 - S'_p + S_1} \tag{11}$$

$$S'_p = \frac{S_3(S_2-S_1) - S_2(S_3-S_2)}{(S_2-S_1) - (S_3-S_2)} \tag{12}$$

式中：S'_p 为 t_1 前的路堤荷载对应的最终沉降；H_1 为与 S_1 对应的路堤高度；S_1 为对应 t_1 的沉降；S_2 为对应 t_2 的沉降；S_3 为对应 t_3 的沉降。

水载预压前，存在超过 180d 的加载间隔时间时，S_d 宜按式（13）、式（14）计算。在上述加载间隔前期选择某一时间点 t_0，可利用上述间隔时间内大于 t_0 的 t 对应的沉降资料按式（14）推算 S'_p。

$$S_d = \frac{S'_p H_e}{H_t - S'_p + S_t} \tag{13}$$

$$S'_p = S_0 + \frac{1}{b} \tag{14}$$

式中：S'_p 为 t_0 前的路堤荷载对应的最终沉降；H_t 为 t 对应的路堤高度；S_t 为 t 对应的沉降；S_0 为 t_0 对应的沉降；b 为横坐标为 $t-t_0$、纵坐标为 $(t-t_0)/(S_t-S_0)$ 的拟合曲线的斜率。

3.6.2　算例

下面通过算例说明如何应用上述方法确定水载预压前需要补填的土方厚度。

某段路基软土厚 15m，软土竖向固结系数 C_v 为 2×10^{-4} cm²/s。软土层下面是粗砂层。采用 B 型塑料排水板，正方形布置，间距 1.2m。路堤设计填土高 4.5m，填土重度为 20kN/m³；路面结构厚 0.87m，重度 24kN/m³。容许工后沉降为 0.3m。计划采用等载预压，水袋设计高度 2m。水载预压前路堤高度为 4.5m，已产生沉降 0.95m，路堤沉降速率为 3mm/d。B 型塑料排水板宽 100mm、厚 4mm，其等效直径 d_w 为 66.2mm。

按式（10）计算的塑料排水板距径比 n 为 20.4，按式（9）计算的 F 为 2.27。

软土水平固结系数取竖向固结系数的 2 倍，软土竖向最大排水路径为软土厚度的 0.5 倍，因此按式（8）计算的沉降速率系数 β 为 7.78×10^{-8} s⁻¹。按式（7）计算的水载预压前预压荷载对应的最终沉降 S_p 为 1.396m。

将路面重度换算为填土重度后的路基高度 H_e 为 5.544m。按照式（6）计算的等载对应的最终沉降 S_d 为 1.909m。

按式（3）可得到设计水载 p_w 为 18kPa，按式（4）计算的水载预压前需要补填的土方厚度 ΔH 为 0.803m。

路堤填筑过程中，由于土源等原因导致路堤填筑停工约 123d。停工期间沉降资料见表 2。

表 2 　　　　　　　　　　　　　路 基 监 测 资 料

序号	停工时间/d	路堤高度/m	沉降/m
1	30	3.07	0.7
2	60	2.99	0.78
3	90	2.94	0.83
4	120	2.91	0.86

利用停工 60～120d 的监测资料，按式（12）推算得到停工时路堤荷载对应的最终沉降 S_p' 为 0.905m，按式（11）推算等载对应的最终沉降 S_d 为 1.909m。按式（4）计算的水载预压前需要补填的土方厚度 ΔH 为 0.803m。

4　结语

为避免水载预压路堤工后沉降过大，应从设计、施工、监测等方面采取措施，保证预压荷载满足要求。

（1）应给出填土设计厚度，并按照设计填土厚度进行填土。根据设计水载计算水袋设计充水高度应考虑均匀荷载系数的影响。

（2）水袋充水顺序应按照利于水袋挤压紧密的原则确定。

（3）水池底面坡度应与路基设计坡度一致，避免预压程度差异过大。

（4）沉降监测宜采用沉降计，并根据沉降监测结果推算水载前需要的补填土方。

参 考 文 献

[1] 龚晓南. 高速公路地基处理理论与实践 [M]. 北京：人民交通出版社，2005：243-248.
[2] 孙明荣. 高速公路水载预压的试验研究 [J]. 中国水运，2007，7：82-83.
[3] 范江. 水载预压在高速公路软土地基施工中的应用 [J]. 湖南交通科技，2021（6）：114-117，144.
[4] 彭启林. 高速公路软土路基水袋堆载预压施工监理 [J]. 广东公路交通，2021（4）：17-21.
[5] 祝关翔，余清涛. 水载预压在软土路基处理中的应用浅析 [J]. 地基处理，2020（8）：357-360.
[6] 李国维，胡龙生，王润，等. 软土地基大变形位移计研制与工程应用 [J]. 公路交通科技，2013（5）：30-37.
[7] 张小平，刘吉福，李翔. 软基路堤高度与沉降的关系 [J]. 路基工程，2008（2）：121-122.
[8] 刘吉福，陈新华. 应用沉降速率法计算软土路堤剩余沉降 [J]. 岩土工程，2003，25（2）：233-235.

基于有限元模拟的堆载预压场地长期变形研究

郑金伙　江　涛　沈铭龙　陈华晗

（福建省建筑设计研究院有限公司，福建福州　350000）

摘　要：随着沿海地区城市化进程的加快，可供利用的优质建设场地日益紧张，越来越多的工程项目向地质条件较差的软土场地发展，从而面临软土场地后期沉降影响场地使用功能的问题。堆载预压法以其成本低廉、效果显著的优势在开阔场地软土地基处理中正得以广泛应用。本研究以某堆载预压地基处理项目为例，通过有限元数值模拟分析了堆载预压全过程场地内及周边环境的变形状态，总结了地基变形规律，结果表明：堆载预压不仅会引起周边地表沉降，还有可能造成周边地面隆起，距离边界放坡坡脚外侧 4 倍堆载高度位置隆起最大；堆载预压场地内地基水平变形影响范围可达 10 倍堆载高度以外，其主要集中于边界放坡下方，沿深度分布不均。针对上述规律，本研究还提出了工程建议措施，以供类似项目参考借鉴。

关键词：软土；堆载预压；地基处理

1　引言

随着软土场地建设项目的日益增多，软土地基的工后沉降问题越来越得到重视。软土存在含水量高、物理力学性质差、压缩性强、结构性显著的特点[1]，在场地附加荷载的作用下，软土地基往往会产生较大工后沉降，甚至发生地基失稳。为满足使用及安全要求，常采用工程措施对软土地基予以预先处理。对于大面积开阔场地，堆载预压法以其成本低廉、效果显著的优势正得以广泛应用。本文以某地基处理工程为例，采用 PLAXIS 有限元数值模拟软件，分析了堆载预压全过程的地基变形规律。

2　工程概况

某项目建设场地地势较为低洼，大部分区域需整平回填厚度 3m 以上填土至室外地面设计标高。场地地质条件极差，场地下伏深厚淤泥层。根据《建筑地基基础设计规范》[2]地基沉降计算公式，经计算，若不经处理，整平填土荷载及地面附加荷载作用下的场地工后沉降将达 0.4～0.6m，无法满足项目的安全及使用要求。

2.1　场地地质条件

根据地质勘察报告，场地地貌单元主要为冲积平原。本次拟采用堆载预压处理的区域场地岩土层自上而下分布及主要参数指标见表 1。其中，对地表沉降影响较大的土层主要是淤泥层。

作者简介：郑金伙，男，福建莆田人，教授级高级工程师，主要从事地基处理、基坑支护及边坡支护勘察、设计及研究工作。

表1 　　　　　　　　　　　　　　　　场地主要地层及参数表

层号	土层名称	厚度/m	含水量/%	重度/(kN/m³)	孔隙比	C/kPa	φ/(°)
1	杂填土	0～1.5	—	17.8	—	10	12
2	粉质黏土	1.5～3.2	—	18.8	—	21.5	10.7
3	淤泥	6.1～13.5	62.5	16.0	1.793	8.9	4.1
4	粉质黏土	0.8～8.4	—	19.2	—	28.0	13.1

2.2 地基处理方案

根据工程的统一工期安排,地基处理工期充裕,且施工场地开阔,边界与先建或已建建(构)筑物距离较远。经综合考虑,采用堆载预压法处理可在成本最优化、工期可接受的条件下保证地基处理效果达到场地使用要求。

堆载预压处理设计参数如下:竖向排水体采用塑料排水板,平面按间距0.8m正三角形布置,排水板打设深度10～16m,并按穿过软土层进入下部较好土层控制。排水板顶设置中粗砂垫层水平排水体。结合场地后期回填整平标高,预压堆载设计高度为3.2m,堆载两侧按1∶1.0放坡,分级加载速率按6kPa/d控制,满载预压时间180d。为减小填土层不均匀沉降,在垫层及填土层中设置多道土工加筋体。

3 堆载预压有限元模型的建立

采用岩土有限元软件Plaxis2D,建立软土地基堆载预压的有限元模型,模拟场地堆载预压从施工到投入使用整个过程,主要研究在地面均布荷载作用下地面的沉降情况以及土体的应力、应变、位移。为了提高计算效率,利用模型的轴对称性,建立半空间模型,模型宽66m,高23m。

由于本文除了研究土体固结外,还需研究土体水平位移及隆起对周边环境的影响,故土体本构模型采用较为成熟的Mohr - Coulomb弹塑性本构模型,能够通过较少的参数较好地描述黏性土的应力应变关系。土工加筋材料采用线弹性模型模拟,塑料排水板通过排水线模拟,线间距0.8m。由于采用2D平面应变简化分析三维排水固结问题,有限元模型中的排水线对应的是现实中的"排水墙"。因此,需通过技术手段将模型中的排水墙等效为间隔分布的排水板的排水效果。本模型采用赵维炳等[3]提出的平面应变固结与轴对称固结理论等效方法,通过将实际土层的渗透系数乘以相应的调整系数以保证排水墙与排水板同一深度平均固结度相等,推导出平面应变模型中考虑涂抹效应的等效渗透系数。选取最典型钻孔进行模拟分析,土层数值模拟参数见表2。

表2 　　　　　　　　　　　　　　　数 值 模 拟 参 数 表

层号	土层名称	厚度/m	重度/(kN/m³)	弹性模量/MPa	泊松比	C/kPa	φ/(°)	渗透系数/(m/d)		排水板区域土体等效渗透系数/(m/d)	
								水平	竖直	水平	竖直
—	分层回填土	3.2	18.0	5.0	0.3	15	15	0.1	0.1	—	—
—	砂垫层	0.5	19.0	6.5	0.3	5	25	10	10	—	—

续表

层号	土层名称	厚度/m	重度/(kN/m³)	弹性模量/MPa	泊松比	C/kPa	φ/(°)	渗透系数/(m/d) 水平	渗透系数/(m/d) 竖直	排水板区域土体等效渗透系数/(m/d) 水平	排水板区域土体等效渗透系数/(m/d) 竖直
2	粉质黏土	2.55	18.8	4.6	0.34	21.5	10.7	3.8E-5	4.3E-5	7.8E-6	3.8E-5
3	淤泥	12.9	16.0	1.9	0.38	8.9	4.1	7E-5	1E-4	1.6E-5	9.20E-5
4	粉质黏土	4.0	19.2	5.7	0.34	28.0	13.1	3.8E-5	4.3E-5	—	—

岩土体为半无限弹性体，因此在建模过程中模型顶部边界为自由边界条件，模型底部边界为固定约束条件，模型两侧边界为水平位移约束条件。堆载按 6kPa/d 的加载速度每天填筑 0.33m，在满载 180d 后，继续模拟 10 年的场地长期状态。

4 数值模拟结果及分析

4.1 竖向位移量

图 1 为堆载预压完成时地基竖向位移分布云图。由图 1 可知，施工期间地基沉降主要发生于边界内部，越靠近边界外侧，沉降越小；边界放坡坡脚位置沉降仅为坡肩位置 1/3。因此，设计阶段应保证拟预压边界在堆载放坡坡肩范围以内，方可保证地基预处理效果。

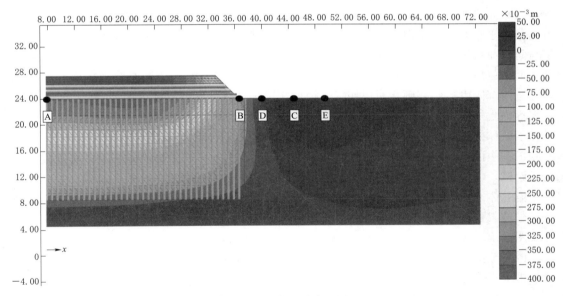

图 1 竖向位移分布云图

观察图 1 中堆载周边环境的竖向位移可知，以边界放坡坡脚外约 3.5m（约 1 倍堆载高度）D 点为界，内侧地表发生沉降，外侧地表发生隆起，距离坡脚 13m（约 4 倍堆载高度）位置 E 点为地表隆起最大位置。这表明堆载预压地基处理对周边环境的影响较为复杂，不仅会引起周边地表沉降，还有可能造成周边地面隆起。其原因是施工阶段堆载对周边土体的挤压效应大于周边土体的固结效应。因此，在堆载预压设计阶段，应合理控制堆载速度与堆载高度，以防堆载对周边环境产生过大影响甚至发生边界放坡失稳。

取图 1 中原状地表中心点 A，边界放坡坡脚点 B 及边界放坡坡脚外侧 5m 点 C 的数值模拟数据及路基内部点实测及理论计算竖向沉降数据，作竖向位移与时间关系曲线如图 2 所示。可以看出，五条曲线均表现出在堆载填筑阶段场地的竖向变形速度最快的规律。随着时间进入满载预压阶段，竖向位移变化速度逐渐减小。

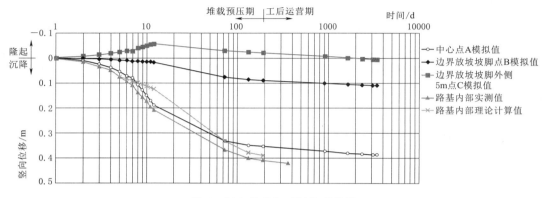

图 2　竖向位移与时间关系曲线

对比图 2 中路基内部实测值、数值模拟值及理论计算值的沉降变化情况可以发现，三条曲线总体趋势较为一致，但实测值相对模拟值及理论值略偏大，特别是预压期后段，这可能是由于实际场地淤泥在预压前便处于欠固结状态，在预压过程中，剩余自重荷载沉降量与附加荷载沉降量叠加，而数值模拟及理论计算中没有体现。此外，根据数值模拟，在预压期结束后，场地中心点固结度已达 91.2%，即土体基本完成固结。但此时路基内部实测竖向沉降发展趋势则相对更明显，说明实际土体固结度相对模拟结果略低。这表明实际工程中土体排水固结效率较数值模拟稍显更低。可能的原因是数值模拟及理论计算中仅考虑了涂抹效应，未考虑井阻效应或排水板在使用过程中劣化或淤堵的影响。综上所述，实际工程中因场地软土历史固结情况难以准确获得，且预压过程中排水板受荷可能发生劣化或淤堵，场地工后沉降可能大于预期值，在设计阶段宜适当考虑其不利影响。

但总体来看，本项目不论实测数据、模拟数据或是理论计算数据，地基处理中心区域在经过堆载预压处理过后效果均显著，沉降已趋于稳定，满足使用要求。

图 2 中坡脚位置 B 点的数值模型竖向变形趋势则稍有不同。在时间进入工后运营期后，该位置的竖向位移仍在继续发展，但最终的竖向位移量依然较小。这是由于坡脚位置位于排水板范围边界，其排水效率较中心处更低，预压处理完成后的固结度更小，仍有部分沉降需在工后发展。此外，相对内部区域约 0.36m 的最终沉降变形，坡脚竖向总位移量也较小，仅约为 0.11m。其原因是边界放坡坡脚处的堆载附加荷载相对中心处较小。

图 2 中展现了数值模型边界放坡坡脚外侧 5m 的竖向变形规律。与上述规律不同的是，随着堆载填筑高度的增加，该位置表现为地表隆起并且绝对值不断增大；当堆载达到满载，该位置的变形改为向下沉降。在运营 10 年期后，地面标高才基本恢复到原始标高。其工后沉降与坡脚位置接近，均为 0.01m 左右，处于允许范围内。

4.2　水平位移量

图 3 为堆载填筑达到最高点时的地基水平位移云图。由图 3 可见，地基内水平位移最大的区域位于边界放坡位置正下方，深度约为 5m 处，最大水平位移约为 140mm，且沿深度方向水平位移分布不均。此外，在边界放坡坡脚外侧 32m（即 10 倍堆载高度）以外，地基仍存在 10～20mm 水平位移，说明预压固结法对周边环境水平位移影响较广。

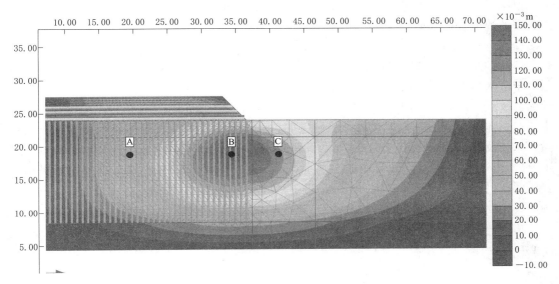

图 3　水平位移云图

进一步探究水平位移与深度的关系，作模型边界坡肩位置堆载填筑达到最高点时的水平位移沿深度（相对原状地面深度）分布曲线及实测边界位置测斜数据曲线如图 4 所示。对比图 4 实测值及模拟值可以发现，两者趋势基本一致。实测值与模拟值土体最大水平位移值接近，均为 140mm 左右，且均发生在深度 5～6m 处，即浅层淤泥区域。随着深度进一步加深，水平位移快速减小。整体来看，边界区域地基水平位移沿深度分布较为不均

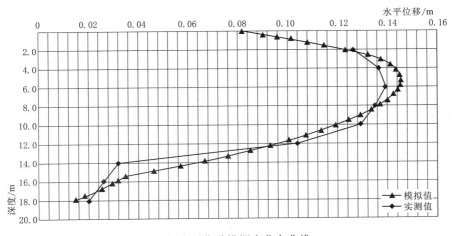

图 4　水平位移沿深度分布曲线

匀，呈大肚子形，最大水平位移差可达 0.1m 以上。

过大的不均匀水平位移可能导致排水板排水效果下降甚至破坏失效。这种现象对加固边界区域的排水板韧性及施工质量提出了更高要求。必要时应对加固边界附近区域的排水板进行更有针对性地设计，如加密排水板，采用更高性能的排水板等，以保证处理边界附近的预压固结效果。

取图 3 中最大水平位移标高处内部点 A，边界放坡点 B，边界放坡坡脚外侧 5m 点 C 三个点的数值模拟数据及实测坡肩同深度水平位移数据，作水平位移与时间关系曲线图，如图 5 所示。可以看到，模型 B 点的水平位移数据与实测值均呈现堆载期快速增长的趋势。不同的是，B 点模拟值水平位移量在稳压期略微下降，实测数据则略微上升。这可能是由于进入满载期，堆载不再增加，但坡脚内侧因排水板作用软土固结沉降速度大于坡脚外侧，软土层面向场地内倾斜，软土水平位移产生向场地内回收变化趋势。该趋势在模型中相对土体正向受压法向扩张的影响更显著，而实际软土的塑性较数值模型参数取值更强，水平位移回收趋势较弱，故水平位移外扩占优。但两者总的最终水平位移值相近。

另外，由图 5 可见，边界放坡下方 B 点、坡脚外侧 5m 处下方 C 点的土体的水平位移在运营期仍有一定上升。因此，实际工程中对场地状态的监测周期宜尽可能延长，特别是场地周边存在对地基变形敏感的建（构）筑物。

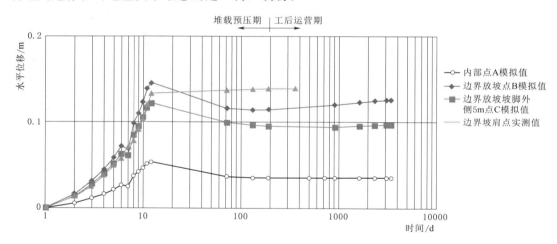

图 5　水平位移与时间关系曲线

5　结语

通过建立堆载预压场地的长期状态的数值模拟模型，并与实测数据对比分析，得出结论如下：

（1）本文数值模拟结果与理论计算结果及实测数据规律及数值较为吻合，模型具有较好的可靠性及参考价值。

（2）工程中因场地软土历史固结情况难以准确获得，且预压过程中排水板受荷可能发生劣化或淤堵，场地工后沉降可能大于预期值，在设计阶段宜适当考虑其不利影响。

（3）堆载预压地基处理对周边环境的影响较为复杂，不仅会引起周边地表沉降，还有可能造成周边地面隆起，距离边界放坡坡脚外侧 4 倍堆载高度位置隆起最大。在堆载预压设计阶段，应合理控制堆载速度与堆载高度，以防堆载对周边环境产生过大影响甚至发生边界放坡失稳。

（4）堆载预压场地内地基水平位移主要集中于边界放坡位置，其沿深度分布不均。过大的不均匀水平位移可能导致排水板排水效果下降甚至破坏失效。必要时应对加固边界区域的排水板布置及性能进行专门设计以保证该区域地基处理效果。

（5）预压固结法对周边环境水平位移影响较广，可达边界放坡坡脚外 10 倍堆载高度。且边界放坡附近区域地基水平位移在运营期仍有一定上升，实际工程中对场地状态的监测周期宜尽可能延长，特别是场地周边存在对地基变形敏感的建（构）筑物时。

参考文献

［1］ 胡建平，郑建朝. 浙江近海软黏土次固结系数研究及应用［J］. 地下空间与工程学报，2016，12（4）：1082 - 1088.

［2］ 中华人民共和国住房和城乡建设部. 建筑地基基础设计规范：GB 50007—2011［S］. 北京：中国建筑工业出版社，2011.

［3］ 赵维炳，陈永辉，龚友平. 平面应变有限元分析中砂井的处理方法［J］. 水利学报，1998（6）：54 - 58.

考虑次固结影响的软基工后沉降预测方法

杨　杰[1,3]　蔡耀辉[2]　曾祥煜[3]

(1. 南京水利科学研究院，江苏南京　210029；

2. 河海大学　土木与交通学院，江苏南京　210024；

3. 南京水科院瑞迪科技集团有限公司，江苏南京　210029)

摘　要： 采用排水固结法处理软土路基，工后沉降的预测尤为重要，其能加强对卸荷时机的把握，确保工程质量，节省费用。对比沉降理论计算，采用现场监测数据进行拟合推算工后沉降的方法更贴合实际，同时更易被工程人员所接受。本文结合工程实例，采用双曲线法、灰色Verhulst模型、Asaoka法进行工后沉降预测，发现这些方法均存在未充分考虑次固结的影响。鉴于此，经分析研究，得出工后沉降中次固结沉降是其主要组成部分，并提出相对容易获取参数的预测改进方法，经工程实例验证，该方法预测的工后沉降与实际情况较为吻合，具有一定参考价值。

关键词： 沉降预测；双曲线法；灰色Verhulst模型；Asaoka法；次固结

引言

我国大陆海岸线长度约1.8万km，沿岸地质条件复杂多样，多数区域广泛分布软弱土层，厚度几米至几十米不等，物理力学性质极差，以淤泥、淤泥质土为主。特别是华南地区，泥质海岸发育，软土厚度较大，承载力极低，在上部荷载作用下，地基沉降和不均匀沉降大，对工程建设特别是跨度大的线路工程极其不利。

为减小地基沉降和不均匀沉降的影响，需对软土进行加固处理，处理方法的选择和处理程度与工期和费用息息相关。根据相关规范规定[1]，对于公路工程在使用年限内可以允许有一定的工后沉降，但在设计阶段或在施工期末期如何准确预测这个量值非常值得研究。

针对于软土地基工后沉降预测，特别是采用预压法处理后的软土地基工后沉降预测方法有很多种，从类别上大致可以分为：①解析法[2]，也叫理论公式求解法，它是太沙基固结理论的假设与弹性模型相结合的一种计算方法；②数值分析法[3-4]，是基于岩土土体本构模型理论并结合比奥固结理论所得出的一种方法；③经验算法，是根据工程中的监测资料采用数学公式进行推算的一种方法，主要有双曲线法、指数曲线法、灰色系统法、多元非线性相关分析法、人工神经网络法等。经验算法主要根据现场监测资料，更贴合工程实测数据，同时也更易被工程人员接受。本文以常用的经验算法为研究对象，旨在找出其中

作者简介： 杨杰（1986—　　），男，高级工程师，主要从事软土地基处理方面研究。

基金项目： 国家自然科学基金面上项目（52279135）、中央级公益性科研院所基本科研业务费专项资金（Y323005）。

的不足之处进行分析，提出工后沉降预测的新思路，供后续类似工程借鉴。

1　常用预测模型概述及分析

软土地基工后沉降预测的经验方法有很多种，根据原型观测数据的特点结合工程经验，本文选用灰色 Verhulst 模型[5]、Asaoka 法[6] 和双曲线法[7] 就某工程排水固结法处理的软土路段进行分析，来对其适用性进行讨论。

1.1　灰色 Verhulst 模型

灰色 Verhulst 模型属于灰色模型的一种，Verhulst 模型的几何曲线是一条 s 形的曲线，与软土地基的沉降曲线相似。该模型的表达式为

$$\frac{\mathrm{d}p(t)}{\mathrm{d}t}=ap(t)-bp^2(t) \tag{1}$$

设有等时距的累计沉降数据列 $x^{(0)}_{(i)}$，$i=1,2,\cdots,n$；进行一次累减，以削弱原始数据中的随机因素，得到一组新的序列：$x^{(1)}_{(k)}=x^{(0)}_{(k)}-x^{(0)}_{(k-1)}$，$k=2,3,\cdots,n$。将新的序列代入式（1），根据最小二乘法，求出待定参数 a、b，并代入式（1），当 $t\to\infty$，用 Verhulst 模型计算工后沉降为

$$S_{pv}=\frac{a}{b}-S_u \tag{2}$$

1.2　双曲线法

双曲线法可以用于大变形固结和沉降分析，适合对恒载期的沉降进行预测。当固结度在 $60\%\sim90\%$ 时，固结度 U 与时间因子 T 之间为等轴双曲线关系，基本方程为

$$S_t=S_0+\frac{t-t_0}{a'+b'(t-t_0)} \tag{3}$$

式中：t 为时间；S_t 为时间 t 对应的累计沉降值；t_0 为初始观测时间；S_0 为初始沉降值；a'，b' 为待定系数。当 $t\to\infty$，$S_t=S_0+\frac{1}{b'}$，即最终沉降量。用双曲线法计算工后沉降为

$$S_{ph}=S_0+\frac{1}{b'}-S_u \tag{4}$$

式中：S_u 为实测累计沉降量。

1.3　Asaoka 法

Asaoka 法是在一维垂直固结方程的基础上提出来的。由 Mikasa 提出以体积应变表示的固结微分方程：

$$\frac{\partial\varepsilon}{\partial t}=C_v\frac{\partial^2 g}{\partial z^2} \tag{5}$$

该方程可近似用一个级数形式的普通微分方程来表示，并采用一阶微分项，可得下列差分表达式：

$$S_j=\beta_0+\beta_1 S_{j-1} \tag{6}$$

式中：β_0 和 β_1 为待定系数。推算最终沉降，只需作出 $S_{j-1}—S_j$ 关系图，求得 β_0 和 β_1，

并且根据在土完全固结时 $S_{j-1}=S_j=S_\infty$，则有最终沉降：$S_\infty=\dfrac{\beta_0}{1-\beta_1}$。用 Asaoka 法计算工后沉降为

$$S_{pa}=\frac{\beta_0}{1-\beta_1}-S_u \tag{7}$$

式中：S_u 为实测累计沉降量。

1.4 实例分析

根据上述三种软土地基工后沉降预测方法，选取华南地区某公路工程软土路基段的地基处理期间的原型观测数据进行分析，综合对比三种方法的优缺特点。该工程软土路基采用空联合堆载预压法和超载预压法进行处理。

本文采用 matlab 进行数据处理，其中 Verhulst 法和双曲线法数据采用三次样条插值处理。处理结果见表 1。

表 1　　　　　　　　　工后沉降预测结果

方　法	真　空　段			超　载　段		
	实测累计沉降 /cm	推算最终沉降 /cm	工后沉降 /cm	实测累计沉降 /cm	推算最终沉降 /cm	工后沉降 /cm
Verhulst 法		96.56	3.06		99.23	0.98
Asaoka 法	93.50	97.29	3.79	98.25	99.67	1.42
双曲线法		106.85	13.35		120.79	22.54

不同预测方法与沉降实测值对比见图 1 及图 2。

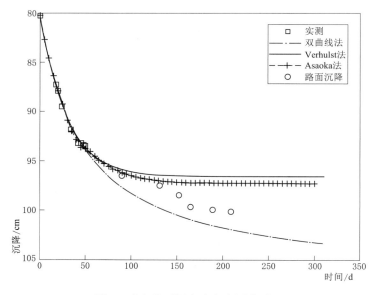

图 1　真空段不同方法与实测值对比

从各预测工后沉降方法的拟合曲线看，各方法均能与地基处理期原型数据很好地拟

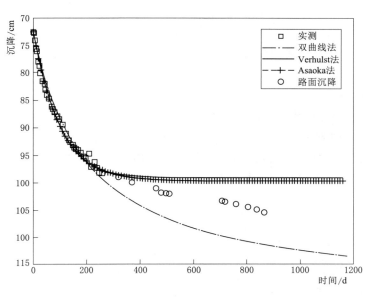

图 2　超载段不同方法与实测值对比

合，但与工后路面沉降数据对比均有一定偏差。Verhulst 法和 Asaoka 法收敛速度较快，推算的工后沉降偏小；而双曲线法收敛速度相对较慢，从现有工后沉降监测数据来看，结果偏保守。同时，Verhulst 法和 Asaoka 法拟合曲线具有高度一致性，二者预测的工后沉降非常接近。

1.5　原因分析

根据土力学理论，地基总沉降可分为三部分，依发生次序来说为瞬时沉降、主固结沉降和次固结沉降。瞬时沉降为加荷后立即发生的沉降，其值一般较小，对工后沉降影响甚微，实际工程中预测工后沉降时忽略该部分沉降量值。主固结沉降[2] 主要是指地基在外荷作用下，超静孔压逐渐消散，地基中土粒骨架之间的水分逐渐排除而引起的沉降。次固结沉降是发生在土体固结后期，此时超静孔压基本已消散为零，主固结已基本完成，因土颗粒骨架的自身蠕变特性以及微小的超静孔隙水压力存在，驱使水在土粒之间流动而发生的缓慢变形。

对一般黏性土，次固结沉降占总沉降很小的一部分，工程中一般不做考虑。而对于软土，许多学者认为其占总沉降的 5%～40%[10-12]，次固结的影响不可忽略。

上文实例中，路面沉降原型观测数据与三种方法拟合曲线结果的偏差是这三种方法本身问题导致的：Asaoka 法是基于一维垂直固结方程[8] 推导而来，其具备一定理论基础，Asaoka 指出[6] 其一阶方法不能预测次固结沉降；双曲线法是根据土体沉降在固结度 60%～90% 之间近似为双曲线得出的一种纯经验方法[9]，不同于一般黏性土在固结后期沉降曲线快速收敛，该法拟合曲线为一条双曲线，收敛速度相对较慢，预测结果较大，因而该法能够对软土最终沉降有相对好的预测效果；灰色预测模型与 Asaoka 法具有一致性[13]，通过上文 Asaoka 法与灰色模型预测曲线的一致性也可以验证。

2 方法改进

在软土地基施工过程中，发生的沉降主要为主固结变形，次固结仅占极小部分，传统的采用施工期间沉降数据推算包含次固结变形的工后沉降偏差较大。有规范[1]提出在采用实测沉降数据推算工后沉降的基础上乘放大系数来考虑次固结变形，但次固结变形受土质影响差别很大，放大系数难以准确取值。

为较为准确地预测工后沉降，需单独对次固结变形进行考虑，在以主固结变形为主的施工期实测沉降数据推算工后沉降的基础上增加次固结变形量值的方法较为可靠。因此，基于冯志刚等[14]提出的常规次固结沉降的改进计算方法，将Asaoka法式（7）修正为

$$S_{pa} = \frac{\beta_0}{1-\beta_1} - S_u + \frac{H}{1+e_0} \frac{C_a \lg\left(\frac{t_2}{t_1}\right)}{1 + \frac{C_a}{e_0} \lg\left(\frac{t_2}{t_1}\right)} \tag{8}$$

式中：S_u 为实测累计沉降量；t_1 为次固结开始时间；t_2 为计算工后沉降时间节点，一般取公路设计使用年限；e_0 为初始孔隙比；C_a 为次固结系数；H 为压缩土层厚度。

次固结系数可通过试验获取，但在实际工程中，较少开展次固结试验，根据前人研究成果[15]，软土次固结系数 C_a 与含水率 w、土体塑性指数 I_p 之间存在经验公式：

$$C_a = 0.0002w + 0.0023 \tag{9}$$

$$C_a = 0.0012I_p - 0.0212 \tag{10}$$

含水率 w 和塑性指数 I_p 都是反映软土性质的基本参数，获取相对容易，通过式（9）或式（10）可以较方便计算得出次固结系数 C_a。对于 t_1 的取值，依据相关规范[1]规定，选取Asaoka法沉降曲线中沉降速率开始小于5mm/月的时间节点。

3 工程实例

根据前文案例相关勘测资料，软土厚度 $H = 25.0$m，e_0 和 C_a 分别为 1.78 和 0.0143，真空段 t_1 为第110天，超载段 t_1 为第300天。t_2 按一级公路设计使用年限取15年。计算结果见表2。次固结计算曲线和工后沉降实测值对比结果见图3和图4。

表 2 改进方法工后沉降预测结果

真 空 段			超 载 段		
实测累计沉降 /cm	推算最终沉降 /cm	工后沉降 /cm	实测累计沉降 /cm	推算最终沉降 /cm	工后沉降 /cm
93.50	115.58	22.08	98.25	114.96	16.71

从图3和图4中可看出，改进后的工后沉降预测方法推算结果与原型观测值吻合性较好，该方法比常规预测方法更接近实测值。

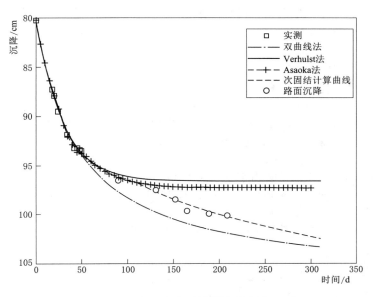

图 3 真空段次固结曲线对比图

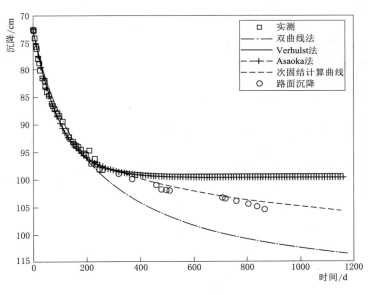

图 4 超载段次固结曲线对比图

4 结语

（1）对于软土地基工后沉降预测，Verhulst 法和 Asaoka 法只考虑了主固结沉降部分，未充分考虑次固结沉降部分，预测结果较实际量值偏小。双曲线法推算工后沉降量值较保守，但该方法不具备理论基础，与实测值有一定误差。

（2）采用本文考虑次固结工后沉降的修正方法推算的工后沉降与原观数据吻合度较

好，且该方法理论明确，参数较为简单，可为后续类似工程提供参考。

参考文献

［1］ JTG D30—2015 公路路基设计规范 ［S］. 北京：人民交通出版社，2004：70 - 71.

［2］ 钱家欢. 土工原理与计算 ［M］. 北京：水利电力出版社，1994.

［3］ 杨涛，殷宗泽. 复合地基沉降的复合本构有限元分析 ［J］. 岩土力学，1998 (2)：19 - 25.

［4］ 郑俊杰，马强，韦永美，等. 复合地基沉降计算与数值模拟分析 ［J］. 华中科技大学学报 （自然科学版），2010，38 (8)：95 - 98.

［5］ 宋彦辉，聂德新. 基础沉降预测的 Verhulst 模型 ［J］. 岩土力学，2003 (1)：123 - 126.

［6］ Akira Asaoka. Observational Procedure of Settlement Prediction ［J］. Soils and Foundations，1978，18 (4)：87 - 101.

［7］ 何良德，姜晔. 双曲型曲线模型在路基沉降预测中的应用 ［J］. 河海大学学报 （自然科学版），2009，37 (2)：200 - 205.

［8］ Mikasa，M. (1900). The consolidation of soft clay - a new consolidation theory and its application. Japanese Society Civil Engineering. JSCE，1965：21 - 26.

［9］ Sridharan A，Murthyand N S，Prskash K. Rectangular hyperbola method of consolidation analysis ［J］. Geotechnique，1987，37 (3)：355 - 368.

［10］ 倪一鸿. 公路荷载作用下软土地基次固结 ［J］. 公路，1999 (10)：56 - 61.

［11］ 刘增贤. 公路软基次固结及其工程意义探讨 ［J］. 公路，2006 (2)：73 - 76.

［12］ 张诚厚. 高速公路软基处理 ［M］. 北京：中国建筑工业出版社，1997.

［13］ 潘翔. 地基沉降预测的两种灰色模型与 Asaoka 法 ［J］. 地下空间与工程学报，2013，9 (6)：1443 - 1448，1464.

［14］ 冯志刚，朱俊高，冯豪杰. 常规次固结沉降计算方法的改进研究 ［J］. 岩土力学，2010，31 (5)：1475 - 1480.

［15］ 刘维正，李天雄，徐冉冉，等. 珠海海相软土次固结变形特性及其系数取值研究 ［J］. 铁道科学与工程学报，2022，19 (5)：1309 - 1318.

饱和土固结系数求解方法的研究与应用

李治朋[1,2]

(1. 天津水运工程勘察设计院有限公司　天津市水运工程测绘技术重点实验室，
天津　300456；2. 交通运输部天津水运工程科学研究所　港口水工建筑技术
国家工程实验室，天津　300456)

摘　要：介绍了基于固结试验求解饱和土固结系数的三种方法，即理论计算法、基于时间平方根法的编程图解法和基于时间对数法的编程图解法。通过试验结果说明了三种方法的特点及其适用性，理论计算法能够直接计算每一级压力某时刻的固结系数，无须作图，得出土的固结系数不是定值，随固结时间的增加而减小，随固结压力的增大而增大，各级压力的固结系数在固结稳定时又趋于相等。理论计算法得到的固结系数，固结初期较大，中期与时间平方根法求解的结果接近，后期与时间对数法求解的结果接近。设计编制的程序图解固结系数比手工绘图找出拟合线更快捷准确。时间变形曲线的质量对时间平方根法和对数法影响较大，但对理论计算法没影响，工程应用时，根据实际工况和固结实验结果选取合适的方法，才能准确求解土的固结系数。

关键词：固结实验；固结系数；时间平方根法；时间对数法；变形

1　引言

俗话说"九层之台，始于垒土""万丈高楼平地起""基础不良的好建筑是没有的"等，即任何建筑必须建在稳定的地基上，码头、防波堤等港口工程建设亦是如此，研究地基土体的受力与变形至关重要。土体在荷载的作用下，孔隙水不断排出，孔隙水压力逐渐消散，土体体积逐渐减小并产生沉降的现象，称为土的固结[1-2]。固结系数是反映土体固结快慢的重要指标，是软土地基处理设计中的重要参数，计算固结度的变化或超静孔压消散过程，都需要用到固结系数，软基处理方法的选择、施工工期、排水井间距、预压荷载以及工程造价等都与固结系数密切相关[3]。影响固结系数精度的因素很多，如现场取样和运输中的扰动、试验设备、试验操作中产生的误差等，还有试验数据处理和计算方法所产生的误差。

根据固结试验确定固结系数的方法有多种，其中最常用的是规范[4]推荐的由 Taylor 提出的时间平方根法和 Casagrande 提出的时间对数法。此外，国内外学者提出许多不同确定固结系数的方法，如 Cour [5]提出的反弯点法，Sivaram[6]提出的三点法，Scott

---

作者简介：李治朋（1984—　），男，高级工程师，主要从事岩土工程测试与研究。

基金项目：国家自然科学基金面上项目（41572297）；中央级公益性科研院所基本科研业务费项目（TKS20220107；TKS20210105）。

法[7]、Asaoka 法[8]、Prasad 等[9] 提出的两点法，Parkin[10] 提出的速率法，李金轩等[11] 提出的标准曲线比拟法，张仪萍等[12] 提出的减小时间变形曲线初始段和次固结影响的方法，李涛等[13] 提出的剩余沉降对数法，张勇等[14] 提出的固结速率半对数法，章为民等[16] 提出的反演计算，包太等[17] 提出的最小二乘法编程计算等。这些方法主要是根据固结理论计算和时间变形曲线的特点，进行适当的近似简化，来求解计算土的固结系数。固结系数采用不同的方法进行求解，其结果可能会相差较大，同时，上述方法也都有各自的适用范围和条件[15]。

求解固结系数的方法较多，本文以理论计算和最常用的时间平方根法、时间对数法求解固结系数为基础，反演分析和编程图解计算固结系数，结合固结试验实测数据，进行分析比较，根据分析结果提出确定固结系数的建议。

2　固结系数计算方法

土体压缩通常分为三个阶段：瞬时沉降、主固结沉降和次固结沉降，太沙基一维固结理论主要是描述土体主固结阶段的压缩特性。

固结系数主要是通过固结试验测试的，测试按照固结试验方法步骤即可，测试固结系数时，施加每一级压力后，宜按下列时间顺序测记试样的高度变化。施加每级压力后 24h 测定试样高度变化作为稳定标准。试验时，固结仪及加压设备须进行校准，并作仪器变形校正曲线。需要指出的是，环刀上下部分别垫有透水石，透水石是由氧化铝或不受腐蚀的金属材料制成，其渗透系数远大于试样的渗透系数，上部透水石直径略小于环刀内径 0.2~0.5mm，因此，固结试验是双面排水的过程。根据固结试验结果，可以绘制出某一级压力下的变形与时间关系曲线。

2.1　理论计算法

理论计算法基于太沙基单向固结理论，Terzaghi 单向固结理论的基本假设[1] 有：①土是均质、各向同性且饱和的；②土颗粒和空隙水是不可压缩的，土的压缩完全由空隙体积的减小引起；③土的压缩和固结仅在竖直方向发生；④孔隙水的向外排出符合达西定律，土的固结快慢取决于它的渗透速度；⑤在整个固结过程中，土的渗透系数和压缩系数等均视为常数；⑥地面上作用着连续均布荷载并且是一次施加的。那么，太沙基单向固结微分方程如下：

$$\frac{\partial u}{\partial t} = C_v \frac{\partial u}{\partial z} \tag{1}$$

式中：C_v 为固结系数，$C_v = k(1+e)/a\gamma_w = kE_s/\gamma_w (\text{cm}^2/\text{s})$。任何时刻 t，任何位置 z，土体中孔隙水压力 u 都必须满足式（1）。

根据边界条件，分离变量可求解为式（2）：

$$u = \frac{4}{\pi} p \sum_{m=1}^{\infty} \frac{1}{m} \sin\left(\frac{m\pi z}{2H}\right) e^{-m^2 \frac{\pi^2}{4} T_V} \tag{2}$$

式中：m 为正奇数；T 为时间因数，无因次；$T_V = C_v t/H^2$。

根据固结度定义，土层平均固结度可表示为式（3）：

$$U = 1 - \frac{\int_0^H u \, \mathrm{d}z}{\int_0^H u_0 \, \mathrm{d}z} \tag{3}$$

将式（2）代入式（3），积分后可得到土层的平均固结度，见式（4）：

$$U = 1 - \frac{8}{\pi^2}\left(e^{-\frac{\pi^2}{4}T_V} + \frac{1}{9}e^{-9\frac{\pi^2}{4}T_V} + \frac{1}{25}e^{-25\frac{\pi^2}{4}T_V} + \cdots\right) = 1 - \frac{8}{\pi^2}\sum_{m=1}^{\infty}\frac{1}{m^2}e^{-m^2\frac{\pi^2}{4}T_V} \tag{4}$$

式（4）中的级数收敛很快，当 $T_V \geqslant 0.16$ 时，可仅取级数的第一项进行计算，即

$$U = 1 - \frac{8}{\pi^2}e^{-\frac{\pi^2}{4}T_V} \tag{5}$$

将 $T_V = C_v t / H^2$ 代入式（5），可反求得固结系数，见式（6）：

$$C_v = \frac{4H^2}{\pi^2 t}\ln\frac{8}{\pi^2(1-U)} \tag{6}$$

式中：H 为最大排水距离，单面排水时为土层厚度，双面排水时为土层厚度的一半；t 为固结时间；U 为固结度，这里可采用 $U = S_t / S$ 进行计算。因此，只需测得 H、t、U，即可计算固结系数 C_v，而 H、t、U 三个参数都是可以通过固结试验的时间变与形曲线直接测出。当然，在固结过程中，这三个参数是随时间变化的变量，所以固结系数也不是一个定值。

2.2　基于时间平方根法的编程图解法

时间平方根法，即对某一级压力，以试样的变形为纵坐标，时间平方根为横坐标，绘制变形与时间平方根关系曲线 $d-\sqrt{t}$ 曲线，延长曲线开始段的直线 L_1，交纵坐标于 d_s 为理论零点，过 d_s 作另一直线 L_2，令其横坐标为前一直线 L_1 横坐标的 1.15 倍，则后一直线 L_2 与变形时间平方根关系曲线交点所对应的时间的平方即为试样固结度达 90% 所需的时间 t_{90}。那么，该级压力下的固结系数可按下式计算：

$$C_v = \frac{0.848\overline{h}^2}{t_{90}} \tag{7}$$

式中：C_v 为固结系数，cm^2/s；$\overline{h}$ 为最大排水距离，即某级压力下试样的初始和终了高度的平均值一半，cm；t_{90} 为试样固结度达 90% 所需的时间 s。

为了计算 C_v，需要求解出 t_{90}。根据时间平方根法的定义，需要作出变形与时间平方根关系曲线，这个较为简单，使用 office 办公软件即可快速作出，但直线 L_1 和 L_2 并没那么容易快速准确的作出，通常需要使用坐标纸手工先绘制 $d-\sqrt{t}$ 曲线，再绘制出直线 L_1 和 L_2，进而找出 t_{90}。手工绘制曲线法求解至少存在两个缺点：一是作图效率低；二是作图时容易出现人为误差。目前也有专门的土工试验采集处理商业软件，如 TWJ 土工试验采集处理系统等，带有固结试验处理作图功能，这种商业软件作图迅速，能够快速求解出 t_{90} 和 C_v，但处理过程是怎样的，是否准确，效果如何，存在问题与否不清楚，让试验人员不知道结果是否正确，需要进一步校核或抽检后，才能放心使用商业软件得出的数据；另外，处理数据时若要剔除异常点也比较困难，很容易出现异常或错误。

采用时间平方根法求解固结系数的难点在于绘制直线 L_1 和 L_2，从而求得 t_{90}。使用

坐标纸手工绘制 $d-\sqrt{t}$ 曲线，再绘制出直线 L_1 和 L_2，可以求得 t_{90}，但绘制直线 L_1 很难一次完成，不仅费时耗力，误差也很大。本节利用 EXCEL 内置 vba 宏程序编写软件，绘制 $d-\sqrt{t}$ 曲线以及直线 L_1 和 L_2，可以准确直观的求解 t_{90}。vba 编程求解法具体实现方法可分为五步。

第一步：首先绘制 $d-\sqrt{t}$ 曲线，根据固结试验各时间对应的变形结果，可使用办公软件 Excel 中的图表工具直接绘制出 $d-\sqrt{t}$ 曲线。

第二步：寻找最佳直线拟合段，采用冒泡法查找直线段拟合度最高的数据段，绘制出直线 L_1。绘制直线 L_1 是关键一步，对于正常的固结试验 $d-\sqrt{t}$ 曲线，采用冒泡法拟合 L_1 的直线段拟合度很高，拟合 5～7 个点，拟合系数均能在 0.99 以上，当然，拟合点数越少，拟合度越高，但拟合点数较少时，对试验数据的准确性要求较高。

第三步：确立最佳拟合直线段后，通过内置函数 linest，获得该直线的斜率和纵坐标截距 d_s，进而确立直线 L_1 函数方程和直线 L_2 的函数方程，其中直线 L_2 和 L_1 的纵坐标截距相等，L_2 横坐标截距是 L_1 的 1.15 倍。

第四步：根据确立的直线方程计算直线 L_1 和 L_2 的数据序列，利用计算出的数据序列画出两条直线散点图。

第五步：当直线 L_2 的纵坐标值与 $d-\sqrt{t}$ 曲线的纵坐标值之差为零时，则确认两条线的交点位置，交点对应的横坐标为时间平方根，该点的时间平方即为 t_{90}。

上述提供了编程的原理和方法，使用其他语言进行编程均可适用，这里仅以最常见的 office 办公软件基于 vba 编程举例。程序编码略。

2.3 基于时间对数法的编程图解法

时间对数法，即对某一级压力，以试样的变形 d（mm）为纵坐标，时间的对数 $\lg t$（min）为横坐标，绘制变形与时间对数关系曲线 $d-\lg t$ 曲线。在关系曲线的开始段，选任一时间 t_1，查得相对应的变形值 d_1，再取时间 $t_2=t_1/4$，查得相对应的变形值 d_2，则 $2d_2-d_1$ 即为 d_{01}；另取一时间依同法求得 d_{02}、d_{03}、d_{04} 等，取其平均值为理论零点 d_s，延长曲线中部的直线段 L_1 和通过曲线尾部数点切线 L_2 的交点即为理论终点 d_{100}，则 $d_{50}=(d_s+d_{100})/2$，对应于 d_{50} 的时间即为试样固结度达 50% 所需的时间 t_{50}。某一级压力下的固结系数可按下式计算：

$$C_v=\frac{0.197\overline{h}^2}{t_{50}} \tag{8}$$

式中：C_v 为固结系数，cm^2/s；$\overline{h}$ 为最大排水距离，即某级压力下试样的初始和终了高度的平均值一半，cm；t_{50} 为试样固结度达 50% 所需的时间，s。

采用时间对数法求解固结系数的难点在于绘制直线 L_1 和 L_2，从而求得 t_{50}。使用坐标纸手工绘制 $d-\lg t$ 曲线，再绘制出直线 L_1 和 L_2，可以求得 t_{50}；借助某些商业软件也可以求得固结系数，但都会存在一些缺陷或误差。本节利用 EXCEL 内置 vba 宏程序编写软件，绘制 $d-\lg t$ 曲线以及直线 L_1 和 L_2，可以准确直观的求解 t_{50}，进而计算固结系数 C_v。vba 编程求解法具体实现方法可分为五步。

第一步：首先绘制 d-$\lg t$ 曲线，根据固结试验各时间对应的变形结果，可使用办公软件 Excel 中的图表工具直接绘制出 d-$\lg t$ 曲线。

第二步：寻找最佳直线拟合段，采用冒泡法查找直线段拟合度最高的数据段，绘制出直线 L_1。绘制直线 L_1 是关键一步，对于正常的固结试验 d-$\lg t$ 曲线，采用冒泡法拟合 L_1 的直线段拟合度很高，拟合 5～7 个点，拟合系数均能在 0.99 以上，当然，拟合点数越少，拟合度越高，但拟合点数较少时，对试验数据的准确性要求较高。

第三步：确立最佳拟合直线段后，通过内置函数 linest，获得该直线的斜率和纵坐标截距 d_s，进而确立直线 L_1 函数方程。同理，利用函数 linest 拟合 d-$\lg t$ 曲线末尾 3～4 点的二次函数系数，取导数计算切线 L_2 的斜率和截距，最后计算 L_1 和 L_2 的交点坐标得出 d_{100}。

第四步：根据时间对数法要求，选任一时间 t_1，查得相对应的变形值 d_1，再取时间 $t_2 = t_1/4$，查得相对应的变形值 d_2，则 $2d_2 - d_1$ 即为 d_{01}；另取一时间依同法求得 d_{02}、d_{03}、d_{04} 等，取其平均值为理论零点 d_s。

第五步：$d_{50} = (d_s + d_{100})/2$，内插法计算对应于 d_{50} 的时间，即为试样固结度达 50% 所需的时间 t_{50}。

上述提供了编程的原理和方法，使用其他语言进行编程均可适用，这里仅以最常见的 office 办公软件基于 vba 编程举例。程序编码略。

3　应用与分析

为进一步验证上述三种方法的可行性，选取了某项目原状土样的标准固结试验数据进行对比分析，选取的饱和土样物理性质及典型时间变形数据分别见表 1 和图 1。根据基于时间平方根法和时间对数法的编程，可迅速作图并求解，见图 2、图 3，这里仅选择 100kPa 压力下的时间和变形作图计算代表。

表 1　　　　　　　　　　　　土样的基本物理性质

参数	$w/\%$	$\rho/(\mathrm{g/cm^3})$	e	$w_L/\%$	$w_P/\%$	I_P	I_L
取值	37.9	1.85	1.042	44.2	21.4	22.8	0.72

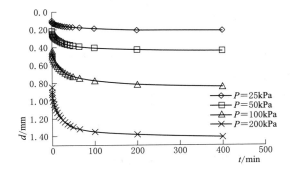

图 1　变形与时间关系曲线

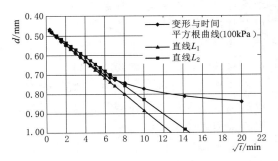

图 2　时间平方根法曲线绘制

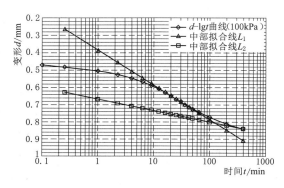

图 3　时间对数法拟合曲线

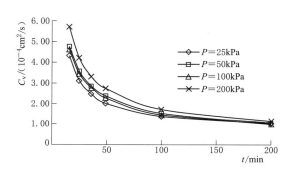

图 4　理论计算的固结系数随固结时间变化趋势

表 2　　不同方法求解的固结系数

压力 P/kPa	固结系数 C_v/$(10^{-4}\,cm^2)$		
	理论计算法	时间平方根法	时间对数法
25	2.00	2.35	0.77
50	2.37	2.43	1.36
100	2.28	2.35	1.54
200	2.74	2.98	1.53

根据太沙基单向固结理论反演推导的式（6），无需作图就可以直接计算固结系数，可以根据时间变形曲线计算每一级压力任意时刻的固结系数，根据推导过程，式（4）中的级数收敛快，当 $T_v \geqslant 0.16$ 时，才能使用第一项计算，这里所说的任意时刻是指时间因数 $T_v \geqslant 0.16$ 的任意时刻，对于前述土样固结试验来说，可以使用每级压力约 15min 之后的时间和变形数据进行计算，见图 4。由图 4 可知，固结系数不是定值，同一级压力下，随加载时间变化，加载初期较大，随着固结的进行，固结系数减小，直至基本稳定；固结系数随固结压力的增大而增大，但随着固结时间的增大，差值逐渐减小，各级压力下的变形稳定时，它们的固结系数又趋于相等。

根据时间平方根法和时间对数法定义，采用前面介绍的编程方法和步骤可以迅速作图，并求解出固结系数。计算结果见表 2。理论计算的固结系数随固结时间变化，表 2 中理论计算的固结系数为加载时间 49min 时计算的结果，与规范推荐的时间平方根法的结果非常接近；时间对数法求解的结果偏小，与固结后半段的理论计算结果接近。

通过分析图 2、图 3，可以看出，时间对数法对曲线尾部质量要求较高，而时间平方根法对曲线初始段质量要求较高。因此，对于变形与时间关系曲线的初始段数据采集不太理想的固结试验数据，可使用时间对数法求解固结系数；对于变形与时间关系曲线的尾部数据采集不太理想的固结试验数据，可采用时间平方根法求解固结系数，时间平方根法使用起来相对简单一些。

采用编程法作图的优点在于准确快捷，这里介绍的编程法，使用的是 Office 办公软件的 Excel 文件，几乎每台计算机都会安装，使用起来也较为方便。采用这种编程法，不仅可以快速的绘出曲线，也可以直接进行计算得到固结系数。

传统方法使用坐标纸手工绘制曲线，也可求出 t_{90} 或 t_{50}，进而计算固结系数。但手工绘图往往需要多次才能绘出拟合的直线段，费时费力，同时要求绘图铅笔必须削的很细，否则由于线型较粗，会出现比较大的误差，因此，手工绘制会曲线因人而异，会导致的一些误差。

4　结论与建议

（1）介绍了基于固结试验求解固结系数的三种方法，即理论计算法、基于时间平方根法的编程图解法和基于时间对数法的编程图解法，根据试验结果说明了三种方法的特点。计算固结系数的理论计算法是根据太沙基单向固结理论反演推导得到的，后两种方法是根据时间平方根法和时间对数法的特点和难点，分别设计并编制了相关程序进行求解固结系数。

（2）理论计算法是根据太沙基单向固结理论反演得到的，可以直接计算每一级压力任意时刻的固结系数，无需作图，根据加载半小时左右的变形与时间数据即可计算，方便快捷。得出土的固结系数不是定值，随固结时间的增加而减小，随固结压力的增大而增大，最终在固结稳定时趋于相等。

（3）理论计算法得到的固结系数，在固结时间 $30 \sim 60\mathrm{min}$ 时，与时间平方根法的求解结果接近；时间对数法求解的结果偏小，与固结后半段的理论计算法的结果接近。

（4）时间对数法对时间变形曲线尾部质量要求较高，而时间平方根法对曲线初始段质量要求较高，对于变形与时间关系曲线的初始段数据采集不太理想的固结试验数据，建议使用时间对数法求解固结系数；对于变形与时间关系曲线的尾部数据采集不太理想的固结试验数据，建议采用时间平方根法求解固结系数。理论计算法则对固结试验曲线要求不高，均可使用。

（5）时间平方根法和对数法是规范推荐的常用方法，相较于手工绘图求解固结系数，采用本文设计编制的基于时间平方根法和时间对数法编程图解法更为便捷和准确。

参考文献

［1］　卢廷浩．土力学［M］．南京：河海大学出版社，2005．

［2］　李广信．高等土力学［M］．2 版．北京：清华大学出版社，2016．

［3］　张嘎，王刚，尹振宇，等．土的基本特性及本构关系［J］．土木工程学报，2020，53（2）：105-118．

［4］　中华人民共和国住房和城乡建设部．土工试验方法标准：GB/T 50123［S］．北京：中国计划出版社，2019．

［5］　Cour F R. Inflection point method for computing C_v ［J］. J Soil Mech Fdn Engng ASCE，1971（1）：827-831．

［6］　Sivaram B et al. A computation method for consolidation coefficient ［J］. Soils and Foundations，1977 17（2）：48-52．

［7］　Scott R E. New method of consolidation coefficient evaluation ［J］. ASCE，1976（1）：29-39．

［8］　ASAOKA A. Observational procedure of settlement prediction ［J］. Soils and Foudations，1978，18（4）：87-101．

［9］　PRASAD Y V S N，RAO S N. A new two point method of obtaining C_v from a consolidation test

[J]. Canadian Geotechnical Journal，1995，32：741-746.

[10] PARKIN A K. Coefficient of consolidation by the velocity method [J]. Geotechnique，1978，28（4）：472-474.

[11] 李金轩，胡金珠. 确定固结系数的标准曲线比拟法 [J]. 工程勘察，1996（1）：21-22.

[12] 张仪萍，俞压南，张土乔，等. 室内固结系数的一种推算方法 [J]. 岩土工程学报，2002，24（5）：616-618.

[13] 李涛，张仪萍，曹国强，等. 推算室内固结系数的剩余沉降对数法 [J]. 岩土工程学报，2003，25（6）：724-726.

[14] 张勇，孔令伟，白冰，等. 确定固结系数的固结速率半对数法 [J]. 岩土力学，2007，28（2）：355-358.

[15] 曾巧玲，张惠明，陈尊伟，等. 软黏土固结系数确定方法探讨 [J]. 岩土力学，2010，31（7）：2083-2087.

[16] 章为民，顾行文，王芳. Terzaghi 固结系数的试验反演分析 [J]. 岩土工程学报，2016，38（增1）：99-103.

[17] 包太，刘新荣，朱凡，等. 固结系数的最小二乘法计算 [J]. 岩土工程学报，2005，27（10）：1230-1232.

极软海相淤积土的多尺度固结机制

汪明元[1]　王亚军[2]　李　强[3]　杨　洋[4]　熊　站[2]

[1. 中国电建集团华东勘测设计研究院有限公司，浙江杭州；
2. 浙江海洋大学 海洋工程装备学院，浙江舟山；
3. 中电建华东勘测设计院（深圳）有限公司，广州深圳；
4. 华东勘测设计院（福建）有限公司，福建福州]

摘　要：浙东沿海广泛分布典型的极软海相淤积土，真空预压排水固结处理后，采用先进的物理化学手段深入探究其微结构，基于多尺度结构单元体孔隙丰度与等效直径构建信息模型，剖析了极软海相淤积土微细观结构演化与宏观力学特性发展的关系。研究结果表明：在自重与真空负压共同作用下，海相淤积土体骨架微细观颗粒的几何形态，由自然沉积的不良细长单元逐步演化为结构稳定的扁圆单元，海相淤积土的颗粒尺度也会缩小；同时，真空诱导的渗透力作用下，微观尺度更小的海相淤积土颗粒进一步发生变形和错动，使得土体骨架的孔隙进一步缩小，单元体微结构排列更为紧凑致密，使海相淤积土的宏观力学特性得到显著改善。

关键词：海相淤积土；真空预压；排水固结；多尺度；固结机制

1　引言

　　滨海开发建设是新旧工业国家基础设施建设的共性特征[1]。极软海相淤积土地基的高效处理[2] 成为各国面临的共同课题。解决该共性课题的关键是极软海相淤积土的固结机制，多尺度开展固结机制研究是突破极软海洋淤积土固结关键技术并构建认知体系的有效手段。为此，本文以浙东典型海淤层为例，探讨极软海相淤积土的多尺度固结机制[3]，以期为滨海极软地质条件基础设施建设提供技术支撑。

2　极软海相淤积土的基本特性

　　浙东沿海地处长江入海口，内河淡水入海后引发一系列复杂的离子交换和剧烈的盐度波动[4]，这一过程使洋流中悬浮及推移颗粒絮凝成团，在滨海形成了大量泥质海床[5]。在洋流冲积与输运作用下，海相有机与无机悬浮物、推移质与沉积层的交换、替代周而复始[6]，使海洋淤积层的粒度组构、物化性质及地层状态长期处于动态变迁的过程中[7]。据试验统计，其孔隙比极大，初始孔隙比普遍大于 2.62；含水率极高，天然含水率普遍大于 100%，土体呈流塑状，塑性指数 $10 < I_P < 17$，液限 $W_L < 50$；海相特征极为显著，土体中腔肠类、甲壳类等海洋生物残体质量比不低于 5%，水理环境中 Cl^- 含量大于 17000ppm，NaCl 含量大于 22000ppm；取样切割器剖切面颜色呈深黑色，嗅之有腥臭味[8,9]。

　　特殊的沉积环境使海相淤积土具有更为微观的粒度架构，采用马尔文激光粒度仪（Mastersizer 3000）进行粒度测试，结果表明：海相淤积土限制粒径 d_{60} 为 $40.1\mu m$，有效粒径 d_{10} 为 $6.7\mu m$，不均匀系数 $C_u = d_{60}/d_{10} = 6.0$；黏粒含量 8.5%，粉粒含量 76.6%；海区内水底土体微观颗粒中的全盐含量大于 11000 ppm，受盐类粒子的电位差影响，粒间净吸附力极大，活性指数为 12.4，活性指数定义为 $A = I_P/p_{0.002}$，$p_{0.002}$ 为粒径小于 0.002mm 颗粒的质量百分比，I_P 为黏性土的塑性指数，活性指数可衡量黏土矿物吸附结合水的能力，可见海相淤积土具有较好的亲水性。

该类海相淤积土 pH 值在 7.35～8.36 之间，呈弱碱性。X 射线衍射分析表明（图 1），原生矿物包括石英、黑云母、钠长石等，黏土矿物包括伊-蒙混层、伊利石、高岭石、绿泥石等，可溶盐为方解石、石盐等，孔隙水中含有 K^+、Na^+、Ca^{2+}、Mg^{2+}。在晶体结构上，蒙脱石是典型以水合阳离子和水分子作为层间物的 2∶1 型黏土矿物，沉积埋藏后随着温度和压力增加，层间水逐渐释放，造成层间塌陷，形成伊-蒙混层，进而逐渐向伊利石转化。海相淤积土的伊-蒙混层含量不高，但亲水性矿物含量较高，因而具有一定的吸水膨胀性。

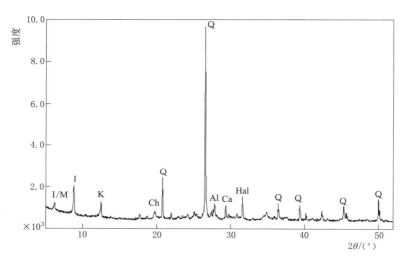

图 1　海相淤积土的 X-射线衍射图谱

I/M—伊-蒙混层；I—伊利石；Ch—绿泥石；K—高岭石；Q—石英；Al—钠长石；Ca—方解石；Hal—石盐

3　海相淤积土的多尺度固结机制

针对真空预压排水固结过程中，排水板周边不同固结度海相淤积土的多尺度性征分析固结机制。在真空预压排水固结模型试验后，对埋深 11cm，距排水板轴线径向分别为 0、8cm、13cm 的土样，采用高真空场扫描电镜，放大倍数为 20000 倍时的微观结构分别见图 2（a）～图 2（c）。可见，典型海相淤积土的颗粒骨架多是"片架-片堆"结构，也有部分粒状颗粒，主要为面—面和面—边接触，土颗粒表面未见明显的晶体颗粒，这表明随着土体排水固结完成，盐类发生大量流失。研究单个黏土矿物，发现其表面分布着极微小且密布的孔隙，孔隙未贯穿整个黏土矿物，这表明在高真空作用下，黏土矿物表层的强结合水被"剥离"而留下微小孔隙，而表层光滑部位强结合水还未被"剥离"。

  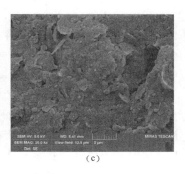

（a） （b） （c）

图 2　排水板周边固结海相淤积土的 SEM 图片

对上述多尺度结果，采用丰度及等效直径两组参数信息模型对排水板周边海相淤积土的固结效果进行定量研究。

丰度是指测量窗口内研究对象的短轴与长轴之比：

$$C = \frac{B}{L} \tag{1}$$

式中：B 及 L 分别代表针对多尺度信息微结构单元体及微孔隙构建的局部坐标短轴和长轴。

丰度数值见图 3，与图 2（a）～图 2（c）对应，排水板周边三处海相淤积土的丰度分布规律一致，丰度集中分布在 0.2～0.8 区间，0～0.2 和 0.8～1.0 区间分布较少。可见，高真空的作用，一方面引起海相淤积土骨架排水固结；另一方面，也改造了土颗粒的几何形态。在自重与真空负压联合挤压下，绝大部分黏土矿物由预压前的不良细长单元变为预压后稳定的扁圆单元。

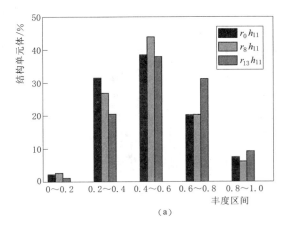 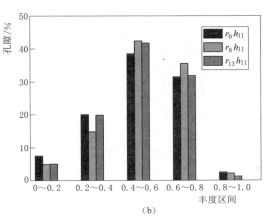

（a） （b）

图 3　微结构单元体及微孔隙丰度信息

构建等效直径参数信息模型，其中等效直径是与海相淤积土实际微面积相等的等效微圆直径，见式（2）。

$$D = \sqrt{\frac{4S}{\pi}} \tag{2}$$

式中：D 为等效直径；S 为等效微圆面积。

依据实测的微结构单元体和微孔隙等效直径分布，按照等效直径的数值区间分成四个区，分别为 $D<0.1\mu m$，$D=0.1\sim1\mu m$，$D=1\sim5\mu m$，$D>5\mu m$。根据实测数值，建立微结构单元体和微孔隙的等效直径柱状图见图4，可见，微结构单元体集中分布在 $0.1\sim1\mu m$，占比 80% 以上，小于 $0.1\mu m$ 区间的微结构单元体占 10% 左右，大于 $5\mu m$ 区间的微结构单元体几乎为零。结合前述测试成果，表明海相淤积土颗粒在高真空负压作用下发生了离解，变成了更为微小的颗粒。而微孔隙的等效直径分布与微结构单元体相似，这是因为微结构单元体在渗透力作用下发生变形和错动，于是微结构单元体间的大孔隙被压缩成微小孔隙，微结构单元体排列更为紧凑致密。反映到宏观尺度上，则表现为海相淤积土的固结度显著提高，工程力学性能得到有效改善[10]。

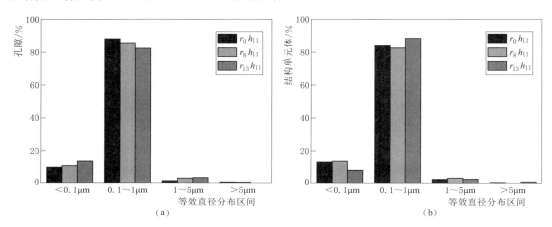

图 4 微孔隙和微结构单元体的等效直径信息

基于上述实测及分析可见，在真空负压及渗透水压共同作用下[11]，大量黏粒会跟随孔隙水迁移至排水板周围，由于排水板的滤膜为纵横交错的织物，部分极细的光滑颗粒将通过滤膜进入芯板被排出，随着颗粒运动的累积效应，黏附于排水板周围的黏土颗粒形成了泥膜。与此同时，片状的黏土矿物会随着孔隙水流动而逐渐调整位置向稳定的层状结构发展，呈现定向性分布，形成连通的层间孔隙通道。而另一方面，随着孔隙水不断排出，大孔隙被压缩成小孔隙，土颗粒将形成致密而稳定的层间结构，连通的孔隙将被逐渐切断，并逐渐向排水板周围扩散，将引起排水板的排水效果逐渐弱化。同时，邻近排水板周围土体的阶段性固结完成。

4 进一步分析

针对关注的岩土地质环境，依据物理指标研究，将极软海相淤积土定义为：形成于海洋沉积环境，初始孔隙比大于 2.5，天然含水率大于 90%，海洋生物残体质量比大于 2%，Cl⁻ 含量大于 15000ppm，NaCl 含量大于 20000ppm，全盐含量大于 11000ppm，土颗粒有效粒径小于 $9\mu m$，活性指数大于 11，土体颜色呈深黑或灰黑色，且带有显著腥臭味的一类土体。

根据前述真空预压排水固结中的多尺度研究成果，引入浅岗（Asaoka）法对极软海相淤积土的宏观尺度固结度进行量化，具体结果见表1。

表 1　　　　　　　　　　极软海相淤积土多尺度固结性能指标

真空预压加载时长/d	主管端口真空压力/kPa	全盐残留量/ppm	排水板周边土体微观丰度期望值		排水板周边土体等效直径期望值/μm		Asaoka固结度/%	十字板 C_u 期望值/kPa
			单元体	孔隙	单元体	孔隙		
10	95	11150	0.31	0.38	3.18	1.06	27	5
20	95	10078	0.57	0.59	0.59	0.43	69	30
30	95	8152	0.79	0.77	0.17	0.11	86	72

由表1的成果可见，在极软海相淤积土的真空预压排水固结过程中，固结压力完全可以保持在90kPa以上的高效加压状态下，而且随着固结过程推进，极软海相淤积土中的盐类晶体被不断地抽排出去，由此使得土体的微观亲水性得到显著改善，微细观孔隙中的水体可被最大限度地排出土骨架以外，土颗粒的微细观结构也由此得到显著改善，从最初的松散絮凝结构逐步演化成更为稳定的扁圆结构，而且微小的扁圆结构土颗粒在渗透力作用下发生连续地变形和错动，从而致使极软海相淤积土中最初的不良大孔隙被不断地压缩成更为微小的孔隙结构，土颗粒的微细观结构表现得更为紧凑致密，由此带来极软海相淤积土宏观工程力学性能不断改善，固结度显著提高，固结后的极软海相淤积土原位 C_u 水平也在稳步提升。

5　结论

本文利用先进的多尺度测试手段，通过构建丰度和等效直径参数信息模型，从定性和定量两个角度，研究了浙东沿海典型海相淤积土的多尺度固结机制，主要研究结论如下。

极软海相淤积土形成于海洋沉积环境，其初始孔隙比及天然含水率均显著超出传统的陆相岩土体，此外，极软海相淤积土中还存在有丰富的海洋生物残体及复杂多样的盐类晶体物质，特别是这类极软海相淤积土的粒径极细，这些特殊的物理化学特性导致其工程力学性能极差，采用一般的地基处理手段很难改善其承载能力。

依据本文研究成果，采用专门的真空预压排水固结手段完全可将极软海相淤积土中的固结压力保持在90kPa以上。真空预压排水固结后海相淤积土的颗粒骨架多呈"片架-片堆"结构，颗粒间孔隙少，主要为面—面和面—边接触。对单个黏土矿物，其表面分布着极微小且密布的孔隙，而这些孔隙未贯穿整个黏土矿物。

典型海相淤积土的微结构单元体和微孔隙的丰度集中分布在 0.2～0.8 区间，等效直径集中分布在 0.1～1μm，表明在渗透力作用下微结构单元体发生了变形和错动，微细观颗粒经历了压扁的过程，细长的结构单元体减少，同时大孔隙被压缩成微小孔隙。

极软海相淤积土中的含盐孔隙水通过地下空间排水体被持续地排出，原微观土体的亲水性得到显著改善，土颗粒微细观结构发生连续地变形和错动，由扁圆结构土颗粒重构形成的土体骨架被逐步压密，与此同时极软海相淤积土的宏观工程力学性能也得到不断地改善与提升。

参考文献

［1］ 倪国江. 海洋资源开发技术发展趋势及我国的发展重点 ［J］. 海洋技术，2009，28（1）：133 - 136，154.

［2］ 熊站，汪明元，等. 舟山近海海相吹填泥浆的性状研究及处理技术建议 ［J］. 海岸工程，2017，36（3）：58 - 63.

［3］ Mingyuan WANG，Yajun WANG，et al. Vacuum preloading and geosynthetics utilization，a promising preparation for the marine clay ［J］. Earth and Environmental Science，2021.

［4］ 王晓红，王毅民，张学华. 中国海洋地球化学探测技术的现状与发展 ［J］. 地球学报，2002，23（1）：7 - 10.

［5］ 李登超，汪明元，等. 应变控制下舟山海相软土骨干曲线特性研究 ［J］. 河北工程大学学报（自然科学版），2015，32（3）：9 - 12，30.

［6］ Mingyuan WANG，Zhigang SHAN，et al. Chemical - Physical Mechanism of Marine Sediments ［J］. Earth and Environmental Science，2019，304：1 - 4.

［7］ 蒋明镜，彭立才，等. 珠海海积软土剪切带微观结构试验研究 ［J］. 岩土力学，2010，31（7）：2017 - 2023.

［8］ 中华人民共和国交通运输部. 疏浚与吹填工程设计规范：JTS 181 - 5—2012 ［S］. 北京：人民交通出版社，2013.

［9］ 中华人民共和国建设部. 岩土工程勘察规范：GB 50021—2001 ［S］. 北京：中国建筑工业出版社，2002.

［10］ 汪明元，单治钢，等. 应变控制下舟山岱山海相软土动弹性模量及阻尼比试验研究 ［J］，岩石力学与工程学报，2014，33（7）：1503 - 1512.

［11］ 熊站，汪明元，等. 传统与分级真空预压的模型试验研究 ［J］. 海岸工程，2018，37（3）：43 - 49.

花岗岩残积土植物根固复合体力学特性实验研究

杨展峰　黄云龙　周宏亮　马　瀚　吴　杨

（广州大学，广东广州　510006）

摘　要：随着土体滑坡、地基坍塌等工程事故愈发严重，工程施工对边坡以及地基土稳定性的要求更加严格。花岗岩残积土植物根固复合体在广东地区广泛分布，加强植物根系固土力学性能对提高花岗岩残积土边坡稳定性尤为有效。本文通过室内三轴试验所获得的偏应力—应变关系曲线与有效应力路径进行数据分析，分析根—土复合体峰值强度等力学特性的变化规律，研究根系在花岗岩残积土样不同插入角度之间的力学差异与联系，获得建立修正剑桥模型的相关试验参数。试验结果表明，插根土复合体在不同插根角度条件下插根显著增强了土体的强度和初期刚度。花岗岩残积土植物根固复合体并未影响土体有效应力路径的发展模式。

关键词：花岗岩残积土；边坡；稳定性；有效应力路径

1　绪论

　　滑坡作为一种常见的地质灾害，不仅会对社会造成经济损失，而且会对人民的生命财产安全造成严重的威胁。林泽雨等[1]指出，由于广东地区在6—8月台风盛行，会带来强烈的降雨天气，因此滑坡灾害在6—8月出现了明显的高峰期。因此由于降雨引发的滑坡地质灾害是广东省乃至全国各地区都亟须防护与治理的地质灾害问题。目前，植被护坡已成为边坡防护的一大重要手段，并且在国内外应用广泛。随着植物根系的加入，由于其本身具有良好的物理性质，且抗拉强度高，对土体的强度有较为可观的提高[2-4]。花岗岩残积土是在中国广东地区广泛分布的一种土，最为明显的特点即是干燥时高强度、吸水后强度降低，且有密度较低、低压缩等特点，其分布面积占全省陆地面积的40%左右[5]。在长期的地质作用下，花岗岩体表面普遍覆盖着一定厚度的风化残积土。且由于广东省地处亚热带，夏季受台风影响严重，雨量充沛，降水强度较大。由此引发的花岗岩残积土造成的滑坡、基坑坍塌、地基承载力不足等工程事故在广东地区常常发生，见图1。因此，加强植物根系固土力学性能的研究，特别是根系对边坡稳定性的提高尤为重要。

　　为了分析植物根系的加入对土体强度的影响，国内外学者做了大量的试验研究。目前对于相关内容的研究主要是通过直剪试验或三轴试验开展，主要通过植物的种类、植物根系的含根量、干密度、含水率等因素来探讨其对土体抗剪强度及其力学指标的影响。刘益良等[6]对锦鸡儿与沙打旺的根土复合体进行直剪试验，结果发现植物的根系能显著增加

作者简介：吴杨（1985—　），男，教授，博士生导师，主要从事南海岛礁珊瑚砂力学性质研究。

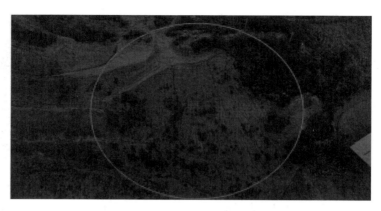

图 1 花岗岩地区山体滑坡

土体抗剪强度；宗全利等[7] 研究了塔里木河典型岸坡上胡杨、骆驼刺、红柳、白刺、甘草、芦苇等六种植被，对上述六种植被的根-土复合体及相应的素土进行室内直剪试验，研究发现植物根系对抗剪强度的提高作用主要是通过提高黏聚力来实现，而根系对内摩擦角影响较小。王元战等[8] 对地毯草草根加筋土进行一系列的三轴试验，他们认为存在一个最优含根量可以使得草根加筋土强度最大；陈洁等[9] 针对百喜草、假俭草等的根土复合体进行了一系列直剪试验，以探究植物根系与干密度之间的关联性，结果发现土体干密度对黏聚力影响很大，而对内摩擦角影响较小；Meng 等[10] 研究了根系长度对根-土复合体抗剪强度的影响，发现根系对土体的加固作用与单根长度有显著正相关关系。可以发现，目前关于植物根系对土体的力学特性的研究，主要是在以上几个影响因素的相关研究中较为广泛，但是关于根系插入角度的不同对土体力学性能影响的相关研究还较为稀少。

综上，为了研究根系在花岗岩残积土样不同插入角度之间的力学差异与联系，并获得建立修正剑桥模型的相关试验参数，拟对素土与不同插根角度的重塑试样进行一系列不同围压下的固结不排水试验。以探讨插根角度对根-花岗岩残积土复合体抗剪强度的影响。通过对三轴试验所获得的偏应力-应变关系曲线与有效应力路径进行数据分析，分析根-土复合体峰值强度等力学特性的变化规律，展开插根角度对根-花岗岩残积土复合体强度的研究，以期为根-土复合体的强度计算以及植被护坡提供一定的参考。

2 试验材料与方案

2.1 试验材料与制备

本试验采用的花岗岩风化残积土取自广东省汕头市，其干密度为 1.4g/cm^3，天然含水率 31%，制备重塑土样，所用三轴试样尺寸为 $\phi 50 \text{mm} \times H 100 \text{mm}$。按照上述试验分组，本试验需制取 24 个试样，试验所需的试样中，包括 6 个素土试样；其余 18 个为根土试样，根系与水平面夹角 α 分别取 0°、90° 与 135°（每个夹角制备 6 个试样）。单个试样制备方法如下：将烘干的花岗岩风化土碾碎、过 2mm 的筛网，称取质量略大于试样所需的用土量；按该土体的目标含水率计算所需水量；将需要加的水多次少量地喷洒到土料上搅拌均匀，稍静置后装入密封袋中，至少静置 6h，使水量均匀；称取每个试样所需的湿土质量 359.9g。将一个试样所需的土体按质量平均分成 3 份，土样分三层击实，即每层高度控制为 3.3cm，每层击实至要求高度后，将表面刮毛，再加下一层土料，否则重新制样；按图 2 所示长度及角度将根系插入土样中（由于塑料模拟根系较软，可考虑用直径略小于模拟根系的铁丝预先在土样内钻孔，形成插根通道）。

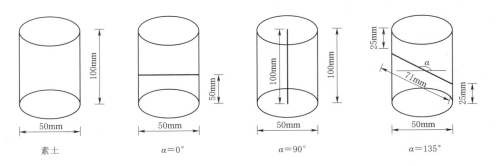

图 2　试样尺寸与根系插入角度示意图

2.2　试验方案

2.2.1　试样饱和

　　三轴试验所用试样均为饱和试样，将装好试样的饱和器放入抽气缸中，在真空度为一个大气压下抽气 2h，抽气完成后缓慢注入无气水，注水过程保持抽真空，直至水面淹没饱和器，停止抽气，连通大气，释放真空，将土样在水下浸泡 10h，保证饱和度达到 98% 以上。

2.2.2　试验方法

　　本试验仪器采用 KTL 应变控制式静三轴仪，见图 3。

　　试验的相关参数变量如表 1 所示。试样在仪器上安装完成后再装上压力室盖，在压力室注水完成后，每组试样围压分别取 50kPa、75kPa、100kPa，进行各向等压固结，以孔隙水压力消散 95% 或排水稳定判定为固结完成，记录排水体积；固结完成后，进行剪切试验，控制剪切速率为 0.05%/min，记录孔隙水压力读数，当主应力差值出现峰值后，再增加 5% 轴向应变继续试验，若无明显峰值，则在总轴向应变达到 20% 时停止试验，取轴向应变 15% 时对应的主应

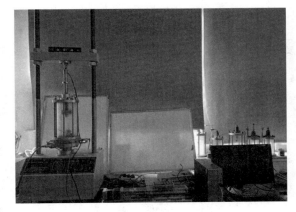

图 3　KTL 静三轴仪

力差值为试验峰值。根据固结不排水试验的主应力差峰值及有效围压可作 p-q 关系曲线，即应力路径，然后对绘制完成的曲线进行结果分析。

表 1   固结不排水剪切试验方案

试验类型	试验编号	根系角度 α	有效围压/kPa	备　注
固结不排水试验	CU_{50-100}	—	50、75、100	共 12 组试验
	$CU1_{50-100}$	0°	50、75、100	
	$CU2_{50-100}$	90°	50、75、100	
	$CU3_{50-100}$	135°	50、75、100	

3　试验结果分析

3.1　应力应变关系曲线

图 4 展示了素土和插根土复合体在不同插根角度条件下的应力—应变曲线，表明花岗岩残积土素土与根-花岗岩残积土复合体，在固结不排水剪切时的加载初期，在应变相对较小时，偏应力随着应变的增加而迅速增大，随着应变的增大，偏应力在各级有效围压下都表现出增幅平缓的趋势。随着有效围压的增大，两种类型的实验试样的应力—应变曲线变化更加急剧。对比图中可以发现，插根土复合体在不同插根角度条件下的应力—应变曲线表现出和素土应力—应变曲线一致的变化趋势。可以观察到，各级相同有效围压下，花岗岩残积土随着插根加入，偏应力均较素土而言得到有效增强。且随着插根角度的增加，插根土复合体的偏应力在各级围压下整体呈现出增大的趋势，同时插根复合土的应力—应变曲线愈陡。在 100kPa 有效围压下插根的加入对花岗岩残积土的强度增益极大，而不同插根角度对复合土体强度的增益效果差距不大。也观察到有效围压 75kPa 下插根角度为 0°的复合土试样的强度与有效围压 50kPa 下插根角度为 135°的复合土试样的强度相当。插根加入并未影响土体应力—应变曲线的形式，素土与插根土复合体应力—应变曲线均表现出应变硬化的特征。插根土复合体的硬化程度高于素土的硬化程度，表明插根显著增强了土体的强度和初期刚度。

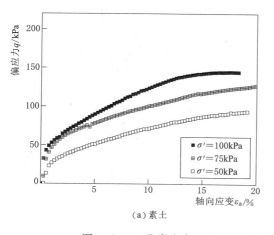

（a）素土

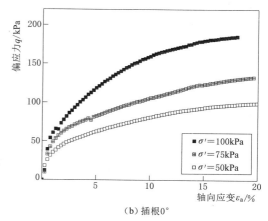

（b）插根0°

图 4（一）　花岗岩素土与不同插根角度的根-土复合体的应力—应变曲线

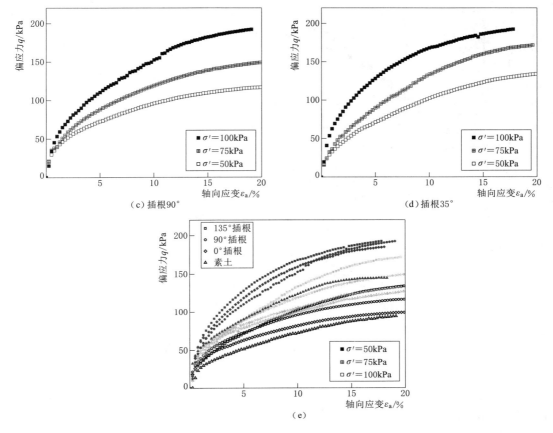

（c）插根90°　　　（d）插根35°

（e）

图 4（二）　花岗岩素土与不同插根角度的根-土复合体的应力—应变曲线

3.2　有效应力路径

图 5 展示了素土和插根土复合体在不同插根角度条件下的有效应力路径，图 4 表明花岗岩残积土素土与根-花岗岩残积土复合体，各自在不同围压下的有效应力路径在达到不排水剪切强度之后均不再发展，其峰值破坏点的连线均大致位于同一条通过原点的直线。当插根角度一定时，在峰值状态前，试样有效应力路径因围压不同而有所区分，围压越小越靠近峰值强度包线；达到峰值状态时，不同围压下试样有效应力路径重合且呈线性向上变化趋势，在峰值状态后，有效应力路径再次分开，应力路径回落。试样的峰值与相变状态线为通过坐标原点的曲线，前者位于后者之上，围压越大，峰值与相变状态线差值越大。在 100kPa 有效围压下，插根的加入会有效地加快有效应力到达相变状态，而其他两个围压状态下加快效果不显著。总的来说加入插根并未影响土体有效应力路径的发展模式，素土与插根土复合体均表现出相似的有效应力发展特征。

4　结语

本文通过室内三轴试验对根-花岗岩残积土复合体的力学特性进行了研究，查明了根系对花岗岩残积土边坡稳定性的影响，探明了根系在花岗岩残积土样不同插入角度之间的

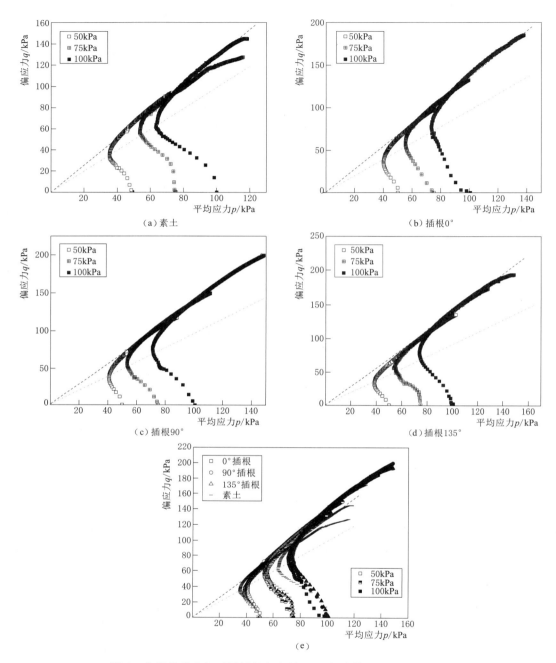

图 5　花岗岩素土与不同插根角度的根-土复合体的有效应力路径

力学差异与联系，具体结论如下：

（1）插根土复合体的硬化程度高于素土的硬化程度，表明插根显著增强了土体的强度和初期刚度，且在 100kPa 有效围压下插根的加入对花岗岩残积土的强度增益极大，而不同插根角度对复合土体强度的增益效果差距不大。

（2）在100kPa有效围压下，插根的加入会有效地加快有效应力到达相变状态，而其他两个围压状态下加快效果不显著。插根的加入并未影响土体有效应力路径的发展模式，素土与插根土复合体均表现出相似的有效应力发展特征。

参考文献

［1］　林泽雨，刘爱华. 广东地区滑坡灾害分布特征与预警措施分析［J］. 人民长江，2019，50（A01）：3.

［2］　王程，胡夏嵩，刘昌义，等. 黄河源区六种草本植物根系抗拔力特征及其影响因素研究［J］. 草地学报，2023，31（1）：157-165.

［3］　Alam S，Manzur T，Borquist E，et al. In-situ assessment of soil-root bonding strength to aid in preventing soil erosion［J］. Soil and Tillage Research，2021，213：105140.

［4］　Feng S，Liu H W，Ng C W W. Analytical analysis of the mechanical and hydrological effects of vegetation on shallow slope stability［J］. Computers and Geotechnics，2020，118：103335.

［5］　中国科学院中国自然地理编辑委员会. 中国自然地理地貌［M］. 北京：科学出版社，1980：152-160.

［6］　刘益良，刘晓立，付旭，等. 植物根系对低液限粉质黏土边坡浅层土体抗剪强度影响的试验研究［J］. 工程地质学报，2016，24（3）：384-390.

［7］　宗全利，冯博，蔡杭兵，等. 塔里木河流域河岸植被根系护坡的力学机制［J］. 岩石力学与工程学报，2018，37（5）：1290-1300.

［8］　王元战，刘旭菲，张智凯，等. 含根量对原状与重塑草根加筋土强度影响的试验研究［J］. 岩土工程学报，2015，37（8）：1405-1410.

［9］　陈洁，雷学文，黄俊达，等. 花岗岩残积土边坡草本植物根固效应试验［J］. 水土保持学报，2018，32（1）：104-108.

［10］　Meng S，Zhao G，Yang Y. Impact of plant root morphology on rooted-soil shear resistance using triaxial testing［J］. Advances in Civil Engineering，2020，1-13.

塑料排水板施工质量监管信息系统研究

陈海波[1,2]　吴月龙[1,2]　王加伟[3]

（1. 南京水利科学研究院，江苏南京　210029；
2. 南京水科院瑞迪科技集团有限公司，江苏南京　210029；
3. 河海大学，江苏南京　210024）

摘　要： 排水板施工过程中实时确认打设深度是质量监管的难点。本文通过对排水板加固软基技术的业务流程梳理和需求分析，提出了基于二维码扫描技术的排水板施工质量监管信息系统，建立排水板从工厂生产到现场施工的质量追溯系统，特别是实现了可实时监管排水板的打设深度。利用信息化技术手段来实现排水板产品质量可追溯、施工质量在线监管，是排水板行业向信息化发展上的重要技术进步，对引导地基处理良性发展是很有必要的，在软基加固中应鼓励使用排水板施工质量监管信息技术。

关键词： 排水板；二维码；追溯；质量监管；研究

1　引言

国内引进塑料排水板加固软基技术，至今已有 40 多年的历史，在不同工程中被广泛应用，取得了良好效果。排水板打设深度准确到位是保证软基加固效果的关键因素，确认排水板的打设深度是施工质量监管的难点，对打设深度监测、检测技术的研究，业内技术人员进行了长期的探索。

徐新民等[1] 1999 年研发的排水板施工质量自动记录及监控系统，通过采集套管位移量数据来计算打设深度，实现实时监控；杨锋[2] 2012 年研发的排水板施工智能控制系统，通过安装在卷扬机端头的滚动计数器采集套管下插深度来计算打设深度；程英武等[3] 2021 年设计的基于 PLC 和编码器的自动监测系统，则是通过测深编码器采集卷扬机钢丝绳进出长度，进而由 PLC 计算套管下插深度得出打设深度。这三种监控系统的原理，均是通过套管下插深度间接得出打设深度。娄炎等[4] 2004 年介绍了"数字式"和"铜丝式"两种可测深排水板，"数字式"是在排水板滤膜上印制数字和刻度，插板后根据刻度来计算打设深度；"铜丝式"是在滤膜接缝处放置 2 根铜丝，插板后通过测量铜丝的电阻来计算排水板的打设深度。

随着物联网的快速发展，运用信息化技术手段，对排水板从生产到施工全过程进行信息化质量监管，实现排水板产品生产和施工过程可追溯，是行业发展的趋势，值得深入研究。

作者简介： 陈海波（1975—　），男，江苏盱眙人，高级工程师，主要从事地基处理、河湖库底泥治理与资源化利用研究与应用。

基金项目： 南京水利科学研究院中央级公益性科研院所基本科研业务费专项资金（重点）项目。

2 系统设计

2.1 业务流程梳理和需求分析

2.1.1 业务流程梳理

通过对排水板施工业务流程进行梳理来建立业务模型,明确用户类别、业务场景、流程和相关规则,理清不同用户在不同场景下的操作要求,由此对业务有清晰的认识。从需求出发,以体现系统的技术特性、满足用户使用需求为原则,构建排水板施工业务模型,见图 1。

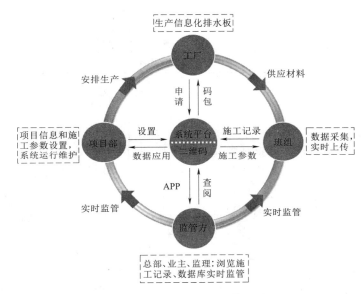

图 1 排水板施工业务模型图

业务流程以二维码(又称二维条码)为传输媒介,采用"一物一码"技术建立可追溯系统,利用具有识读功能的手持无线移动终端,实现数据采集和传输,并自动生成数据库表。用户主要包括排水板生产工厂、施工项目部、施工班组和监管方。项目部将项目信息和施工参数发布给系统平台,并将排水板技术指标发送给工厂安排生产;工厂根据排水板技术指标向系统平台申请二维码包,获得带有产品信息的二维码,生产出带有二维码的信息化排水板;施工班组插板过程中实时采集信息化排水板产品和施工数据,并将数据记录上传至系统平台数据库;监管方对项目部管理过程和施工班组做到实时监控。项目部与监管方可通过系统平台进行数据应用。

2.1.2 需求分析

系统架构设计应聚焦业务需求,业务需求分析是系统架构设计的前置条件。以排水板业务模型为基础,参考朱可嘉等[5]可计量需求分析方法,将排水板业务需求分为关键技术需求和重要管理需求两个方面,其中,关键技术需求分析是产品可计量性分析的核心,重要管理需求分析则体现了实际施工过程中的可操作性和便利性。可计量性需求分析架构见表 1。

表1 **可计量性需求分析架构表**

关键技术需求	可表征需求	国家法定计量单位
	可溯源需求	排水板产品质量可追溯，可在线实时监管排水板的打设深度，自动记录施工相关参数
	可测量需求	深度参量可被准确获得并被记录
	可适应需求	手持式条码识读设备，适应野外环境，自带操作系统，具有人机界面、数据存储及计算能力，能与其他设备进行数据通信，自带电源
	可传输需求	4G/5G 无线传输
重要管理需求	规范性需求	应有计量溯源所用的校准规范
	经济性需求	计量成本可被用户接受
	主体性需求	计量方法应被客户，特别是现场工人熟练掌握
	周期性需求	满足单根排水板打设实时计量，计量结果稳定

基于业务模型拆解出的功能需求分析列表，将作为后续应用系统架构设计的核心参考和依据。

2.1.3 系统架构设计

排水板施工监管信息系统总体架构是以政策标准和安全保障体系为支撑，以数据采集层、基础设施层为基础，在数据中心的支撑下，架构数字化的施工现场监管业务应用，形成面向施工质量监管的专业性监管应用体系，向监管单位、业主、施工单位、监理单位、生产厂家等相关业务人员和系统用户提供各项信息服务。系统总体架构见图2。

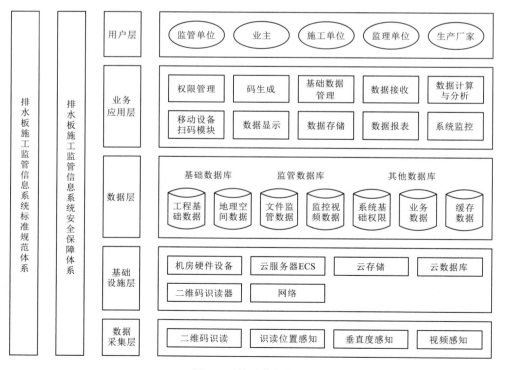

图2 系统总体架构图

2.1.4　信息化排水板生产

2.1.5　编码规则

本系统使用的是目前被广泛应用的 QR 码，它是二维码的一种，QR 来自英文"Quick Response"的缩写，即快速反应的意思，源自发明者希望 QR 码可让其内容快速被解码。QR 码比普通条码可储存更多资料，还可表示汉字及图像等多种文字信息，其保密防伪性强而且使用非常方便，具有超高速识读的特点，可靠性高，使用者不需要对准，无论以任何角度扫描，资料仍可正确被读取，是目前主要流行的二维码。

编码规则是为规范排水板条码信息内容和条码制作所要遵循的规则，便于排水板二维码的识别和应用。二维码具有唯一性，一个二维码对应唯一一个生产厂家制造的唯一一盘排水板，且刻度信息唯一。二维码一旦赋予给某一盘排水板中的某一刻度，不得再次赋给其他盘排水板使用。排水板二维码共由 19 位阿拉伯数字组成，其中，第 1～6 位对应为生产日期代码，第 7～8 位为生产厂家代码，第 9～10 位为生产流水线代码，第 11～12 位为规格型号代码，第 13～15 位为卷号代码，第 16～19 位为长度刻度代码。二维码标示的生产厂家名称、塑料排水板规格型号应与行政许可核发信息一致。

2.1.6　信息化排水板生产

信息化排水板生产分为四个模块，分别为排水板产品信息输入模块、信息编码模块、二维码生成模块以及印制模块。具体实施步骤如下。

在产品信息输入模块输入排水板的生产日期、生产厂家、生产流水线、规格型号、卷号，以及长度刻度等产品信息，信息编码模块将输入的产品信息编译保存至代码中，通过二维码生成模块将代码转换为二维码，最后通过印制模块将二维码印制在排水板滤膜表面，完成信息化排水板的生产，见图 3。

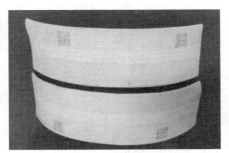

（a）条码印刷　　　　　　（b）排水板成卷打包　　　　（c）信息化排水板条码位置

图 3　排水板生产实例图

2.2　项目部项目信息设置

创建一个新的项目时，首先要确定项目的基本信息，使用户能在第一时间了解项目的基本情况。排水板施工前由项目部在系统平台内进行项目信息设置，主要包括项目管理信息和施工参数信息。管理信息主要包括工程名称、处理区域划分、桩机与班组安排等信息；施工参数信息主要包括排水板施工的设计和规范要求，设置示例见表 2 和表 3。项目信息设置的主要作用：一是能为班组施工现场插板施工起到提示作用；二是作为系统对采集的数据进行处理的依据。

表2　　　　　　　　　　　　　　　施工参数信息设置表

区域名称	区域面积/m²	设计深度/m	允许误差		排水板间距/m	排水板型号	设计根数	设计延米数/m	外露长度/m	管靴留置长度/m
			上限/m	下限/m						
区域1										

表3　　　　　　　　　　　　　　　桩机与班组划分表

区域名称	桩机号	班组名称		
区域1	桩机1—1	班组1—1—1	班组1—1—2	班组1—1—…
	桩机1—…	班组1—…	班组1—…	班组1—…

2.3　施工班组数据采集

项目部完成项目信息设置后，施工班组负责采集数据。采集数据使用二维码识读设备。二维码识读设备是用来读取二维码信息的设备，它使用一个光学装置将二维码的方块信息转换成电平信息，再由专用译码器翻译成相应的数据信息。二维码识读设备从形式上有手持式和固定式两种，一般不需要驱动程序，接上系统后可直接使用。二维码手持终端是一种自带操作系统、人机界面和电源，具有数据存储及计算能力，能与其他设备进行数据通信的手持式条码识读设备。二维码手持终端便于携带，还可进行二次开发，比较适合信息化排水板数据采集。出于降低成本考虑，本研究采用普遍使用的消费类手持终端智能手机作为信息化排水板数据采集的设备，其功能先进，操作上更容易被现场工人掌握，数据采集界面见图4。

采集数据的二维码位置见图5。

图4　条码手持终端数据采集界面实物图

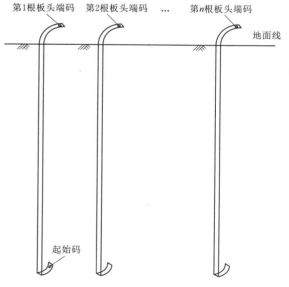

图5　排水板采集数据位置示意图

具体步骤如下：

（1）桩机就位，排水板穿过套管，用条码扫描识别器扫描排水板下端板头起始码，并即时上传数据至数据处理模块。

（2）安装管靴，插设套管至控制高程，再提升套管出地面并割断排水板，完成第1根排水板打设，扫描料排水板外露的板头端码，并即时上传数据至数据处理模块。

（3）桩机移至下一板位，安装管靴，插设套管至控制高程，再提升套管出地面并割断排水板，完成第2根排水板打设，扫描第2根外露的排水板板头端码，并即时上传数据至数据处理模块。

（4）依此类推，直至当前班组完成最后的第 n 根排水板打设，扫描第 n 根外露的排水板板头端码，并即时上传数据至数据处理模块，结束当前班组施工。

2.4 数据库和数据处理

2.4.1 数据库

数据处理单元将收到的排水板项目信息数据、施工班组施工信息数据、排水板条码所含信息数据进行处理后存储于数据库中。数据库具有排水板施工记录表（见图6），用以存储数据处理单元从排水板条码采集模块收到并处理的信息数据。

图 6 系统平台排水板施工记录表截图

2.4.2 数据处理

由于排水板打设速度较快，数量大，实际打设顺序不一定完全具有规律性，导致目前排水板施工原始记录很难做到人工即时记录，多为补录，不能真实反映施工过程。为了真实记录打设深度，专门对深度算法进行优化：记录信息还包括深度及判别结果，深度由数据处理单元根据预设深度算法计算得到，判别结果由数据处理单元根据预设判别算法计算得到。

插板施工时，系统按序号顺序逐条读取记录信息，深度计算式为：

深度＝当前记录信息板头端码所含长度刻度－上一条记录信息板头端码所含长度刻度－损耗

式中：损耗为外露长度与管靴留置长度之和，外露长度、管靴留置长度来源于区域划分和施工参数信息数据。

这里有两个特殊情况：一是每次班组施工前，需要将上一条记录信息的板头码重新标识为起始码；二是当前卷号的排水板用完后接长，需要在深度计算式中加上卷长 200。

按预设深度算法计算得到的深度值，若小于施工参数信息设置表中设计深度允许误差的下限值，则判别结果为短板；若判断记录信息中的卷号与上一条记录信息中的卷号不同，则判别结果为"接头板"。

2.5　数据应用

数据应用单元以数据库为基础提供数据应用功能与服务。数据应用功能包括报警、查询、输出、追溯、流程服务。

（1）报警模块在数据处理单元对塑排水板打设的判别结果异常时发出提示信息。

（2）查询模块在接到查询指令后在数据库中查找符合条件的数据并予以显示。

（3）输出模块在接到输出指令后在数据库中查找符合条件的数据并提供打印接口或下载接口。

（4）追溯模块在接到质量检测指令后在数据库中查找与条码对应的排水板产品信息数据以及与该排水板对应的排水板施工记录表并予以显示。

（5）流程服务模块对排水板施工记录表中的报审信息进行在线填写、在线申报和在线审批。

3　讨论

信息化排水板施工现场实例见图 7。

图 7　信息化排水板施工现场实例

由于信息化排水板滤膜上印制的二维码具有可追溯性，使一个项目设计需要的排水板数量与现场实际打设的数量可以按进度实时匹配，并且一个项目生产的排水板很难在其他项目上使用，从技术上提高了"减料"行为的成本，有利于对现场材料的管控。对于插板深度的测量，没有采用"套管下插深度式"和"铜丝式"的做法，而是参考"数字式"的思路，通过长度刻度相减的方法获得，保证所测量的是已经打设完成的排水板，并且系统会实时计算打设深度，同时判断是否存在"短板"事件（含回带长度超过设计要求）。通过"可追溯排水板＋单板实时测深＋总量实时匹配"的做法，可有效避免"偷工减料"现象。信息化排水板真正实现了事前、事中、事后全过程监管，能够有效保证排水板的施工质量。

单板实时测深是排水板施工事中实时监管的做法，满足了规范要求的"逐根自检"规定，并能自动生成施工原始记录，无需专人记录。信息化排水板应用中的不足之处在于，每根排水板打设完成，在割板后需要增加一个扫码的动作，会增加插板工人的劳动强度。实际上，为了提高插板效率，也可以只用系统的事前、事后监管功能，即信息化排水板按要求生产，现场施工不进行单板实时测深，在区域插板完成后作为一种事后监管的手段，测深检测时当着普通"数字式"排水板来用。

系统除了能够在线监测打设深度外，还具有应用扩展功能，配置合适的定位、垂直度传感器和监控视频，能够实现排水板施工质量和施工现场的全方位监管。

4　结语

地基处理工程质量监管是行业监管的重点内容之一，其中排水板施工监管是待补充的短板。

以二维码为媒介，在排水板生产和施工过程中，每完成一道重要工序，都记录其生产信息、施工数据并及时判别，形成完整的生产施工原始记录，可预防、发现并及时改正错误，事后也可以对产品进行追溯，对不合格的排水板精准定位，利于后续采取补救措施。二维码具有容量大、纠错能力强、识别率高、保密性强的特点，符合排水板工程上使用需求。利用信息化技术手段来实现排水板产品质量可追溯、施工质量在线监管，是排水板行业向信息化发展上的重要技术进步，对引导地基处理良性发展是很有必要的，在软基加固中应鼓励使用排水板施工监管信息技术。

参考文献

[1]　徐新民，金文光，方志刚．塑料排水板施工质量自动记录及监控系统 [J]．测控技术，1999（8）：53-55.

[2]　杨锋．塑料排水板施工智能控制系统初步研究 [J]．科技资讯，2012（23）：53.

[3]　程英武，宋伟浩，冯波，等．塑料排水板打设深度及回带长度监测系统研究 [J]．中国港湾建设，2021，41（8）：16-19.

[4]　娄炎，李毅．软基加固中应用的高性能可测深排水板 [J]．岩石力学与工程学报，2004（12）：2123-2127.

[5]　朱可嘉，路婧，孟雪松，等．可计量需求分析与设计 [J]．中国计量，2023（3）：31-36.

山东某水库土料分散性综合判定与机理分析

徐　锴　张耀升　吴志强

（南京水利科学研究院岩土工程研究所，江苏南京　210024）

摘　要：分散性土的抗水流冲蚀能力和渗透稳定性很差，容易造成管涌、冲沟等破坏，对土木水利工程安全造成极大威胁。本文通过碎块试验、针孔试验、双比重试验与孔隙水可溶性阳离子试验对山东某水库土样的分散性与分散机理进行分析。试验结果表明，测试土样 1、2、3 属于分散性土，土样 5 属于过渡性土，土样 4 属于非分散性土。土样产生分散的主要原因是土样中含有数量较多的 Na^+，根据扩散双电层理论，黏土颗粒吸附 Na^+，双电层厚度增加使得土颗粒之间的斥力能大于引力能，促使土样分散；Ca^{2+} 对分散性土具有良好的改性作用，其机理是将黏土颗粒所吸附的 Na^+ 置换出来，降低了土颗粒的双电层厚度，颗粒发生凝聚，抑制分散。

关键词：分散性土；改性；综合判定

引言

　　分散性土是一种在低含盐量水或纯水中细颗粒之间的黏聚力大部分甚至完全丧失，呈团聚体存在的颗粒体自行分散成原级颗粒的土[1]。由于此种特性，导致其抗水流冲蚀能力和渗透稳定性较差，容易造成管涌、冲沟等破坏，因此对土木水利工程安全造成极大的威胁[2]。

　　分散性土的发现可追溯到 20 世纪的 30 年代[3]，当时的土壤科学家就认识到具有自行分散能力的土壤存在。但直到 20 世纪 50 年代澳大利亚、美国等国家修建的一些土坝由于分散性土管涌破坏而垮坝，才引起工程界对分散性土研究的重视。国内，水利部黄河水利委员会在 20 世纪 70 年代采用针孔试验研究黄河小浪底水库防渗土料的分散性，20 世纪 80 年代初在黑龙江引嫩工程中由于采用了分散性土填筑而导致输水渠道出现大量的洞穴和管涌破坏[4]。1995 年海南省三亚市的岭落水库发生溃坝，也是未能认识到填筑土料为分散性黏土[5]。因此土木水利工程中土料分散性的鉴定尤为重要。陈式华等[6] 从试验操作的简便性和可靠性出发，提出分散性土鉴别试验的先后顺序应为碎块、针孔、双比重计及孔隙水可溶盐试验。陈艳明[7] 对目前鉴定土料分散性的五种试验方法不相吻合现象，从分散机理和判断标准两个方面进行了分析，并提出模拟了土体在集中渗透水流的作用下所承受的冲蚀条件的针孔试验是最可靠的鉴定方法。樊恒辉等[8] 在实践经验的基础上，根据判定土样分散性五种试验方法的基本特点，分别赋予双比重计试验、碎块试验、针孔试验、孔隙水可溶性阳离子试验和交换钠离子百分比试验的不同的权重值，并提出一套判

作者简介：张耀升（2000—　　），男，江苏盐城人，硕士研究生。

定标准以综合判定土样的分散性。

　　山东某水库是在原水库上扩建而成，原水库修建成后因坝基、坝体渗漏严重，废弃为滞洪区。对水库土层分散性进行测定，综合试验成果认为：坝址区的土层为非分散性—过渡性，局部地点具有分散性。本文通过碎块试验、针孔试验、双比重计试验、和孔隙水可溶盐阳离子试验等 4 种试验方法，结合土样的物理化学性质，对水库分散性点位及周边土体的分散性进行研究，并对其分散机理以及改性应用进行探讨，为工程的规划设计、施工以及管理工作提供科学依据。

1　试验材料及试验方法

1.1　试验材料

　　本文试验土样取自山东某水库坝址区，主要取样深度为 1.5～5m，基本物理性质见表 1。土料的颗粒比重 2.70～2.72，颗粒组成以粉粒为主，其含量在 35.55%～73.83% 之间，黏粒含量占 25.50%～54.99%，砂粒含量占 0%～18%。土体液限含水率介于 21.72%～26.50%，塑限含水率介于 10.94%～14.40%，土体的塑性指数最小值 10.5，最大值 12.1。按照《土的工程分类标准》（GB/T 50145—2007）进行土的工程命名，可定义为低液限黏土（CL）。土样的最大干密度为 1.90～1.98g/cm³，最优含水率为 10.11%～14.10%。

表 1　　　　　　　　　　　　　　土样的物理性质

土样编号	比重 G_s	颗粒组成/%			液限/%	塑限/%	塑性指数 I_p	最大干密度/(g/cm³)	最优含水率/%
		砂粒	粉粒	黏粒					
1	2.72	9.46	35.55	54.99	21.72	10.94	10.78	1.98	12.14
2	2.71	3.92	56.48	39.60	22.84	12.34	10.50	1.95	10.61
3	2.70	18.00	55.29	26.71	22.80	11.70	11.10	1.92	12.32
4	2.70	0.67	73.83	25.50	26.50	14.40	12.10	1.90	14.10
5	2.72	0	45.41	54.59	22.47	11.28	11.19	1.97	10.11

1.2　试验方法

　　本次试验采用包括碎块试验、针孔试验、双比重计试验和孔隙水可溶盐阳离子试验 4 种方法对选取土样进行分散性鉴定。碎块试验和双比重计试验分别参照美国材料与试验协会制定的 ASTM D6572—00[9] 与 ASTM D4221—18[10] 试验规程，针孔试验参考了 ASTM D4647M—13[11] 与我国的辽宁省地方标准（DB21/T 3145—2019），针孔试验装置见图 1。

2　分散性鉴定试验结果分析与综合判别

2.1　分散性鉴定试验

2.1.1　碎块试验

　　碎块试验是从胶体化学的基本观点出发，认为分散性土在水中分散的原因是胶体颗粒

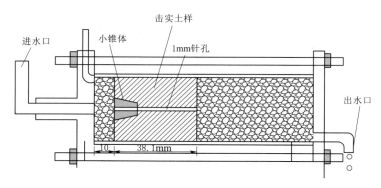

图 1　针孔试验装置示意图

的析出，因而可采用胶体析出的程度不同作为鉴定标准。将天然含水率的原状土块或针孔试验结束以后的试样制成体积约为 $1cm^3$ 的正方体土块，浸放在盛有一定量蒸馏水的烧杯中，将碎块浸泡 $5\sim10min$ 后的形态和变化作为判别结果，根据土块中的胶体颗粒在水中的分散性状进行黏土分散性的判定，试验结果如图 2 所示，除了 4 号土样发生轻微崩解基本保持试验原先形状外，其他试样均完全崩解。根据胶粒悬液与水体颜色等对土样进一步鉴定，最终判定 1 号土样为分散性土，2、3、5 为过渡性土，4 号为非分散性土，5 组土样的浸水特征以及其判定结果见表 2。

　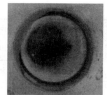　　　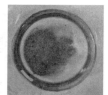

（a）土样1　　（b）土样2　　　（c）土样3　　　（d）土样4　　　（e）土样5

图 2　碎块试验

表 2　　　　　　　　　　　　　土样碎块试验结果统计表

土样编号	浸　水　特　征	类别
1	土块崩解，土体周围有胶粒悬液，水体浑浊。水中有明显的"云雾状"现象	分散性土
2	土块崩解，土体周围有轻微的胶粒悬液，水体轻微浑浊。水中无明显的"云雾状"现象	过渡性土
3	土块崩解，土体周围有轻微的胶粒悬液，水体轻微浑浊。水中无明显的"云雾状"现象	过渡性土
4	土块轻微崩解，土体周围无胶粒悬液，水体清澈。水中无明显的"云雾状"现象	非分散性土
5	土块崩解，土体周围有轻微的胶粒悬液，水体清澈。水中无明显的"云雾状"现象	过渡性土

2.1.2　针孔试验

针孔试验是模拟土样在一定的水压力作用下，通过测定流经土样孔隙的水流流量、颜色和孔隙尺寸的变化，以此反映土壤颗粒所具有的抗冲蚀能力。由于针孔试验能够直观地模拟土体中的孔隙在渗透水流作用下所具有的抗冲蚀能力，因而被认为是最可靠的鉴定土体分散性方法，同时也是其他分散性鉴定方法最直接和可靠的验证手段。针孔试验判定标准见表 3。

表 3　针孔试验评价土的分散性标准

类别	水头 /mm	在某一水头下的持续时间/s	最终流量 /(mL/s)	试验结束时流出水的浑浊情况	最终孔径 /mm
分散性土	50	300	1.0～1.4	浑浊	≥2.0
	50	600	1.0～1.4	较浑浊	>1.5
过渡性土	50	600	0.8～1.0	轻微浑浊	≤1.5
	180	300	1.4～2.7	肉眼可见	≥1.5
	380	300	1.8～3.2	肉眼可见	—
非分散性土	1020	300	>3.0	清澈	<1.5
	1020	300	≤3.0	完全清澈	1.0

值得注意的是，流量在试验过程中难以准确的测量，在鉴定标准中有时可以不用考虑流量的变化，重点观测水流的颜色以及针孔的变化。5 组土样的针孔试验鉴定结果见表 4。

表 4　土样针孔试验结果统计表

土样编号	作用水头/mm	时间/s	流量/(mL/s)	水色	孔径/mm	结果
1	50	300	2.63	浑浊	4.8	分散性土
2	50	300	3.07	浑浊	5.3	分散性土
3	50	300	3.60	浑浊	7.8	分散性土
4	1020	300	2.18	清澈	1.3	非分散性土
5	380	300	1.86	肉眼可见	1.4	过渡性土

从表 4 中数据可以发现土样 1、2 和 3 在 50mm 水头时孔隙就被水流冲蚀、破坏，水色浑浊，并且试验结束后测得的孔径大于原孔径的 2 倍（2mm），判定为分散性土。土样 4 为非分散性土。土样 5 在 380mm 水头下，无法根据水色和孔径判定分散性，测得流量达到判定标准，为过渡性土。针孔试验土样切面见图 3。

　（a）土样1　　　　（b）土样2　　　　（c）土样3　　　　（d）土样4　　　　（e）土样5

图 3　针孔试验土样切面

2.1.3　双比重计试验

双比重计试验是美国水保局鉴别黏土分散性的一种定量分析方法。黏性土以团粒结构为主，为获得完整的颗粒分布，采用煮沸并加入分散剂（六偏磷酸钠）的方法，使其完全分散，得出一条颗粒级配曲线。同时在不煮沸、不添加分散剂的情况下，将土样放在盛有纯水的抽滤瓶中，与真空泵相连接，抽气 10min，把土水悬液冲洗到量筒中，纯水定容至 1000mL，倒转量筒来回摇晃，往复约 30 次，使黏土颗粒自行水化分散，进行颗粒分析试验，得到第二条颗粒级配曲线。根据两次黏粒含量比值的百分数（称为分散度）来判断土样的分散性。根据判定依据：分散度＜30％为非分散性土；分散度30％～50％为过渡性土；分散度＞50％为分散性土，试验与鉴定结果见表5。

表5　　　　　　　　　　　　　土样双比重计试验结果统计表

土样编号	黏颗粒含量/%		分散度/%	分散性判定
	加分散剂煮沸	不加分散剂		
1	63.72	60.04	94	分散性
2	49.07	41.67	85	分散性
3	61.62	38.98	63	分散性
4	66.87	25.5	38	过渡性
5	85.4	52.02	61	分散性

2.1.4　孔隙水可溶性阳离子试验

黏土矿物颗粒结构由硅氧四面体与铝氧八面体构成，由于同晶置换作用，硅氧四面体中的 Si^{4+} 与铝氧八面体中的 Al^{3+} 会被 Al^{3+} 与 Mg^{2+} 替换，电荷数降低。为维持电性平衡，需从介质环境中吸附 Na^+、K^+、Ca^{2+} 等离子。根据双电层理论，不同性质的可溶性阳离子，会导致黏土颗粒表面双电层厚度发生变化，进而影响土体的分散性。孔隙水可溶盐的性质可以较好地反映土颗粒表面的电化学特性。测定孔隙水中4种阳离子（Ca^{2+}、Mg^{2+}、Na^+、K^+），计算出孔隙水中阳离子总量（TDS）、钠百分比（PS）与钠吸附比（SAR），进而判定土样分散性。计算公式如下：

$$TDS = C_{Na^+} + C_{K^+} + C_{Mg^{2+}} + C_{Ca^{2+}} \tag{1}$$

$$K = (C_{Na^+} + C_{K^+}) / \sqrt{C_{Mg^{2+}} + C_{Ca^{2+}}} \tag{2}$$

$$PS = \frac{C_{Na^+}}{TDS} \times 100\% \tag{3}$$

$$SAR = C_{Na^+} / \sqrt{(C_{Mg^{2+}} + C_{Ca^{2+}})/2} \tag{4}$$

式中：C_{Na^+}、C_{K^+}、$C_{Ca^{2+}}$、$C_{Mg^{2+}}$ 分别为孔隙水中钠、钾、钙、镁离子含量，$1/n\,mmol/L$。本文通过 ICP-AES 分析仪对土样中 K^+、Ca^{2+}、Na^+ 和 Mg^{2+} 含量进行测定，测定结果与计算结果见表6。

表6　　　　　　　　　　　　土样孔隙水可溶性阳离子试验结果统计表

土样编号	K^+ /(mmol/L)	Ca^{2+} /(1/2mmol/L)	Na^+ /(mmol/L)	Mg^{2+} /(1/2mmol/L)	TDS /(1/$n$mmol/L)	K	PS /%	SAR
1	0.02	1.40	19.94	2.42	23.78	10.20	0.84	14.43
2	0.03	1.17	15.32	2.20	18.72	8.36	0.82	11.80
3	0.05	2.38	11.46	0.98	14.88	6.30	0.77	8.82
4	0.07	9.86	1.73	0.74	12.39	0.50	0.14	0.75
5	0.06	7.65	2.07	0.86	10.64	0.73	0.19	1.00

根据 K 值对土样分散性进行鉴定，$K>0.3$ 的土属于分散性土，$K<0.2$ 的土属于非分散性土，由此可以确定 5 组土样均为分散性土。根据 SAR 判定土体分散性，若 $TDS>5$ 且 $SAR>2.7$，则为分散性土；若 $TDS>10$ 则需 $SAR>4.2$；若 $TDS>100$ 则需 $SAR>13$。根据表中计算结果，土样 1、2 和 3 为分散性土，土样 4 和 5 为过渡性土。根据 PS 和 TDS 之间的关系对分散性进行鉴定，以 TDS 为横坐标，PS 为纵坐标，在半对数坐标中绘制 PS 与 TDS 关系图，绘制结果见图 4。坐标落在 A 区为分散性土，落在 B 区属于非分散性土，C 区为过渡性土。因此土样 1、2 和 3 为分散性土，土样 4、5 为过渡性土。

综合上述 3 种判定结果，确定土样 1、2 和 3 为分散性土，土样 4、5 为过渡性土。

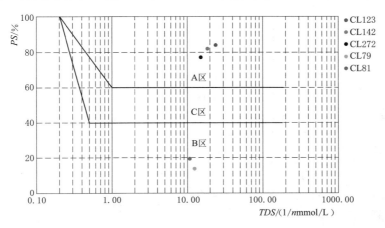

图 4　PS - TDS 关系图

2.2　分散性综合判别

从上述试验结果可以发现，对同一种土样进行分散性鉴定，碎块实验、针孔实验、双比重计试验以及孔隙水可溶性阳离子试验的试验结果具有一定的离散性。土体分散性的影响因素是多样的，并且每一种鉴定试验都有着其自身的侧重点与不足。碎块试验简便易行，在野外和室内均可快速简单地操作，通过改变试验所用溶液可以模拟不同离子种类、离子浓度和 pH 的自然水体对土体分散性的影响，具有良好的再现性。但只是定性的试验手段，判定土样分散性时，十分依赖实验人员的经验。针孔试验侧重于模拟实际工程中水体通过土体孔隙是水对于土体的冲蚀情况，但针孔试验不适宜鉴定黏粒含量小于 12% 和塑性指数不大于 4 的土样。此类土样本身就具有较低的抗冲蚀性，不论其是否具有分散性，在针孔实验的模拟过程中，往往表现出分散性土样的特征。双比重计试验则是对盐渍土等易溶盐含量高的土不适用。由于盐渍土中含有大量的可溶盐，若不对土样进行洗盐处理，土样颗粒在可溶盐的离子絮凝作用下发生聚成，致使悬液澄清，影响试验结果。但对盐渍土进行洗盐操作时会促使土粒发生分散，分散度结果偏大，不能够真实地反映土体的分散情况。因此为了确保分散性鉴定结果的可靠性，对各分散性鉴定试验结果进行综合判定。

本试验对分散性综合判定的依据采用的是由樊恒辉提出的权重分析方法。此分析方法是对青海宁木特水电站、宁夏文家沟水电站、新疆西郊三坪水库等多个实际工程土样的分散性鉴定结果进行统计分析，通过对比 5 项分散性鉴定试验结果与实际土样分散性的一致性得出的分析方法。若其中一项试验的判定结果和实际土样结果一致，则在该鉴定试验下记 1 个土样，若过渡性结果与分散性或非分散性相遇时，记 0.5 个土样。鉴定结果一致的土样个数与总土样的比值可以视为该鉴定试验的准确度，对其进行归一化处理就可以得到各分散性鉴定试验在分散性鉴定中所占权重。权重越高则这种试验方法的参考价值越高。

在此分析方法中，赋予碎块试验、双比重计试验、针孔试验、孔隙水可溶性阳离子试验和交换钠离子试验的权重值分别为 20%、20%、40%、10%、10%。当分散性的权重大于 50%，土样判定为分散性土；若分散性权重为 50%，过渡性权重不小于 20%，判定为分散性土，反之，为过渡性土；若分散性的权重小于 50%，过渡性与分散性权重之和不小于 50%，则判定为过渡性土，反之为非分散性土。由于本试验未进行交换钠离子试验，故将其权重分配给孔隙水可溶性阳离子试验，对权重分析方法进行修正，修改后的判别标准为：分散性的权重大于 60%，土样判定为分散性土；分散性的权重为 60% 时，若过渡性的权重不小于 20%，则判定为分散性土；反之，为过渡性土；当分散性的权重小于 60%，过渡性与分散性的权重之和不小于 60%，则为过渡性土，反之，为非分散性土。

整理各分散性鉴定方法的判别结果，见表 7。土样 1、2 和 3 的分散性权重之和均大于 60%，属于分散性土。土样 4 其分散性权重为 0，过渡性权重为 40%，小于 60%，属于非分散性土。土样 5 的分散性权重为 20%，同样小于 60%，但其过渡性权重为 80%，大于 60%，将其分类为过渡性土。为验证修正后权重分析方法的适用性，同时采用多数一致原则对分散性进行判定。该分析方法主要针对 3～4 项试验，超过 2 组以上测试结果相同，按对应的检测结果判别。根据多数一致原则，土样 1、2 和 3 判定结果也是分散性土，土样 5 为过渡性土，土样 4 由于非分散性与过渡性数量占比相同，考虑到针孔实验更具有代表性，判定为非分散性土，与权重分析方法结果一致。

表 7   分散性鉴定试验结果统计表

土样编号	碎块实验	针孔试验	双比重计试验	孔隙水可溶性阳离子试验	分散性权重/%	判定结果
1	分散性土	分散性土	分散性	分散性	100	分散性土
2	过渡性土	分散性土	分散性	分散性	80	分散性土
3	过渡性土	分散性土	分散性	分散性	80	分散性土
4	非分散性土	非分散性土	过渡性	过渡性	0	非分散性土
5	过渡性土	过渡性土	分散性	过渡性	20	过渡性土

2.3 土样分散机理分析

从黏土颗粒结构与双电层理论角度进行分析，黏土颗粒结构主要由硅氧四面体与铝氧八面体排列组合而成。蒙脱石与伊利石均为 2:1 型排列，即上下两层硅氧四面体，中间为铝氧八面体的三层片状结构。由于同晶置换作用，晶体结构中由某种离子或原子占有的位置，部分被性质类似、大小相近的其他离子或原子占有，在此表现为硅氧四面体中的 Si^{4+} 与铝氧八面体中的 Al^{3+} 会被 Al^{3+} 与 Mg^{2+} 替换，电荷数降低，需吸附阳离子以维持电性平衡，在土颗粒表面形成扩散双电层。双电层的厚度直接影响土颗粒之间的排斥作用，双电层越厚，土颗粒之间斥力增加，土体表现出膨胀性甚至发生分散破坏。通过对比各土样的物理化学性质可以发现，土样1、2和3的Na^+含量显著高于土样4与5。双电层的厚度与离子价成反比，即离子价越高，双电层厚度越薄。一价Na^+的含量增高，扩散层厚度随之增大，土颗粒之间斥力能逐渐增大，大于引力能，土样产生分散。因此土样1、2和3为分散性土，土样4为非分散性土，土样5介于两者之间，为过渡性土。

除了Na^+含量由较大差异外，还发现土样1、2和3的Ca^{2+}含量较少，仅有0.59～1.19mmol/L，土样呈分散性，而Ca^{2+}含量较高的土则表现为非分散性。为探究Ca^{2+}含量对土样分散性的影响，选取分散性土样土样1，向土样中加入不同掺量的石灰，设置掺量梯度为0%、0.1%、0.15%、0.2%、0.25%、0.3%、0.35%和0.5%，进行针孔试验。试验结果见表8。

表8　　　　　　　　　　　　　土样十石灰针孔试验结果统计表

土样编号	作用水头/mm	时间/s	流量/(mL/s)	水色	孔径/mm	结果
TY1+0.0SH	50	300	0.77	浑浊	4.2	分散性土
TY1+0.10SH	50	600	2.63	浑浊	4.4	分散性土
TY1+0.15SH	1020	300	3.60	浑浊	4.0	过渡性土
TY1+0.20SH	50	600	0.28	轻微浑浊	4.0	过渡性土
TY1+0.25SH	380	300	1.90	肉眼可见	3.2	过渡性土
TY1+0.30SH	380	300	2.17	清澈	2.2	过渡性土
TY1+0.35SH	1020	300	1.83	清澈	1.2	非分散性土
TY1+0.50SH	1020	300	2.20	清澈	1.1	非分散性土

根据表8可以发现随着石灰掺量的增大，土样的分散性逐渐降低。掺量为0和0.1%时土样仍具有分散性，说明低浓度的Ca^{2+}不足以抑制土样的分散；掺量为0.15%时，土样由分散性土转变为过渡性土，掺量提高至0.30%时，土样虽仍为过渡性土，但随着Ca^{2+}浓度的增加，针孔试验所测得的孔径逐渐减小，由最初的4.0mm逐渐减小至2.2mm；掺量为0.35%时，土样由过渡性变为非分散性，孔径也由2.2mm变为1.2mm；掺量继续增加至0.5%时，孔径变化由1.2mm降至1.1mm，改性作用十分有限，因此最佳掺量为0.35%。Ca^{2+}作为二价离子，其凝聚力比一价Na^+强，可交换阳离子的置换能力随原子价数和键强度的提高而增加，通过离子交换作用，将黏土颗粒所吸附的钠离子置换出来，降低了土颗粒的双电层厚度，引力能增加，颗粒发生凝聚，抑制分散，因此Ca^{2+}对分散性土具有良好改性能力。

3　结论

（1）本文通过碎块实验、针孔试验、双比重计试验和孔隙水可溶性阳离子试验对取自山东某水库的5组土样进行分散性鉴定，采用权重分析方法，赋予碎块实验20%权重，针孔试验40%权重，双比重计试验20%权重，孔隙水可溶性阳离子试验20%权重。综合判定结果为土样1、2和3为分散性土，土样4为非分散性土，土样5为过渡性土。

（2）土样具有分散性的原因是其含有大量的 Na^+，黏土颗粒吸附 Na^+ 使得其双电层厚度增大，黏土颗粒间斥力能增大，大于引力能，土样产生分散。

（3）石灰对分散性土具有良好的改性能力，其作用机理是 Ca^{2+} 通过离子交换作用，将黏土颗粒所吸附的 Na^+ 置换出来，降低了土颗粒的双电层厚度，引力能增加，颗粒发生凝聚，使分散性降低。质量参数 0.35% 改性效果最佳。

参考文献

［1］ 王观平，张来文，阎仰中，等. 分散性黏土与水利工程［M］. 北京：中国水利水电出版社，1999.

［2］ 樊恒辉，赵高文，李洪良. 分散性粘土研究现状与展望［J］. 岩土力学，2010，31（S1）：108－114.

［3］ Decker R S，Dunnigan L P. Development and use of the soil conservation service dispersion test ［M］. ASTM International，1977.

［4］ 王观平. 黑龙江省南部引嫩工程分散性黏土的研究与处理措施［J］. 水利水电技术. 1992（3）.

［5］ 杜丽珍，马育红. 岭落水库土坝的破坏机制与治理措施［J］. 土工基础，2005（5）：2－4，8.

［6］ 陈式华，何耀辉，孙从炎. 分散性黏土鉴定的试验研究［J］. 浙江水利科技，2008，156（2）：39－41.

［7］ 陈艳明. 新疆西郊水库大坝防渗心墙土料分散性鉴定［J］. 西北水电，2005（3）：24－28.

［8］ 樊恒辉，赵高文，路立娜等. 分散性土的综合判别准则与针孔试验方法的改进［J］. 水力发电学报，2013，32（1）：248－253，262.

［9］ ASTM D6572—00 Standard Test Methods for Determining Dispersive Characteristics of Clayey Soils by the Crumb Test ［S］.

［10］ ASTM D4221—18 Standard Test Method for Dispersive Characteristics of Clay Soil by Double Hydrometer ［S］.

［11］ ASTM D4647/D4647M—13 Standard Test Method for Identification and Classification of Dispersive Clay Soils by the Pinhole Test ［S］.

可降解排水板在工程实践中的应用

龚丽飞[1,2]　赵　磊[2]　耿之周[1]　黄汉雄[3]　张　浩[2]

(1. 南京水利科学研究院，江苏南京　210029;

2. 南京水科院瑞迪科技集团有限公司，江苏南京　210029;

3. 深圳市中泰基建设工程有限公司，广东深圳　518000)

摘　要： 真空预压法处理软土地基时采用排水板作为竖向排水通道，在真空负压及外部堆载的作用下使土体产生固结沉降，达到地基处理期望的工程效益，但由塑料制成的普通排水板在生成和使用过程中不可避免的带来了不同程度的白色污染。结合工程实例，从沉降、土性指标、十字板强度等方面，在相同工程边界条件下，对比分析可降解排水板与普通排水板的处理效果。实践表明：可降解排水板采用农业废弃物制作排水芯板，在真空预压处理软土地基的应用中基本可以达到与普通排水板的地基处理效果，可以在工程应用中进行推广，但对可降解程度的判断仍需值得研究。

关键词： 可降解排水板；真空预压；软土地基处理；处理效果

1　引言

真空预压法利用在软土地基中打设竖向排水通道，利用真空荷载预压作用，使土体中的孔隙水排出，逐渐固结，强度得到提高[1]。早期竖向排水通道主要采用袋装砂井，随着土工合成材料技术的发展，逐步被塑料排水板所代替。1971 年，由聚氯乙烯和无纺布制成的塑料排水板首次生产出来[2]，经过 50 多年的工程应用，无论是分离式还是整体式，排水板内芯板多由聚乙烯或聚丙烯塑料组成，外部滤膜采用细密的无纺土工布包裹，热熔工艺粘接。据不完全统计，全球每年需 15 亿延米长的塑料排水板，生产塑料排水板需消耗原材料为 1.4 亿～1.5 亿 t[3]。

随着我们国家经济社会的不断发展，碳中和、碳达峰的目标已十分明确，各行各业环境保护力度不断加大，高质量发展的理念也不断深入。可降解排水板也随之被提出和创造出来，目前主要是利用农业废弃物如稻草、玉米秸秆、小麦秸秆等，经过高温高压形成排水板的内芯板和包裹在板外的透水无纺布组成。冯旭松等[4] 在 2018 年对小麦秸秆应用于可降解排水板生产中的可行性进行了验证，并对可降解排水板的物理力学性能以及降解性能进行研究；常雷等[5] 在 2021 年介绍了新型秸秆（降解）排水板的主要工艺和特点；孙明瑞等[6] 在 2021 年采用棉花秸秆代替传统真空预压法中的塑料排水板，对吹填土加固开

作者简介： 龚丽飞（1981— ），男，高级工程师，硕士，主要从事岩土工程技术研究。E - mail: lfgong@nhri.cn

通信作者： 耿之周（1988— ），男，高级工程师，硕士，主要从事土工合成材料相关的科研工作。

基金项目： 国家重点研发计划项目 2021YFB2600700。

展了模型试验，验证技术的可行性。

可降解排水板在环保上优势十分显著，在适当的自然环境下可被微生物完全降解，且降解后的产物对土体或地下水没有危害。但目前在地基处理应用中多数仍处于理论或室内模型研究阶段，在工程实践中，可降解排水板的使用率很低。一是产品技术成熟程度较低，应用于工程实例稀少，地基处理效果如何仍有待探讨；二是对可降解性能评价指标、体系不完备，无法直观的判断或直接通过某一指标量化判别，需要依靠时间来验证，过程漫长。本文对某种新型可降解排水板规模性地用于实例工程中，与普通塑料排水板就地基处理效益进行对比分析。

2 工程实例

2.1 工程背景

某滨海地区原场地为空地，采用吹填海域疏浚土形成陆域，吹填厚度 3～5m，地基土物理力学性质指标差、地基承载力低，施工设备无法在场地内作业。为满足场地后续建设及使用要求，陆域形成约半年后，采用"直排式真空＋覆水"预压法进行地基处理。

2.2 工程地质条件

（1）地形、地貌。拟处理场地地处徐淮黄泛平原区，本区地貌单元为废黄河古河道、冲积扇三角洲。早期为盐场盐池，后由于周边港口建设开发，将港池、航道疏浚土吹填至场地盐池内，形成吹填场地，总体地势较为平坦，受翻挖取土影响，现状地表呈沟壑状。图 1 为拟处理场地地貌的变化。

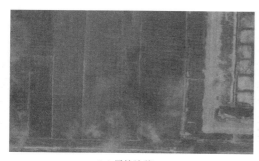

（a）原始地貌   （b）现状地貌

图 1　拟处理场地地貌的变化

（2）地层条件。图 2 为典型地质剖面图。拟处理场地浅部为全新世河流相（Q_4^1）灰黄色稍—中密粉土、灰黄色可—软塑粉质黏土夹粉土，分布不稳定；局部为湖沼相（Q_4^1）灰色流塑淤泥质土。中部分布全新世河湖相（Q_4^1）灰黄色、灰色粉质黏土、粉土；滨海浅海相灰色、灰黄色稍—中密粉土、粉砂，常夹黏性土，分布不均匀，局部粉土、粉砂与黏性土交互出现。深部广泛分布更新世河湖相冲积（Q_3^1）或风积（Q_3^{el}）灰黄、褐黄色含钙质结核硬—可塑黏性土，棕黄色、褐黄色中密—密实细粉砂、中细砂，局部含砾石。自上而下分为素填土层、粉质黏土层、淤泥质粉质黏土层（吹填土层）、砂质粉土层以及粉砂层，其中吹填土层土质不均匀，吹填时间半年左右，场区普遍分布，厚度 2.00～5.10 m。

在地基处理前，场地地表素土层及粉质黏土层基本被取走。各土层物理力学性质指标统计见表1。

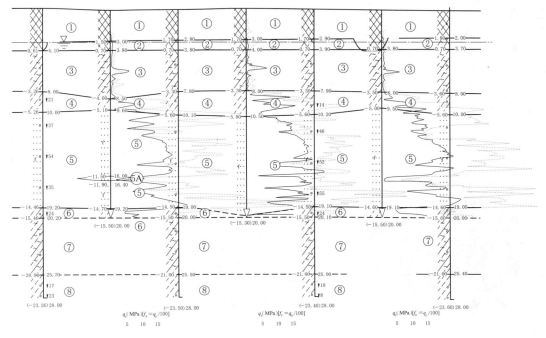

图 2　典型地质剖面图

表 1　各土层物理力学性质指标统计表

岩土名称	含水率 ω/%	天然重度 γ /(kN/m³)	孔隙比 e	液性指数 I_L	直接快剪 黏聚力 c/kPa	直接快剪 内摩擦角 /(°)	承载力特征值 f_{ak}/kPa	备注
素填土	41.4	17.5	1.154	1.39	5	12	50	处理前被挖除
粉质黏土	29.5	18.9	0.822	0.66	12	20	70	
淤泥质粉质黏土	56.6	17.4	1.321	1.41	4.6	5.2	45	主要处理土层
砂质粉土	32.2	18.4	0.896	1.47	17.5	22.3	115	
粉砂	26.1	19.3	0.723	—	—	25	253	

2.3　地基处理方案

根据前期工程勘察，结合场地处理的目的，即为后续场地建设提供满足设备进场施工，本次场地处理的主要土层为淤泥质粉质黏土，采用"直排式真空＋覆水"预压法，膜上覆水厚度 1.5 m，满载预压时间 2.5 个月，处理总面积约 15 万 m²，分为 4 个处理区，排水板正方形布置，间距 1.0 m，深度 6.0～8.0 m。在场地首次大规模使用可降解排水板作为竖向排水通道。图 3 为普通排水板和可降解排水板分区平面图。图 4 为地基处理现场照片。

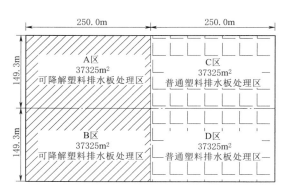

图 3　地基处理分区平面图

（a）插板＋铺膜

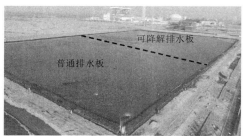

（b）真空预压＋膜上覆水

图 4　地基处理现场照片

3　材料特性对比

本工程采用的可降解排水板由福建邦杰塑料制品有限公司生产，原材主要成分是改性天然植物纤维及淀粉乳酸材料制得 PLA，其力学性能完全保持了高分子材料的强度与韧性，滤布使用的是天然甘蔗纤维和苎麻纤维混纺交织。排水板指标基本达到普通塑料排水板的要求，但与秸秆排水板相比，在通水量指标上略小。且本工程工后可降解排水板通水量大于施工前，结合室内试验及现场条件，初步分析工前改性天然植物纤维及淀粉乳酸材料制成排水体在整体抗压性能上不足，导致通水齿槽易发生变形，工后排水板经过土壤"硬质化"后，反而提高其抗压性能。可降解排水板性能指标对比见表 2。

表 2　　　　　　　　　　　可降解排水板性能指标对比表

项　目	本　项　目		秸秆排水板 C 型[7]	普通塑料排水板 C 型[8]
	工前	工后		
复合体厚度/mm	4.7	4.5	4	4
复合体宽度/mm	98.1	98	100	100
复合体克重/(g/m)	94.1	139.5	—	—
复合体 10％伸长率时拉伸强度/kN	2.273	2.1	2.07	1.5
滤膜克重/(g/m²)	116	255	89	—

续表

项　　目	本　项　目		秸秆排水板 C 型[7]	普通塑料排水板 C 型[8]
	工前	工后		
滤膜厚度/mm	0.92	0.95	—	—
滤膜干态/(N/cm)	31.7	34.5	—	30
滤膜湿态/(N/cm)	18.2	20.5	—	25
通水量/(cm³/s)	42.6	49.3	52.65	40

图 5　可降解排水板工后现场照片

图 6　可降解排水板室内通水量试验

4　处理效果分析分析

4.1　地表沉降

　　吹填地基在真空负压和水荷载的共同作用下，淤泥质粉质黏土层中的孔隙水沿排水通道排出，土颗粒重新固结，产生地表沉降。图 7 为可降解排水板处理区和普通排水板处理区总沉降监测对比图。从地表总沉降量可以看出，可降解排水板处理区和普通排水板处理区处理的地表总沉降量平均值分别为 0.639 m、0.854 m，总沉降量相差 25%；从沉降速率可以看出，真空预压前期，普通排水板处理区的沉降曲线陡于可降解排水板处理区；从沉降时间曲线形态来看，可降解排水板处理区表现的沉降规律同普通排水板处理区。总体

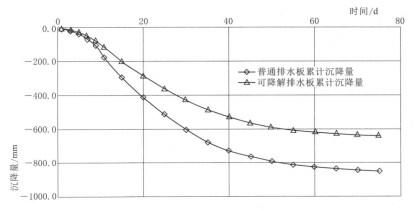

图 7　地基处理不同板材沉降对比图

上表明可降解排水板在真空预压处理工程中完全可以保证地基处理的效果。

最大沉降量偏小的原因，分析主要是本场地地表吹填土不均匀性造成，C、D两区位于场地东侧为吹填口，吹填土颗粒较大、粉粒含量较大。

4.2 孔隙水压力

图8为地基处理可降解排水板处理区和普通排水板处理区埋设最深处超静孔隙水压力对比图。从图8中可以看出，在同等真空压力、水荷载持续加压的作用下，不同排水板处理区的真空压力变化规律基本一致，膜下真空荷载上升期，普通排水板真空效果要优于可降解排水板，同一深度超静孔隙水压力相差15%，从效果来说，与沉降对比结果表现的基本一致。

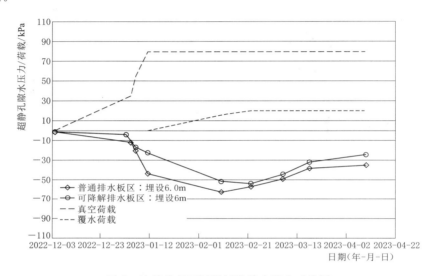

图 8　地基处理不同板材孔隙水压力对比图

4.3 取土试验分析

在地基处理前、后对不同排水板处理区进行钻孔取土试验。从表3可以看出，经过真空覆水预压处理后，淤泥质粉质黏土层的物理力学性质均得到了改善。同时对比不同排水板处理区，可以看出可降解排水板处理区对土性指标改善效果总体上略逊于普通排水板处理区，不同指标改善差异在1.15%～8.70%。

表 3　　　　　　　　　　加固前后淤泥质粉质黏土主要土性指标对比表

项目类型		处理前	处　理　后				指标改善差异/%
			普通排水板	变化率/%	可降解排水板	变化率/%	
含水率 ω/%		56.6	40.2	−29.0	42.5	−24.9	−4.06
孔隙比 e		1.321	1.115	−15.6	1.203	−8.9	−6.66
密度/(g/cm³)		1.74	1.81	4.0	1.79	2.9	−1.15
直剪	黏聚力 c/kPa	4.6	9.9	115.2	9.5	106.5	−8.70
	内摩擦角 φ/(°)	5.2	5.6	7.7	5.7	9.6	−1.92

4.4　十字板剪切试验分析

图 9 为可降解排水板处理区与普通排水板处理区加固前后十字板对比图。从图 9 中可以看出，处理后地基土体强度得到不同程度的提高，尤其是表层 1～3m 范围，可降解排水板处理区提高幅度在 50.4%～92.0%，普通排水板处理区提高幅度在 67.8%～97.1%。总体上普通排水板的提升幅度略大于可降解排水板区。

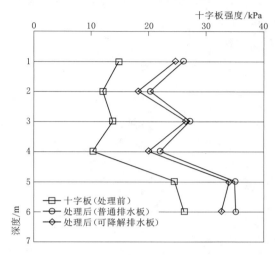

图 9　不同板材地基处理区加固前后十字板对比图

5　总结

（1）可降解排水板在环保上具有无可比拟的优势，作为真空预压等排水固结地基处理方法中竖向排水通道材料今后发展的一个主要趋势，但目前可降解材料以及产品均尚无统一标准，对地基处理效果的影响近些年才得到研究和推广应用，其工程应用实例则少之又少。

（2）通过工程实例可以得出：可降解排水板在物理力学性能指标是可以到达普通塑料排水板要求，在预压荷载、时间、排水板间距、深度等同一边界条件下，可降解排水板对地基沉降变形、土性指标的改善、十字板强度的提高基本与普通排水板相当，是值得推广和使用的。但也受本工程吹填土的特殊性影响，存在一定效果差异，这也是今后需要更多的工程实践去验证的。

参考文献

［1］　龚晓南. 地基处理手册［M］. 3 版. 北京：中国建筑工业出版社，2008.

［2］　武航. 可降解排水板软土处理技术研究［D］. 天津：中国民航大学，2022.

［3］　常雷，李学丰，苏开敏，等. 碳中和、碳达峰中秸秆降解排水技术的应用与刚柔复合厚壳层地基的关系［J］. 地基处理，2022，4（Z1）：144－151.

［4］　冯旭松，翁佳兴，宗册，等. 小麦秸秆在可降解排水板生产中的应用研究［J］. 南京工程学院学报（自然科学版），2018，16（1）：1-4.

［5］　常雷，余海龙，李楷兵，等. 秸秆（降解）排水板技术与桩间土工程桩的关系及应用［C］//第十一届深基础工程发展论坛论文集. 2021：229－233.

［6］　孙明瑞，陆凤玲，徐敏普，等. 基于棉花秸秆排水体的吹填淤泥真空预压试验研究［J］. 盐城工学院学报（自然科学版），2021，34（3）：11-16.

［7］　袁威，邓永锋，陈小兵，等. 秸秆排水板室内降解试验及现场应用［J］. 东南大学学报（自然科学版），2023，53（3）：402－409.

［8］　中华人民共和国交通运输部. 水运工程塑料排水板应用技术规程：JTS206-1—2009［S］. 北京：

人民交通出版社, 2009.

[9] 龚晓南, 岑仰润. 真空预压加固软土地基机理探讨 [J]. 哈尔滨建筑大学学报, 2002, 35 (2): 7-10.

[10] 张世民, 王秀婷, 崔耀, 等. 真空联合堆载预压近海软基加固效果分析 [J]. 水文地质工程地质, 2017, 44 (5): 59-65.

深圳机场第三跑道扩建地基施工关键技术创新

朱　明[1]　于建国[1]　王德咏[1,2,3]

（1. 中交第四航务工程局有限公司，广州　510290；
2. 中交四航工程研究院有限公司，广州　510230；
3. 中交集团交通基础工程环保与安全重点实验室，广州　510230）

摘　要：深圳机场三跑道扩建工程是国家重大战略项目，其先导工程中的陆域形成及软基处理对工程建造而言极为重要。该工程的技术难点体现在：临海近桥、地材资源紧张、施工不停航、施工空间受限、地基处理方式众多而差异沉降要求高。针对该工程技术难点，通过室内和现场试验、数值分析、BIM 等多种手段，开展滨海软土地区在营机场受限条件下扩建的关键技术研究，形成了绿色回填与无砂垫层真空预压、海上移动平台 DCM 桩与管板组合桩加固海堤、基于 BIM 的机场设计施工全生命周期控制等先进技术，并成功应用于深圳三跑建设，将绿色机场理念全面贯彻到机场扩建跑道设计、施工全流程中。研究成果将能较好为软土地区机场扩建及其他受限条件下地基基础工程提供技术参考。

关键词：软土机场；陆域形成；软基处理；管板组合桩；BIM

1　工程概况

在我国沿海发达地区的机场扩建需求巨大，而场区往往会存在大面积的软土。软土具有高压缩性、低强度等特性，易导致飞行区道面产生较大的不均匀沉降和边坡失稳，机场飞行区的软土地基处理是机场建设过程中的关键。

以深圳机场为例，深圳机场三跑道扩建工程场地陆域形成及软基处理工程（简称"深圳三跑"）位于深圳机场二跑道以西，沿江高速以东、福永河以南区域。场地位于伶仃洋珠江口东侧，现状地貌主要为潮间带，小部分为鱼塘，场地有深厚的超软弱海积淤泥层，必须经过围海造地并进行必要的软基处理之后作后续机场的建设用地。三跑道至二跑道的垂直穿越道依次经过场地既有外海堤、调蓄水池、二跑道边界围堰和机场飞行土面区，地质条件复杂。

拟建场地与珠江治导线最小距离约 100m，距沿江高速最小距离 60m，规划用海面积 292.7 万 m^2，陆域形成面积约 274.3 万 m^2，软基处理总面积约 280.4 万 m^2，主要建设三跑道和与之配套的滑行道、飞行区土面区、连接三跑道与二跑道的穿越道和绕行滑行道等，见图 1。

作者简介：朱明（1982—　），男，硕士，高级工程师，主要从事港口航道工程建设技术与管理方面的工作。

通信作者：王德咏（1982—　），男，博士，正高级工程师，主要从事水运工程地基处理和公路边坡工程等方面的研究工作。

图 1 深圳机场第三跑道扩建项目效果图

当前机场发展需以"平安、绿色、智慧、人文"为核心，本文拟结合深圳三跑扩建地基施工，研发陆域形成、软基处理、受限空间海堤施工、数字化建造成套技术，为滨海超大型填海机场场道绿色建造提供技术参考。

2 工程难点

深圳三跑扩建项目存在的关键科学与技术问题如下：

（1）填料短缺，尤其是砂料。

（2）机场跑道对沉降的控制标准高；地质情况复杂，淤泥层厚度为 2~15m，不同的部位对沉降要求不一样，设计的软基处理方法众多，差异沉降控制非常关键。

（3）设计难度大，体现在：①外海堤近桥梁、近机场，海堤断面尺寸受限制，不能超过桥梁 60m 红线范围；②沉降位移控制严格。

（4）施工条件受限，体现在：水上通航限行、机场限高、穿越道不停航施工，距离沿江高速 60~90m。

对于受限条件下水上管板组合桩、水泥土搅拌桩施工，由于施工净高度要求、（浅水）水深、通航（高度）限制，大型打桩船、DCM 船难以进入，需研发浅水区域 DCM 施工装备；沉桩施工起吊高度、水下高度都受限制，管板组合桩精度控制难。

3 场地绿色回填及地基处理关键技术

3.1 场地绿色回填关键技术

依托深圳三跑，结合地质勘探成果，通过室内试验和现场试验，研究了不同回填渣土的工程特性[1]。对机场工程建设的范围大、场地分区多、土石方量大且填料种类多、性质复杂，岩土的物理力学指标离散性大等，提出基于机场功能的场地分区、渣土填料评价与分类方法，见图 2，进而建立机场大规模软土挖填平衡的设计方法，实现工程废弃渣土利用，节约工地，节省了工程成本。

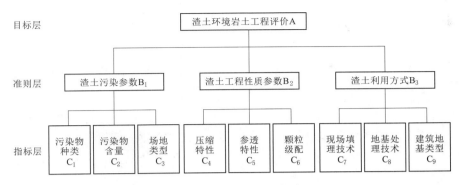

图 2　废弃渣土评价方法与流程

针对当前砂源紧缺的情况，对位于跑道北侧、西侧、南侧的土面区，利用跑道区基槽开挖淤泥和土代替部分砂作为陆域回填料，提出三种工法（围堰干法回填、水上抛土、吹填淤泥）进行弃土回填，并针对不同陆域填料采用相应的地基处理方案。实现场道建设中的弃土资源化利用。

3.2　无砂垫层真空预压地基处理技术

对于现场砂料紧张的大面积吹填淤泥地基，最经济常用的加固技术就是无砂垫层真空预压[2]。如图 3 和图 4 所示，通过室内试验，研究了软土在非达西渗流作用下的非线性固结特性，不同排水板间距处理吹填软土的加固效果，综合提出了适合深圳三跑扩建场地软基加固的无砂真空预压技术，并较好地应用于工程现场。

图 3　无砂垫层真空预压室内模型试验

图 4　无砂垫层真空预压技术现场应用

3.3　机场道面差异沉降及精细化控制技术研究

差异沉降是评价机场工程成败的一个最重要的因素，因为过大的差异沉降会使得机场道面变形，进而失去使用的价值。对于差异沉降的产生原因，一般可分为几种：①填土体厚度和土质不均匀；②渗流或不均匀外荷载作用；③地基处理方式；④其他因素。

深圳机场第三跑地基处理总面积 253.26 万 m²，场地包含多种地基处理方式，见图5；结合勘察参数，根据规范[3-4] 计算，过渡段的工后沉降均小于 0.15%，满足设计要求，见图 6 和图 7。

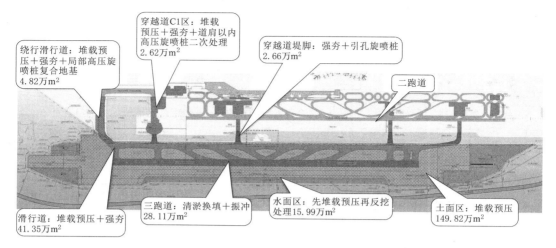

图 5 深圳机场第三跑道扩建项目地基处理方案

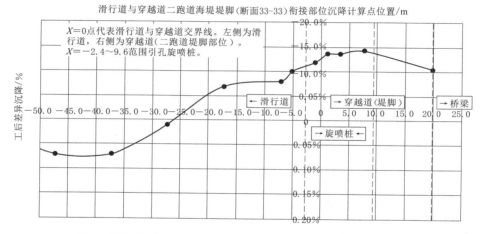

图 6 滑行道-穿越道-二跑道海堤交界部位典型工后差异沉降图

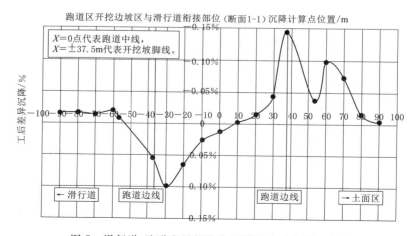

图 7 滑行道-跑道交界部位典型断面工后差异沉降图

4　受限空间下海堤建造关键技术

针对机场海堤施工受限条件，提出低桩承台斜撑钢管组合板桩海堤结构，改进滨海浅水海堤施工技术，包括移动平台法和船舶法水泥土搅拌桩、水上管板组合桩等，并通过试验确定合适的施工工艺和技术指标。

4.1　低桩承台斜撑钢管组合板桩海堤结构设计

针对深圳机场三跑道海堤工程场地软弱土层深厚，海堤建设需要满足对广深沿江高速的位移限制要求，且海堤堤顶高程不能超过 15m 安全限高线等一系列问题，提出低桩承台斜撑钢管组合板桩海堤结构[5]，如图 8 所示，并采用水泥搅拌桩进行基础加固处理。

4.2　浅水限高条件下管板组合桩高精度控制

针对管板组合桩缺乏统一施工技术和规范的问题，在典型试验的基础上，总结提出合理的施工工法和打桩装置，提出钢管桩的施工精度控制技术，形成就近桥梁限高条件下水上管板组合桩施工关键技术。

如图 9 所示，研发了桩顶导向架施工工艺，解决了海上诸多条件受限的问题，减弱了海上施工风浪、潮汐等环境因素的干扰，保证了管板组合桩高精度要求。经过实践应用，在 6 级风、1.5m 涌浪以下条件，沉桩精度完全满足设计要求。

如图 10 所示，研发了船头辅助架施工工艺，研究打桩船自身整体稳定性不足，克服水流、涌浪、风侧压力、船舶吃水等对船体侧倾、桩架垂直度的影响，解决了沉桩高精度、桩身旋转、快速定位等技术难题。在 5 级风、浪高小于 0.8m 以下条件海域可适用。极大降低了管板组合桩高精度对沉桩效率的影响。

4.3　滨海浅水移动平台和小型船舶 DCM 施工关键技术

考虑到工程现场对大中型船舶的条件限制，通过室内试验对比确定搅拌桩水泥掺量及外加剂配比，结合依托工程深厚软土地基试桩施工及检测，研发滨海浅水移动平台水泥土搅拌桩法施工关键设备，见图 11 和图 12，并通过试验确定合适的施工工艺和技术指标，如旋喷方式、钻进速度等。

5　机场扩建场道数字化建造关键技术

5.1　扩建场地陆域形成和软基处理信息化模型

结合深圳三跑建设过程，以三维地质模型为基础，以数字建造为目标，通过共享平台集成数据，利用 BIM 开展多专业三维协同设计，建立建筑信息模型（BIM）。BIM 设计内容包括三跑道开挖及回填、外海堤基槽开挖、斜坡式结构、直立堤结构、场区围堰、土面区、滑行道、绕行道开挖回填、堆载预压及穿越道旋喷桩等，见图 13 和图 14。结合地基处理的分区规划进行统一建模。通过三维建模和施工模拟，实现地基处理过程的信息化与精细化，有效预防设计算量的错误，同时为优化设计方案、保障施工质量提供参考。

5.2　基于 BIM 工程进度的动态管理系统

为进一步探索、提升投资方对工程项目的进度管控能力，依托三跑道项目，提出了以

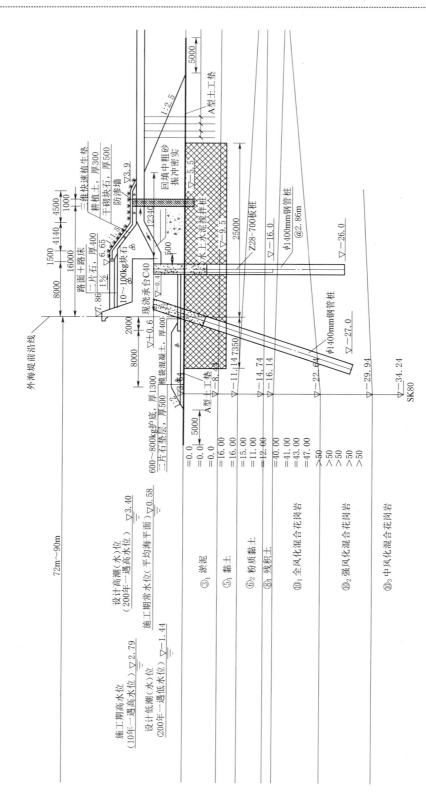

图 8 外海堤直立段典型断面图

图 9　桩顶导向架施工工艺

图 10　船头辅助架施工工艺

图 11　牵引式定位桩与锚缆双重稳定

图 12　浅水移动平台和小型船舶 DCM 施工

图 13　基于 BIM 的正向设计模型

图 14　基于 BIM 的施工模拟

BIM 为特色，以管理信息化、自动化为导向开展协同创新，而研究设计和开发的进度管理系统软件，见图 15。该软件利用 BIM 建设管理平台将档案、报建、进度、变更、支付、质量、安全等进行统一管理，实现多角度、全过程的数字化管控服务，能有效提高项目进度的管理，为决策提供辅助，见图 16。

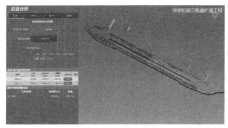
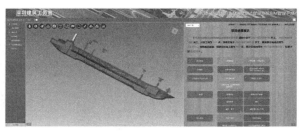

图 15　进度分析　　　　　　　　　图 16　项目进度展示

5.3　深圳机场第三跑道扩建项目智慧工地系统

在机场填海工程施工中，采用数字化技术，研发了多目标（船、桥、限航、环保、机场飞行限高、人等）安全控制监控系统，如图 17 和图 18 所示，实现过程控制的实时监控和可追溯管理。

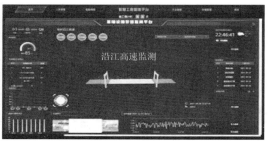

图 17　智慧工地管理平台　　　　　　图 18　沿江高速实时监测

6　结论

针对于临海、近桥、限高的在营深圳机场第三跑道扩建工程而言：

（1）滨海软土机场，应基于地质、机场功能进行场地分区回填；对于建筑废弃渣土，建立了环境岩土评价方法，可实现了造陆工程对海洋生态环境的有效评价；对于疏浚土，提出了不同的回填工艺和含水平土工合成材料排水垫层无砂法真空预压处理技术。

（2）提出新的低桩承台直立式海堤结构，解决了临海近桥限高条件下的软土海堤施工难题，研发了滨海浅水移动平台水泥土搅拌桩法加固流塑淤泥关键技术，满足施工净高度、水深、通航要求。

（3）结合深圳三跑建设过程，以三维地质模型为基础，以数字建造为目标，通过共享平台集成数据，利用 BIM 建设管理平台将档案、报建、进度、变更、支付、质量、安全等进行统一管理，实现多角度、全过程的数字化管控服务，能有效提高项目进度的管理，为决策提供辅助，为智慧工地的建立提供技术保障。

参考文献

[1] 王婧，冯春华，曾庆军，等. 深圳红坳渣土受纳场污染及人体健康风险评价 [J]. 环境科学与技术，2019（7）：213 - 218.

[2] Q/CCCC SY103—2021 超软弱地基浅表层无砂垫层真空预压加固技术规程 [S]. 北京：中国交通建设股份有限公司，2022.

[3] JGJ 79—2012 建筑地基处理技术规范 [S]. 北京：中国建筑工业出版社，2012.

[4] JTS 147—2017 水运工程地基设计规范 [S]. 北京：人民交通出版社，2017.

[5] 刘堃，吴争光. 低桩承台直立结构在海堤工程中的应用 [J]. 水运工程，2018（9）：76 - 80.

炭质软岩废弃土方公路路基资源化利用研究

刘军勇[1]　黄亚飞[1]　盖卫鹏[1]　吴　谦[2]

(1. 中交第一公路勘察设计研究院有限公司，陕西西安　710065；

2. 长安大学，陕西西安　710000)

摘　要：为实现炭质软岩不良弃渣的资源化利用，减少炭质软岩弃方对环境的污染，开展了炭质软岩的崩解软化机理与路用性能试验，分析了干湿循环条件下炭质软岩填料的 CBR 强度衰减特性。试验结果表明，炭质软岩的微观结构、亲水矿物、含硫矿物，是造成其易崩解软化、植物难以生长的主要原因；炭质软岩的崩解性离散较大，历经 5～8 次崩解循环之后，耐崩解指数基本稳定，稳定崩解率为 9%～25.4%，划分为易崩解—难崩解岩石；中风化炭质软岩填料经历 5 次干湿循环后的 CBR 强度值由 24%～28% 逐渐衰减为 5%～11%，建议采用 5 次干湿循环后的 CBR 值作为填料的长期强度指标；炭质软岩填料中 20～60mm 的粗粒组可显著提高填料的 CBR 值，是影响填料路用性能的关键粒径；墨临高速通过采用"底部隔水＋上部封盖＋黏土包边＋碎石土夹层填筑"的防水控湿措施，采用炭质软岩填筑路基使用效果良好，证明炭质软岩不良弃方完全可以作为路基填料使用。

关键词：炭质软岩；固废利用；路基填料；干湿循环；强度衰减；

引言

　　炭质软岩是一种沉积岩，因富含碳而呈现灰黑色，常见的有炭质页岩、炭质板岩、炭质泥岩、黑色页岩等，一般情况下，有机质含量（TOC）超过 0.5% 不超过 10% 的软弱岩石成为炭质软岩。工程中常见的炭质软岩新鲜岩石在空气中具有鳞片状剥落的现象，具有遇水软化、失水破裂、饱水后崩解泥化的特性，常被视为不良填料而废弃。废弃土方不仅占用大量土地、污染土壤和水体环境，还会增加建设成本。因此，公路建设中炭质软岩的综合利用技术成了一个比较棘手的问题。作者通过梳理我国公路工程项目中公开报道的炭质软岩项目发现（表1），炭质软岩常与煤系地层伴生，在我国分布非常广泛，尤其是在广西、贵州、云南、四川等西南聚煤区频频揭露，对炭质软岩的处治均对相关工程造成了较大的困扰。

　　国内许多专家学者针对炭质软岩的工程特性开展了相关科研攻关[1-2]，付宏渊等[3]对广西六合高速公路沿线的炭质软岩填料的物理力学性质进行了研究。张静波等[4]以贵州地区炭质软岩为对象，分析了其路用长期工程特性及典型路段的处治措施。罗根传等[5]

作者简介：刘军勇（1979—　），男，湖北枣阳人，博士，主要从事公路岩土工程科研及技术咨询工作。

基金项目：国家重点研发计划—低环境影响线性交通基础设施设计建造技术（2021YFB2600103），交通运输行业重点科技项目—炭质页岩路用性能及综合利用技术研究（2020－MS1－063）。

表 1 炭质软岩典型分布区域

	典型分布区域	公路项目揭露情况
广西	柳州、河池、百色、玉林等地区	柳州绕城高速、刘寨至河池高速公路、柳州绕城高速、河池（水任）—南宁高速公路、河池至百色高速公路、玉林至铁山港高速公路、寨至水任二级公路
贵州	黔南州、黔南州等地区	都匀至安顺高速、惠水至罗甸高速、都匀至独山公路一级路
云南	普洱、西双版纳、文山、德宏、红河等地区	墨江至临沧高速公路、勐醒至绿春高速公路（在建）、丘北至砚山高速公路与（在建）、文山至麻栗坡至天保公路
四川	阿坝等地区	马尔康至久治高速黑水县扎窝至红岩段
甘肃	陇南、定西等地区	成县至武都高速、凤县至合作高速、渭武高速木寨岭特长隧道
湖南	湘南、湘西地区	国道 G319 泸溪段

依托广西六合高速公路工程研究了预崩解处理后炭质页岩的路用性能。陈羽等[6] 以贵州惠罗高速为依托，研究了风化炭质泥岩的路用性能，提出了适用于依托工程路基填筑的施工工艺参数及质量控制标准。但由于目前各地区气候、地质、水文等客观因素不同，填料路用性能也有着明显差异，加之工程应用实例较少，因此，炭质软岩填料利用仍然是困扰广大工程建设者的难题。近年来，交通运输部、生态环保部等部门出台了一系列倡导资源集约利用、推行生态环保设计的政策规定，大力推行废旧材料再生循环利用，倡导实现"零弃方、少借方"[7]，以期降低工程建设项目的碳排放量和对环境的扰动。随着国家"双碳"战略的提出，炭质软岩的资源化利用显得更为迫切。

本文针对炭质软岩废弃土方利用与处治面临的难题，开展炭质软岩崩解软化机理试验，分析炭质软岩的工程特性，制定炭质软岩填筑路基的方案，并开展应用示范与效果追踪，以期为炭质软岩废弃土方的资源化利用提供参考。

1 炭质软岩的崩解机理与强度衰减特性

1.1 炭质软岩的物质成分与微观结构

炭质软岩的矿物组成和基本物理力学性质是影响其填筑路基强度及稳定性的最基本因素。试验岩样取自云南墨江至临沧高速公路沿线分布的炭质软岩，在边坡挖方现场进行随机取样，获取典型岩样共 4 组，并将岩样研磨成 $5\mu m$ 细粉备用，利用 X 射线衍射仪（XRD），测试岩粉在不同角度下的强度峰值（图 1），矿物成分测试结果见表 2。

表 2 炭质软岩矿物成分测试结果统计

矿物成分	石英	方解石	白云石	长石	钙芒硝	白云母	绿泥石	高岭石	黄铁矿
含量/%	10.1~52.1	1.4~6.4	9.2~13.1	0.1~2.1	2.3~15	7.2~64.1	4.8~70.1	13.4~20.5	点状分布

试验结果表明炭质软岩以石英、方解石、白云石为主、黏土矿物为主，高岭石最高含量可达 20.5%，高岭石亲水性较强，这也是炭质软岩遇水易崩解的主要原因。此外，炭质软岩中缺乏氮、磷等矿物元素，并且含有一定量的钙芒硝（$Na_2SO_4 \cdot CaSO_4$）、黄铁矿（FeS_2）等硫化物，上述硫化物使得炭质软岩遇水后浸出液表现为酸性，不仅污染水体，植物也难以生长。

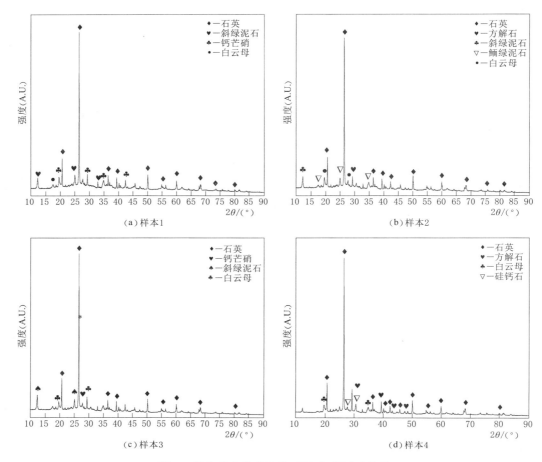

图 1　墨临高速炭质软岩 XRD 衍射试验结果

图 2　中—全风化炭质软岩的微观结构

进一步对炭质软岩进行 SEM 电镜扫描试验，观察中—全风化炭质软岩的微观结构状况，试验结果见图 2。从图 2 中可以看出，发现随着风化程度的增大，岩块的矿物成分次生化越来越严重，岩块内部微裂隙更为发育，岩块孔隙率也越来越大，裂隙随机分布，这些裂隙会进一步加速炭质软岩的风化和崩解破坏。

1.2 炭质软岩的崩解性

炭质软岩在自然环境作用下容易崩解破碎，干湿循环的环境会加速岩石的崩解。放置于自然状态下的炭质软岩数日后即裂为片状碎片甚至粉状，完全丧失了原岩状态下强度适中、完整性尚好的自然特征。岩石的耐崩解性是评价其工程性质稳定性必须考虑的一个指标，炭质软岩作为路基填料保持其强度和稳定性尤为重要，因此测试炭质软岩在不同干湿循环作用下的耐崩解性极其重要。为定性描述炭质软岩的崩解特性，挑选挖方路段炭质软岩新鲜岩块，依据 JTG E41—2005《公路工程岩石试验规程》进行 8 次干湿循环试验，每次循环试验结束后计算炭质软岩的崩解率。试验得到的不同试验组的崩解率见图 3。

试验结果表明，随着干湿循环次数的增加，炭质软岩崩解率逐渐增加，历经 5 次循环之后增加的速率放缓，但不同岩组的离散性较大。其中岩块组 2、3、5 历经 5 次循环之后，崩解基本稳定，稳定崩解率为 9%～13.3%，岩块组 1、4、6 的历经 5 次循环之后，崩解速率逐渐减低，但仍在持续，5 次循环之后的崩解率为 11.9%～22.9%，8 次循环之后的崩解率为 15.5%～25.4%。岩石的耐崩解性与其亲水矿物含量、疏松程度、风化程度有关，炭质软岩的崩解性差别较大，说明其性质离散性较大。按照中国工程建设标准化协会标准《公路软质岩路堤设计与施工技术规程》（T/CECS G：D22-02—2022）[8] 提出的岩石的崩解耐久性进行分类，炭质软岩基本属于易崩解—难崩解岩石。

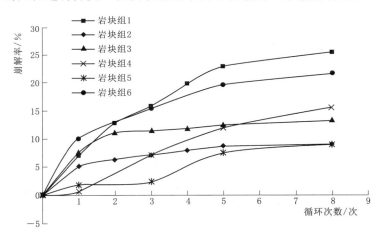

图 3 炭质软岩干湿循环次数与其崩解率

1.3 炭质软岩填料的强度衰减特性

试验用填料来源于炭质页岩隧道弃渣，填料的颗粒级配情况如图 4 所示，试验结果表明填料的不均匀系数 Cu 为 50，曲率系数为 1.58，表明试验段填料级配良好。

室内试验配制了不同含水率的炭质页岩填料，通过击实试验确定了该处填料的最大干密度为 2.26g/cm³，最优含水率为 6%。填料的击实曲线如图 5 所示。

CBR 是评价路基填筑材料承载力的基本方法，反映了填料的局部抗剪强度和水稳定性。为了更好地指导路基填筑使用，在对岩石物质成分与微观结构分析的基础之上，有针对性地取工程性质较好的中风化炭质软岩进行填料的工程特性试验。

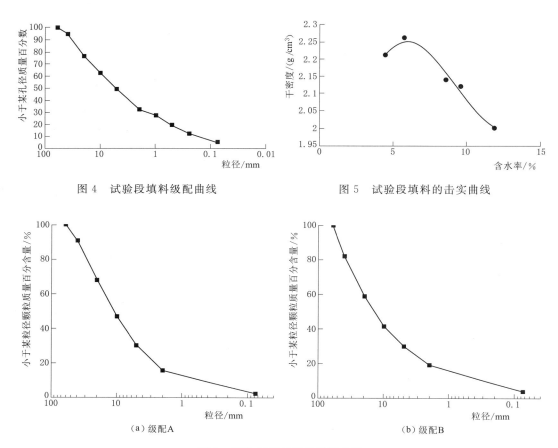

图 4　试验段填料级配曲线　　　　图 5　试验段填料的击实曲线

（a）级配A　　　　（b）级配B

图 6　两种级配方案的级配曲线

为研究炭质软岩填料的强度随干湿循环次数的衰减情况，通过引入最大密实度理论中的 N 法进行级配设计，确定了两种基于 N 法的级配填料 A、B，A、B 两种级配粒径大于 5mm 的颗粒含量相等，主要差别在于 A 级配在 20～60mm 的粗粒组含量为 41.3%，B 级配在 20～60mm 的粗粒组含量为 31.9%，A 级配相对 B 级配粗粒含量较多，也就是大粒径多一些，但 5～20mm 的粒径含量较 B 级配少。两种级配方案都属于级配良好的填料。依据 JTG 3430—2020《公路土工试验规程》通过击实法制作 CBR 试验试件。

试验规定在自然环境下晾干 4 天、浸泡 1 天为一个干湿循环。然后对这两种级配的 6 组试件分别进行 0～5 次干湿循环 CBR 承载比试验。绘制不同级配下填料 CBR 值随干湿循环次数的变化曲线，见图 7。

分析试验结果可知：①干湿循环前，级配 A 填料的 CBR 值为 28%，级配 B 为

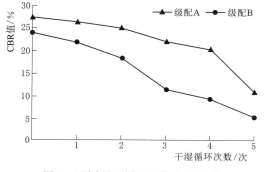

图 7　不同干湿循环次数作用下炭质软岩的 CBR 变化

24％，随着干湿循环次数的增加，两种填料的 CBR 值逐渐减小，5 次干湿循环结束之后级配 A 填料的 CBR 值为 11％，级配 B 为 5％，均满足《公路路基设计规范》高速、一级公路对下路堤填料最小 CBR 值的要求；②从曲线斜率可以看出，级配 B 的 CBR 值衰减速率较级配 A 快，4 次干湿循环后，级配 A 填料的 CBR 值为级配 B 的 2 倍；③级配 A 的 CBR 值总是大于级配 A，说明填料中 20～60mm 的粗粒组可显著提高填料的水稳定性能，进而提高路堤的耐久性。

上述试验表明，炭质软岩填料的强度性能受水的影响很大，应采取适宜的措施防止浸入路基。中风化炭质软岩物理力学性质较为优良，经历 5 次干湿循环后的强度虽然有较大的衰减，但仍然满足高速、一级公路下路堤的技术要求，使用中宜提高填料中 20～60mm 的粗颗粒含量，以增强填料的水稳定性、CBR 和抗变形能力。

2　公路路基资源化利用炭质软岩设计方案

2.1　炭质软岩的利用原则

炭质软岩公路路基资源化利用的核心在于炭质软岩填料长期处于自然环境时的强度和变形是否稳定。因此，炭质软岩路堤设计的关键是路基的保湿、防渗、防风化，切断其与周边环境发生的水分交换，即尽可能使边坡土体保持其湿度不发生大幅度变化。因此，为避免炭质软岩填料路基出现不均匀沉降、滑塌等病害的发生，应尽量避免雨水渗入路基。根据《公路路基设计规范》的要求，炭质软岩填料路基资源化利用的原则如下：

（1）严格控制炭质软岩填料的利用部位，炭质软岩填料不宜用于路床填筑，5 次干湿循环后强度指标合格的炭质软岩可作为一般填方路段下路堤部分的填料。

（2）填料的 CBR 强度应满足《公路路基设计规范》对下路堤的要求。

（3）水源保护区范围内不应采用炭质软岩填筑路堤；路基填挖交界处、陡坡路堤等，不应采用炭质软岩填料填筑；严禁用于浸水路堤洪水位以下的路基填筑；严禁用于低洼易积水路段积水深度以下的路基填筑；严禁用于桥涵、挡墙等台背的回填。

（4）路堤设计应考虑水对路基性能的影响，设置完善的截排水措施，做好防水、保湿工作，重点加强顶部防下渗，侧面防浸润，底部隔离地下水。

2.2　炭质软岩路基设计方案

针对炭质软岩特殊的工程性质，炭质软岩填料路基总体设计思路为：严格控制填料利用部位，采用在路堤设置隔水垫层、两侧包边封闭、顶部封盖等物理措施，控制气候环境和地下水对路堤湿度的影响，保证路基稳定。概括起来就是：底部隔水＋上部封盖＋黏土包边＋碎石土夹层填筑。本文给出了一种炭质软岩填方典型路基结构形式示意图供参考（图 8），具体设计方案如下：

（1）路基底部隔水措施：透水性隔断层的材料可采用碎石、砂砾或无机结合料等；不透水性隔断层的材料可采用复合土工膜、土工膜等。隔断层厚度应高出地表或地表积水位 0.5m 以上。

（2）路堤坡面防水与上部封盖：采用黏土包边处理，路基顶面铺一层两布一膜复合土工布。黏土包边的厚度不小于 2.5m。

（3）路基土填筑：提高填料的压实度有助于减小水分的渗入，建议炭质软岩填料的压实度较《公路路基设计规范》规定的压实度下限提高1个百分点。每填筑1～2m厚炭质软岩填筑一层30cm厚碎石土，类似"夹心饼干式"填筑。采用大吨位振动压路机碾压，使较大粒径的石块得到破碎。

（4）路基排水：拦截有可能进入路界面的地表水；中央分隔带宜采用表面铺面封闭分散排水。在填挖交界、设置渗沟；每填筑3m高路堤沿山体走向方向设置一道纵向碎石渗沟。

（5）坡面防护：采用包边土＋骨架绿化的形式。

（6）炭质软岩利用路段尽量安排在旱季施工，根据天气情况，制定合理的施工计划，做好施工作业面防水保护措施。若遇降雨，天气晴好继续填筑施工前，将炭质软岩填筑路段表层100～200mm范围内填料刮除或翻松后重新碾压。

（7）为方便公路大规模利用，路堑爆破开挖后，对于粒径超过15cm的炭质软岩，采用破碎锤现场破碎。运送至现场均匀摊铺后，检测含水率，控制含水率为最优含水率±1％，含水率不满足要求时，进行翻晒或洒水处理，填料的崩解处理可依靠重型压路机碾压破碎。

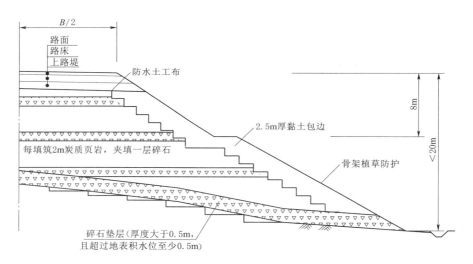

图8　炭质软岩填方典型路基结构形式示意

3　实体工程应用效果

云南墨江至临沧高速公路（以下简称墨临高速）地处云贵高原西南边缘，地质条件复杂，毗邻哀牢山自然保护区，生态保护严格。采用双向4车道高速公路标准，设计速度为80km/h，路基宽度25.5m，项目高填深挖路基较多，深挖方石料又以炭质软岩为主。沿线炭质软岩分布长度累计超过10km，大量炭质软岩弃方无处堆放，同时缺乏良好的路基填料。对该项目来说，炭质软岩填料能否利用、如何利用是一个亟须解决的问题。

图 9　炭质软岩弃土场对生态环境造成破坏　　图 10　炭质软岩开挖数日后崩解泥化

基于上述研究成果，墨临高速公路就地取材采用炭质软岩填筑路基，避免了路基填料的远距离调配，采用"底部隔水＋上部封盖＋黏土包边＋碎石土夹层填筑"的防水控湿措施，降低路基病害的发生。项目采用炭质软岩填筑路基总长约 3.5km，消化炭质软岩弃方约 100 万 m^3，减少了废弃土方占地。

墨临高速已于 2021 年 1 月 13 日通车运行，结束了临沧市没有国家高速路网的历史。墨临项目建成通车两年半以来，采用炭质软岩填料填筑的路基使用效果良好，路基未发生明显病害，直接节约的工程造价超千万，产生了良好的社会和生态效益。

图 11　炭质软岩路堤包边土施工

4　结语

本文针对炭质软岩废弃土方利用与处治面临的难题，开展炭质软岩物质分析和微观结构试验，揭示了炭质软岩崩解软化的机理，分析炭质软岩的 CBR 强度衰减特性，提出了炭质软岩路基消纳利用方案并开展了应用示范与效果验证。得出以下结论：

（1）炭质软岩的微观结构、亲水矿物（蒙脱石、伊利石、芒硝）、含硫矿物（Na_2SO_4 · $CaSO_4$、FeS_2）和灰黑色泽，是造成其在阳光及雨水作用下崩解软化快、难以生长植物的主要原因。

图 12　墨临高速公路建成效果

（2）炭质软岩的崩解性离散较大，风化程度越高岩石孔隙越大、膨胀性黏土矿物含量越高，性质越差。历经 5～8 次崩解循环之后，耐崩解指数基本稳定，稳定崩解率为 9%～25.4%，划分为易崩解—难崩解岩石。

（3）中风化炭质软岩填料经历 5 次干湿循环后的 CBR 强度值由 24%～28% 逐渐衰减为 5%～11%，强度衰减幅度大。建议采用 5 次干湿循环后的 CBR 值作为填料的长期强度值。填料中 20～60mm 的粗粒组可显著提高填料的 CBR 值，是影响填料路用性能的关键粒径。

（4）通过重型碾压促使炭质软岩提前崩解，同时采用"底部隔水＋上部封盖＋黏土包边＋碎石土夹层填筑"的防水控湿措施，炭质软岩不良弃方完全可以作为路基填料使用。墨临高速采用炭质软岩填料填筑的路基使用效果良好，通车两年半后路基未发生明显病害。

参考文献

［1］ 杜掀. 河百高速炭质页岩工程特性及边坡稳定性研究 ［D］. 南宁：广西大学，2019.

［2］ 韦元军. 高速公路建设中炭质泥岩病害及治理探讨 ［J］. 西部交通科技，2019 (11)，8－9，136.

［3］ 付宏渊，王意明，刘新喜. 炭质页岩路堤变形特性研究 ［J］. 中外公路，2012，32 (1)：19－23.

［4］ 张静波，吕岩松，王云. 贵州地区炭质页岩填料路用性能与路基结构设计研究 ［J］. 公路，2016，61 (11)：35－40.

［5］ 罗根传，付宏渊，贺炜，等. 预崩解处理后炭质页岩路用性能试验研究 ［J］. 中外公路，2012，32 (1)：34－37.

［6］ 陈羽，张静波，杨露，等. 惠罗高速风化炭质泥岩作路基填料的试验研究 ［J］. 公路工程，2017，42 (5)：32－37.

［7］ 交通运输部公路局，交通运输部规划研究院. 绿色公路建设技术指南 ［M］. 北京：人民交通出版社股份有限公司，2019.

［8］ 中国工程建设标准化协会. 公路软质岩路堤设计与施工技术规程：T/CECS G：D22－02—2022 ［S］. 北京：人民交通出版社股份有限公司，2022.

十二水硫酸铝钾对污泥脱水性能的影响

齐永正[1,2,3]　　杨子明[1]　　朱忠泉[4]　　郝昀杰[1]　　吴思麟[1,3]　　金永杰[1]

(1. 江苏科技大学土木工程与建筑学院，江苏镇江　212100；

2. 南京水利科学研究院水文水资源与水利工程科学国家重点实验室，江苏南京　210029；

3. 江苏省地质环境灾害防治及修复工程研究中心，江苏镇江　212100；

4. 扬中市环境卫生管理处，江苏镇江　212000)

摘　要： 污泥絮体内包裹大量结合水，导致污泥脱水性能差。加入十二水硫酸铝钾调理是改善污泥脱水性能的有效处理方法之一。本文针对十二水硫酸铝钾添加量对污泥脱水性能的影响进行了一系列研究。添加十二水硫酸铝钾一方面会改变污泥内部温度、pH 值和细胞内渗透压，释放污泥絮体内部的水分；另一方面可以加速污泥沉降并使其聚合为大颗粒。十二水硫酸铝钾调理存在最优添加量，过量的十二水硫酸铝钾会使得污泥脱水性变差。

关键词： 十二水硫酸铝钾；添加量；污泥处理；脱水特性；微观结构

1　引言

污泥中水的质量占污泥总质量的 $95\%\sim99\%$[1]，极高的含水率既不便于污泥的存放[2]，又会进一步增加污泥处理和运输的成本；因此，降低污泥的含水率变得至关重要[3]。污泥是由许多表面带电荷的固体颗粒组成的高度复杂的系统，这些颗粒在水中维持着相对稳定的动态平衡；这不仅是因为这些颗粒的低重力和静电斥力的作用[4]，还因为在污泥的胶体网络中部分水分子被捕获与颗粒物形成了致密的结合水[5,6]，尤其是附带有高电荷属性的胞外聚合物（EPS）极易形成稳定的凝胶状悬浮结构，并与水分子相结合，使得机械脱水难上加难[7]。

混凝/絮凝是水处理中最常用的实现固液分离的手段之一[8]，其基本原理是：加入与污泥颗粒电性相反的药剂，中和水中的小颗粒悬浮胶体表面电荷，使其失稳聚集并沉降[9]。这些物质起到吸附桥联的作用，连接水中的各种胶体颗粒，形成大的絮凝体，这些相对大的絮凝体便通过失稳沉降被有效去除。不同的混凝/絮凝剂由其不同的结构特征（包括电荷属性、离子特性、不同的官能团和千差万别的分子量等）表现出不同的混凝和絮凝性能[10,11]。在混凝和絮凝的领域，电性中和和吸附桥联是两种应用最为广泛的机制[8]。很多污泥的 EPS 含有负电荷，所以传统的混凝剂主要是正三价的金属无机盐离子，如 Fe^{3+}[12]、Al^{3+}[13] 等。

作者简介： 齐永正（1974—　），男，安徽宿州人，博士，主要从事环境岩土和水工岩土方面的研究。

基金项目： 南京水利科学研究院水文水资源与水利工程科学国家重点实验室"一带一路"水与可持续发展科技基金资助项目（2021491611）；国家自然科学基金青年基金项目（52108369）。

十二水硫酸铝钾作为一种典型净水剂和絮凝剂，常常用于污水杂质的初沉淀[14]；而用在提高污泥脱水性方面的研究还比较少。本文拟在十二水硫酸铝钾添加量对污泥脱水性能影响方面进行研究，以达到最佳处理效果，从而为在实际工程应用中更好地利用十二水硫酸铝钾提供理论参考。

2 材料和方法

2.1 污泥试样

试验污泥选用当地城镇污水处理厂二沉池活性污泥，为保证各组试验初始条件的一致性，采用同一批污泥，测试初始含水率为97.13%，容重为1.026g/cm³。原污泥基本性质见表1，粒径分布如图1所示。

表1 原污泥基本性质

参数	含水率/%	pH	SV_{30}/%	密度/cm³	污泥温度/℃	SRF/($\times 10^{13}$ m/kg)	d_{10}/μm	d_{50}/μm	d_{90}/μm	平均粒径/μm
数值	97.13	8.87	54	1.026	24.1±2	4.76	13.680	49.129	172.116	73.109

注 SV_{30}表示污泥沉降比；SRF表示污泥比阻；d_{10}表示颗粒累计分布为10%的污泥粒径；d_{50}为中粒径，表示颗粒粒径分布为50%的污泥粒径，d_{90}表示颗粒粒径分布为90%的污泥粒径。

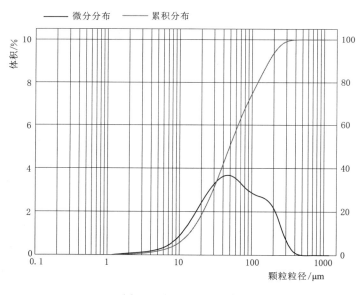

图1 原污泥粒径分布

2.2 试验药剂和仪器设备

本试验添加十二水硫酸铝钾采用苏州信清科技有限公司产品，分子式为$KAl(SO_4)_2 \cdot 12H_2O$，相对分子质量为474.38。试验仪器包括LT2200E激光粒度分析仪，PXBJ-287L型便携式离子计，二联比阻仪，JJ-4B六联异步电动搅拌器，CS-101-2电热干燥箱，Coxem EM-30 PLUS台式扫描电子显微镜，CR21N高速冷冻离心机等。

2.3　十二水硫酸铝钾调理污泥办法

取原污泥 5 盒各 500g，加入占污泥质量 1%、3%、5%、10%、12% 的十二水硫酸铝钾。将 6 个碗置于六联搅拌器上，先以 250r/min 的转速搅拌 10min，再以 150r/min 的转速搅拌 10min，静置 20min，保证污泥样品和十二水硫酸铝钾充分混合。待每组试样超声处理完成后，测定污泥的 pH 值、温度、比阻、含水率、粒径分布以及离心机离心脱水后的污泥含水率，综合分析，确定出十二水硫酸铝钾的最优添加量。

2.4　分析方法

2.4.1　污泥含水率

污泥加入离心机试样瓶，离心机必须同时放置四个离心试样且四个试样各自的质量差值小于 4g，底部用滤布进行过滤，污泥经 6000r/min、5min 离心作用后测试滤饼含水率。污泥含水率的测定采用热干燥法，离心机脱水后的泥饼放入恒温烘箱中烘至恒重，取平均值是为离心脱水含水率。

将污泥试样放置于布氏漏斗内进行恒压 0.06MPa 真空抽滤，两个小时后将泥饼试样放入恒温烘箱中烘至恒重，取平均值是为真空抽滤脱水含水率。

2.4.2　污泥比阻（SRF）

SRF 采用污泥比阻测定装置，用量筒量取 100mL 污泥，将其倒入放置滤纸的布氏漏斗中进行恒压 0.06MPa 真空抽滤，每间隔 10s 记录在恒压下的滤液体积，直至滤饼裂化。由于污泥比阻测定复杂，很容易造成误差，所以实验选取两个平行样，取其平均值。

2.4.3　pH 值和温度

采用便携式离子计的温度电极和 pH 电极进行测量。

2.4.4　粒径分析

采用激光粒度分析仪测定污泥粒径分布，用去离子水将污泥样品稀释至浓度为 15mg/L 的混合液，每个样品测定 3 次后取平均值。

2.4.5　污泥沉降比（SV_{30}）

将 100mL 调理后的污泥倒入 100mL 量筒中自然沉降，记录 0、1min、2min、3min、4min、5min、10min、15min、20min、30min 时污泥沉降的体积，计算污泥沉降比，即 30min 沉淀污泥体积与总体积比值。

2.4.6　扫描电镜（SEM）分析

污泥样本在烘箱里烘干后，采用扫描电子显微镜对污泥进行分析，放大位数分别为 200 倍、500 倍、1000 倍、2000 倍、5000 倍。

3　结果与讨论

3.1　含水率及污泥比阻的变化

图 2 为不同十二水硫酸铝钾添加量对污泥脱水性能的影响曲线图。

从图 2 可以看出，当十二水硫酸铝钾添加量小于 5% 污泥质量时，污泥真空抽滤脱水、离心脱水和 SRF 均随十二水硫酸铝钾添加量的增多而降低，这证明污泥的脱水性能得到了改善。经过十二水硫酸铝钾 5% 添加量的调理后三项污泥脱水性能指标均降至最

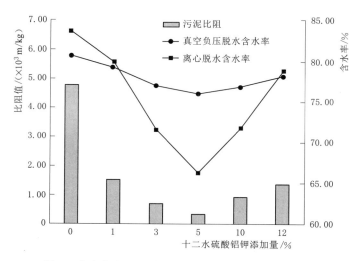

图 2　含水率和比阻随十二水硫酸铝钾添加量的变化

低。当十二水硫酸铝钾添加量大于 5% 的污泥质量时，污泥含水率和 SRF 则重新变大，脱水性能逐渐恶化。这意味着十二水硫酸铝钾添加应该并非多多益善，过量的十二水硫酸铝钾加入污泥中反而会导致调理效果变差。因为十二水硫酸铝钾是强酸弱碱盐，十二水硫酸铝钾 $[KAl(SO_4)_2 \cdot 12H_2O]$ 进入污泥后会进行水解反应，反应方程式如式（1）和式（2）所示[15]。水解产生的过量 H^+ 会降低污泥的 pH 值，过酸性的条件会导致污泥胞外聚合物和细胞大量破解，致使污泥的黏度增加，脱水性能恶化。上述变化规律说明十二水硫酸铝钾添加量存在最优值，添加量过多或过少均不利于污泥脱水性能的提高。

$$2KAl(SO_4)_2 \cdot 12H_2O = K^+ + Al^{3+} + 2SO_4^{2-} + 12H_2O \qquad (1)$$

$$Al^{3+} + 3H_2O = Al(OH)_3（胶体）+ 3H^+ \qquad (2)$$

3.2　pH 值和温度的变化

污泥 pH 值和温度随十二水硫酸铝钾添加量的变化关系如图 3 和图 4 所示。

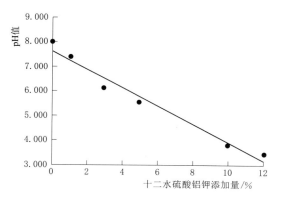

图 3　污泥 pH 值随十二水硫酸铝钾添
　　　加量的变化关系图

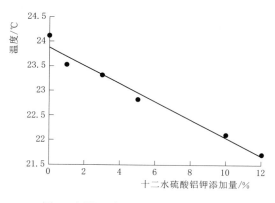

图 4　污泥温度随十二水硫酸铝钾添
　　　加量的变化关系图

　　由图 3 可知，随着十二水硫酸铝钾添加量的增加，越来越多的十二水硫酸铝钾晶体水解，其 pH 值和十二水硫酸铝钾添加量的关系几乎呈线性递减。在初始状态下，溶液中溶解性 EPS 浓度低，污泥絮体内部 EPS 浓度较高，其内部包裹的结合水难以释放，导致原泥脱水程度较低。污泥经十二水硫酸铝钾处理后，脱水的泥饼含水率降低，说明污泥 EPS 和细胞在酸性的水解作用下得到一定程度的破解，污泥脱水程度有所提高。因为在酸性条件下，污泥中的 EPS 崩解，羟基等基团的疏水性增加，且酸性条件下污泥内部的微生物大量死亡，这些都会释放污泥内部难以脱除的水分，从而使污泥在机械压力下可以轻松脱去部分水分。再有氢离子对污泥颗粒的夹膜有酸溶效应，随着氢离子浓度的增加，部分夹膜被溶解，它们之间的排斥力减弱，酸处理还降低了污泥颗粒表面电荷，从而小颗粒凝聚成为大颗粒，颗粒间结合水和间隙水得到释放。从表观上看，酸化后的污泥结构比较松散、黏度较小，相比在中性条件时污泥絮体较紧凑。

　　由图 4 可知，污泥温度随着十二水硫酸铝钾晶体的添加量呈线性降低，这是因为十二水硫酸铝钾水解是吸热反应，溶解的十二水硫酸铝钾愈多，温度降低愈剧烈。此外，污泥属于触变型非牛顿流体，由于脱水过程使污泥内各胶体团有剪切作用，而剪切作用会拉伸菌胶团，温度下降导致污泥黏度增大，在脱水的过程中对胶体的剪切应力也会增大，从而使污泥内部胶体更易裂解。但过大的黏度又会降低污泥的脱水性能，这也是添加过量十二水硫酸铝钾晶体反而会抑制污泥脱水性的部分原因。

3.3　污泥粒径的变化

　　十二水硫酸铝钾添加量对污泥颗粒粒径分布的影响如图 5 所示。

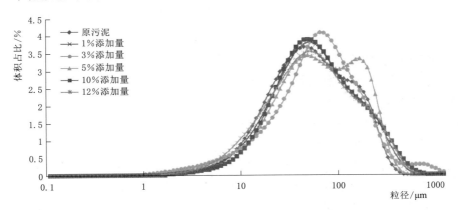

图 5　污泥颗粒粒径分布曲线

　　由于污泥内部的悬浮颗粒携带负电荷产生斥力，故而颗粒之间难以聚集和沉降。十二水硫酸铝钾水解会生成 $Al(OH)_3$ 胶体，该胶体带正电荷，两者发生电荷中和使沉降产生。另外 $Al(OH)_3$ 胶体对污泥内部颗粒有吸附作用，这造成了微小的颗粒可以聚集成为粒径更大的颗粒。从图 5 中曲线可以看出，污泥颗粒粒径主要分布在 $10 \sim 200 \mu m$ 范围内，而当十二水硫酸铝钾添加量小于 5% 时，较大污泥颗粒的分布有明显增多的趋势，这正是由于 $Al(OH)_3$ 胶体吸附和电荷中和产生的效果。超过 5% 添加量后，粒径反而有所减小，这一方面是因为过量的十二水硫酸铝钾中和了污泥所带负电荷后又留下了一部分新的带正电的离子，使得溶液表现为正电性，这就使很多基团重新互斥，不能聚集在一起形成大颗粒从而破坏了污泥絮体的形成。另一方面，过量的十二水硫酸铝钾水解改变了污泥内部细胞结构的渗透压平衡，这就会使得这些细胞裂解，释放其内部物质，而 $Al(OH)_3$ 的可逆反应导致没有充足的胶体吸附这些微小物质，进一步增加了粒径变小的趋势。小颗粒物质的增多必然堵塞排水通道且不会起到骨架构建的作用。结合脱水后泥饼含水率和污泥比阻的变化规律来看，粒径的增大对于更好的构建污泥内部排水通道是十分有必要的。

3.4 污泥沉降比（SV_{30}）的变化

图 6 为不同十二水硫酸铝钾添加量的污泥沉降比（SV_{30}）的变化曲线。

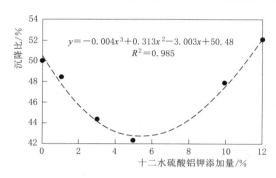

$$y = -0.004x^3 + 0.313x^2 - 3.003x + 50.48$$
$$R^2 = 0.985$$

图 6　十二水硫酸铝钾添加量对污泥沉降性能的影响

图 6 反映了十二水硫酸铝钾的添加量对污泥沉降性能的影响，虚线为趋势线。由图 6 中曲线可知，当十二水硫酸铝钾添加量增至 5％时，其各个时间节点的沉降速率达到最大，SV_{30} 甚至降至 50％以下，当十二水硫酸铝钾添加量继续增多时，其沉降性能反而不如 5％的添加量。这一方面证明了 5％十二水硫酸铝钾添加量对于污泥内负电荷的中和效果最好，另一方面证明 5％十二水硫酸铝钾进入污泥溶液后形成了足够多的 $Al(OH)_3$ 胶体吸附了最多的污泥内部细小颗粒。

3.5 污泥微观结构的变化

图 7 为原污泥及十二水硫酸铝钾添加量为污泥质量的 1％、3％、5％、10％、12％调理后污泥的 SEM 图。

图 7（a）为原污泥微观结构，从图中可以看出，原污泥絮体结构较为完整，较多圆球状颗粒堆积胶黏在一起，微生物细胞极少裸露，被污泥絮体紧紧包裹，污泥絮体之间紧密结合，表面相对光滑完整，结构致密。图 7（b）为 1％十二水硫酸铝钾调理后的污泥微观结构，可见少量完整细胞裸露在外，污泥絮体变得松散且出现了少量十二水硫酸铝钾晶体。图 7（c）为 3％十二水硫酸铝钾调理后的污泥微观结构，可见较多细胞裸露在外，污泥絮体松散，可见大块状絮聚集体且各聚集体之间的孔隙相较于 1％十二水硫酸铝钾调理后的结构更明显。图 7（d）为 5％十二水硫酸铝钾调理后的污泥微观结构，可以看出污泥絮体更加松散，污泥絮体结构聚集更加明显，EPS 崩解，细胞壁破碎严重，细胞壁凹陷破碎明显，此外在结构中能够发现大体积的絮凝体和十二水硫酸铝钾晶体结构形成了类似于土骨架的结构，进一步扩张了排水通道。图 7（e）和图 7（f）为 10％十二水硫酸铝钾和 12％十二水硫酸铝钾调理后的污泥微观结构，污泥絮体重新聚集结合，污泥的松散程度和排水通道的密集程度均有所下降。污泥无机颗粒与微生物细胞碎片堆积胶结在一起，污泥重新变得很致密，十二水硫酸铝钾晶体的骨架作用也变得模糊。

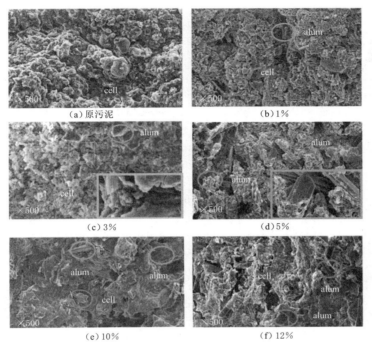

(a)原污泥　　　　(b)1%

(c)3%　　　　(d)5%

(e)10%　　　　(f)12%

图 7　污泥 SEM 图

4　结论

本文从污泥脱水后泥饼含水率、SRF、pH 值、温度、粒径分布、SV_{30}、微观结构等方面研究了十二水硫酸铝钾对污泥脱水性能的影响，结论如下：

（1）原污泥具有稳定的胶体系统，大量结合水被污泥絮体和 EPS 紧紧包裹无法释放，导致污泥脱水性能很差。添加十二水硫酸铝钾调理剂，一方面可以促使污泥内部的胶体和细胞结构崩解，释放其中的水分，减小污泥的黏度，中和污泥中的负电荷，加速了污泥的沉降；另一方面 Al（OH）$_3$ 的吸附作用可以使得污泥内部的细微颗粒絮凝成为大粒径物质，这些大粒径物质与部分十二水硫酸铝钾晶体形成骨架，减少了微小物质堵塞排水通道的可能。

（2）随着十二水硫酸铝钾添加量的增加，污泥的 pH 值和温度均呈线性降低，在酸性条件下，污泥的 EPS 和细胞夹膜崩解释放出大量内容物和水分。同时，温度的下降会导致污泥黏度增大，在脱水的过程中对细胞的剪切应力也会增大，从而使污泥内部胶体更易裂解。

（3）不加限制的添加十二水硫酸铝钾，污泥的脱水性能会变差。应选择合适的添加量，在实际应用时须重视。

（4）十二水硫酸铝钾调理的污泥脱水结束后会有大量的铝盐遗留在泥饼和脱去的水中，若直接回到自然界会造成污染[16]，可以将十二水硫酸铝钾调理并脱水后的污泥进行二次利用，例如可用其回收磷元素、去除污水的悬浮物或降低化学需氧量[17] 等。

参考文献

［1］ Zhu Y，Xiao K，Zhou Y，et al. Profiling of amino acids and their interactions with proteinaceous compounds for sewage sludge dewatering by Fenton oxidation treatment ［J］. Water Research，2020，175：115645.

［2］ Maryam A，Zeshan，Badshah M，et al. Enhancing methane production from dewatered waste activated sludge through alkaline and photocatalytic pretreatment ［J］. Bioresource Technology，2021，325：124677.

［3］ Wang L，Zhang L，Li A. Hydrothermal treatment coupled with mechanical expression at increased temperature for excess sludge dewatering：Influence of operating conditions and the process energetics ［J］. Water Research，2014，65：85 – 97.

［4］ Bennamoun L. Solar drying of wastewater sludge：A review ［J］. Renewable and Sustainable Energy Reviews，2012，16 (1)：1061 – 1073.

［5］ Wang W，Luo Y，Qiao W. Possible solutions for sludge dewatering in China ［J］. Frontiers of Environmental Science & Engineering in China，2010，4 (1)：102 – 107.

［6］ Vaxelaire J，Cézac P. Moisture distribution in activated sludges：a review ［J］. Water Research，2004，38 (9)：2215 – 2230.

［7］ Zhang A，Wang J，Li Y. Performance of calcium peroxide for removal of endocrine – disrupting compounds in waste activated sludge and promotion of sludge solubilization ［J］. Water Research，2015，71：125 – 139.

［8］ Niu M，Zhang W，Wang D，et al. Correlation of physicochemical properties and sludge dewaterability under chemical conditioning using inorganic coagulants ［J］. Bioresource Technology，2013，144：337 – 343.

［9］ Lee C S，Robinson J，Chong M F. A review on application of flocculants in wastewater treatment ［J］. Process Safety and Environmental Protection，2014，92 (6)：489 – 508.

［10］ Yang Z，Yuan B，Huang X，et al. Evaluation of the flocculation performance of carboxymethyl chitosan – graft – polyacrylamide，a novel amphoteric chemically bonded composite flocculant ［J］. Water Research，2012，46 (1)：107 – 114.

［11］ Fan J，Chen Q，Li J，et al. Preparation and Dewatering Property of Two Sludge Conditioners Chitosan/AM/AA and Chitosan/AM/AA/DMDAAC ［J］. Journal of Polymers and the Environment，2019，27 (2)：275 – 285.

［12］ Duan J，Gregory J. Coagulation by hydrolysing metal salts ［J］. Advances in Colloid and Interface Science，2003，100 – 102：475 – 502.

［13］ Zhang W，Chen Z，Cao B，et al. Improvement of wastewater sludge dewatering performance using titanium salt coagulants (TSCs) in combination with magnetic nano – particles：Significance of titanium speciation ［J］. Water Research，2017，110：102 – 111.

［14］ Lai J Y，Liu J C. Co – conditioning and dewatering of alum sludge and waste activated sludge ［J］. Water Science and Technology，2004，50 (9)：41 – 48.

［15］ Anonymous. A review on alum sludge reuse with special reference to agricultural applications and future challenges ［J］. Waste Management，2015，38：321 – 335.

［16］ Zhao W，Xie H，Li J，et al. Application of Alum Sludge in Wastewater Treatment Processes："Science" of Reuse and Reclamation Pathways ［J］. Processes，2021，9 (4)：612.

［17］ Guan X – H，Chen G – H，Shang C. Re – use of water treatment works sludge to enhance particulate pollutant removal from sewage ［J］. Water Research，2005，39 (15)：3433 – 3440.

降雨作用下湘江粉细砂岸坡稳定性分析

王敦格[1]　徐立君[2]　刘延飞[1]　程永舟[1]

（1. 长沙理工大学 水利与环境工程学院，湖南长沙　4101141；

2. 湖南水利水电职业技术学院，湖南长沙　410100）

摘　要：采用有限差分软件 FLAC3D，基于流-固耦合理论和强度折减法，结合湘江所选河段粉细砂岸坡地形及土体资料，选择土体参数，建立粉细砂岸坡模型，从岸坡应力场、渗流孔压场、位移场、FLAC3D 剪切应变增量以及安全系数值方面研究降雨入渗等因素对岸坡稳定性的影响，研究结果可供实际工程应用参考。

关键词：粉细砂；岸坡；降雨；稳定性分析；FLAC3D

引言

湘江发源于广西壮族自治区海洋山，全长 856km，流域面积 94660km^2，是洞庭湖水系中最大的河流，其干流贯穿衡阳、株洲、湘潭、长沙和岳阳等湖南的五大城市。在漫长的地质年代中，江河沿线形成了深厚的粉砂质沉积层[1]。该河段属长沙市，所处地方属于丘陵地貌，岸坡上部土体主要为淤泥质粉质黏土，高程在 37～45m，岸坡土体主要部分为含泥粉细砂土质，高程在 17～37m，而岸坡底部岩土主要由砂质泥岩组成。工程地质剖面图见图 1。

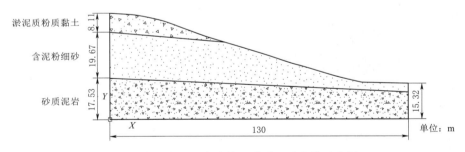

图 1　湘江所选河段岸坡地形及土质参数示意图

1　国内外研究综述

随着河道岸坡失稳破坏的问题愈加突出，大量学者开展了相关研究。Wolman[2] 结合野外考察，研究边坡从稳定到崩塌的发展变化；Osman 和 Thorne[3] 采用陡坡河岸边

作者简介：王敦格（2000—　），男，湖南长沙人，硕士研究生，主要从事水利工程研究。

基金项目：湖南省水利科技项目（XSKJ2021000-44）。

坡稳定性分析方法，提出了河岸横向侵蚀距离的计算公式；Rinaldi 和 Casagli[4] 基于非饱和土壤渗流机理，研究坡度、降雨及水位变化时孔隙水压力和基质吸力的波动情况，分析负孔隙水压力对土体内聚力的影响；Frydman 和 Beasley[5] 根据比例概化河道岸坡模型，探讨岸坡土体位移与应变之间的机理以及土体受力情况。Darby 和 Thorne[6] 提出边坡稳定性计算公式，研究了坡度、土体组成、水流及渗流等因素对河岸稳定性的作用影响。Dapporto 等[7,8] 基于结合阿诺河沿岸破坏情况，探讨河岸失稳中岸坡孔隙水压力的变化过程，验证了岸坡土体特性和地形情况对河岸失稳类型的影响。Samadi 等[9] 研究了不同土壤类型和材料参数对悬臂河岸稳定性的影响，结合 GeoPIV 软件进行岩土试验，研究土体弹性模量和泊松比等力学性能对稳定性的影响。张家豪等[13] 认为岸坡失稳与土体特性、岸坡形态、河道水位以及渗流相关。万艳春和刘月琴[10] 从土体凝聚力、容重和内摩擦角等方面分析了水位以及坡角对河岸的影响。夏军强等[11] 基于下荆江二元结构河岸失稳情况，定量分析了二元结构河岸的崩塌机理及其影响因素。张家豪等[12,13] 运用 BSTEM 模型计算横断面的 F_s 值，分析边坡稳定性的影响因素。贺林林等[14] 将渗透力与土体抗剪强度参数等效，提出了水位骤降影响下岸坡稳定性简化分析方法。

采用土力学和边坡稳定性理论来研究河岸失稳机理问题，对于黏性土体河岸的分析比较丰富，但是关于粉细砂土体岸坡稳定性的研究较少，也缺乏比较针对性、且系统全面的影响机理分析。

2　数学模型建立

2.1　三维数学模型的建立及网格划分

根据代表河段地形和土质条件，对边坡模型进行了简单概化处理，选取典型岸坡断面，

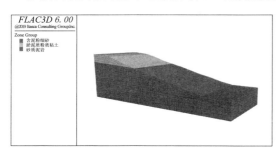

图 2　岸坡三维数值模型图

借助三维建模软件 Rhino 建立三维数值网格模型，如图 2 所示，模型 X 轴方向长 130m，Z 轴（竖直）方向高 45.31m，Y 轴（垂直于平面）方向长 50m，并给予全约束，数值网格模型共划分 53887 个单元，包含 56390 个节点。

2.2　初始条件边界条件的设定

初始应力条件为模型自重应力场，初始渗流条件由地下水位面来获得，湘江河水与岸坡表面接触面设定为自由透水面，即变水头边界，岸坡土体内地下水位稳定，边坡模型左侧可认为是固定水头边界，边坡模型底部为基岩，渗透性很小，可认为是不透水边界，同时模型两侧也设为不透水边界。边坡模型地表设为自由边界，边坡模型在 X 和 Y 方向边界均施加水平法向约束，模型底面施加竖向法向约束。

2.3　模型材料参数

依据实际地质资料情况，将岸坡土体划分为 3 组，最底部高度设置为 0m，坡顶高度设置为 45.31m，高度范围 0～17.53m，为基岩层，具体为砂质泥岩材质，高度范围

17.53～37.2m，为含泥粉细砂土质，高度范围 37.2～45.31m 及顶部为淤泥质粉质黏土，各层具体土体力学参数见表1。

表 1　　　　　　　　　　　　　岸坡土体力学材料参数

土体资料	密度 /(kg/m³)	弹性模量 /MPa	黏聚力 c /kPa	内摩擦角 /(°)	泊松比
淤泥质粉质黏土	1860	19	13	21.4	0.25
含泥粉细砂	1930	36	9.5	33.7	0.3
砂质泥岩	2530	1660	160	30	0.28

流-固耦合及降雨分析所需土体的渗流参数，主要是土体的饱和密度、孔隙率以及渗透系数等指标，具体见表2。

表 2　　　　　　　　　　　　　岸坡土体渗透性能参数

土体资料	饱和密度/(kg/m³)	渗透系数/(cm/s)	FLAC 中 K	孔隙率 n
淤泥质粉质黏土	1960	2.1×10^{-5}	2.14×10^{-11}	0.52
含泥粉细砂	2040	8.7×10^{-3}	8.87×10^{-9}	0.41
砂质泥岩	2590	4.5×10^{-7}	4.59×10^{-13}	0.35

2.4　降雨入渗工况设计

关于降雨入渗对边坡安全稳定性的影响，主要从降雨强度以及降雨历时两个角度进行研究。依据前面的工程水文资料，降雨强度选择 1mm/h、1.5mm/h、2mm/h、2.5mm/h、3mm/h 和 4mm/h 等 6 个强度工况，降雨历时选择 2h、4h、8h、12h、24h、36h、48h、3d 以及 4d 等 9 个时间工况，然后根据分析角度来选择工况组合。

3　不同降雨强度对边坡稳定性的影响

首先固定降雨历时进行分析，降雨历时选择 3d，降雨强度依次为 1mm/h、1.5mm/h、2mm/h、2.5mm/h、3mm/h 和 4mm/h，分析岸坡应力场、渗流孔压场、饱和度、位移场以及安全稳定性随降雨入渗过程的变化情况。

3.1　岸坡应力场变化分析

分析不同降雨强度下岸坡最大主应力变化过程云图（图3），可知随着降雨强度的增大，雨水入渗速率加快，土体体积含水率增大速率加快，坡面处受降雨影响更大，所以上部坡面及坡体内部压应力增加比坡脚速率快，使得坡脚处低应力区域缩小趋势更加显著。

3.2　岸坡渗流孔压场变化分析

分析不同降雨强度下岸坡孔隙水压力变化过程（图4），可知随着降雨强度的增加，岸坡在降雨历时 3d 时的孔隙水压力也随之增加，正压和负压都相应增长，随着降雨强度的增大，土体体积含水率增长速率变大，岸坡更容易饱和，降雨强度大于土体入渗能力，坡面易形成径流，导致坡面负压增大，同时地下水位面的上升使得岸坡正孔隙水压力数值也增大，并且岸坡负压区域随降雨强度的增大而缩减，岸坡正孔隙水压力的增加速率大于

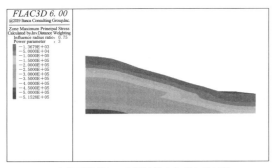

（a）降雨强度1mm/h岸坡最大主应力场云图

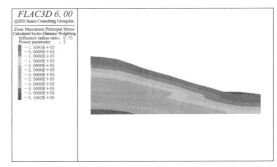

（b）降雨强度1.5mm/h岸坡最大主应力场云图

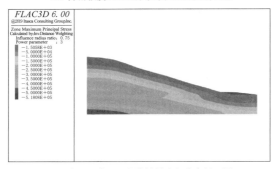

（c）降雨强度2mm/h岸坡最大主应力场云图

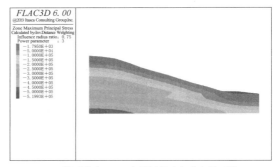

（d）降雨强度2.5mm/h岸坡最大主应力场云图

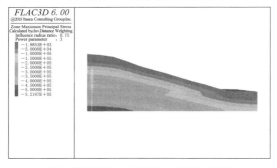

（e）降雨强度3mm/h岸坡最大主应力场云图

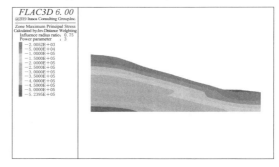

（f）降雨强度4mm/h岸坡最大主应力场云图

图3　不同降雨强度下岸坡最大主应力变化过程

负孔隙水压力。

3.3　岸坡位移场变化分析

由不同降雨强度下岸坡最大位移变化过程（图5）可以分析，随着降雨强度的增大，岸坡出现的最大位移数值也不断增大，发生最大位移的区域也不断发展并向坡脚延伸。由于降雨入渗，岸坡土体所受水的上浮力不断增大，岸坡土体的内摩擦角、黏聚力以及抗剪强度由于土体含水率的增大而会显著降低，导致土体更容易发生滑移。

3.4　岸坡塑性区变化分析

分析不同降雨强度下岸坡塑性区变化过程（图6）可知，岸坡塑性区域主要分布在为坡体中部，在坡脚区域塑性区发展较快。同时坡脚处受水流冲击和淘刷强度高，土体和泥

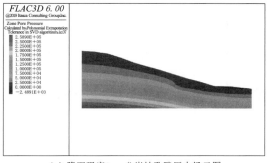
（a）降雨强度1mm/h岸坡孔隙压力场云图

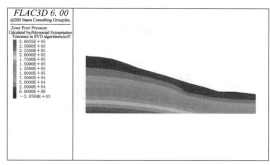
（b）降雨强度1.5mm/h岸坡孔隙压力场云图

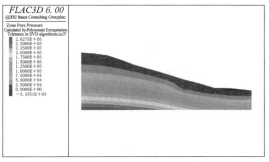
（c）降雨强度2mm/h岸坡孔隙压力场云图

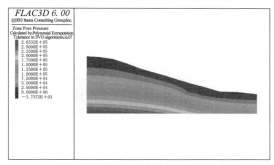
（d）降雨强度2.5mm/h岸坡孔隙压力场云图

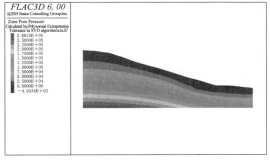
（e）降雨强度3mm/h岸坡孔隙压力场云图

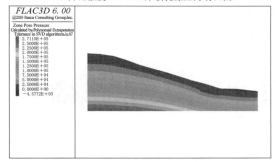
（f）降雨强度4mm/h岸坡孔隙压力场云图

图4   不同降雨强度下岸坡孔隙水压力变化过程

沙流失较为严重。

3.5   岸坡安全系数值变化分析

由表3可知，当降雨强度为1mm/h时，降雨3d后岸坡安全系数值为1.260，此时岸坡处于稳定状态，当降雨强度不断增大，岸坡安全系数值也随之减小，降雨强度为4mm/h时，安全系数值已减小至1.096，处于欠稳定状态。岸坡安全系数的变化规律符合上文对应力场、渗流场、位移场以及塑性区的分析结果，降雨强度的增大不是单方面的影响岸坡力学特性或是渗流特性，而是都有所影响，降雨引起岸坡水位的变化，引起岸坡渗流孔压场的改变，而雨水入渗同时又影响了土体的黏聚力、内摩擦角和容重等力学特性，引起应力场的变化，共同导致岸坡发生位移，安全系数降低，容易发生崩塌失稳的情况。

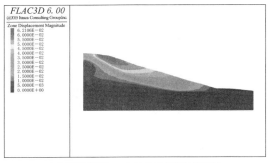

（a）降雨强度1mm/h岸坡最大位移场云图

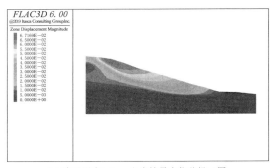

（b）降雨强度1.5mm/h岸坡最大位移场云图

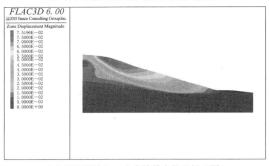

（c）降雨强度2mm/h岸坡最大位移场云图

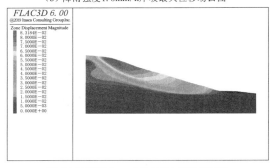

（d）降雨强度2.5mm/h岸坡最大位移场云图

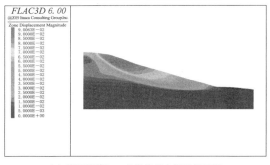

（e）降雨强度3mm/h岸坡最大位移场云图

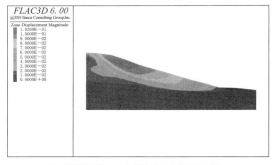

（f）降雨强度4mm/h岸坡最大位移场云图

图5　不同降雨强度下岸坡最大位移变化过程

表3 　　　　　　　　　　　　　　　**不同降雨强度下岸坡安全系数值**

降雨强度	1mm/h	1.5mm/h	2mm/h	2.5mm/h	3mm/h	4mm/h
F_s 值	1.260	1.235	1.208	1.184	1.142	1.096

4　总结

　　本文利用湘江典型粉细砂河岸地形以及水文资料，基于FLAC3D软件中fish语言编程，结合降雨条件、土体渗透系数、饱和度等参数，构建降雨入渗模型，同时借助Rhino软件模拟地下水位面，进行饱和-非饱和土体渗流模拟。结合不同降雨强度、降雨历时等工况条件下岸坡流-固耦合作用，分析其对岸坡稳定性的影响机理，得出以下规律。

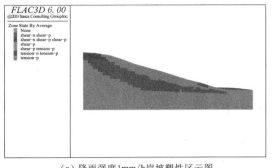

（a）降雨强度1mm/h岸坡塑性区云图

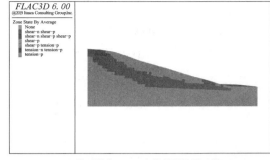

（b）降雨强度1.5mm/h岸坡塑性区云图

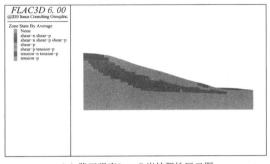

（c）降雨强度2mm/h岸坡塑性区云图

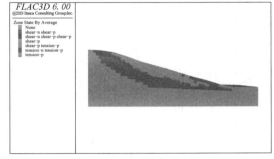

（d）降雨强度2.5mm/h岸坡塑性区云图

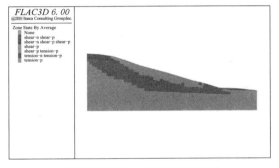

（e）降雨强度3mm/h岸坡塑性区云图

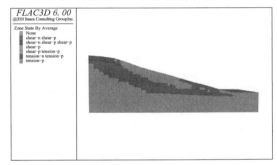

（f）降雨强度4mm/h岸坡塑性区云图

图6 不同降雨强度下岸坡塑性区变化过程

（1）随着降雨入渗的进行，岸坡表层土体最先受到影响，岸坡负孔隙水压力逐渐上升，岸坡坡面处出现暂态饱和区并向内部发展，岸坡上层土体逐渐饱和，岸坡负孔隙水压力区域逐渐减少，岸坡浸润线也会随之上升。

（2）随着降雨强度的增大，岸坡内部与坡脚处的孔隙水压力差值越大，岸坡内部会对坡脚处产生压力作用。从位移效果图可以看出，岸坡最大位移区域最开始出现在坡顶附近，岸坡相对稳定，随强度增大，最大位移逐渐往坡脚处延伸，且整个滑动面也逐渐集中于坡面处。

参考文献

[1] 熊平生，刘亮，张楚楚，等. 湘江衡阳段河漫滩沉积物粒度特征与历史洪水事件 [J]. 水土保持

通报，2022，42（1）：297-302.

[2] WOLMAN M G. Factors influencing erosion of a cohesive river bank [J]. American Journal of Science，1959，257（3）：204-216.

[3] OSMAN A M，THORNE C R. Riverbank stability analysis I：Theory [J]. Journal of Hydraulic Engineering，1988，114（2）：134-150.

[4] RINALDI M，CASAGLI N. Stability of streambanks formed in partially saturated soils and effects of negative pore water pressures：the Sieve River（Italy）[J]. Geomorphology，1999，26（4）：253-277.

[5] FRYDMAN S，BEASLEY D H. Centrifugal modelling of riverbank failure [J]. Journal of the Geotechnical Engineering Division，1976，102（5）：395-409.

[6] DARBY S E，THORNE C R. Development and testing of riverbank-stability analysis [J]. Journal of Hydraulic Engineering，1996，122（8）：443-454.

[7] DAPPORTO S，RINALDI M，CASAGLI N. Failure mechanisms and pore water pressure conditions：analysis of a riverbank along the Arno River（central Italy）[J]. Engineering Geology，2001，61（4）：221-242.

[8] DAPPORTO S，RINALD M，CASAGLIi N，et al. Mechanisms of riverbank failure along the Arno River，central Italy [J]. Earth Surface Processes and Landforms，2003，28（12）：1303-1323.

[9] SAMADI A，AMIRI-TOKALDANY E，DAVOUDI M H，et al. Experimental and numerical investigation of the stability of overhanging riverbanks [J]. Geomorphology，2013，184：1-19.

[10] 万艳春，刘月琴. 粘性河岸稳定性计算模型对比 [J]. 华南理工大学学报（自然科学版），2004（11）：70-74.

[11] 夏军强，宗全利，许全喜，等. 下荆江二元结构河岸土体特性及崩岸机理 [J]. 水科学进展，2013，24（6）：810-820.

[12] 张家豪，周丰年，程和琴，等. 基于多模态传感器系统的长江下游窝崩边坡稳定性分析 [J]. 自然灾害学报，2018，27（1）：155-162.

[13] 张家豪，程和琴，陈钢，等. 近期长江下游典型河漫滩边坡稳定性分析 [J]. 泥沙研究，2019，44（3）：39-46.

[14] 贺林林，周莉，梁越. 水位骤降影响下岸坡稳定性简化分析 [J]. 水利水运工程学报，2021，187（3）：16-24.

长江三角洲典型区域海相软土成因
及物理力学指标分析

季鑫烨　张　晨　韩　迅　刘江贞

（南京水利科学研究院，江苏南京　210029）

摘　要： 我国长江三角洲地区广泛分布着滨海沉积软土，按照成因类型可分为滨海相、三角洲相、泻湖相等软土。以长三角典型区域滨海沉积软土为例，取连云港滨海相软土、上海三角洲相软土、温州泻湖相软土，概述不同成因类型海相软土的沉积环境和沉积历史。基于研究区域大量工程勘察资料和室内土工试验数据，对软土的物理力学指标进行统计与分析，并将软土成因和物理物理力学性质进行联系性的对比分析。研究结果表明不同的沉积环境是软土物理力学特性存在差异的主要影响因素，不同研究区域之间物理力学指标差异显著。

关键词： 软土；成因；长三角地区；滨海沉积；物理力学特性

引言

我国广泛分布着海相或者湖相沉积的软土。滨海软土包括淤泥、淤泥质土、淤泥质粉土、泥炭、泥炭质土等，工程性质比较差。一般表现为含水率高、孔隙比大、压缩性高、透水性差、抗剪强度低等特点，厚度在数米到几十米之间不等，土层呈带状分布。软土地区基础设施建设面临很大挑战，对工程建设和安全运行有很大影响。

目前国内对沿海城市的软土都进行过相关特性的研究，取得了很多研究成果[1-3]。长江三角洲研究程度较高，但对该地区分布广泛、厚度较大的不良软土的土体特性、分布规律尚未进行系统的研究。沉积环境影响土体的物理力学性质，二者之间密不可分[4]。从软土成因的角度出发，对不同沉积相滨海软土的对比研究还是有所缺乏。

本文选取长江三角洲区域中连云港滨海相软土、上海三角洲相软土、温州泻湖相软土，在大量收集工程勘察资料和室内试验的基础上，对上述典型区域不同沉积相滨海软土的历史成因和工程特性进行分析，研究不同软土成因与土体物理力学差异之间的联系，得出软土物理力学性质指标的统计规律及指标间的相关性，为研究区域资料欠缺的工程提供参考。

1　长三角地区海相软土沉积环境及空间分布

1.1　长三角滨海软土的分类和分布

按沉积环境及成因，软土可以分为滨海沉积、湖泊沉积、河滩沉积、沼泽沉积和山谷

作者简介： 季鑫烨（1999—　），女，江苏南通人，硕士，主要从事海洋岩土。

基金项目： 国家重点研发计划项目（2021YFB2600700）；南京水利科学研究院创新团队基金（Y321008）。

沉积。根据地形地貌、海侵海退运动等情况，我国滨海地区软土的沉积相可以分为滨海相、泻湖相、溺谷相和三角洲相。

此外，软土沉积相还包括湖相和河滩沉积型。湖相的主要物质来源是汇湖河流携带的冲积物和悬浮物、湖岸崩塌物和飘落物。湖相软土主要分布在洪泽湖、太湖附近。河滩沉积软土的沉积范围、走向和厚度变化受地形、地貌、河流的影响较大。本文主要研究滨海沉积软土。表1为滨海沉积软土成因类型特征表[5]。

表1　　　　　　　　　　　　　　　滨海沉积软土成因类型特征表

成因类型	主 要 成 因 及 特 征	主要分布区域
滨海相	在较弱海浪暗流及潮汐的水动力作用下，逐渐沉积而成。沉积的土颗粒可包含粗、中、细砂，较粗的颗粒在近岸处沉积，而较细颗粒则搬运到向海的方向。滨海相软土沿海岸和垂直海岸方向常呈较大的交错层理变化特征。滨海相软土表层硬壳 0~3m，下部为淤泥夹粉细砂，淤泥厚 3~60m，常含贝壳及海生物残骸	天津、连云港、宁波、温州、厦门、湛江等
三角洲相	三角洲相的沉积环境是河、海交替作用，属于海陆交替型，受河流和潮汐的复杂作用，是土颗粒在河流运移过程中在河口附近浅水环境中形成的沉积物。若在河流和海洋复杂的交替作用下，黏土层与薄砂层交错沉积，无一定厚度的规律，时有透镜体夹层	长江下游的上海地区和珠江下游的珠江三角洲地区
泻湖相	沉积物颗粒较细，以黏粒为主，厚度大，沉积范围较宽阔，常形成滨海平原。黏性土层分布广而厚，泻湖边缘常伴有泥炭堆积	宁波、温州地区等
溺谷相	与泻湖相的沉积环境类似，但溺谷相分布范围窄而深，松软	福州、泉州地区等

长江三角洲沿海具有很长的海岸线，受到多次海侵、海退的影响发育了几套地层。长三角不同地区所处的地理位置、环境以及沉积物均有所不同，不同的成因条件决定了软土的物质组成、结构类型、工程特性等具有显著差异，也决定着不同沉积相软土的空间分布规律。

1.2　长三角典型区域软土沉积特征

1.2.1　连云港软土沉积特征

连云港地处长三角最北端，地势自西北向东南倾斜，除北部少量山地外，地貌类型主要为海积平原，地势低洼。受第四纪新构造运动、河流作用、海侵作用等影响，连云港在广布的平原地区分布着第四纪滨海相沉积软土层，其中冲海积、海积的形成主要与海侵的时间规模、静水环境密切相关[6]。

连云港表层海相软土层主要形成于距今约 7000 年的第四纪镇江海侵海退时期，镇江海进淹没了苏北沿海的大部分地区，很大程度上影响了沿海地区的地层沉积。连云港海相软土层的物质起源于西北平原。黄河起源于西北平原，最终流入黄海，而黄河的流动带来了连云港软土的沉积物质[7]。连云港滨海相软土层以海积作用为主、冲海积为辅，呈现灰色—深灰色，流塑—软流塑状态，局部伴有粉砂薄层，具不规则交错层理，含盐分较高，软土地下水位浅，长期处于饱和水状态。连云港浅层滨海相沉积层底部埋深为 12~17m，最大深度可达 30m[8]，且沿海岸线往南，海相地层厚度增加。

1.2.2　上海软土沉积特征

上海地处太平洋西岸，亚洲大陆东沿，长江三角洲冲积平原的东南前缘。上海地势平坦，基本为西低东高的微倾斜平原，依据形态特征可将全区归为东部滨海平原。上海地区地貌大致属于堆积地貌类型。

上海作为长江三角洲的一部分，上海浅部软土沉积环境与三角洲的形成过程紧密相关，因此上海地区软土层沉积环境的研究以长三角发育过程为基础。上海浅部土体中最底层即暗绿色硬质黏土形成于末次海侵之前的晚更新世，上覆各软黏土层作为长江三角洲的一部分在末次海侵—海退循环中逐渐沉积而成[9]。上海软土作为第四纪沉积物，地质年代较近，软土中各种土层互层，其土颗粒细小、孔隙比大、具有高压缩性，加之地下水位高而且饱水，上海软土同时具有低渗透性、高灵敏度。

1.2.3　温州软土沉积特征

温州地处长三角地区最南端，东濒东海，瓯江下游汇入东海的温州湾岸边。区域地势从西南向东北呈梯形倾斜，地貌可分为西部中低山区、中部低山丘陵盆地区、东部平原滩涂区和沿海岛屿区。自晚更新世早期以来曾发生过三次海侵，第四纪沉积物厚度自北向南明显增大。全新世的海侵对温州近岸滨海沉积影响巨大，形成了厚达 $15\sim30\mathrm{m}$ 的现代细粒物质沉积，并且 7000 多年来海平面基本稳定，仅有小幅度波动[10]。

2　长三角典型区域海相软土物理力学特性

2.1　数据的收集和处理

2.1.1　特征统计量

土的物理力学指标是评价土的工程性质比较简单可靠的方法。室内土工试验得到的物理指标包括含水率 ω、比重 G_s、密度 ρ、孔隙比 e、饱和度 S_r、液限 ω_L、塑限 ω_P 等；力学指标包括变形指标和强度指标，压缩系数 a_v、压缩模量 E_s、压缩指数 C_c 指标描述土的变形特征，快速剪切、固结快剪、三轴剪切试验得到的黏聚力 c 和内摩擦角 φ 指标描述土的变形。

按照 GB 50021《岩土工程规范》（2009 年版）中的规定，统计分析长三角典型区域不同沉积相滨海软土物理力学指标的平均值、标准差和变异系数。

2.1.2　异常数据的处理

对于试验数据，因为取样、仪器异常、试验操作失误等问题，个别参数的试验数据不可避免会出现异常值，这些异常值会出现很大的离散性，导致整组数据的真实性和代表性受到一定的影响。对试验数据进行处理，去除异常值，降低其对整体数据的影响。目前多采用 3σ（3 倍标准差方法）对试验数据中的异常值进行判别和剔除。该方法的基本步骤如下：

（1）计算均值 μ 和标准差 σ 定义 3 倍标准差作为边界范围，即有效范围为 $[\mu-3\sigma, \mu+3\sigma]$；超出有效范围的数据视为离群点，舍弃。

（2）重新计算剩余数据的均值 μ 标准差 σ，及新的有效范围 $[\mu-3\sigma, \mu+3\sigma]$。

（3）重复上述（1）、（2）步骤，直到全部数据满足要求。

2.2　软土物理力学指标统计分析

广泛搜集与整理了我国连云港、上海、温州地区的工程地质性质研究的文献、勘察报告等各种数据和资料。根据收集的资料，对研究区域软土的物理力学性质指标进行了统计。按照 GB 50021《岩土工程规范》（2009 年版）中的规定，用三倍标准差法剔除趋势项，得出了长三角地区典型区域海相软土物理力学参数，见表 2。

表 2 长三角地区典型区域滨海软土物理力学参数统计表

地区	统计项目	含水率 $\omega/\%$	比重 G_s	天然密度 $\rho/(g/cm^3)$	孔隙比 e	饱和度 $S_r/\%$	液限 $\omega_L/\%$	塑限 $\omega_P/\%$	塑性指数 I_P	液性指数 I_L	压缩系数 a_v/MPa^{-1}	压缩模量 E_s/MPa
连云港	最小值	42.2	2.76	1.46	1.000	83	22.2	12.2	15.5	0.87	0.67	0.26
	最大值	91.6	2.77	1.92	2.562	100	73.0	43.6	35.0	2.03	2.79	4.44
	均值	65.3	2.76	1.61	1.834	98	55.9	30.6	25.3	1.38	1.75	1.68
	标准差	6.3	0.01	0.04	0.177	2.7	6.3	3.4	3.3	0.23	0.36	0.37
	变异系数	0.097	0.003	0.027	0.096	0.027	0.112	0.110	0.132	0.160	0.204	0.218
	样本容量	1243	1243	1241	1241	1241	1243	1243	1226	1220	1117	1114
上海	最小值	33.7	2.72	1.59	1.003	83	27.9	17.0	10.2	0.67	0.36	1.70
	最大值	65.0	2.74	1.86	1.757	100	50.7	31.1	23.2	2.55	1.50	6.46
	均值	43.3	2.73	1.75	1.236	95	37.5	22.4	15.1	1.43	0.83	2.81
	标准差	5.2	0.01	0.05	0.136	3.5	5.1	2.5	3.1	0.37	0.17	0.64
	变异系数	0.120	0.003	0.027	0.110	0.037	0.135	0.112	0.202	0.256	0.209	0.227
	样本容量	272	272	272	272	272	272	272	272	272	189	215
温州	最小值	38.6	2.72	1.36	1.094	89	34.4	19.9	13.1	0.82	0.21	0.90
	最大值	87.9	2.76	1.80	2.435	100	62.8	35.0	33.0	2.92	3.64	3.53
	均值	62.3	2.74	1.61	1.751	98	51.2	27.5	23.7	1.51	1.83	1.88
	标准差	8.15	0.01	0.06	0.222	2.0	5.0	2.4	3.2	0.45	0.89	0.48
	变异系数	0.130	0.002	0.039	0.127	0.020	0.106	0.091	0.153	0.298	0.486	0.257
	样本容量	831	882	882	831	813	882	882	882	862	76	513

由表 2 可以看出，连云港滨海相软土主要分布在全新统（Q4），软土层厚度变化范围大，天然含水率 ω 高，范围在 42.2%～91.6%，均值为 65.3%；孔隙比 e 的范围在 1.000～2.562，均值为 1.834；塑性指数 I_P 的范围在 12.2～37.3，均值为 25.3；压缩系数 a_v 的范围在 0.57～11.28MPa^{-1}，均值为 1.76MPa^{-1}，压缩模量 E_s 的范围在 0.26～4.44MPa。

上海三角洲相软土主要第四纪全新世、晚更新世的松散堆积层，软土地基深厚，天然含水率 ω 范围在 33.7%～65.0%，均值为 43.3%；孔隙比 e 的范围在 1.003～1.757，均值 1.236；塑性指数 I_P 的到范围在 10.2～23.2，均值 15.1；压缩系数 a_v 的范围在 0.36～1.50MPa^{-1}，均值 0.83MPa^{-1}；压缩模量 E_s 的范围在 1.7～6.46MPa，均值在 2.81 MPa。

温州泻湖相软土含水率高，ω 范围在 38.6%～224.5%，均值为 64.9%；孔隙比 e 的范围在 1.094～2.337，均值为 1.709；塑性指数 I_P 的范围在 13.1～33.0，均值为 23.7；压缩系数 a_v 的范围在 0.21～3.64MPa^{-1}，均值为 2.00MPa^{-1}；压缩模量 E_s 的范围在

0.9～3.53MPa，均值为 1.88MPa。

这三种不同滨海沉积相软土各有异同。从表 2 可以看出，这三个地区的软土均具有很高的含水率，上海三角洲相软土的含水率最低，连云港滨海相软土的含水率最高，主要是连云港滨海相软土在沉积过程中形成的絮状结构导致了土颗粒间密实度偏低。三个地区的软土均为高孔隙比，均大于 1.0，且絮状结构为主的连云港软土的孔隙比最高，高达 1.834。塑性指数能反映土体的稠度状态，塑性指数越大，土体中的黏粒含量就越高。这三个地区的塑性指数均大于 15，其中连云港软土的塑性指数最高，高达 25.3，反映其软土的黏粒含量最高。就液性指数而言，三个地区软土均大于 1.0，即这三种软土均处于流塑状态。

2.3　典型区域软土的颗粒含量分析

软土的颗粒组成在研究其工程特性中起到至关重要的作用。不同成因的软土差异性也能在颗粒组成中体现出来。典型区域软土的颗粒组成结果见表 3，长三角地区典型区域软土的塑性见图 1。

表 3　　　　　　　　　　　长三角地区典型区域软土的颗粒组成　　　　　　　　　　　%

地区	砂粒 （0.075～2.0mm）	粉粒 （0.005～0.075mm）	黏粒 （<0.005mm）
连云港	2.78	32.60	64.63
上海[11]	3.50	64.50	32.00
温州	5.80	45.90	48.20

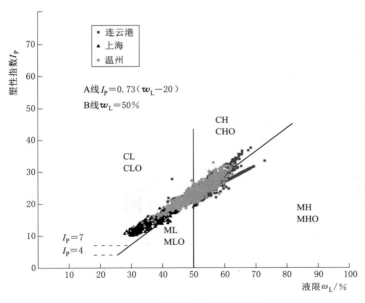

图 1　长三角典型区域塑性图

由表 3 可知，连云港的黏粒含量最多，上海的黏粒含量最少，温州的黏粒含量介于两者之间。一般滨海沉积的软土粒组中 60％以上的是黏粒。从不同沉积相的高黏粒含量来看，其中连云港软土表现出高液限的特点，颗粒比表面积大，带电明显，结合水膜厚，孔隙大，从而表现出滨海相连云港地区软土具有高含水量、高液限、低强度、高压缩性等特点。

由图2所示，连云港地区滨海软土为低液限黏土（CL）和高液限黏土（CH），其中以高液限黏土为主，液限范围比较大；上海地区滨海软土主要为低液限黏土（CL）；温州地区滨海软土主要为低液限黏土（CL）和高液限黏土（CH），液限变化的范围比较大。不同地区的塑性图具有差异，在进行土的分类时应该考虑土体的区域性。

连云港、上海、温州的软土地层都是在第四纪的海侵过程中形成的，但是其沉积物来源都有所不同，连云港的沉积物起源于西北平原，上海地区软土的沉积物多来源于长江带来的泥沙。温州地区软土的沉积环境主要受到海水岸流的影响。因此，三个地区软土沉积的年代近似，但是土层的性质却有差异。

3 长三角典型区域海相土物理力学指标的对比分析

3.1 不同区域软土主要参数的差异

长三角典型区域软土的物理力学参数存在一定的差异性。图2为连云港、上海与温州地区软土层含水率、孔隙比、液限、塑性指数的对比图。

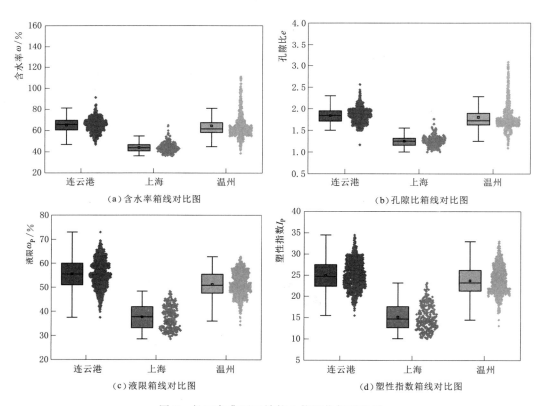

图 2 长三角典型区域软土物理指标对比图

从图 2（a）可以看出连云港软土含水率的平均值最大，大多数集中在 60%～70%，以高含水率为主；上海软土含水率平均值最小，主要集中在 40%～50%；温州软土含水率大多集中在 57%～67%。图 2（b）所示连云港软土孔隙比平均值最大，多数集中在 1.70～1.90；上海软土孔隙比最小，多数在 1.15～1.30；温州软土孔隙比多数集中在 1.60～1.80，孔隙比离散性大。从图 2（c）中可以看出，连云港软土液限最大，主要分布在 51%～60%，上海软土液限最小，主要分布在 35%～42%；温州软土液限主要分布在 47%～55%。由图 2（d）所示，连云港软土塑性指数最大，主要集中在 22.5～27.5；上海软土塑性指数最小，主要分布在 12.5～17.5；温州软土塑性指数主要分布在 21.5～26.5。

综上，连云港软土土层具有高含水率、高液限、高孔隙比、高塑性等典型滨海软土特征。

3.2 软土物理力学参数的相关性分析

软土的物理力学参数之间存在一定的相关性，对参数进行相关分析，得到各参数间的关系。分析典型区域软土含水率 ω 与孔隙比 e、含水率 ω 与密度 ρ 两对物理参数之间的相关性，孔隙比 e 与压缩系数 a_v 之间物理参数与力学参数之间的相关性。图 3 及表 4 是上述参数之间的相关图和相关关系表。

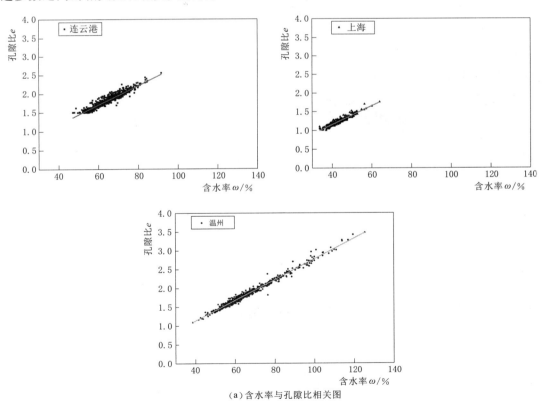

（a）含水率与孔隙比相关图

图 3（一） 长三角典型区域软土物理力学指标相关图

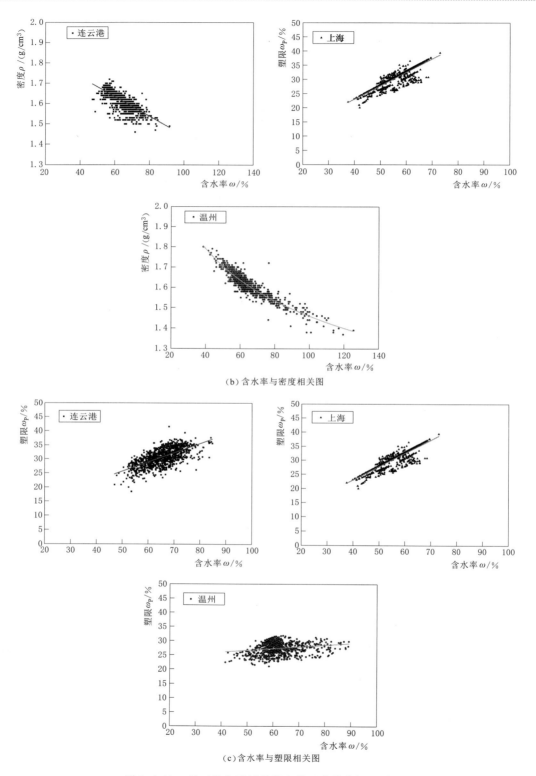

（b）含水率与密度相关图

（c）含水率与塑限相关图

图3（二）　长三角典型区域软土物理力学指标相关图

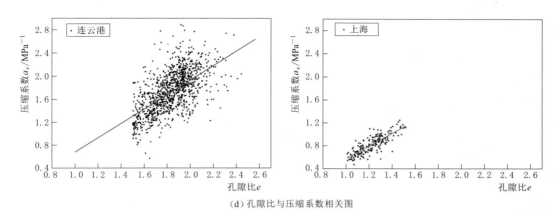

（d）孔隙比与压缩系数相关图

图 3（三）　长三角典型区域软土物理力学指标相关图

表 4　　　　　　　　　　　长三角典型区域软土物理力学指标相关关系表

指标	地区	回归方程	相关指数 R^2
$\omega - e$	连云港	$e = 0.146 + 0.026\omega$	0.911
	上海	$e = 0.163 + 0.025\omega$	0.896
	温州	$e = 0.035 + 0.027\omega$	0.982
$\omega - \rho$	连云港	$\rho = 1.922 - 0.005\omega$	0.536
	上海	$\rho = 2.028 - 0.006\omega$	0.517
	温州	$\rho = 4.102\omega^{-0.225}$	0.859
$\omega - \omega_P$	连云港	$\omega_P = 9.009 + 0.322\omega$	0.422
	上海	$\omega_P = 4.102 + 0.426\omega$	0.826
	温州	$\omega_P = 0.061 + 0.628\omega$	0.044
$e - a_v$	连云港	$a_v = 0.552 + 1.247e$	0.362
	上海	$a_v = 0.536 + 1.109e$	0.648

图 3（a）中长三角典型区域软土的孔隙比随着含水率的不断增加而增加，其中明显能看出上海软土的含水率和孔隙比都稍小。对于饱和土，土体中孔隙越大，含水量就越大，饱和土体的孔隙比和含水率应呈现线性关系。由表 4 所示，其中温州软土的含水率对孔隙比的影响最大，其次是连云港，上海软土的含水率对孔隙比的影响最小。从图 3（b）中可以看出连云港和上海软土的含水率和密度呈现线性正相关，但线性相关性一般；温州软土含水率和密度符合幂指数关系。从图 3（c）中可以看出连云港软土含水率与塑限的线性相关度一般；上海软土含水率和塑限的线性相关性较好；温州软土含水率与塑限基本不相关，说明温州软土的含砂量相对较大。图 3（d）因为温州地区压缩系数的数据较少，因此只分析了连云港和上海地区软土孔隙比和压缩系数之间的关系。由图 3（d）可以看出连云港软土的孔隙比和压缩系数较为离散，因为其含水率大，灵敏度高，取样后孔隙比会变小，造成数据不准确。上海软土孔隙比和压缩系数之间的线性相关性稍好，孔隙比对压缩系数的影响较大。

4 结语

（1）长三角典型区域滨海沉积软土因受到不同沉积环境和历史的影响而形成不同的沉积相。连云港、上海、温州地区软土分别代表了滨海沉积软土中的滨海相、三角洲相和泻湖相，软土层均在第四纪的海侵海退过程中形成，但是其沉积物来源都有所不同。上述区域软土沉积的年代近似，土层物理力学性质却有差异。

（2）连云港软土的沉积物起源于西北平原，上海地区软土的沉积物多来源于长江所带来的泥沙，温州地区软土的沉积环境主要受到海水岸流的影响。上述区域软土物理力学指标差异性明显，其中连云港软土的高含水率、高液限、高黏粒含量特征相较其他两地更为显著。

（3）连云港、上海、温州软土含水率和孔隙比均具有较好的线性关系；上海软土含水率和塑性指数、温州软土的含水率和密度线性相关性较高。上述区域物理力学指标灵敏度高，离散性大，建议采用原位测试获取参数，减小误差。

参考文献

［1］ 邓永锋，吴燕开，刘松玉，洪振舜. 连云港浅层海相软土沉积环境及物理力学性质研究［J］. 工程地质学报，2005（1）：29-33.

［2］ 梁国钱，张民强，俞炯奇，孙伯永. 浙江沿海地区软土工程特性［J］. 中国矿业大学学报，2002（5）：98-100，104.

［3］ 林楠，武朝军，叶冠林. 上海浅部黏土化学特性与沉积环境相关性［J］. 工程地质学报，2017，25（4）：1105-1112.

［4］ 刘志彬，刘松玉，周伯明，等. 长江口海陆交互相沉积土成因及其空间特征［J］. 地下空间与工程学报，2014，10（1）：102-108.

［5］ 缪林昌. 软土力学特性与工程实践［M］. 北京：科学出版社，2012.

［6］ 章定文，刘松玉，于新豹. 连云港海相软土特性研究［J］. 华中科技大学学报（城市科学版），2003（4）：71-74.

［7］ 吴子龙. 淡水溶脱过程中连云港海相沉积软黏土工程性质演化与本构行为表征［D］. 南京：东南大学，2020.

［8］ 阎长虹，吴焕然，许宝田，等. 不同成因软土工程地质特性研究——以连云港、南京、吴江、盱眙等地四种典型软土为例［J］. 地质论评，2015，61（3）：561-569.

［9］ 武朝军. 上海浅部土层沉积环境及其物理力学性质［D］. 上海：上海交通大学，2016.

［10］ 徐纯筠，王和章. 温州湾以南近海浅层海洋沉积物工程地质条件研究［J］. 浙江水利科技，1997（1）：48-50，52.

［11］ 李硕，王常明，吴谦，等. 上海淤泥质黏土固结蠕变过程中结合水与微结构的变化［J］. 岩土力学，2017，38（10）：2809-2816.

细磨矿泥的分形维数及其影响因素研究

徐　锴　李雷蒙　吴志强

（南京水利科学研究院岩土工程研究所，江苏南京　210024）

摘　要：分形维数是复杂形体占有空间的有效性的量度，细磨矿泥具有一定的分形属性。本文通过粒级体积占比计算细磨矿泥的分形维数，发现不同矿区的细磨矿泥分形维数各不相同。将各矿区细磨矿泥的分形维数与其平均径和比表面积进行曲线拟合，发现随着平均径的增大，细磨矿泥的分形维数减少；随着比表面积的增大，细磨矿泥的分形维数增大。将细磨矿泥的分形维数分别与黏粒、粉粒和砂粒含量占比进行曲线拟合，发现细磨矿泥的分形维数只与黏粒和粉粒的占比有关，与砂粒占比关系较小。分形维数随着黏粒含量占比的增加而增加，随着粉粒含量占比的增加而减小。

关键词：细磨矿泥；分形维数；平均径；比表面积；颗粒含量占比

引言

在欧几里得空间中，直线或曲线是 1 维的，平面或球面是 2 维的，具有长宽高的规则形体是 3 维的；然而对于海岸线、云团、大脑皮层、土颗粒等复杂形体无法用整数维来描述，需要引入分数维的概念[8]，即分形维数 D。自然界中，海岸线、云团、大脑皮层、土颗粒等复杂形体具有自相似性，即该形体的一部分与整个形体是相似的。可以通过扩大其一维量 a 倍，使得整体变成自身的 $b=a^D$ 倍，分形维数 D 的定义式为

$$D=\lg b/\lg a \tag{0}$$

基于此，细磨矿泥也被认为是自相似的多孔介质，具有一定的分形特性，其分形维数具有一定的物理意义。计算细磨矿泥的分形维数并进一步分析分形维数的影响因素，具有重要意义。

杨培岭等[1] 提出土体分形维数的计算方法，通过各粒级不同的重量来拟合求得分形维数，并发现分形维数能表示土体松散或是紧实。黄冠华等[2] 通过对比分析，认为基于重量分布计算得到的分形维数与水分特征曲线拟合得到的分形维数具有一致性。王国梁等[3] 基于激光衍射技术，提出基于各粒级不同体积占比的分形维数计算方式，并应用于农业管理中。Niu 等[5] 对化学絮凝后的污泥进行分形维数计算，得到化学絮凝使得分形维数增大但是脱水性影响不大的结论。Rong 等[6] 在处理污泥与废液过程中，使用分形维数来表征污泥混凝后的致密程度。孙秀丽等[7] 计算得到了固化淤泥的分形维数大于 3 的结论，认为孔结构的复杂程度已经超出了欧氏空间的范畴。杨浩等[4] 采用 SEM 以及二

作者简介：李雷蒙（1999—　　），男，浙江温岭人，硕士研究生。

维图像处理来求分形维数，其值在 1 到 2 之间，表征淤泥结构的松散程度。

目前，对于细磨矿泥分形维数的研究有些匮乏，其表征的含义以及关键影响因素等仍未确认，故笔者通过激光粒度仪测得各粒级的占比后，使用推导后的体积分形维数公式测得细磨矿泥的分形维数，进一步尝试探究细磨矿泥的体积分形维数与其他微观物理特性的关系。

1　材料与方法

1.1　材料

试验所用材料来自于国内三处尾矿库。土样的颗粒分析试验采用 Bettersize 2600 激光粒度粒形分析系统，见图 1。该系统主要由干法显微测试系统［图 1（a）］和湿法激光粒度分析系统［图 1（b）］组成。

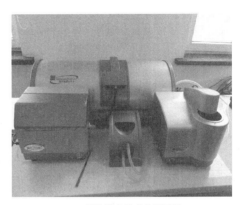

（a）干法显微测试系统　　　　　　　　　　（b）湿法激光粒度分析系统

图 1　图像粒度粒形分析系统

按照 GB/T 50123—2019《土工试验方法标准》进行颗粒分析试验：首先选取包括位于库区中部表层、中部表层下 50 cm 位置、水下边坡、水底等多个位置的土样，按照四分法将每个钻孔样中的代表性土样混合均匀后放入烧杯，然后向烧杯中加入适量纯水和偏磷酸钠搅拌，直至将土样与分散剂溶液搅拌成为均匀的混合液，最后用移液管吸取泥浆溶液放入激光粒度仪，开展湿法颗粒分析测试。过程如图 2 所示。

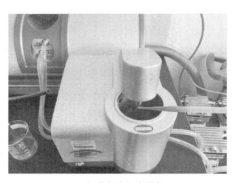

（a）选取代表性泥样　　　　　　　　　　（b）泥浆与水混合均匀

图 2　颗粒分析试验测试过程

1.2 分形维数计算

自 20 世纪 50 年代始，尺量法、筛析法和沉降法等传统方法是泥沙颗粒级配分析的主流方法，因此，颗粒的重量 W 相较于颗粒的体积 V 更加容易测得，杨培岭[1] 在推导分形维数时，也忽略了各粒级间土粒容重 ρ 的差异，即假设

$$\rho_i = \rho \quad (i = 1, 2, 3, \cdots) \tag{1}$$

根据容重定义

$$W(\delta > d_i) = V(\delta > d_i) \cdot \rho \tag{2}$$

得到的分形维数表达式为

$$\frac{W(\delta > d_i)}{W_0} = 1 - \left(\frac{\overline{d_i}}{\overline{d}_{\max}}\right)^{3-D} \tag{3}$$

式中：δ 为码尺；d_i 为某一粒级；$W(\delta > d_i)$ 表示大于 d_i 粒级的土体累积重量；$V(\delta > d_i)$ 表示大于 d_i 粒级的土体累积体积；W_0 为土壤各粒级重量的总和；$\overline{d}_{\max}$ 为最大粒级土粒的平均直径；$\overline{d_i}$ 为两筛分粒级 d_i 与 d_{i+1} 间粒径的平均值；D 为分形维数。

但是随着科技的发展和创新意识的提升，激光粒度测试技术已经相对成熟，激光粒度仪利用激光通过颗粒发生散射的现象，能直接得到土体各个粒级的体积，故不需要上式的假设，避免了各粒级间容重差异导致的误差，推导得到分形维数表达式为

$$\frac{V(\delta > d_i)}{V_0} = 1 - \left(\frac{\overline{d_i}}{\overline{d}_{\max}}\right)^{3-D} \tag{4}$$

将 $\delta > d_i$ 的形式转化为 $\delta < d_i$ 得到

$$\frac{V(\delta < d_i)}{V_0} = \left(\frac{\overline{d_i}}{\overline{d}_{\max}}\right)^{3-D} \tag{5}$$

式中：$V(\delta < d_i)$ 表示小于 d_i 粒级的土体累积体积；V_0 为土壤各粒级体积的总和。

2　结果与分析

2.1　细磨矿泥激光粒度试验的分析

按照 GB 50145—2007《土的工程分类》结合颗粒的粗细将矿泥土样进行粒组划分，可以看出，不同细磨矿泥泥浆的颗粒级配有所不同。不同库区细磨矿泥土样的粒组分布及其含量见表 1。

表 1　　　　　　　　　　　　细磨矿泥颗粒分析试验结果　　　　　　　　　　%

试样编号	粗　粒　组			细　粒　组	
	粗砂 2～0.5mm	中砂 0.5～0.25mm	细砂 0.25～0.075mm	粉粒 0.075～0.005mm	黏粒 ≤0.005mm
陇南 1	0	0	2.45	71.74	25.81
陇南 2	0	0	1.07	72.73	26.20
铜陵 1	0	0	2.28	31.91	65.81
铜陵 2	0	0	1.28	33.21	65.51

续表

试样编号	粗粒组			细粒组	
	粗砂 2~0.5mm	中砂 0.5~0.25mm	细砂 0.25~0.075mm	粉粒 0.075~0.005mm	黏粒 ≤0.005mm
铜陵3	0	0	1.50	31.64	66.86
铝土矿泥1	0	0.01	8.58	71.32	20.09
铝土矿泥2	0	0	7.97	83.17	8.86

矿泥颗粒分析试验结果表明，不同库区细磨矿泥的粒级分布不相同，但均由细粒组占大多数，即颗粒普遍较细，但陇南矿区与铝土矿的矿泥主要以粉粒为主，而铜陵矿区的矿泥则主要由黏粒组成。

在颗粒分析试验结果的基础上，以 $\lg \dfrac{V(\delta < d_i)}{V_0}$ 为纵坐标 X，$\lg \dfrac{\overline{d_i}}{d_{\max}}$ 为横坐标 Y，取点后得到拟合曲线，拟合曲线如图3所示。

根据式（5），该直线斜率即等于 $3-D$，进而可以得到矿泥试样的体积分形维数 D，计算结果见表2。

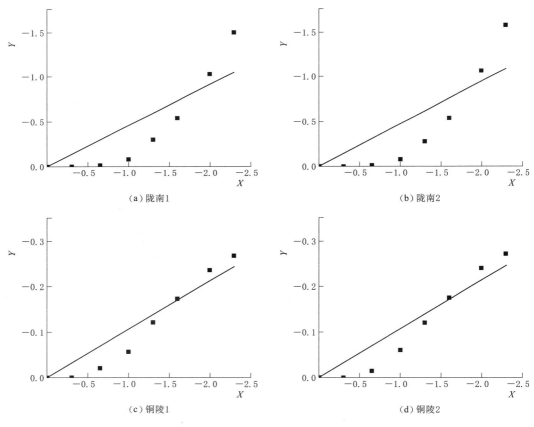

图3（一）　体积分形维数 D 的线性拟合曲线

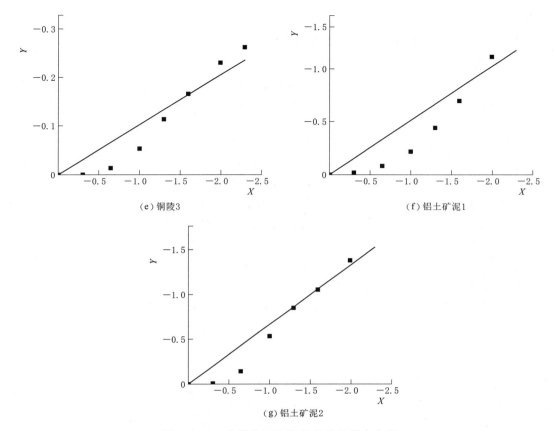

（e）铜陵3　　　　　　　　　　（f）铝土矿泥1

（g）铝土矿泥2

图 3（二）　体积分形维数 D 的线性拟合曲线

表 2　　　　　　　　　　体积分形维数 D 的线性拟合具体参数

试样编号	斜率	体积分形维数 D	相关系数 R^2
陇南 1	0.4556	2.5444	0.7374
陇南 2	0.4700	2.5300	0.7183
铜陵 1	0.1061	2.8939	0.9109
铜陵 2	0.1073	2.8927	0.9055
铜陵 3	0.1025	2.8975	0.8997
铝土矿泥 1	0.5114	2.4886	0.8375
铝土矿泥 2	0.6653	2.3347	0.9454

从表 2 中可以得知，不同库区细磨矿泥的体积分形维数 D 并不相同，在 2.23347～2.8975，相关系数 R^2 均大于或等于 0.7，方程显著性已达显著水平，说明拟合较为优秀，矿泥具有一定的分形特征。不同细磨矿泥的分形维数差异较大，陇南矿泥的体积分形维数 D 均值为 2.5372，铜陵矿泥的体积分形维数 D 均值为 2.8947，铝土矿泥的体积分形维数 D 均值为 2.4117。铜陵矿泥的体积分形维数最大，陇南次之，铝土矿泥最小。体积分形维数越大，越接近于 3，说明矿泥本体形态更接近于一个致密的三维体，占有空间的有效

性越大。

2.2 分形维数与土样微细观物理参数的关系

2.2.1 平均径对分形维数的影响分析

平均径是通过对粒度分布加权平均得到的一个反映粉体平均粒度的一个量，平均径是反映粉体粒度特性的一个重要指标之一。将矿泥土样的孔平均径与各自的体积分形维数进行拟合分析，结果见图 4。

土体平均径与体积分形维数的拟合曲线表达式如下：

$$y = -0.1067\ln(x) + 2.6690 \tag{6}$$

式中：$R^2 = 0.9140$；y 为体积分形维数；x 为平均径，μm。

由此可知，平均径对体积分形维数的拟合较好，随着平均径的增加，体积分形维数 D 大致呈降低趋势。这是因为分形维数反映了复杂形体占有空间的有效性，随着试验土体平均径的增加，颗粒整体变大，进而导致孔隙也增大，使得其占有空间的有效性降低。我们也可以认为，在一定条件下，体积分形维数 D 可以表征细磨矿泥的平均颗粒直径。

2.2.2 比表面积对分形维数的影响分析

单位体积或单位质量土粒的表面积，称为土粒的比表面积。将矿泥土体的比表面积与各自的体积分形维数进行拟合分析，结果见图 5。

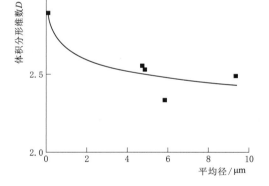
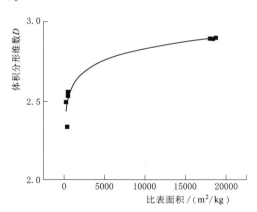

图 4　土体的平均径对体积分形维数 D 的影响　　图 5　土体比表面积对体积分形维数 D 的影响

土体比表面积与体积分形维数的拟合曲线表达式如下：

$$y = 0.1066\ln(x) + 1.8474 \tag{7}$$

式中：$R^2 = 0.9140$；y 为体积分形维数；x 为比表面积，m^2/kg。

由此可知，比表面积对体积分形维数的拟合较好，随着比表面积的增加，体积分形维数 D 大致呈升高趋势。这是因为比表面积越大，小孔隙分布越多，内表面越粗糙，使得土体占有空间的有效性越高。可以认为，细磨矿泥的体积分形维数一定程度上能反映其比表面积的大小。

2.2.3 颗粒组成对分形维数的影响分析

将矿泥的体积分形维数 D 与矿泥中黏粒占比、粉粒占比、砂粒占比分别进行拟合分析，尝试探索分形维数与土样颗粒组成间的关系，结果如图 6 所示。

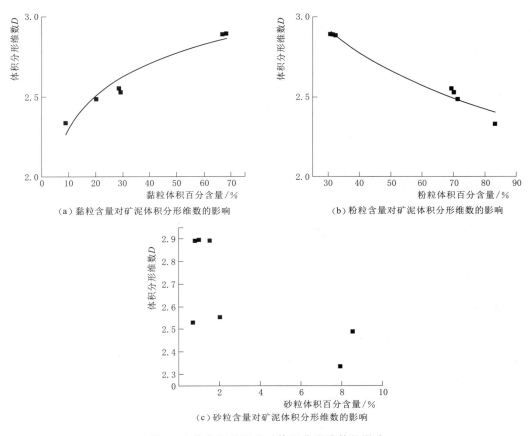

（a）黏粒含量对矿泥体积分形维数的影响　　　（b）粉粒含量对矿泥体积分形维数的影响

（c）砂粒含量对矿泥体积分形维数的影响

图 6　土体各颗粒组成对体积分形维数的影响

土壤颗粒体积分形维数与土壤黏粒百分含量的方程拟合如下：

$$y = 0.2959 \ln x + 1.6187 \qquad (8)$$

式中：$R^2 = 0.9432$；y 为体积分形维数；x 为黏粒百分含量，%。

土壤颗粒体积分形维数与土壤粉粒百分含量的方程拟合如下：

$$y = -0.5064 \ln(x) + 4.6477 \qquad (9)$$

式中：$R^2 = 0.9699$；y 为体积分形维数；x 为粉粒百分含量，%。

土壤颗粒体积分形维数与土壤砂粒百分含量的方程拟合如下：

$$y = -0.1560 \ln(x) + 2.7644 \qquad (10)$$

式中：$R^2 = 0.4736$；y 为体积分形维数；x 为砂粒百分含量，%。

上述三式说明，细磨矿泥体积分形维数与土体黏粒百分含量以及粉粒百分含量均呈现显著的对数相关关系，R^2 均大于 0.9，而与土体砂粒百分含量之间的相关性较小，R^2 小于 0.5。其中，细磨矿泥颗粒体积分形维数随着黏粒百分含量的增加而增加，随着粉粒百分含量的增加而减小。

这一结果和一般土体颗粒分形维数的研究结果有所不同[10]，后者认为土颗粒的分形维数和土壤黏粒、粉粒、砂粒的百分含量均具有显著的相关关系，其中黏粒含量越高，土壤分形维数越大；粉粒和砂粒含量越高，土壤分形维数越小。其中的原因是矿泥经过细磨洗矿操作后颗粒整体较小，主要是由黏粒和粉粒组成，砂粒占比极小，故黏粒和粉粒的百分含量直接影响了细磨矿泥的分形维数，而砂粒的百分含量对矿泥的分形维数影响不大。

3　结论

（1）细磨矿泥具有一定的分形特征，分形维数可以在一定程度上描述尾矿土的物理特性。使用公式能良好地计算处细磨矿泥的分形维数。不同库区土样的分形维数 D 也不同，大致分布为 2.23347～2.8975。

（2）矿泥的分形维数与其平均径有关，矿泥平均径越大，分形维数越小；比表面积也对矿泥分形维数有影响，比表面积越大，分形维数越大。

（3）矿泥的颗粒组成也对其分形维数有影响：随着黏粒含量的增加，土体分形维数增大；随着粉粒含量的增加，土体分形维数减少；砂粒含量对分形维数影响较低。

参考文献

［1］　杨培岭，罗远培，石元春. 用粒径的重量分布表征的土壤分形特征 ［J］. 科学通报. 1993（20）：1896－1899.

［2］　黄冠华，詹卫华. 土壤颗粒的分形特征及其应用 ［J］. 土壤学报，2002（4）：490－497.

［3］　王国梁，周生路，赵其国. 土壤颗粒的体积分形维数及其在土地利用中的应用 ［J］. 土壤学报，2005（4）：545－550.

［4］　杨浩，朱剑锋，陶燕丽. 3种因素影响下固化废弃淤泥的微观特性研究 ［J］. 水文地质工程地质，2022，49（4）：91－99.

［5］　Niu M，Zhang W，Wang D，et al. Correlation of physicochemical properties and sludge dewaterability under chemical conditioning using inorganic coagulants ［J］. Bioresource Technology，2013，144：337－343.

［6］　Rong H，Gao B，Li J，et al. Floc characterization and membrane fouling of polyferric－polymer dual/composite coagulants in coagulation/ultrafiltration hybrid process ［J］. Journal of Colloid and Interface Science，2013，412：39－45.

［7］　孙秀丽，宋碧颖，刘文化，等. 基于分形理论的疏浚淤泥固化土孔隙结构定量化研究 ［J］. 大连理工大学学报，2018，58（2）：153－158.

［8］　黄昀. 分形维数和分形凝聚 ［J］. 物理，1986（5）：269－274.

［9］　刘晓辉，阮竹恩，朱权洁，等. 尾矿絮体结构的分形特征及其沉降速度研究 ［J］. 矿业科学学报，2023，8（3）：390－397.

［10］　黄冠华，詹卫华. 土壤颗粒的分形特征及其应用 ［J］. 土壤学报，2002（4）：490－497.

城市河道清淤处置一体化技术的深圳坪山区河道中试研究

吴月龙[1,2] 陈海波[1,2] 余文平[1,2] 曾佳楠[3]

(1. 南京水科院瑞迪科技集团有限公司，江苏南京 210029；

2. 南京水利科学研究院，江苏南京 210029；

3. 华设设计集团有限公司，江苏南京 210014)

摘 要：城市河道清淤处置一体化技术将智能清淤无人船、固液分离系统、物联网信息化系统结合成一个有机整体，可解决城市河道清淤日常运维管护、场地受限、运输困难及二次污染等问题。以深圳市坪山区城市河道为依托，摸清试验区内河道底泥的物理性质，选择田坑水底泥，开展中试研究。核心模块试验结果显示，杂质、砂、泥可较好的分离产出。其中，砂分离器产出的余沙含泥量均小于5%，满足深圳市《河湖底泥处理厂产出物处置技术规范》的二级余沙标准，可用于一般混凝土或建筑砂浆骨料。泥水分离后，泥饼含水率可低于55%，尾水含固率小于2%。

关键词：城市河道；清淤处置；一体化；日常运维

1 引言

河流对于城市而言具有重要意义，是城市系统中的重要组成部分。它作为城市景观、环境建设的重要支撑点，是经济绿色可持续发展的基础，也是一个城市最显而易见又深入人心的名片。深圳作为我国的一线城市，近年来，在收获着经济、社会快速发展的盈盈硕果的同时，水生态环境牺牲导致的恶果越来越让人觉得苦涩。河道空间大量被挤占、水体污染、河流的生态要素受到严重破坏等情况导致城市河流失去其部分功能，底泥带来的内源污染[1-3]问题随着水环境治理工作逐步开展也逐渐凸显，河道底泥处治俨然成了河道治理的重中之重。而在整治中疏浚底泥总量较多，受污染严重，很多河道位于城市居民生活、生产集中区，大型底泥脱水设备无法进入展开施工，清底泥浆外运距离较远。传统堆置法需要大量场地，原位处理、生态修复等底泥处理方法并不完全适用[4-5]。如何快速、有效地对体量庞大的受污染泥浆进行减量化、无害化、稳定化处理[6-8]，缓解城市弃土区紧张、清淤土无处可弃的困境，打通清淤土的资源化利用通道[9-10]，成为河道整治工程能否顺利实施的关键问题之一。

本文在摸清试验区域河道底泥的基本物理性质基础上，整合分级筛选、加药絮凝、椭

作者简介：吴月龙（1982— ），男，江苏高淳人，硕士，主要从事水环境治理、岩土工程相关科研及设计工作。

基金项目：南京水利科学研究院长江保护与绿色发展研究创新团队项目（Y220011）。

叠脱水等设备形成一体化底泥处理工艺，选择典型河道底泥进行中试研究，分析其处理效果。

2 技术原理及核心模块

2.1 技术原理

城市河道清淤处置一体化智能管护技术利用智能清淤船、固液分离系统实现底泥的清理和减量，结合物联网技术实现全过程智慧化控制。智能无人清淤船通过独特的吸泥系统，在不直接接触河底工况下柔和抽吸，抽吸泥浆通过管道输送至岸边的固液分离系统。泥浆在预处理系统中分级筛选、加药絮凝形成絮体，然后进入椭叠脱水系统进行压榨脱水，形成含水率低于 65％ 的泥饼，装袋外运。尾水经过精密过滤系统过滤，符合标准后排放；反冲洗用水返回预处理系统再次进行循环。物联网控制系统实时控制清淤、脱水、余水排放全过程。

2.2 核心模块

技术核心部分为固液分离系统（图 1），包括杂质分离、砂分离及椭叠泥水分离三部分。

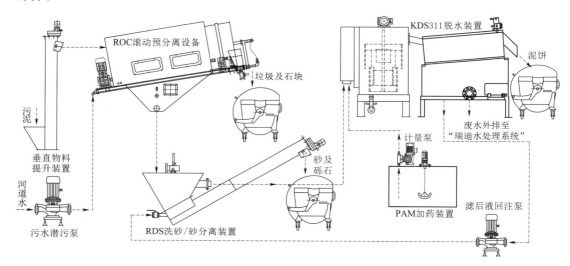

图 1　椭叠固液分离系统示意图

（1）杂质分离。智能无人清淤船将河道底泥疏浚上岸，提升进入滚筛式分离装置，通过电动机传动离心作用，采用旋转筛分工艺将粒径 8mm 以上的杂质进行分离去除，主要分离出来的大粒径杂质含有各种大颗粒杂质，如树枝、布料、石块等，需根据固废处置相关规定进行外运填埋或处理。

（2）砂分离。除杂处理后的泥浆进入砂分离装置中，在水泵作用下以一定速度切向碰撞旋流除砂器内壁，沿内壁形成涡流。其中，粒径在 2mm 以上的颗粒在离心力和自身重力的作用下持续沿内壁螺旋向下运动，形成外旋流，最终在锥体底部聚集。除砂器底部外设空压机，持续向其底部曝气，一方面能够平衡内外压差，另一方面对沉砂进行冲洗，冲洗后的沉砂通过倾斜放置的螺旋输砂槽输送至砂出口。小颗粒的泥浆则在断面收缩之后受到外旋流的压力急剧改变流向，转为向上运动，形成内旋流，从旋流除砂器上部的泥浆出口溢流流出。

（3）泥水分离。砂分离后的泥浆经絮凝预处理，泥浆中的颗粒物能够在絮凝剂的电中和及吸附架桥等作用下凝聚成大的絮团，搅拌充分絮凝后的泥浆溢流进入椭叠脱水装置，经过絮凝的泥浆由一端进入椭叠层，其中的大颗粒絮团在回转轴和椭圆形叠片的推动作用下向前运动，推送至椭叠层另一端的底泥絮团在气压顶杆和压板的共同作用下进行压榨，而水分则透过椭叠片缝隙流入下面的尾水池。

3　中试试验

3.1　典型河道底泥特性

在坪山区选择 6 条典型河道的底泥分别取样检测，6 条河道分别为田坑水、三洋湖、沙湖新屋排洪渠、红花潭排洪渠、竹坑排洪渠、六联浪尾排洪渠。在各采样点连续采集未扰动柱状泥样 2 个，每个柱状样均采至穿透沉积物的黑色底泥层，即达到河床基底的黄泥层以下 0.1～0.2m。对底泥柱状样品分别进行了颗粒分析、基本物理指标及有机质测定，见表 1。

表 1　底泥物理性质检测表

渠道名称	颗粒分析/mm								含水率/%	比重	密度/(g/cm³)	干密度/(g/cm³)	孔隙比	饱和度/%	有机质/%
	石粒	砾粒			砂粒			粉粒							
	40～20%	20～10%	10～5%	5～2%	2～0.5%	0.5～0.25%	0.25～0.075%	<0.075%							
田坑水	—	—	2.6	28	34.8	19.8	13.9	1	31.6	2.62	1.85	1.52	0.77	76	1.43
六联浪尾	—	—	2.6	12	54.6	25.6	4.5	0.8	30	2.61	1.78	1.18	0.81	66	1.19
沙湖新屋	—	—	0.7	11	43.6	25.4	17.4	1.6	52.6	2.51	1.61	1.07	1.42	96	8.33
竹坑	—	2.2	9.7	31	49.7	6.4	0.5	0.2	34.5	2.69	1.7	1.48	0.81	48	0.66
红花潭	—	7.3	34	36	18.7	4.3		0.4	21.2	2.69	1.7	1.53	0.76	40	1.97
三洋湖	—	0.9	11	54	30.1	2.6	0 1	0.5	23.1	2.69	1.77	1.A1	0.87	71	1.55

3.2　试验河道选择

试验区域内典型河道底泥均以砂砾为主要成分，含砂量均达到 90% 以上，其中含砂量最低的田头上村也达到 90.6%，而含砂量最高的竹坑排洪渠可达到 99.8%。由于土样为扰动样，且检测时已放置一段时间，因此 7 条渠道的底泥含水率均较低，不作为原状底泥含水率考虑。不同河道底泥的有机质含量各不相同。其中底泥有机质含量最多的是沙湖新屋排洪渠，达到 8.33%，受有机污染程度最大；竹坑排洪渠的底泥有机质含量最低，仅为 0.66%，受有机污染程度最小。

综上，竹坑排洪渠、六联浪尾排洪渠砂砾含量较高，暂不选择；另外，通过重金属检测结果发现，三洋湖、红花潭存在重金属污染超标，暂不选择；沙湖新屋排洪渠、田坑水可选择，由于工程施工因素制约，选择田坑水进行中试测试。田坑水底泥含砂量较大，99% 的成分都是砂砾，泥含量极少，有机质含量较低。

4 试验效果分析

4.1 杂质分离

滚筛式分离装置作为本工艺的前处理环节，能够将粒径 8mm 以上的杂质进行分离去除。由田坑水底泥检测数据可知，田坑水底泥大于 8mm 的杂质约占 1% 左右。现场原位试验研究表明，经过本设备滚筛式分离装置处理后，大粒径杂质全部被分离出来。分离出来的大粒径杂质表面干净，不含泥沙，可根据固废处置相关规定进行外运填埋或处理。

4.2 砂分离

砂水分离装置作为本工艺的除砂环节，能够将粒径 2mm 以上的杂质进行分离去除。由田坑水底泥检测数据可知，田坑水底泥大于 2mm 的杂质约占 30%。经过本设备砂水分离装置处理后，大于 2mm 的砂被分离出来。分离出来的砂粒表观干净，几乎不含泥，颗粒分明，可根据相关标准进行资源化利用。

余沙资源化利用的重要指标是含泥量，泥对混凝土的性能有很大的影响：影响浆体与集料的黏结，即强度降低；增大混凝土的需水量，也同时降低混凝土强度；降低混凝土的流动性，也极易引起混凝土裂缝。因此，混凝土对沙子的含泥量多少有严格的标准，深圳市《河湖底泥处理厂产出物处置技术规范》中规定用于一般混凝土或建筑砂浆骨料的二级余沙含泥量标准是不大于 5%。

经过现场试验测定，不同进泥流量下，砂分离器产出的余沙含泥量均小于 5%，满足深圳市《河湖底泥处理厂产出物处置技术规范》的二级余沙标准，可用于一般混凝土或建筑砂浆骨料。

4.3 泥水分离

4.3.1 脱水结果分析

田坑水现场实验发现，泥水分离模块能够有效运行，经过泥水分离模块处理后能形成泥饼，泥饼含水率在 60% 左右，颜色呈土黄色。然而，田坑水底泥中 99% 成分都是砂砾，含泥量极少，因此导致产泥量极少，设备泥水分离模块脱水实验产泥量非常小，大部分固体物质都被砂水分离器截留，进入絮凝搅拌池的泥浆浓度仅为 0.1%。

为了研究本工艺泥水分离模块的关键参数和功效，另外增选含泥量大的底泥进行泥水分离试验，测试絮凝剂添加量及压板压力试验，见表 2。

表 2 增选底泥物理性质检测表

颗粒分析/mm								含水率/%	比重	营养盐		有机质/%
石粒	砾粒			砂粒			粉粒			总氮/(mg/kg)	总磷/(mg/kg)	
40%~20%	20%~10%	10%~5%	5%~2%	2%~0.5%	0.5%~0.25%	0.25%~0.075%	<0.075%					
—	—	1.2	4.5	2.3	5.5	7.1	79.4	62.13	2.4	2464.92	1221.90	5.13

4.3.2 絮凝剂添加量试验

试验底泥絮凝剂采用 CPAM，溶解配比为 2‰，在配药桶以 150r/min 的转速进行搅拌溶解，搅拌溶解时间为 1h，控制泥浆进泥流量为 800L/h。待系统运行稳定后，分别设定絮凝剂添加量为 50L/h、100L/h、150L/h、200L/h 和 250L/h，絮凝池搅拌速率均设为 80r/min，压板压力均设为 0.4MPa，在出泥稳定后，采用重量法分别测定泥饼含水率和从尾水出口溢流出的尾水含固率，每个指标分三次取样测试，每次取样间隔 10min。绘制絮凝剂添加量与泥饼含水率、尾水含固率关系曲线。随着絮凝剂添加量逐渐增大，尾水含固率、泥饼含水率逐渐减少，并逐渐趋于平缓。在絮凝剂流量为 50L/h 时，尾水出水较混浊，平均含固率高达 8.34%；随着絮凝剂流量的增大，尾水含固率逐渐降低，在流量为 250L/h 时，尾水平均含固率降低到了 0.43%，出水比较清澈，肉眼可见少许细小底泥颗粒。在确定控制絮凝剂流量为 200L/h，即絮凝剂溶液与进泥流量比为 1：4 时，根据进料泥浆含固率计算，絮凝剂添加量为干泥量 5‰，絮凝效果最好，见图 2。

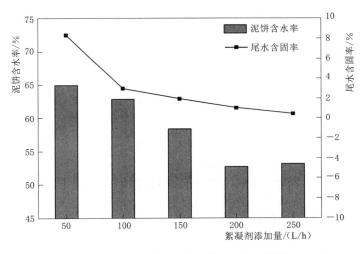

图 2　不同絮凝剂添加量下的尾水含固率及泥饼含水率

4.3.3　压板压力试验

以 2‰的 CPAM 溶液作为絮凝剂，在配药桶以 150r/min 的转速进行搅拌溶解，搅拌溶解时间为 1h。絮凝剂溶液流量设定为 200L/h，絮凝池搅拌速率为 80r/min，进泥流量为 800L/h。对压力顶杆所对应的压力调节阀进行调节，控制压板压力分别为 0MPa、0.2MPa、0.4MPa 和 0.6MPa，在出泥稳定后，采用重量法分别测定泥饼含水率和从尾水出口溢流出的尾水含固量，每个指标分三次取样测试，每次取样间隔 10min。绘制压板压力与泥饼含水率、尾水含固率关系曲线，见图 3。结果表明，压板压力越大，出泥泥饼含水率越低，但同时尾水的含固率相应增大。主要是由于压板压力越大，底泥受到压迫颗粒间隙越来越紧实，更多的间隙水透过颗粒间的通道被挤出，从而使得泥饼含水率降低；同时尾水含固率增大考虑主要是由于压板压力过大致使部分絮凝体破碎，通过椭叠盘缝隙进入尾水中，导致尾水含固率增加。由图 3 可以看到，压板压力从 0.4MPa 升高至 0.6MPa 时，泥饼平均含水率由 54.4% 降低至 51.0%，降低幅度相对较小，而尾水含固率则从 1.16% 升高至 1.60%。综合实际效果及经济成本考虑，选定压板压力为 0.4MPa。

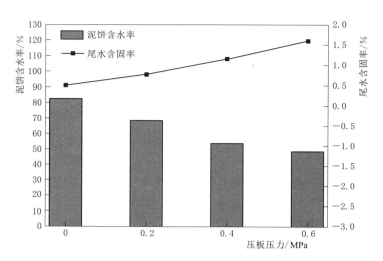

图 3　不同压板压力下的尾水含固率及泥饼含水率

5　结语

（1）城市河道清淤处置一体化技术，采用紧凑、集成型设计，将智能清淤无人船、固液分离系统、物联网信息化系统结合成一个有机整体，机动性强，运行所需场地较小，不受施工场地限制。技术主要解决城市河道日常运维的清淤管护问题；解决清淤施工中，场地受限、运输困难、二次污染等问题，在面对突发情况或重点区域时，也可以灵活应急运行。

（2）固液分离系统，将三个单元设备及配套管线集成布置在一个标准集装箱内，杂质、砂和泥水三级有序分离。利用不同技术原理分三个步骤对底泥中的大颗粒杂质、砂和水分进行有序分离，有利于底泥的高效分类处置。分离出的砂、底泥可进行后期的资源化利用。

（3）不同进泥流量下，砂分离器产出的余沙含泥量均小于 5％，均满足深圳市《河湖底泥处理厂产出物处置技术规范》的二级余沙标准，可用于一般混凝土或建筑砂浆骨料。

（4）泥水分离试验结果表明，选择合适的絮凝剂添加量、压板压力的情况下，泥饼含水率可低于 55％，尾水含固率小于 2％。脱水后的泥饼可外运堆置，或进行资源化利用。

参考文献

［1］　顾巍．城市主城区河道淤积的成因及清淤疏浚方式的选择［J］．城市地理，2015（4）：187.

［2］　赵豆豆．城市河道内源污染特征分析与研究［D］．成都：西南交通大学，2020.

［3］　黄汉禹．深圳河河道污染土特性及其处理措施［J］．中山大学学报（自然科学版），2001，40（s3）：12-17.

［4］　李婧男，杨润田，等．原位生物技术在城市河道内源污染治理中的应用研究［C］//中国环境科学学会 2022 年科学技术年会—环境工程技术创新与应用分会场，2022：155-158，164.

［5］　宋嵩，李晶，等．黑臭底泥原位资源化治理技术及工程实践［J］．环境卫生工程，2022，30（1）：

36－40.

［6］　包建平，朱伟，闵佳华．中小河道治理中的清淤及底泥处理技术［J］．水资源保护，2015（1）：56－68.

［7］　陶琛杰，顾晓惠．浅析河湖生态清淤及底泥固化技术的研究与运用［J］．江苏水利，2014（7）：42－44.

［8］　阳林，姜会浩，等．小流域清淤及淤泥处置技术在城市水环境治理中的应用［J］．施工技术，2020，49（18）：37－40.

［9］　王慧，于伟鹏，等，污染底泥处理及资源化利用研究进展［J］．人民珠江，2015（3）：121－124.

［10］　Koropchak S C，Daniels W L，Wick A，et al. Beneficial Use of Dredge Materials for Soil Reconstruction and Development of Dredge Screening Protocols［J］．Journal of Environmental Quality，2016，45（1）：62.

深层淤泥质河道堤岸抗滑稳定性
和沉降控制工程实例分析

赵颖慧　杨静思　陈志乐

（中交水运规划设计院有限公司，北京　100007）

摘　要：对于深层淤泥质河道建设和整治工程，堤岸稳定性、沉降控制和施工工序是工程设计和施工中的难点和关键点。本文基于工程实例，利用港口工程地基计算软件对深层淤泥质堤岸整体稳定和沉降量进行了分析计算，为确保堤岸结构在施工各阶段均满足规范要求，将设计计算和施工工序紧密结合，从而确定了合理的堤岸断面结构和相应施工工序。

关键词：深层淤泥质河道；岸坡抗滑稳定；沉降量；施工工序；堆载预压

1　引言

我国长江河口、珠江三角洲等区域上层地质属第四系海相沉积层或海陆交互相沉积层，主要为黑色淤泥或淤泥质土，具有含有机质、含水量高、孔隙比大、压缩性高和流变性明显的特征，因此该区域河道整治、航道建设等相关工程中的岸坡稳定和沉降控制问题，给设计和施工环节都带来了较大挑战。

对于淤泥质软土地基，常用的地基处理方法有换填法和排水固结法等，其中插打塑料排水板法是比较经济实用且绿色环保的技术手段[1]；同时排水插板地基处理法相对于爆炸挤淤基础处理法，随着土层黏聚力指标的变化，抗滑稳定安全系数和失稳风险率的灵敏度更高[2]。目前，淤泥软土层十字板抗剪强度和快剪指标的选取[3]、施工期和使用期预留沉降量的确定[4]、岸坡局部失稳的机理[2]等是目前深层淤泥质护岸堤防工程研究的关键问题。

本文基于工程实例，探讨分析了深层淤泥质堤岸的整体稳定和沉降控制问题，将设计计算和施工工序紧密结合，确定了合理的堤岸断面结构和相应施工工序，可为今后相关工程和科学研究提供借鉴经验。

2　工程概况

天沐河横贯珠海横琴岛，呈东西走向，见图1。河道最宽处约300m，最窄处约40m，南北两侧为鱼塘、湿地、沼泽地等。天沐河整治工程主要为按照河道设计宽度和深度对现状进行疏浚，满足通航要求；同时修建两侧堤岸满足防洪排涝要求。整治完成后，天沐河具备挡潮、排水、市政、交通、水环境、水资源和生态景观一体的功能，属于一级河道，河道总长6.76km，宽度范围为157～420m。

图 1　工程地理位置图

3　工程设计条件

3.1　设计水位

根据相关水文资料，工程所处区域的设计水位见表 1。

表 1　　　　　　　　　　　设 计 水 位

设 计 水 位	数值/m	设 计 水 位	数值/m
50 年一遇洪水位	3.52	天沐河最低通航水位	1.0
多年平均高水位（最高通航水位）	2.2	施工期常水位	0.50～1.00
常水位（设计通航水位）	1.5		

3.2　工程地质

根据工程地质勘察报告分析，工程所处区域地基土自上而下主要分为三大土层，分别是淤泥层、粉质黏土层和黏土层，其中上部淤泥层厚度较大，层底平均标高 −22.64～−13.52m，平均厚度 15～20m。因此工程所处地质上部软弱土层较厚，是影响河道堤岸整体稳定性的关键因素，为工程设计主要难点和重点。

3.3　设计标准

根据《珠海市横琴新区市政基础设施工程专项规划》、GB 50201—94《防洪标准》[5]、GB/T 50805—2012《城市防洪工程设计规范》[6]，城市防洪标准根据其重要性、洪（潮）危害程度和防护区非农业人口的数量确定。天沐河工程按照排洪渠设防，防洪标准为 50 年一遇；横琴新区城市防洪工程等别为Ⅱ等；天沐河两岸堤防为永久性主要建筑物，建筑物级别为 2 级。

根据 JTS 147‑1—2010《港口工程地基规范》[7] 规定，持久状况的岸坡稳定抗力分项系数应满足表 2 数值，短暂状况的岸坡稳定抗力分项系数宜取表 2 的低值。根据 JTS 146—2012《水运工程抗震设计规范》[8] 规定，地震作用下的岸坡整体稳定验算的抗力分项系数不应小于 1.0。

表 2   整体稳定抗力分项系数 Y_R

强度指标	计算方法	Y_R	说　明
十字板剪	复合滑动面法	1.2～1.4	考虑因土体固结引起的强度增长
	圆弧滑动简单条分法	1.1～1.3	
直剪固结快剪	复合滑动面法	1.2～1.4（黏性土坡） 1.3～1.5（其他土坡）	固结度与计算情况相适应
	圆弧滑动简单条分法	1.1～1.3	
直剪快剪		根据经验取值	

4 堤岸整体稳定计算分析

4.1 工程关键问题

天沐河堤岸地基为淤泥，其承载力特征值仅为 15～35kPa，且压缩性高、抗剪强度低，以致地基存在强度低、抗滑稳定差及沉降变形大等问题，因此需保证堤岸结构在施工各阶段时的抗滑稳定及堤岸结构整体抗滑稳定和局部稳定。

为解决软弱地基土层问题，根据工程条件对堤岸各施工阶段进行整体稳定性计算分析和现场试验，确定堤岸基础采用堆载预压＋堤脚压脚进行处理，堤岸采用带平台的复式斜坡式结构，工程典型断面见图 2。

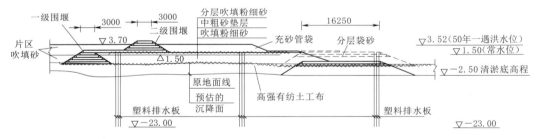

图 2 工程典型断面图（高程单位：m；尺寸单位：mm）

4.2 整体稳定计算

整体稳定计算采用港口工程地基计算系统 2008 版（以下简称 DJS）。施工期淤泥指标选取采用现场原位试验十字板抗剪强度值，其他土层采用直剪快剪指标；使用期和地震期土层采用固结快剪指标。

计算分施打排水板前、施工期结束、使用期和地震期四个阶段，选取典型钻孔位置对应断面进行计算。其中第一个阶段计算时刻为堤脚围堰之间吹填粉细砂之后、施打排水板之前，第 60 天；第二个阶段计算时刻为施工期结束，第 300 天；第三个阶段为使用期开始时，第 720 天；第四个阶段为地震工况，计算时刻取第 720 天。以前两个阶段为例，给出软件计算模型图示，见图3和图4，其中计算结果选取了经过堤身的深层大滑弧作为控制性滑弧。

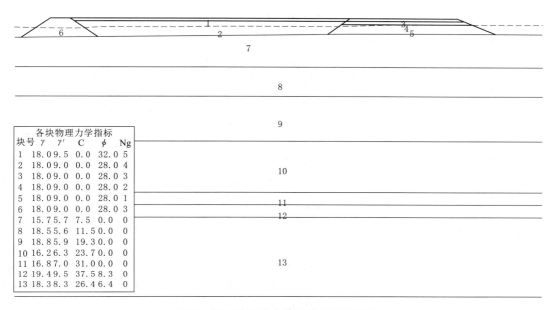

各块物理力学指标

块号	γ	γ'	C	ϕ	Ng
1	18.0	9.5	0.0	32.0	5
2	18.0	9.0	0.0	28.0	4
3	18.0	9.0	0.0	28.0	3
4	18.0	9.0	0.0	28.0	2
5	18.0	9.0	0.0	28.0	1
6	18.0	9.0	0.0	28.0	3
7	15.7	5.7	7.5	0.0	0
8	18.5	5.6	11.5	0.0	0
9	18.8	5.9	19.3	0.0	0
10	16.2	6.3	23.7	0.0	0
11	16.8	7.0	31.0	0.0	0
12	19.4	9.5	37.5	8.3	0
13	18.3	8.3	26.4	6.4	0

图3　堤岸施打排水板前计算断面图示

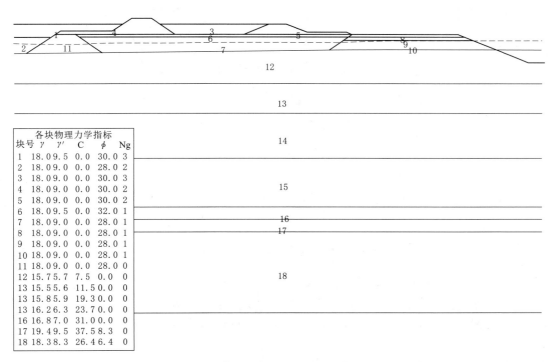

各块物理力学指标

块号	γ	γ'	C	ϕ	Ng
1	18.0	9.5	0.0	30.0	3
2	18.0	9.0	0.0	28.0	2
3	18.0	9.0	0.0	30.0	3
4	18.0	9.0	0.0	30.0	2
5	18.0	9.0	0.0	30.0	2
6	18.0	9.5	0.0	32.0	1
7	18.0	9.0	0.0	28.0	1
8	18.0	9.0	0.0	28.0	1
9	18.0	9.0	0.0	28.0	1
10	18.0	9.0	0.0	28.0	1
11	18.0	9.0	0.0	28.0	0
12	15.7	5.7	7.5	0.0	0
13	15.5	5.6	11.5	0.0	0
13	15.8	5.9	19.3	0.0	0
13	16.2	6.3	23.7	0.0	0
16	16.8	7.0	31.0	0.0	0
17	19.4	9.5	37.5	8.3	0
18	18.3	8.3	26.4	6.4	0

图4　堤岸施工期结束计算断面图示

4.3 计算结论及分析

根据上述分析和软件计算，得到四个阶段抗滑稳定计算结果，详见表3。采用堆载预压法，对堤脚进行压脚处理，通过调整断面结构尺寸，分级形成堤身结构，满足各阶段抗滑稳定要求。

表 3 典型断面整体抗滑稳定计算表

计算阶段	滑动力矩/(kNm/m)	抗滑力矩/(kNm/m)	稳定计算系数	抗力分项系数	稳定性判断
施工期打排水板前	6774.41	14413.79	2.128	1.1～1.3	满足要求
施工期	34002.01	50960.34	1.499	1.1～1.3	满足要求
使用期	36272.95	52799.00	1.456	1.1～1.3	满足要求
地震工况	39401.7	51414.1	1.305	1.0	满足要求

5 堤岸沉降计算分析

沉降计算采用分层总和法，采用 DJS 软件进行计算。计算阶段分为四个阶段，分别是施工期打排水板前（第 60 天）、施工期（第 300 天）、使用期（第 2 年）、使用期（第 100 年）。以施工期为例，给出其计算沉降图和固结图，见图 5。

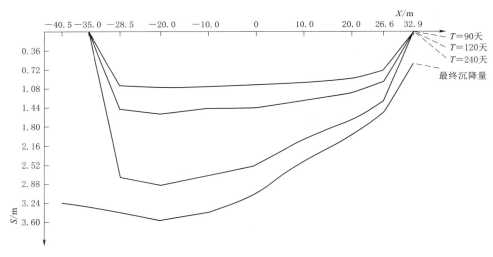

图 5 施工期沉降图（60～300 天）

图 5～图 6 所示时间不包括施打排水板前的 60 天时间。

经过上述计算，可得到四个阶段的堤心最大沉降量和对应固结度（见表 4），其中堤岸施工完成时，堤心最大沉降量为 2.893m，堤岸使用期内堤心最大沉降为 3.42m，工程残余沉降为 0.08m。

根据沉降计算分析，确定堤岸最终沉降稳定标准为：实测地面沉降速率连续 10d 平均沉降量小于 1mm/d，根据实测沉降曲线推算的最终应变固结度不小于 85%。

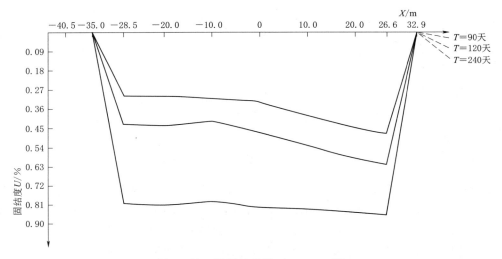

图 6　施工期固结度图（60～300 天）

表 4 典型断面沉降计算结果表

	堤心最大沉降量/m	土层平均固结度
施工期打排水板前（第 60 天）	0	0
施工期（第 300 天）	2.893	0.813
使用期（第 2 年）	3.340	0.896
使用期（第 100 年）	3.420	0.917
残余沉降量	0.08	

6　堤岸断面结构及施工技术要求

6.1　堤岸断面结构

堤岸施工前首先进行清表，清表后在原泥面上铺设一层 100kN/m 高强有纺土工布，在堤脚铺设一级袋装砂围堰至 2.0m，然后分别吹填陆域粉细砂和堤身粉细砂垫层至 1.50m，堤身推填 0.5m 厚中粗砂垫层，堤身插打长排水板，接着在中粗砂表面铺设 300g/m² 无纺土工布，逐层铺设二级充填袋至约 4.50m 高程形成吹填子堰，后方陆域吹填至设计标高，堤身分层吹填至 3.25m。吹填完成、堤身沉降稳定且软基指标满足设计要求后开始天沐河清淤至 -2.50m 设计河底高程。最后结合景观工程完成堤坡和堤顶防护，堤坡种植抗冲生物毯，构成完整的河道生态系统。

6.2　施工技术要求

结合计算过程及断面结构，确定堤岸施工流程：清除表层浮泥并铺设底层有纺土工布→堤脚充填袋装砂至 2.0m→吹填粉细砂至高程 1.5m→推填 0.5m 厚中粗砂垫层→插打塑料排水板→二级围堰充填袋装砂→陆域吹填至 3.7m→堤身粉细砂分层吹填至顶高程 3.25m→河道清淤、护坡、路面施工。

其中计算典型断面的施工工期安排见图 7。

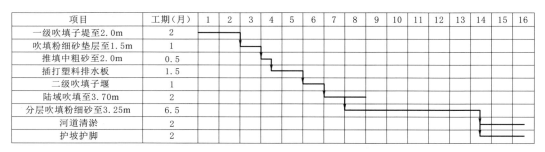

项目	工期（月）	1	2	3	4	5	6	7	8	9	10	11	12	13	14	15	16
一级吹填子堤至2.0m	2																
吹填粉细砂垫层至1.5m	1																
推填中粗砂至2.0m	0.5																
插打塑料排水板	1.5																
二级吹填子堰	1																
陆域吹填至3.70m	2																
分层吹填粉细砂至3.25m	6.5																
河道清淤	2																
护坡护脚	2																

图 7 典型断面施工工期示意图

根据整体稳定计算，为保证施工过程中结构的整体稳定，需满足堤身分多次施工要求，上一级加荷完成到下一级加荷开始的时间间隔应符合施工工期安排。堤身所用大袋砂和土工管袋砂均按厚度控制，堤身分层吹填按标高控制。在充砂管袋和吹填粉细砂施工过程中需密切监测堤岸的沉降位移，严格控制加载速率，防止堤岸出现滑移。河道清淤应在堤岸地基处理指标达标后进行。

7　结论

本文结合工程实例对深层淤泥质堤岸整体稳定和沉降控制进行了分析计算，为确保堤岸结构在施工各阶段时的抗滑稳定、堤岸结构整体抗滑稳定和局部稳定以及满足沉降量控制要求，将设计计算和施工工序紧密结合，确定堤岸基础采用堆载预压＋堤脚压脚法进行处理，堤岸采用带平台的复式斜坡式结构。

参考文献

[1] 曾春华. 深厚淤泥围堰整体稳定设计 [J]. 港口科技，2011（5）：14-17.

[2] 曾甄，顾孜昌. 海相沉积深厚淤泥土上海堤工程整体稳定可靠度分析 [J]. 中国水运，2011，11（10）：236-238.

[3] 彭钜新. 航道工程边坡稳定计算中淤泥现场十字板剪切试验指标应用的探讨 [J]. 水运工程，2002（8）：60-63.

[4] 毛丹红，袁文喜，等. 浅析淤泥质地基上堤塘工程沉降预留控制 [J]. 浙江水利科技，2012（2）：46-47.

[5] GB 50201—94 防洪标准 [S].

[6] GB/T 50805—2012 城市防洪工程设计规范 [S].

[7] JTS 147-1—2010 港口工程地基规范 [S].

[8] JTS 146—2012 水运工程抗震设计规范 [S].

塑料排水板处理软土堤基效果检测分析

杨秋芳[1]　郁　飞[2]

(1. 中交第三航务工程勘察设计院勘察工程分公司，上海　201612；

2. 上海市岩土地质研究院有限公司，上海　200172)

摘　要： 结合小洋山围垦一期工程新隔堤工程实例，采用现场原位测试和取原状土试样进行室内土工试验等手段，对不同时期的塑料排水板地基处理效果进行检测、试验，分析排水板短期内的排水处理效果，为主海堤的排水板选型提供准确、完整的工程地质依据。结果表明：除部分检测试验点受现场检测条件、地基土的不均匀性等因素影响导致检测成果未能明显反映各检测阶段地基土层的强度增强趋势外，大部分检测成果均显示排水板地基处理效果明显，下卧软弱黏性土层工程地质性质有一定的改善。

关键词： 塑料排水板；淤泥质软黏性土；十字板剪切试验；固结排水；检测

1　工程概况

软土是指天然孔隙比大于或等于 1.0，且天然含水量大于液限、具有高压缩性、低强度、高灵敏度、低透水性和高流变性等特点[1]。由于其压缩性高、透水性差，在建筑物荷载作用下会产生相当大的沉降和沉降差，而且沉降的延续时间很长，有可能影响建筑物的正常使用[2]。塑料排水板加固处理深厚软弱黏性土地基因其工期短、成本低及对环境影响小等优点得到广泛应用[3-4]。其原理是在透水性很差的软弱黏性土层中形成良好的垂直透水通道，运用排水固结法进行软基加固处理，大大缩短软土固结时间。

本文依托的小洋山围垦一期工程新隔堤工程是小洋山北侧陆域综合开发的前期基础工程。小洋山围垦工程北侧主海堤最大堤高近 22m，堤基淤泥质黏性土层较厚，地基处理方式主要采用施打塑料排水板，排水板用量达 1300 万延米。本文通过对地基处理不同时期的土层进行检测、试验，分析排水板短期内的排水处理效果，为主海堤的排水板选型提供准确、完整的工程地质依据。

2　检测区工程地质条件

2.1　地形、地貌条件

小洋山围垦一期工程位于浙江省嵊泗县境内、小洋山岛至薄刀嘴岛之间的海域，地处上海国际航运中心洋山深水港区北侧。本工程东以薄刀嘴岛为天然边界，西以小洋山岛山体为天然边界，南以洋山深水港区浙沪两地签订的协议线为边界，北侧以本工程拟建北海

作者简介：杨秋芳（1981—　），女，上海人，硕士，主要从事岩土工程勘察与检测工作。

堤为界。工程区域原始海底泥面呈现南高北低，西端相对高、东端较低的趋势。属海蚀残丘岛礁地貌类型。

2.2 原始地基土的构成与特征

检测区经勘探揭露的岩、土层主要为第四纪全新世、晚更新世的松散堆积层和侵入岩体，根据各岩土的地质时代、成因类型、埋藏深度、空间分布发育规律、物理力学性质指标及其工程地质特征，遵循洋山深水港区地基土层的划分原则，划分为五大层及分属不同大层的亚层，其工程地质特征分述见表1。

表 1　　　　　　　　　　原始地基土层特性表

土层号及名称	土层厚度/m	层顶高程/m	状态/密实度	压缩性	土层特性描述
Ⅰ_{0-2}回填砂	0.9～2.0	−1.8～−1.9	松散	中	饱和。土性以细砂为主，砂质较纯，颗粒较均匀，含云母，见编织袋
Ⅱ_1灰黄色粉质黏土	1.8～3.0	−2.7～−4.0	可塑偏软	中	饱和。土质较均匀，切面较粗糙，夹较多粉土薄层，局部近黏质粉土。摇振无反应，干强度中等，韧性中等
Ⅱ_2灰色黏质粉土	1.5～2.9	−5.7～−7.2	松散～稍密	中	饱和。土质不均匀，局部混较多黏性土，近粉质黏土，局部砂质重，为砂质粉土。摇振反应迅速，干强度低，韧性低
Ⅲ_{1-2}灰色淤泥质黏土	2.9～9.0	−22.7～−29.3	流塑	高	饱和。土质较均匀，切面光滑，含少量黑色有机质和腐植物，偶夹少量粉细砂微薄层，局部近淤泥质粉质黏土。摇振无反应，干强度高，韧性高。与Ⅲ_2灰色淤泥质粉质黏土层呈倒层
Ⅲ_2灰色淤泥质粉质黏土	15.5～16.3	−7.2～−12.9	流塑	高	饱和。土质稍均匀，切面稍粗糙，局部较光滑，含少量砂眼，夹少量粉细砂微薄层，单层厚0.1～0.3cm，局部砂性重，偶含结核。摇振无反应，干强度中等，韧性中等。与Ⅲ_{1-2}灰色淤泥质黏土层呈倒层
Ⅳ_{1-1}暗绿—灰绿色粉质黏土	2.2～2.7	−31.7～−32.2	可塑～硬塑	中	饱和。土质较均匀，切面稍光滑，含少量氧化物斑迹，局部粉含量高。摇振无反应，干强度中等，韧性中等
Ⅳ_4褐黄色砂质粉土	未揭穿	−33.9～−34.9	中密	中	饱和。砂质较纯，颗粒不均匀，含云母碎片和氧化铁斑迹，局部夹少量黏性土薄层，局部近粉砂

3　检测方案布置

3.1 检测要求

（1）布置检测断面2个，每个断面各布置1个取土试样孔和1个十字板剪切试验孔，检测次数5次，共布置取土试样孔10个、十字板剪切试验孔10个，孔位布置在堤顶轴线附近，具体位置根据排水板布置情况确定，但均与相应原位观测断面重合，且尽可能布置在已有地质勘探孔附近，垂向土层分布、上部荷载、加荷方式和时间基本相近。取土试样孔取土间距为 1m，十字板剪切试验孔试验点间距为 1m。

（2）检测深度：一般要求取土试样孔的深度应超出排水板地基处理深度 3m 以上，十字板剪切试验孔钻穿软弱淤泥质黏性土层。

3.2　现场检测内容

检测共分 5 次进行，具体要求及内容见表 2。

表 2　　　　　　　　　　　　现 场 检 测 内 容

检测阶段	检测条件	检测位置	检测类型		检测深度
			取土试样钻孔	十字板剪切试验孔	
第一次	水上作业，排水板施工前	堤顶轴线附近位置，K2+000 和 K2+100 附近	JC1Y1、JC1Y2	JC1S1、JC1S2	取土试样孔深度超出排水板地基处理深度 3m 以上。十字板试验在淤泥质土中进行。遇可塑状黏性土或砂土层则终止试验
第二次	候潮作业，高程 3.0m 以下堤身施工完成，上部结构施工前		JC2Y1、JC2Y2	JC2S1、JC2S2	
第三次	陆上作业，堤身施工完成 14 天内		JC3Y1、JC3Y2	JC3S1、JC3S2	
第四次	陆上作业，堤身施工完成 6 个月		JC4Y1、JC4Y2	JC4S1、JC4S2	
第五次	陆上作业，堤身施工完成 12 个月		JC5Y1、JC5Y2	JC5S1、JC5S2	

检测方案平面布置见图 1。

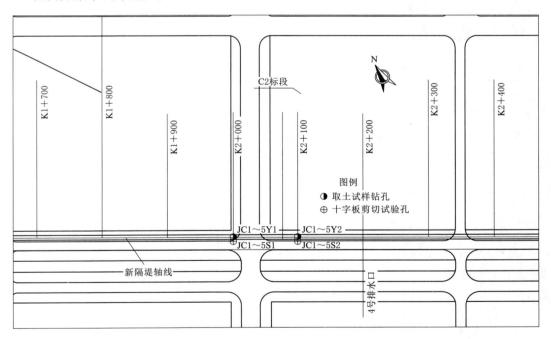

图 1　检测方案平面布置示意图

本工程第一次检测室内土工试验项目如下：

（1）常规物理性试验：w、ρ、G、w_P、w_L、砂土颗粒分析。

（2）力学性试验：固结试验、直剪固快、直剪快剪、三轴不固结不排水剪、三轴固结不排水剪、无侧限抗压强度试验。

（3）水理性试验：渗透试验。

第 2～5 次检测阶段的室内试验项目应以满足地基处理后，地基强度增长比较、加固效果分析比较需要来安排，主要以含水量及力学性能测试项目为主。包括的土工试验项目如下：

（1）常规物理性试验：w、ρ、G、w_P、w_L、砂土颗粒分析。

（2）力学性试验：固结试验、直剪固快、直剪快剪、三轴不固结不排水剪、三轴固结不排水剪、无侧限抗压强度试验。

4 检测成果分析与评价

4.1 同层位软土层对比分析

通过不同时期钻探揭露地层情况对比分析，得到排水板打入前后不同时期Ⅲ$_2$层、Ⅲ$_{1-2}$层软土层的主要发育情况及状态变化（表3、表4）。

表3   排水板打入前后不同时期Ⅲ$_2$层软土层性质

阶段	土 层	状 态	层顶高程/m	土层厚度/m
第一次	Ⅲ$_2$淤泥质粉质黏土	流塑	$-7.2 \sim -9.2$	$15.5 \sim 16.3$
第二次	Ⅲ$_2$淤泥质粉质黏土	流塑—软塑	$-8.6 \sim -9.9$	$13.7 \sim 14.6$
第三次	Ⅲ$_2$粉质黏土	软塑	$-9.3 \sim -10.1$	$13.2 \sim 14.0$
第四次	Ⅲ$_2$粉质黏土	软塑	$-9.8 \sim -10.4$	$12.7 \sim 14.0$
第五次	Ⅲ$_2$粉质黏土	软塑	$-9.8 \sim -10.5$	$10.3 \sim 13.7$

表4   排水板打入前后不同时期Ⅲ$_{1-2}$层软土层性质

阶段	土 层	状 态	层顶高程/m	土层厚度/m
第一次	Ⅲ$_{1-2}$淤泥质黏土	流塑	$-22.7 \sim -23.2$	$8.8 \sim 9.0$
第二次	Ⅲ$_{1-2}$淤泥质黏土	流塑—软塑	$-22.8 \sim -23.3$	$7.9 \sim 8.6$
第三次	Ⅲ$_{1-2}$黏土	软塑	$-23.1 \sim -23.5$	$7.4 \sim 8.0$
第四次	Ⅲ$_{1-2}$黏土	软塑—可塑	$-23.3 \sim -23.9$	$7.2 \sim 7.9$
第五次	Ⅲ$_{1-2}$黏土	软塑—可塑	$-23.5 \sim -24.5$	$7.0 \sim 7.8$

通过对 5 次钻探揭露同层位地层的状态比较，受排水板和上部堆载双重影响，原来的Ⅲ$_2$灰色淤泥质粉质黏土层第二次揭露大部分从物理性质上已变为粉质黏土，第三次至第五次揭露基本都为粉质黏土，土的状态从流塑变为软塑，局部达到可塑偏软状。下部Ⅲ$_{1-2}$灰色淤泥质黏土层第二次揭露大部分从物理性质上已变为黏土或粉质黏土，第三次至第五次揭露基本都为黏土或粉质黏土，土的状态从流塑变为软塑～可塑。该两层软土层的层面顶板有一定的沉降，厚度也有一定的压缩。

4.2 同层位软土层土工试验指标对比分析

本次检测在第一次至第五次检测钻孔中采取了原状土试样，采取的原状土试样进行了常规物理性试验和力学性试验，所选取的试验项目能直观、可靠地反映各土层的物理力学性质的变化，详见表5、表6。地基土的压缩性可按 p_1 为 $100\mathrm{kPa}$，p_2 为 $200\mathrm{kPa}$ 时相对应的压缩系数值划分为低、中、高压缩性。当 $a_{0.1-0.2} < 0.1\text{MPa}^{-1}$ 时，为低压缩性；当 $0.1\text{MPa} \leqslant a_{0.1-0.2} < 0.5\text{MPa}^{-1}$ 时，为中压缩性；当 $a_{0.1-0.2} \geqslant 0.5\text{MPa}^{-1}$ 时，为高压缩性[5]。土的压缩系数越大、压缩模量越小，表明在同一压力变化范围内土的孔隙比减小得越多，则土的压缩性越高[6]。

表5　　　　　　　　　　不同阶段Ⅲ₂层软土层物理力学性质

阶段	土　层	天然含水量 $w/\%$	天然孔隙比 e	压缩系数 $a_{0.1-0.2}/\text{MPa}^{-1}$	压缩模量 $E_{0.1-0.2}/\text{MPa}$
第一次	Ⅲ₂ 淤泥质粉质黏土	39.7	1.136	0.68	3.2
第二次	Ⅲ₂ 淤泥质粉质黏土	34.8	0.983	0.51	4.0
第三次	Ⅲ₂ 粉质黏土	33.7	0.966	0.50	4.1
第四次	Ⅲ₂ 粉质黏土	34.3	0.955	0.49	4.2
第五次	Ⅲ₂ 粉质黏土	33.4	0.951	0.43	4.8

表6　　　　　　　　　　不同阶段Ⅲ₁₋₂层软土层物理力学性质

阶段	土　层	天然含水量 $w/\%$	天然孔隙比 e	压缩系数 $a_{0.1-0.2}/\text{MPa}^{-1}$	压缩模量 $E_{0.1-0.2}/\text{MPa}$
第一次	Ⅲ₁₋₂ 淤泥质黏土	45.5	1.295	0.80	2.9
第二次	Ⅲ₁₋₂ 淤泥质黏土	41.4	1.160	0.56	3.9
第三次	Ⅲ₁₋₂ 黏土	38.0	1.072	0.50	4.2
第四次	Ⅲ₁₋₂ 黏土	36.0	1.034	0.49	4.5
第五次	Ⅲ₁₋₂ 黏土	34.8	0.974	0.45	4.6

通过试验指标可看出，从排水板施工前至排水板施工后且堤身施工完成12个月后，Ⅲ₂层淤泥质粉质黏土的天然含水量降低了15.9%、天然孔隙比降低了16.3%，压缩系数减小了36.8%，压缩模量明显增大；Ⅲ₁₋₂层淤泥质黏土的天然含水量降低了23.5%、天然孔隙比降低了24.8%，压缩系数减小了43.8%，压缩模量增大更明显。土层压缩性由原来的高压缩性变为中压缩性，说明软土层经过地基处理后，土体排水固结效果良好，地基土层的力学性质有明显提高。

4.3　同层位软土层十字板剪切试验指标对比分析

从第一次至第四次检测在Ⅲ₂灰色淤泥质粉质黏土层中进行了十字板剪切试验，其原状土不排水抗剪强度值见表7。

表7　　　　　　　　　　不同阶段Ⅲ₂层原状土不排水抗剪强度值 C_u

阶段	平均值/kPa	标准值/kPa	阶段	平均值/kPa	标准值/kPa
第一次	11.4	10.2	第三次	41.3	38.0
第二次	33.9	30.4	第四次	49.4	47.2

该层十字板剪切试验抗剪强度平均值 C_u 从第一次的11.4kPa增长到第四次的49.4kPa。第五次由于上部抛石层较厚（厚度超过5.0m），已不适合十字板剪切试验的实施。根据各阶段试验成果，各检测孔均反映出地基处理后，Ⅲ₂灰色淤泥质粉质黏土层十

字板剪切强度较处理前有明显增强。

5 结语

对比分析五次检测取原状土试样的室内土工试验指标及原位十字板剪切试验资料，除部分检测试验点受现场检测条件、地基土的不均匀性等因素影响导致检测成果未能明显反映各检测阶段地基土层的强度增强趋势外，大部分检测成果均显示排水板地基处理效果明显，下卧软弱黏性土层工程地质性质有明显的改善。

基于各阶段检测孔数量较少，部分地基土层在纵向、横向上发育均匀性较差，导致部分土工试验指标及十字板剪切试验的成果指标离散性较大，因此，部分成果数据未能反映出排水板地基处理后地基土的强度得到改善。

参考文献

［1］《工程地质手册》编委会. 工程地质手册［M］. 5版. 北京：中国建筑工业出版社，2018.
［2］龚晓南. 地基处理手册［M］. 3版. 北京：中国建筑工业出版社，2008.
［3］邹育麟，李建兴. 排水板堆载预压处理软土路基原位观测试验［J］. 铁道科学与工程学报，2017，14（8）：1658-1663.
［4］董雷. 塑料排水板堆载预压法在港口工程软基处理中的应用［D］. 大连：大连理工大学，2016.
［5］建筑地基基础设计规范：GB 50007—2011［S］. 北京：中国建筑工业出版社，2011.
［6］李广信，张丙印，于玉贞. 土力学［M］. 3版. 北京：清华大学出版社，2022.

浅谈软基处理过程中监测的重要性及案例分析

张伙根[1]　李　凯[2]　王　晶[2]

（1. 福州台商投资区开发建设有限公司，福建福州　350000；

2. 南京水科院瑞迪科技集团有限公司，江苏南京　210000）

摘　要：沿海地区大多属于软土地区，工程性质较差，需进行软基处理。监测工作是软基处理技术中不可缺少的重要环节，能够有效的反映施工过程中软土性能和强度的变化，有助于及时掌握地基变形和强度发展趋势；通过对监测和检测数据分析，起到工程预警的作用，并实时调控、指导现场施工，验证软基处理设计方案的合理性。本文依托相关项目，分析在软基处理施工过程中，监测对软基处理的指导作用，与检测数据互相验证，并为软土地区类似工程的设计施工和研究提供参考。

关键词：软基处理；监测；检测；工程预警

引言

软基处理监测工作的主要目的是有效地验证理论预测是否具有足够的准确性，对设计方案深入的优化研究，指导现场施工过程，避免事故发生，确保施工安全和质量。由于现场边界条件的不确定性因素，需在项目实施过程中采取监测手段，提供较为准确的监测数据，指导现场施工。同时结合平板载荷、十字板剪切试验等检测方法，通过对比处理前后软土地基的物理力学参数，评价地基处理效果。

1　软基处理监测的重要性

软土地基为不良地基土，具有"三高二低一差"的特性：高含水量、高压缩性、高灵敏度、低承载力、低抗剪强度、渗透性差，在工程设计和施工时，应予以重视。一般采用的软基处理方式有排水固结法、复合地基法、桩基础等。除此之外，还应重视软基处理施工监测，其能较为准确地反映现场地基的实际变化情况，根据现场实测数据，进行分析、评估，预判可能存在的工程风险，及时提出相应解决问题的办法，避免现场安全事故的发生。

2　软基处理监测和检测的主要内容

2.1　软基处理监测的主要内容

软基处理监测的主要内容有地表沉降、孔隙水压力、深层土体水平位移。

作者简介：张伙根（1990—　），男，福建宁化人，本科，主要从事交通土建工程管理工作。

地表沉降：通过在地表埋设沉降标，监测不同时段的高程，计算出施工期沉降量；根据绘制的时间—沉降曲线，推算出软土最终沉降量、不同时期的固结度及残余沉降量，进而确定软基处理的卸载时间和处理效果检测时间。

孔隙水压力：通过埋设在软土层的振弦式孔隙水压力计，监测不同深度的孔隙水压力变化情况，推算出不同深度软土的超静孔隙水压力消散程度，计算地基土的总固结度、孔压系数，进而判断软土强度增长情况。

深层土体水平位移：通过埋设在软基处理区域边界外侧的测斜管，用测斜仪监测不同深度的位移，掌握土体分层位移量，推定土体剪切破坏的位置，进而判断地基的稳定情况。

2.2 软基处理检测的主要内容

软基处理检测的主要内容有地基承载力和地基土强度。

地基承载力：通过平板载荷试验，分级加载，可确定地基土承载力特征值，并对比地基处理前后的平板载荷试验结果，评估地基承载力是否满足设计要求。

地基土强度：通过十字板剪切试验，量测地基土破坏时的抵抗力矩，测定其不排水抗剪强度和灵敏度，对比处理前后不排水抗剪强度 Cu 来评价地基处理效果。

3 工程案例分析

以下分别列举 2 个案例，说明监测和检测在软基处理过程中的作用。

3.1 案例 1

3.1.1 边界条件

某一级公路，处于三角洲平原，工程地质区为第 I 区，整体地形较为平坦。地层岩性由第四系海陆交互、冲洪积相的黏性土、淤泥、砂土、砾卵石（碎石）等组成。浅层多为素填土、淤泥、粉质黏土、砂土；底部为花岗岩基岩及其风化层，厚度较大。

主要不良地质与特殊性岩土为软土及饱和砂土液化。根据钻孔资料揭示，淤泥广泛分布，局部呈多层分布，揭示最大厚度 26.2m，软土分布长 6565.0m，占路线全长约 100%。淤泥物理力学性质差，一般呈欠固结状态，平均含水量 78.3%，孔隙比 2.3。软土层物理力学指标统计见表 1。

表 1   **软土层物理力学指标统计表**

土层名称	基本物理性指标					液塑限		直接快剪		固结试验		渗透系数 Kv 20℃ /(cm/s)	固结快剪	
	含水率 $w/\%$	湿密度 ρ /(g/cm³)	土粒比重 Gs	孔隙比 e	饱和度 $S_r/\%$	塑性指数 I_P	液性指数 I_L	凝聚力 c_q /kPa	内摩擦角 φ_q /(°)	压缩系数 α_V /MPa⁻¹	压缩模量 E_S /MPa		凝聚力 c_{cq} /kPa	内摩擦角 φ_{cq} /(°)
淤泥	78.3	1.51	2.64	2.310	97.0	24.0	1.96	2.6	2.3	2.472	1.52	1.67E−07	5.9	7.2

软基处理方式采用真空联合堆载预压，塑料排水板梅花形布置，间距 1.0m，打穿软土层，砂垫层 60cm 厚，其上铺单向土工格栅。

3.1.2　分析

超静孔隙水压力—荷载时程线见图1。桩号 K18＋500 孔隙水压力随着填土荷载的增加而增加，消散较差，从抽真空起到路基填筑期间，孔隙水压力均为正值，说明真空效果不佳。随即发出施工监测通知单，停止施工加载，但施工单位在预警监测断面的前方加载，最终导致了路基的滑移（见图2）。

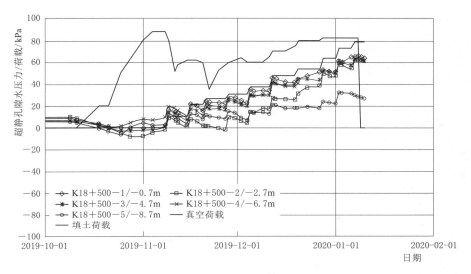

图 1　超静孔隙水压力—荷载时程线

图 2　现场滑移照片

3.1.3　检测

在发生滑移区域重新对路基进行真空联合堆载预压处理，在场地回填至设计高程并整平后对其进行地基承载力检测。检测方法选用浅层平板载荷试验（图3），试验选用边长为 0.7m 的方形板，采用压重平台作反力装置进行加载，首级加载值为 15kPa，并按 15kPa 逐级增加，总加载量为 120kPa，满载时按 30kPa 逐级卸载。

试验结果（图 4、图 5）显示，试验点累计沉降量为 6.35mm。p-s 曲线平缓无明显陡降段（比例极限拐点），试验未达极限荷载。由于该点沉降量偏小（最大加载时沉降量为 6.35mm），沉降量未达到 $s/d = 0.020$ 所对应的值 14mm，因此试验点地基承载力特征值为极限荷载的一半即 60kPa，地基承载力已达到设计要求。

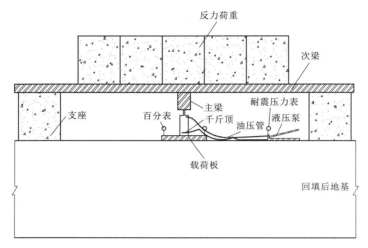

图 3   载荷试验示意图

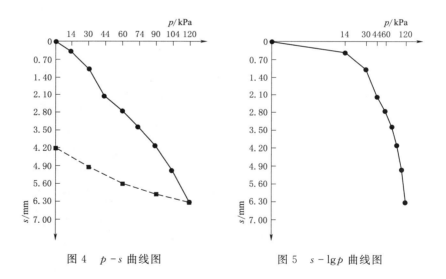

图 4 p-s 曲线图   图 5 s-$\lg p$ 曲线图

3.2   案例 2

3.2.1   边界条件

某地区地貌上属丘陵、海湾滩涂与滨海地貌单元连接地带，位于山前冲洪积阶地——海积滩涂地貌单元。后在海积滩涂修建堤坝、挡潮泄洪闸，形成滩内水库。

根据钻孔资料（图 6）揭露，场地岩土层主要为①-1 淤泥质填土、①-2 素填土（填筑土）、②黏土、③砾卵石、④淤泥、④-1 砂、⑤-1 中砂、⑥砾卵石、⑦残积砂质黏性土、⑧全风化花岗岩及⑨强风化花岗岩等。该区域岩土条件复杂，软土普遍分布，软土问题特别突出，水系发育，场地内多为养殖鱼塘，软土有机质含量较高。软土为典型的东部沿海地区土层，具有"三高一低"的特性，场地内软土层厚度为 0.80～34.80m，变化较大，总体上由上游段向下游段逐渐变厚，趋势较明显。

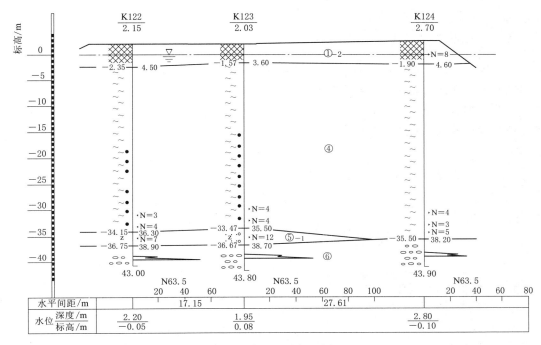

图 6　典型地质断面图

对本区域工程建设影响最大的土层为④淤泥见表2～表4，该层土性极差，最大含水率 94.5%，最大孔隙比 2.549，最小原状十字板剪切强度仅有 5.2 kPa，最大灵敏度为 7.38；此土层为工程的软弱土层，需着重研究处理。

表 2　④淤泥不同深度下主要参数指标平均值

深度 /m	含水率 $W/\%$	重度 γ /(kN/m³)	孔隙比 e_0	内聚力 C/kPa	内摩擦角 $\Phi/(°)$	压缩模量 E_s/MPa	压缩系数 a
0～10	76.6	14.9	2.074	8.0	1.9	1.40	2.33
10～20	73.4	15.1	1.989	10.0	2.1	1.41	2.32
>20	62.0	15.7	1.701	13.0	2.7	1.81	1.69

备注：经统计，淤泥④层 0～5m 与 5～10m 段参数指标平均值基本相近。

表 3　④淤泥固结试验指标

指标	先期固结压力 P_c/kPa	压缩指数 C_c	回弹指数 C_s	无侧限抗压强度 q_u/kPa	OCR 范围值	灵敏度 S_t
范围值	20.5～49.7	0.398～0.957	0.069～0.117	9.3～26.0	0.48～0.95	2.81～9.53
平均值	33.33	0.7119	0.0979	19.3	0.65	4.84

备注：OCR<1，该土层属欠固结土。

表 4　　　　　　　　　　　　　　　④淤泥压缩试验指标

试验指标	孔　隙　比				压　缩　模　量			压　缩　系　数		
	e_0	e_{50}	e_{100}	e_{200}	$E_{s0-0.5}$	$E_{s0.5-1}$	E_{s1-2}	$a_{0-0.5}$	$a_{0.5-1}$	a_{1-2}
最小值	1.003	0.873	0.833	0.770	0.25	0.47	0.88	1.32	0.80	0.51
最大值	2.549	2.239	1.979	1.863	1.79	2.71	3.93	12.70	7.11	3.95
平均值	1.994	1.699	1.526	1.303	0.58	0.98	1.47	5.85	3.44	2.24

　　软基处理采用真空联合堆载预压，堤身最大填土厚度为 11.1 m（包含施工期沉降）。填土分 7 级加载，第 1 级、第 2 级加载厚度为 2.0 m，第 3～6 级加载厚度为 1.5 m，第 7 级加载至设计厚度；每级加载过程中，静载期 5 天；满载预压时间 90＋30 天，见图 7 和图 8。

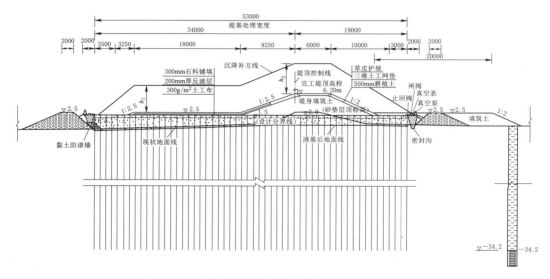

图 7　地基处理典型断面图

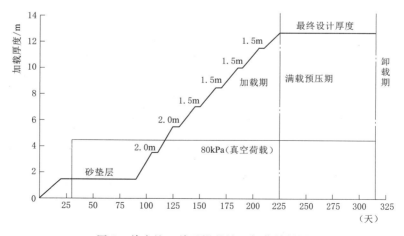

图 8　单个施工单元堤基处理加载计划图

3.2.2　分析

防洪堤堤身在填筑过程中，现场监测数据超出预警值，dhxy5＋900 断面（图 9）最大沉降速率 38mm/d＞20mm/d（预警值）；现场立即向施工单位发出施工监测通知单，停止土方加载。后经初步研究判断，本次加载沉降速率过大，主要是由于防洪堤堤基基础薄弱、局部快速或瞬时加载导致。在监测数据指导下，延长加载的静置时间，待监测数据趋于稳定后，再进行下一级的填筑工作，起到了预警作用，指导了现场的施工。防洪堤现场加载照片见图 10。

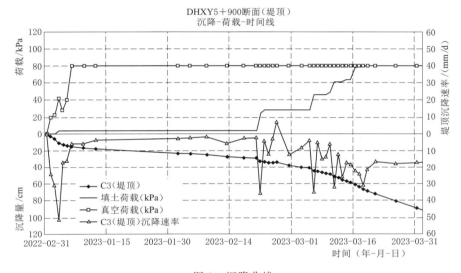

图 9　沉降曲线

图 10　防洪堤现场加载照片

3.2.3　检测

采用十字板剪切试验对 dhxy5＋900 进行地基土强度检测（图 11），十字板剪切试验点竖向间隔 1m 布置，试验深度 5～25m。检测结果显示，该断面处理前地基土不排水抗剪强度平均值为 13.6kPa，处理后地基土不排水抗剪强度平均值为 58.3kPa，地基处理效果较好，满足设计要求。

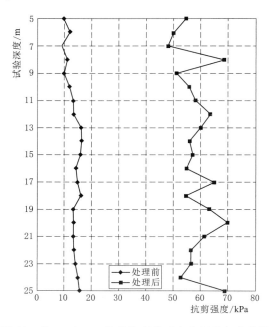

图 11　dhxy5＋900 地基处理前后十字板剪切曲线图

4　结语

经现场大量的工程实践应用证明，施工监测在软基处理施工中发挥着至关重要的作用，能进行工程预警，预判现场的潜在风险，减少工程损失，保证项目的顺利进行，结合检测数据，评价地基处理效果同时为类似工程提供现场经验，更好的完善设计。

参考文献

［1］　龚晓南. 地基处理手册［M］. 3 版. 北京：中国建筑工业出版社，2008.
［2］　吴昊旭. 谈软基处理过程监测及工程应用［J］. 山西建筑，2016，42（29）：73-74.
［3］　马丽珠. 真空联合堆载预压法软基处理监测结果分析［J］. 运输经理世界，2020，607（15）：43-44.
［4］　赵泽昕. 围海吹填路基处理和监测技术研究［D］. 汕头：汕头大学，2021.
［5］　李荆剑. 监测技术在塑料排水板结合堆载预压法软基处理中的应用［J］. 福建建材，2021（10）：18-20.
［6］　陈榕城. 浅谈软基处理过程监测及工程应用［J］. 科技创新与应用，2016（18）：235.
［7］　林晋辉. 真空预压在软基处理中的应用及处理效果检测技术［J］. 福建建材，2021（8）：71-73.
［8］　李伟. 软基夯实地基处理检测［J］. 中国水运（下半月），2023，23（2）：151-152.
［9］　杨爱侠. 软基处理技术在公路工程施工中的应用［J］. 交通世界，2021（18）：106-107.
［10］　姚保才. 高速公路施工中的软基处理技术［J］. 交通世界，2020（15）：26-27，31.
［11］　张凤海，徐明江，宋兵. 基于十字板剪切试验的软基处理效果评价研究［J］. 广州建筑，2019，47（3）：19-23.

堆载预压法处理深水软基筑堤工程分级填筑控制分析

张　浩[1]　杨　杰[1,2]　龚丽飞[1,2]　王岩峻[2]

（1. 南京水科院瑞迪科技集团有限公司，江苏南京　210029；
2. 南京水利科学研究院，江苏南京　210024）

摘　要：针对深水软基筑堤工程，堤身填筑期间整体稳定和运营期工后沉降是目前关注的重点问题。对工后沉降严格要求的筑堤工程，本文提出一种分级填筑控制流程。该流程考虑分级填筑工况下各分级平均固结度，为此，推导了能够计算分级固结度的公式。以工程实例对本文提出的控制流程进行验证，结果表明：堤身填筑期间安全稳定；数值模拟结果和现场实测沉降曲线基本一致，较好地控制运营期工后沉降；超静孔隙水压力数值模拟结果与理论计算值一致，本文提出的分级填筑控制流程能很好地满足工程要求。

关键词：深水软基筑堤；分级填筑；分级固结度；控制流程

引言

近年来，我国对陆域面积的需求越来越大，围海造地工程不断开展，沿海滩涂超软土地区堤防修筑工程大多采用排水固结法进行加固处理。其中，塑料排水板作为排水通道可以缩短排水路径，加速软土地基排水固结，有效增长下伏软土的有效应力，进而加快堤基的固结沉降。针对深水深厚软基筑堤工程，堤身填筑期间整体稳定性和运营期工后沉降是目前关注的重点问题，堤身填筑过快易引发稳定安全问题，填筑过慢影响效益。为合理控制堤身分级填筑计划、合理控制工后沉降，本文提出深水软基筑堤工程分级填筑控制流程，并推导了分级填筑工况下各分级平均固结度公式，为类似工程提供借鉴。

1　深水软基筑堤工程分级填筑控制流程

软土堤基的稳定和变形与上部堆荷加载速率和填筑高度密切相关。分级填筑前期，土层渗透系数较小，土体中孔隙水无法及时排出，此时发生的附加应力全部由孔隙水压力承担，土体开始产生超静孔隙水压力，此时如果上部加载速率过快、填筑厚度较大，堤防堤脚处软土堤基土可能发生侧向挤出，进而导致堤防失稳剪切破坏。因此，为确保堤防工程填筑过程安全稳定，要合理规划深水软基筑堤工程分级填筑加载计划，保证加载时间、静载时间和分级填筑平均固结度相适应。堤防工程分级填筑控制流程见图1。

作者简介：张浩（1997— ），男，陕西咸阳人，硕士，主要从事软基处理设计、科研。
基金项目：中央级公益性科研研究所基本科研业务费专项资金（Y323005）。

1.1 分级填筑加载时间

（1）施工难度：堤身填筑分为水上抛填和陆上抛填，根据项目大小合理选择船只器械，由船只器械容量、功率推算各级填筑加载时间。

（2）填筑厚度：已定加载速率、抛填方式不变的情况下，填筑厚度可直接推算各级填筑加载时间。

（3）压实度要求：分层填筑压实度要求不同的工程分级填筑加载时间不同。

1.2 分级填筑静载时间

分级填筑静载阶段主要表现为堤基超静孔隙水压力逐步消散、有效应力逐步增长、堤基发生固结沉降。现有规范未规定分级填筑固结度，为确保堤防分级加载稳定，减小堤基不均匀沉降，要求前一级加载超静孔隙水压力消散约50%，方可进行下一级加载。

（1）控制堤防工程分级填筑平均固结度不小于50%，方可进行下一级填筑。

（2）堤防工程最后一级加载完成后，静载时间应按照填筑平均固结度不小于80%考虑。

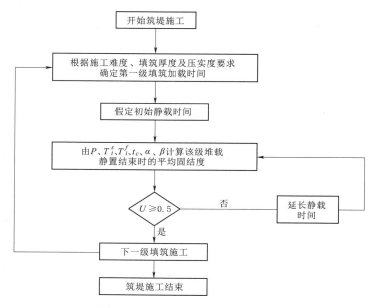

图 1 堤防工程分级填筑控制流程

2 筑堤工程分级填筑平均固结度

如图 2 所示，在大面积堆载压力作用下，产生的附加应力由孔隙水和土骨架共同承担，面积 bedb 表示时间为 t 时孔隙水分担的超静水压力 u 的分布，面积 abeca 表示由土骨架分担的有效应力 σ' 的分布；当 $t \rightarrow 0$ 时，附加应力全部由水承担，$t \rightarrow \infty$ 时，附加应力全部由土骨架承担，超静孔隙水压力随时间变化逐渐消散，待完全退散后沉降趋于稳定[4-6]。固结度可采用应力面积比的方式表示：

$$\overline{U}_t = \frac{s_t}{s_\infty} = \frac{\int \frac{\sigma'_z}{E_s}\mathrm{d}z}{\frac{p}{E_s}H} = \frac{\int \sigma'_z\mathrm{d}z}{pH} = \frac{pH - \int u_z\mathrm{d}z}{pH} = 1 - \frac{\int u_z\mathrm{d}z}{pH} = 1 - \alpha\mathrm{e}^{-\beta t} \tag{1}$$

式中：$\overline{U}_t$ 为 t 时刻地基的平均固结度，%；p、σ'_z、z 分别为附加应力、有效附加应力、超静孔隙水压力，kPa；s_t、s_∞ 分别为 t 时刻的沉降、最终沉降，m；H 为压缩土层的厚度，m。

α，β 为与排水条件有关的参数。

堆载预压法一般为多级等速加载条件，现行规范[7-8]关于平均固结度的计算方法一般采用改进高木俊介法或改进太沙基法，能够得到总荷载或总应力下的地基平均固结度。而针对分级填筑工况下各分级平均固结度的描述文献鲜有记载，本文拟采用积分的方法进行如下分析。

等速加载条件下，加载曲线为斜率为一常量的直线段，拟采用"阶梯化"方法进行处理，如图 3（a）所示，当每一阶梯段长度（Δt）趋于 0 时，将无限逼近为直线段。取其中前三级阶梯进行分析，如

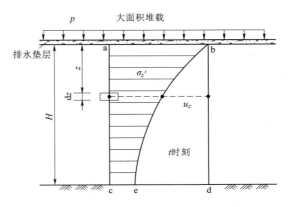

图 2　太沙基一维渗流固结过程示意图

图 3（b）所示，ΔP_i^1 加载的时间为（$\Delta t_i^1 + \Delta t_i^2 + \Delta t_i^3$），$\Delta P_i^2$ 加载的时间为（$\Delta t_i^2 + \Delta t_i^3$），$\Delta P_i^3$ 加载的时间为 Δt_i^3。

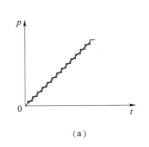

（a）

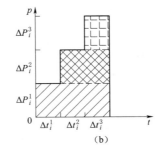

（b）

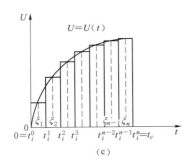

（c）

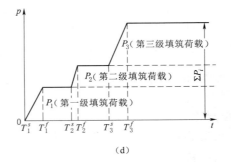

（d）

图 3　分级填筑平均固结度分析图

各分级堆载下的固结度可采用沉降比方式表示为

$$\overline{U}_t^i = \frac{s_t^i}{s_\infty^i} = \frac{s_t^i}{\dfrac{\sum P_i}{E_s}H} \tag{2}$$

$$s_t^i = U_{t(\Delta t_i^1 + \Delta t_i^2 + \Delta t_i^3 + \cdots + \Delta t_i^n)}^i \frac{\Delta P_i^1}{E_s}H + U_{t(\Delta t_i^2 + \Delta t_i^3 + \Delta t_i^4 + \cdots + \Delta t_i^n)}^i \frac{\Delta P_i^2}{E_s}H + U_{t(\Delta t_i^3 + \Delta t_i^4 + \Delta t_i^5 + \cdots + \Delta t_i^n)}^i \frac{\Delta P_i^3}{E_s}H$$

$$+ \cdots + U_{t(\Delta t_i^n)}^i \frac{\Delta P_i^n}{E_s}H \tag{3}$$

如图 3（c）所示，固结度与时间存在函数关系 $U = U(t)$，把 $[0, t_c]$ 分成 n 个小区间 $[t_i^0, t_i^1]$，$[t_i^1, t_i^2]$，$\cdots$，$[t_i^{n-1}, t_i^n]$，小区间长度依次为 $\Delta t_i^1 = t_i^1 - t_i^0$，$\Delta t_i^2 = t_i^2 - t_i^1$，$\cdots$，$\Delta t_i^n = t_i^n - t_i^{n-1}$。在每个小区间上任取一点 ξ_j，以 $[t_i^{j-1}, t_i^j]$ 为底、$U(\xi_j)$ 为高的窄矩形近似替代第 j 个窄曲边梯形，窄曲边矩形面积之和作为曲边梯形面积的近似值，因此式（3）可写为

$$s_t^i = \frac{H}{E_s}\left[\Delta P U_{t(t_i^n)}^i + \Delta P U_{t(t_i^{n-1})}^i \cdots + \Delta P U_{t(t_i^1)}^i + \Delta P U_{t(t_i^0)}^i\right] = \frac{H}{E_s}\frac{\Delta P}{\Delta t}\Delta t_j\left(U_{t(0)}^i + \cdots + U_{t(t_c)}^i\right)$$

$$= \frac{H}{E_s}\frac{\Delta P}{\Delta t}\lim_{\lambda \to 0}\sum_{j=1}^n U_t^i(\xi_j)\Delta t_j = \frac{H}{E_s}\frac{\Delta P}{\Delta t}\int_0^{t_c} U(t)\,\mathrm{d}t \tag{4}$$

其中 $\lambda = \max\{\Delta t_i^1, \Delta t_i^2, \cdots, \Delta t_i^n\}$，得到一级等速加载条件下的平均固结度：

$$\overline{U}_t^1 = \frac{s_t^1}{s_\infty^1} = \frac{s_t^1}{\dfrac{P_1}{E_s}H} = \frac{\dfrac{H}{E_s}\dfrac{\Delta P}{\Delta t}\displaystyle\int_{t_c - T_1^f}^{t_c - T_1^s} U(t)\,\mathrm{d}t}{\dfrac{P_1}{E_s}H} = \frac{\dfrac{\Delta P}{\Delta t}\displaystyle\int_{t_c - T_1^f}^{t_c - T_1^s} U(t)\,\mathrm{d}t}{P_1} \tag{5}$$

分级填筑工况下各分级平均固结度可表示为

$$\overline{U}_t^i = \frac{s_t^i}{s_\infty^i} = \frac{s_t^i}{\dfrac{\sum P_i}{E_s}H} = \frac{\dfrac{H}{E_s}\displaystyle\sum\frac{\Delta P}{\Delta t}\int_{t_c - T_i^f}^{t_c - T_i^s} U(t)\,\mathrm{d}t}{\dfrac{\sum P_i}{E_s}H} = \frac{\displaystyle\sum\frac{\Delta P}{\Delta t}\int_{t_c - T_i^f}^{t_c - T_i^s} U(t)\,\mathrm{d}t}{\sum P_i} \tag{6}$$

式中：T_i^s，T_i^f 分别为第 i 级荷载加载的开始和结束时间，d；t_c 为固结度计算时间，d；ΔP_i^1、ΔP_i^2、ΔP_i^3、ΔP_i^n、Δt_i^1、Δt_i^2、Δt_i^3、Δt_i^n 分别为第 i 级堆载的荷载和时间增量。P_i 为第 i 级预压荷载，kPa；E_s 为地基土的压缩模量，MPa。

3　工程案例应用

3.1　工程概述

我国东南沿海地区某围海造地工程围堤长度 1.04km，堤防等级为 2 级，堤型采用斜坡式。围堤堤基为深厚软土，软基厚度一般在 8.5～22.6m。滩地现状高程较低，平均高程 -4.5m，最低高程 -6.22m，平均高潮位 3.79m，平均低潮位 -3.48m，最大水深超

过 11.0m。堤顶设计高程为 5.2m，筑堤填方高度约 10m。软弱堤基处理采用堆载预压法，塑料排水板打设采用梅花形布置，间距 1.3m，深度以穿透淤泥等软土层为准，堤基处理典型断面见图 4。

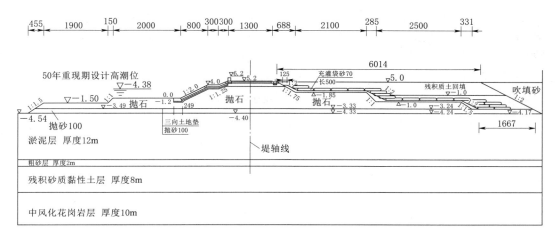

图 4　围堤典型断面图

3.2　分级填筑计划安排及土层特性参数

根据第 1 章节关于深水软基筑堤工程分级填筑控制流程的分析，本项目斜坡式堤依据戗台布置分为 4 级堆载，各级填筑高程分别为 −1.00m、1.85m、3.60m、5.20m。各级填筑加载时间根据施工难度、填筑厚度、压实度要求等因素进行确定，静载时间应满足分级固结度要求。表 1 给出了本项目堤基软土的渗流固结特性参数，考虑竖向和径向排水固结的方式，得到与排水条件有关的参数 α，β。表 2 为满足固结度要求的分级加载计划，其中分级填筑固结度由式（6）计算。

表 1　　　　　　　　　　　堤基软土层渗流固结特性参数

项	固结系数（×10⁻⁴）		渗透系数（×10⁻⁶）		H/m	q_w /(cm³/s)	n	F_n	α	β/(1/d)
	C_v/(cm²/s)	C_h/(cm²/s)	k_h/(cm/s)	k_v/(cm/s)						
值	3.90	4.57	0.437	0.288	22	25	20.6	2.28	0.811	0.0074

表 2　　　　　　　　　　　满足固结度要求的分级加载计划

加载级数	加载厚度 /m	加荷量 /kPa	加载开始 时间/d	加载时间 /d	静载时间 /d	静载结束时堤 基固结度	备 注
第 1 级	2.25	22.5	0	45	40	0.500	
第 2 级	2.85	37.0	85	25	30	0.506	固结度计算方法：式（6）
第 3 级	1.75	35.0	140	15	20	0.516	$\alpha = 0.811$
第 4 级	1.60	32.0	175	15	130	0.803	$\beta = 0.0074$
合计	8.45	126.5	320	/	/	/	

4　案例应用效果分析

4.1　土体计算参数

依据不同土层特性选取合适的材料本构模型。淤泥层采用软土蠕变模型（SSC），该模型是基于黏塑性理论框架的二阶模型，可用于模拟软土的时间相关特性，模型包括主固结和次固结，能够较好的反映软土蠕变特性[9-10]。砂土采用硬化土（HSS）模型，其余土层采用摩尔库仑（MC）本构模型。各土层计算特征参数见表3。

表3　　　　　　　　　　　数值模型各土层特性参数

项目	单位	淤泥	粗砂	残积砂质黏性土	中风化花岗岩	砂垫层	堤身抛石
材料模型		软土蠕变	硬化土	莫尔库仑	莫尔库仑	硬化土	莫尔库仑
γ_{unsat}	kN/m³	16.0	19.5	19.4	20.5	19.5	25.0
γ_{sat}	kN/m³	16.2	19.8	19.5	21.4	19.8	25.5
E_{50}^{ref}	kPa	—	3.50×10^4	—	—	3.50×10^4	—
E_{red}^{ref}	kPa	—	3.50×10^4	—	—	3.50×10^4	—
E_{ur}^{ref}	kPa	—	1.05×10^5	—	—	1.05×10^5	—
E	kPa	—	—	2310	3500	—	3000
υ		0.25	0.20	0.20	0.18	0.2	0.15
λ^*		4.12×10^{-2}	—	—	—	—	—
k^*		5.20×10^{-3}	—	—	—	—	—
φ'	(°)	8.7	28.0	19.5	13.8	28.0	40.0
c'	kPa	6.6	0.5	23.4	22.4	0.5	0.5
k_h	m/d	3.782×10^{-4}	0.864	2.943×10^{-3}	3.253×10^{-3}	0.864	8.640
k_v	m/d	2.488×10^{-4}	0.864	1.471×10^{-3}	2.169×10^{-3}	0.864	8.640

4.2　分级填筑断面稳定分析

4.2.1　分级填筑强度增长分析

目前常见的强度增长公式主要分为两种[11-16]：有效应力法和有效固结压力法。有效应力法是基于有效应力增量和有效应力强度指标的计算方法[12]，有效固结压力法是基于有效固结压力增量和总应力强度指标的计算方法[13]。针对堆载预压筑堤工程，涂园[15]认为不等向固结而形成的天然土体，在不等向荷载作用下继续固结，有效固结压力法求解的是预压地基土的不排水抗剪强度，因此计算堆载预压荷载下饱和黏性土地基中某点的抗剪强度时，可采用有效固结压力法，计算公式见式（7）。

$$\Delta\tau = U_t \Delta\sigma_1' \tan\varphi_{cu} \tag{7}$$

式中：U_t 为 t 时刻地基土的固结度，%；φ_{cu} 为三轴固结不排水压缩试验求得的土的内摩擦角，（°）；$\Delta\tau$ 为预压处理引起的强度增量，kPa；$\Delta\sigma_1'$ 为预压处理引起的有效固结应力增量，kPa。

4.2.2　堤防断面稳定性分析

依据软土渗流固结理论，考虑堤基软土在施工过程中的强度增长情况，判别各级筑堤施工下的整体稳定性。堤基软土强度增长情况见表4。计算模型按照设计断面图纸尺寸进行建立，堤基土层依据地质剖面图划分。

表4　　　　　　　　　　　　　数值模型各土层特性参数

加载级数	有效固结应力/kPa	静载结束时堤基固结度	强度增量/kPa	增长后强度/kPa	稳定安全系数计算值	备　注
第1级	22.5	0.500	1.72	13.67	1.359	三轴固结不排水试验：有效黏聚力 $c'=6.6\text{kPa}$，有效内摩擦角 $\varphi'=8.7°$，地基土天然抗剪强度 $\tau=11.95\text{kPa}$
第2级	37.0	0.506	4.60	16.56	1.216	
第3级	35.0	0.516	7.46	19.41	1.238	
第4级	32.0	0.803	15.54	27.49	1.413/2.269	

稳定计算方法采用瑞典圆弧法，各级筑堤工况下的稳定计算简图见图5。文献 [17] 要求，海堤整体抗滑稳定计算分为正常运用情况和非常运用情况，非常运用情况外潮位降至 −3.50m，内港控制最高水位0.99m，计算临海坡工况，安全系数控制值为1.10；正常运用情况外潮位升至4.58m，计算背海坡工况，安全系数控制值为1.20。由图5可以看出，各级堆载下的稳定安全系数均满足规范要求。

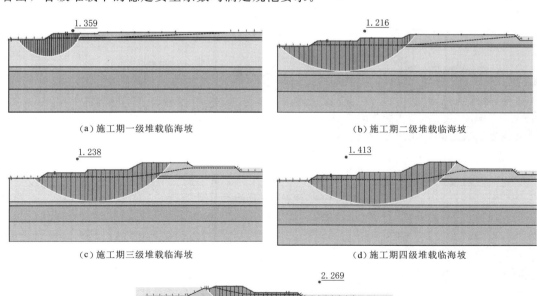

（a）施工期一级堆载临海坡　　　　　　　　（b）施工期二级堆载临海坡

（c）施工期三级堆载临海坡　　　　　　　　（d）施工期四级堆载临海坡

（e）运行期四级堆载背海坡

图5　稳定计算结果简图

4.3 分级填筑变形分析

数值模型依据围堤典型断面建立，网格剖分精度为超细，计算单元采用 15 节点三角形单元，共生成 10784 个单元，87161 个节点，如图 6 所示。土层参数见表 4，分级填筑变形计算结果见图 7～图 9。

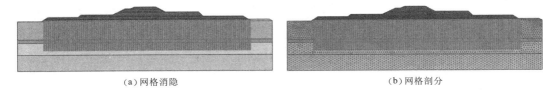

（a）网格消隐   （b）网格剖分

图 6　数值计算网格剖分图

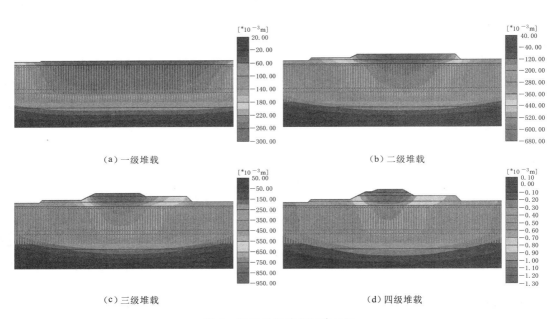

（a）一级堆载   （b）二级堆载

（c）三级堆载   （d）四级堆载

图 7　堤防分级填筑沉降云图

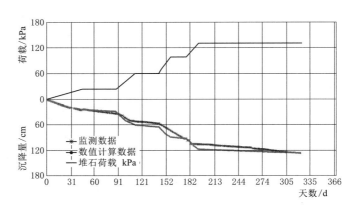

图 8　沉降—荷载—时间曲线

由数值计算云图可知，一级堆载完成后，堤基最大沉降0.283m；二级堆载完成后，堤基最大沉降0.646m；三级堆载完成后，堤基最大沉降0.916m；四级堆载完成后，堤基最大沉降1.262m。与现场监测值相比，第一级填筑两者沉降数值相近，二、三级填筑时数值计算结果略大，四级填筑完成后数值计算结果趋于平稳，监测数据仍有部分残余沉降，但两者的最终沉降量相近。数值计算曲线与现场监测曲线均表明沉降趋于稳定，工后沉降较小。图9给出了数值计算分级堆载过程中堤基软土的超静孔隙水

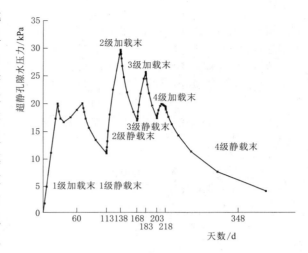

图9　超静孔隙水压力分布

压力曲线，加载期间超静孔压持续增长，静载期间超静孔压逐渐消散，静载期间超静孔压消散值约为加载期间超静孔压增长值得50%，与理论计算值一致，说明本文提出的分级填筑控制流程能很好地满足工程要求。

5　结论

本文主要针对堆载预压筑堤工程存在的滑移失稳、不均匀沉降等问题，提出了适用于深水软基筑堤工程的分级填筑控制流程。堤身填筑整体稳定问题考虑分级采用有效固结压力法计算堤基软土强度增长，瑞典圆弧法计算施工期和运行期的整体稳定。推导了分级填筑固结度计算公式，分级填筑控制流程同时满足滑移稳定和固结度的要求。结合工程案例，验证了深水软基筑堤工程分级填筑控制流程基本满足工程要求。

参考文献

[1]　江炳茂，黄东海，蒋基安. 软基围海工程中的袋装砂围堤边坡稳定影响分析 [J]. 水运工程，2010，441（5）：41-46.

[2]　陈凌伟. 软基上砂袋围堰的变形与失稳模式研究 [D]. 广州：华南理工大学，2016：13-26.

[3]　施斌林，张浩. 某互通软基病害分析及处理方案研究 [J]. 现代交通与冶金材料，2021，1（5）：12-18.

[4]　张振，米占宽，朱群峰，等. 考虑排水板土柱效应的软土地基固结特性研究 [J]. 水利水运工程学报，2023，198（2）：70-79.

[5]　雷国辉，许波，张旭东. 堆载预压径竖向固结等体积应变解答 [J]. 岩土工程学报，2013，35（1）：76-84.

[6]　李广信，张丙印，于玉贞. 土力学 [M]. 3版. 北京：清华大学出版社，2022：160-173.

[7]　中国建筑科学研究院. 建筑地基处理技术规范：JGJ 79—2012 [S]. 北京：中国建筑工业出版社，2013.

[8]　中交天津港湾工程研究院有限公司. 水运工程地基设计规范：JTS 147—2017 [S]. 北京：人民

交通出版社，2018.

[9] 杨帆. 浙江省软黏土次固结特性及沉降预测研究 [D]. 杭州：浙江大学，2019：13-26.

[10] 张茂诚. 有机质含量对泥炭土地基沉降影响研究 [D]. 广州：华南理工大学，2021：20-21.

[11] 娄炎. 杭州湾跨海大桥南岸接线深厚软基沉降控制技术 [M]. 北京：人民交通出版社，2010.

[12] 曾国熙，王铁儒，顾尧章. 砂井地基的若干问题 [J]. 岩土工程学报，1981，3 (3)：74-81.

[13] 沈珠江. 软土工程特性和软土地基设计 [J]. 岩土工程学报，1998，20 (1)：100-111.

[14] 齐永正，赵维炳. 排水固结加固软基强度增长理论研究 [J]. 水利水运工程学报，2008 (2)：78-83.

[15] 涂园，王奎华，周建，等. 有效应力法和有效固结应力法在预压地基强度计算中的应用 [J]. 岩土力学，2020，41 (2)：645-654.

[16] 王坤，林佑高. 预压法引起的土体强度增长 [J]. 中国港湾建设，2013 (5)：5-7.

[17] 水利部水利水电规划设计总院. 海堤工程设计规范：GB/T 51015—2014 [S]. 北京：中国计划出版社，2015.

波浪荷载、动水压力及交通荷载耦合作用下滨海路基稳定性研究

张留俊[1,2]　葛　伟[2]　刘绍伟[2]

(1. 中交第一公路勘察设计研究院有限公司，陕西省公路交通防灾减灾重点实验室，
陕西西安　710075；

2. 长安大学　公路学院，陕西西安　710064)

摘　要： 为了研究波浪荷载、动水压力及交通荷载耦合作用对滨海路基稳定性的影响，采用数值模拟的方法对滨海路基渗流场和位移场的变化规律进行了分析，并采用强度折减法对路基的稳定性进行了评价。结果表明：滨海路基的稳定性在涨潮期开始下降，平潮期有所回升，退潮期降至最低。波浪荷载和动水压力对路基稳定性影响较大，交通荷载的影响相对较小，但其加速了路基失稳时的滑动速度。

关键词： 滨海路基；荷载耦合；数值模拟；稳定性分析

1　引言

滨海公路一般沿海岸线建设，由于其特殊的地理环境，在运营过程中长期遭受潮水侵袭及交通荷载的作用，有可能发生流土或管涌等灾害，造成路基边坡滑移坍塌，危及行车安全，因此，滨海路基的稳定性是滨海公路建设中值得关注的重要问题。

目前，对于一般公路路基在无水条件下的稳定性分析方法已较为成熟[10]，但是对于浸水路基，尤其是受潮水反复升降影响的滨海路基的稳定性分析方法及有关计算参数取值还有待进一步研究。郑颖人等[3] 基于非稳定渗流微分方程，推导了水位下降时浸润线和渗透力的计算公式，并指出坡体总高度的下 1/3～1/4 处为稳定性最不利的水位。刘才华等[4] 采用传递系数法对边坡的稳定性进行了计算，结果表明在蓄水过程中安全系数呈现先减小后增大的趋势。蔡沛辰等[5] 基于流固耦合理论，通过强度折减法对不同潮位滨海路基的滑移量和破坏机理进行了研究。曹金春等[6] 对沿河路堤在不同水位条件下的边坡位移、滑动面分布和安全系数变化规律进行了分析。戚胜辉等[7] 采用现场调研结合数值模拟的方法，对库区高速公路的稳定性进行了分析，结果表明在水位上升或下降时，坡体的安全系数均出现先下降后上升的特点。王孟超等[8] 分析了库区水位变动引起路基内渗流场的变化规律，指出坡内浸润线滞后于水位降落速度是

作者简介： 张留俊（1962—　），男，河南滑县人，博士，正高级工程师，主要从事公路路基与特殊地基处理研究。

基金项目： 国家重点研发计划（2021YFB2600103、2016YFC0802203），中国工程建设标准化协会标准制订、修订项目（2020－1－10）。

导致路基失稳的主要原因。

以上研究分析计算中，均涉及确定浸润线的位置和渗透力的大小，但由于受到渗透系数、潮位变动等因素的影响，准确确定某时刻路基内浸润线的位置和渗透力的大小难度较大，自然就影响到分析计算结果的可靠性。鉴于此，本文以某疏港公路工程为依托，基于强度折减理论建立数值分析模型，采用 Abaqus 软件进行数值仿真，直观展示滨海路基渗流场、位移场的变化规律，探究滨海路基在波浪荷载、动水压力及交通荷载作用下的稳定性演化过程，为滨海路基的稳定性分析提供借鉴。

2 模型建立

2.1 有限元强度折减法

强度折减法的基本原理是对岩土体材料的内摩擦角和黏聚力两个参数不断进行折减，直至坡体达到极限破坏状态，从而计算得到坡体滑动面位置和安全系数。由于潮位升降造成路基填料反复经历干湿循环，而干湿循环又会对填料强度产生劣化作用，使其内摩擦角和黏聚力出现不可逆转的降低，因此采用有限元强度折减法对滨海路基的稳定性进行分析是适宜的。折减之后的强度可按式（1）、式（2）计算[9]。

$$c = c_0/F \tag{1}$$

$$\phi = \arctan(\tan\phi_0/F) \tag{2}$$

式中：c、c_0 分别为折减之后和折减之前的黏聚力，kPa；ϕ、ϕ_0 分别为折减之后和折减之前的摩擦角，（°）；F 为折减系数。

通常坡体各部分的位移是逐渐累积的，如果坡体特征部位某点的位移发生突变，说明该处已经出现较大的变形，坡体的整体破坏直观表现为滑体的无限移动，因此本文采用特征点位移突变作为判断路基失稳（达到临界破坏状态）的依据。

2.2 计算模型构建

根据依托工程设计资料，公路技术等级为二级，路基宽度 12m，路基中部消浪平台宽度 5m，路基结构见图 1，在 Abaqus 中建立的三维路基模型见图 2，其中地基深度方向（Y 方向）、路基长度方向（Z 方向）各取 10m，路基坡脚两侧（X 方向）各取 10m。路基各结构层材料参数见表 1，其来源于设计资料和参考文献[10-12]。此外，工程所处海域属于非正规半日潮，潮水涨落历时最大相差 2h，平均涨落历时 5h 左右，50 年一遇高潮位（设计潮位）为 5.31m，波高 $H_{1\%}$ 为 4.86m，波长 L 为 69.65m。

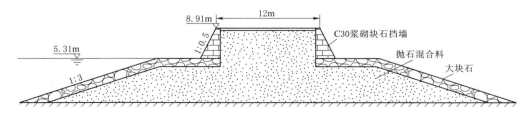

图 1　路基结构图

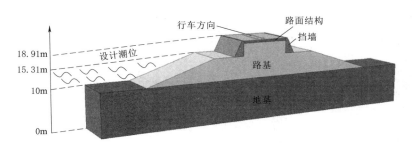

图 2　三维路基模型

表 1　　　　　　　　　　　　　各 结 构 层 材 料 参 数

结构层	材　　料	厚度/m	弹性模量/MPa	泊松比	内摩擦角/(°)	黏聚力/kPa	密度/(t/m³)	渗透系数/(m/s)
面层	沥青混凝土	0.15	1400	0.25	—	—	2.4	—
基层	水泥稳定碎石	0.20	1200	0.25	—	—	2.2	—
底基层	水泥稳定碎石	0.25	1200	0.25	—	—	2.2	—
路基	抛石混合料	8.31	200	0.20	40	5	2.0	5×10^{-4}
地基	淤泥（处理区）	10	30	0.30	10	12	1.7	2×10^{-7}
挡墙	浆砌块石	—	22000	0.20	—	—	2.4	—

2.3　基本假定及边界条件

2.3.1　基本假定

（1）各结构层材料为均质、连续、各向同性，路面结构层材料符合线弹性模型本构关系，路基及地基结构层材料采用摩尔库伦本构模型。

（2）路面各结构层接触面上的应力、应变连续变化且不发生相对分离。

（3）水在路基中的渗流符合达西定律，在潮位升降及荷载移动过程中，各结构层材料的弹塑性参数保持不变。

2.3.2　边界条件

（1）在 X 方向，路基边坡为自由面，地基两侧的位移和转角被完全约束。

（2）在 Y 方向，路面为自由面，底面的位移和转角被完全约束。

（3）在 Z 方向，路基横断面的位移和转角被完全约束。

3　结果分析

以 10 次潮水涨落和 10 次交通荷载组合为例，不断增大折减系数，直至路基达到临界破坏状态，分析在此过程中波浪荷载、动水压力以及交通荷载对路基稳定性的影响；其中，涨潮、退潮历时 5h，平潮历时 2h。波浪荷载参考《海堤工程设计规范》[13] 中波压力分布图（图 3）计算，计算出坡面上各特征点波压力（图 4），再采用分段三次样条插值拟合得到波压力计算公式（3）。

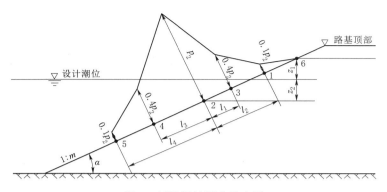

图 3　斜坡堤波压力分布图

$$P=\begin{cases}14.14\times(x-11.39)^2-4.89\times(x-11.39)+9.6, & x\in(11.39,13)\\14.14\times(x-13)^2+40.65\times(x-13)+38.39, & x\in(13,14.04)\\60.85\times(x-14.04)^2-145.28\times(x-14.04)+95.97, & x\in(14.04,14.53)\\60.85\times(x-14.53)^2-85.65\times(x-14.53)+38.39, & x\in(14.53,15.31)\end{cases}\quad(3)$$

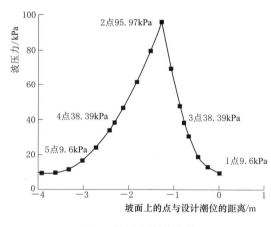

图 4　波压力拟合曲线

图 3 中点 6 为波浪爬升的理论最高点，该处波压力为 0kPa；根据计算，点 1 的波压力为 9.6kPa，作用位置与设计潮位基本持平。由于依托工程采用组合式路基，设计潮位以上设置有 5m 宽的平台，该平台对波浪爬升和波浪荷载起到极大的削弱作用，加之点 1 位置波压力较小，故式（3）中未考虑设计潮位以上的波压力。

车辆荷载选用移动简谐荷载模型，根据《公路沥青路面设计规范》[14] 采用轴重为 100kN 的单轴－双轮轴载作为设计轴载，通过开发 Dload 子程序在 Abaqus 中施加。考虑到二级公路标准，车速设定 36km/h，两车轮间距取为 1.8m，荷载面积简化为当量的矩形荷载，取为 $0.3\times0.25m^2$；荷载大小为 $p=700+0.6\sin(6.7\pi t)$，荷载单位为 kPa。

3.1　渗流场分析

10 次潮水涨落后的孔隙水压力云图及流速云图见图 5。为方便查看浸润面位置，在后处理时，将孔压为小于 0 的部分用灰色显示。

从图 5 可以看出，涨潮期与平潮期的孔压分布基本一致，迎海侧孔隙水压力大于背海侧，浸润线由设计潮位指向背海侧坡脚，存在一定的滞后效应。退潮期孔压云图发生明显变化，浸润线由凹向背海侧转为凸向两侧的曲线。在涨潮期和平潮期渗流方向由迎海侧指向背海侧，而退潮期为指向两侧的渗流，且两侧坡脚的流速较大，在退潮结束后路基内仍存在部分饱和区域，说明渗入的海水在涨落周期内无法完全排出。

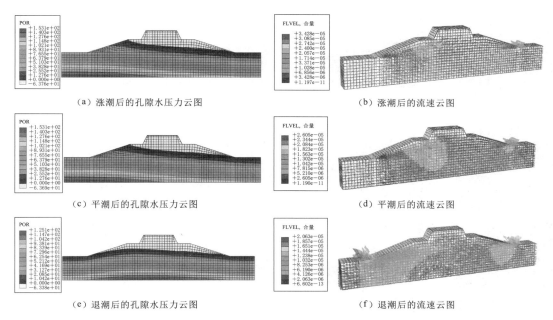

（a）涨潮后的孔隙水压力云图　　　　　　　　　　（b）涨潮后的流速云图

（c）平潮后的孔隙水压力云图　　　　　　　　　　（d）平潮后的流速云图

（e）退潮后的孔隙水压力云图　　　　　　　　　　（f）退潮后的流速云图

图 5　孔隙水压力及流速云图

孔隙水压力沿路基底面宽度方向上的分布曲线见图 6，从该图可以看出，涨潮期与平潮期孔压自迎海侧向背海侧逐渐减小，平潮期各点的孔压相对于涨潮期有所上升，最大孔压均发生在设计潮位处，为 53.1kPa。退潮后孔压分布表现为中间大两侧小，最大孔压为 28.9kPa，沿路基底面宽度方向上各点的孔压均小于涨潮期和平潮期，孔压变化最大部分发生在迎海侧，迎海侧出现较大的水头差，海水在退潮期由流入转变为流出。

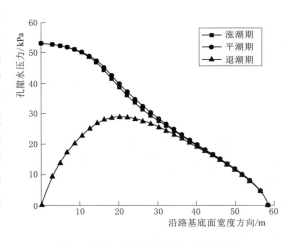

图 6　孔隙水压力沿路基底面宽度方向上的分布曲线

3.2　位移场分析

10 次潮水涨落与交通荷载组合后路基的水平位移云图见图 7。

从水平位移云图可以看出，在涨潮期和平潮期路基出现整体向背海侧推移的趋势，迎海侧位移大于背海侧，最大位移发生在设计潮位以下 1m 位置，这与波压力分布基本相同。涨潮期最大水平位移为 5.5mm，平潮期最大水平位移为 4.3mm，略小于涨潮期，说明随着潮位的稳定，路基处于一个相对平稳的状态。在退潮后，由于迎海侧存在较大的水头差，在动水压力作用下产生较大的水平向变形，尤其是坡脚附近发生较大的集中渗流，最大水平位移达到 6.2mm。交通荷载在涨潮期和平潮期减小了迎海侧的水平位移，在退潮期增大了迎海侧的水平位移，在整个涨落周期内对于背海侧均起到增大作用，但是受到

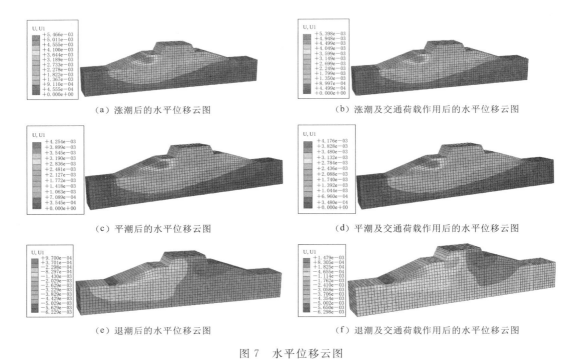

图 7　水平位移云图

路基宽度和高度影响，其对水平位移改变量的影响较小，改变幅度约为 1.5%。

3.3　稳定性评价

采用强度折减法对滨海路基进行稳定性评价，其失稳时刻的等效塑性云图见图 8。

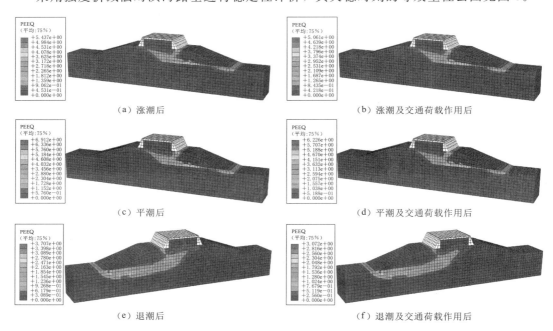

图 8　路基失稳时的等效塑性云图

从路基失稳时的等效塑性云图可以看出，在涨潮期和平潮期，路基失稳时的滑移面出现在背海侧，自背海侧坡脚向路基上部贯通，退潮期路基失稳时的滑移面出现在迎海侧，自迎海侧坡脚向路基上部贯通，并且退潮期路基内塑性区面积进一步扩大，说明在退潮期路基失稳时滑动破坏的程度更加剧烈。施加交通荷载后各工况的塑性区范围变化不明显。以坡脚位移突变作为稳定性评价标准，由此确定的安全系数见图9。

由图9所示的结果可知，涨潮期路基的安全系数为1.78，平潮期路基的安全系数为1.84，退潮期路基的安全系数为1.65，相比于初始状态安全系数2.05，分别降低了13.2%、10.2%和19.5%，说明路基的稳定性表现为涨潮期开始下降，平潮期有所回升，退潮期降至最低。

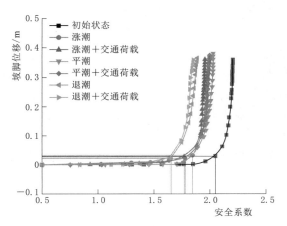

图9　强度折减法确定的安全系数

施加交通荷载后，路基的安全系数变化并不明显，分别为1.77、1.84、1.64，但是失稳后的曲线更陡，表明交通荷载加速了路基失稳时的滑动速度。

3.4　滨海路基失稳机理

通过对10次潮位涨落及交通荷载共同作用下路基渗流场、位移场及安全系数的分析可知，滨海路基失稳主要受到波浪荷载和动水压力的影响，低频次的交通荷载对路基稳定性的影响较小。

在涨潮期，随着潮位的上升，路基两侧产生较大的水头差，形成指向背海侧的动水压力，同时由于正向波压力作用于迎海侧，导致路基出现整体向背海侧推移的趋势，故路基的稳定性开始下降，并且滑移面出现在背海侧。在平潮期，随着迎海侧潮位的逐渐稳定，波浪荷载转变为静水压力，其强度远小于波浪荷载，路基内部孔隙水压力逐渐增大，两侧水头差有所减小，形成较为稳定的渗流，其稳定性相比于涨潮期有所增加。在退潮期，随着迎海侧潮位的下降，静水压力迅速减小，相当于卸载作用，迎海侧坡体出现回弹现象，同时，路基外海水的下降速度远大于内部水的渗流速度，迎海侧产生较大的水头差，故路基的稳定性出现较大幅度的下降，且滑移面出现在迎海侧。

4　结语

（1）涨潮期和平潮期路基内渗流场的分布大致相同，渗流方向由迎海侧指向背海侧，迎海侧水头高于背海侧，路基内浸润面存在一定的滞后效应，流速较大部位位于设计潮位及背海侧坡脚处，平潮期路基内的渗流区域进一步扩大，但流速有所降低。退潮时渗流方向指向两侧坡面，同时路基内浸润面变为凸向两侧的曲线，渗流区域集中在迎海侧，两侧坡脚的流速均较大，且迎海侧坡脚流速大于背海侧。

（2）涨潮期与平潮期路基出现整体向背海侧推移的趋势，受到波压力的影响，迎海侧坡面水平位移均表现为先增大后减小的趋势，10次涨潮后最大水平位移约为5.5mm。背海侧水平位移自坡脚向上逐渐增大，且背海侧水平位移小于迎海侧，平潮期的水平位移整体小于涨潮期。退潮期由于卸载及动水压力作用，路基出现整体回弹现象，迎海侧以负向水平位移为主，坡脚位置最大，10次退潮后约为6.2mm。

（3）滨海路基稳定性受波浪荷载和动水压力的影响较大，低频次的交通荷载对稳定性的影响较小。滨海路基稳定性在涨潮期开始下降，平潮期有所回升，退潮期降至最低。10次潮位涨落后，各工况下路基的安全系数相比于初始状态分别降低13.2%、10.2%和19.5%，退潮期时路基处于最危险状态。路基失稳时的滑移面在涨潮期和平潮期出现在背海侧，退潮期出现在迎海侧，故应加强迎海侧的坡面防护。

（4）鉴于依托工程条件所限，未能对路基稳定性进行现场监测以验证数值模拟的结果，后续可结合有关工程对其开展进一步研究。

参考文献

［1］ JTG D30—2015，公路路基设计规范［S］. 北京：人民交通出版社股份有限公司，2015.
［2］ 时卫民，郑颖人. 库水位下降情况下滑坡的稳定性分析［J］. 水利学报，2004（3）：76-80.
［3］ 郑颖人，时卫民，孔位学. 库水位下降时渗透力及地下水浸润线的计算［J］. 岩石力学与工程学报，2004，23（18）：3203-3210.
［4］ 刘才华，陈从新，冯夏庭. 库水位上升诱发边坡失稳机理研究［J］. 岩土力学，2005，26（5）：769-773.
［5］ 蔡沛辰，阙云，马怀森. 福州长乐滨海路堤边坡渗流稳定性数值研究［J］. 公路，2021（11）：27-31.
［6］ 曹金春，孟令峰，张本科. 强降雨作用下沿河路堤滑坡失稳机理研究［J］. 土工基础，2021，35（4）：472-475.
［7］ 戚胜辉，詹伟达，赵亚婉等. 库区水位变化条件下高速公路路基高边坡稳定性分析［J］. 公路，2022（5）：106-111.
［8］ 王孟超，高秦，曹骏驹. 基于流固耦合作用的库区高速公路岸坡稳定性分析［J］. 中外公路，2020，40（S2）：50-54.
［9］ 郑颖人. 岩土数值极限分析方法的发展与应用［J］. 岩石力学与工程学报，2012，31（7）：1297-1316.
［10］ 潘晓东，叶剑，邹胜勇，王勇. 疏港公路抛石路堤软土地基沉降分析研究［J］. 浙江工业大学学报，2013，41（4）：464-467，472.
［11］ 叶飞. 海堤工后地基沉降和稳定性分析［J］. 中国水运（下半月），2022，22（3）：74-76.
［12］ 梁燕，李同录，李家春，李培. 影响浸水高土石路堤稳定性因素的正交试验研究［J］. 公路，2014，59（11）：31-35.
［13］ GB/T 51015—2014，海堤工程设计规范［S］. 北京：中国计划出版社，2014.
［14］ JTG D50—2017，公路沥青路面设计规范［S］. 北京：人民交通出版社股份有限公司，2017.

生态绿化混凝土现浇护坡技术在河道治理中的应用

王海鹏[1,2]　周　丹[2]　杨建贵[3]　孙　猛[4]

(1. 水利部交通运输部国家能源局南京水利科学研究院，江苏南京　210029；

2. 南京水科院瑞迪科技集团有限公司，江苏南京　210029；

3. 南京市三汊河河口闸管理处，江苏南京　210036；

4. 江苏省灌溉总渠管理处，江苏淮安　223211)

摘　要：生态绿化混凝土现浇护坡技术作为一种新型的护坡技术，在河道治理环境提升方面有着传统混凝土护坡技术无可比拟的优势。本文从生态绿化混凝土内部结构特征的角度出发，介绍了该项技术的材料基本结构；通过工程实例应用，总结了施工工艺流程，并结合有限元分析计算，验证边坡安全稳定性。项目实施前后效果对比分析结果显示，生态绿化混凝土现浇护坡技术在保证工程安全性的同时，兼顾了环境生态提升需求，具有十分广阔的应用前景。

关键词：生态绿化混凝土；护坡；施工工艺；有限元分析；安全稳定

1　引言

混凝土护坡技术是保护边坡安全的重要工程措施之一，在河道、市政、交通等行业有着广泛的应用。传统的混凝土护坡在保持岸坡的结构稳定、防止水土流失以及防洪排涝等方面起到了一定的作用，但是对周边生态环境影响考虑较少，不能与周边的环境、景观形成良好的互动效果[1-3]。这与现代社会注重人与社会、环境的和谐发展目标不一致，与现代城市追求建立自然和谐的生态景观需求背道而驰。生态绿化混凝土护坡技术在保证岸坡安全稳定性的同时，可以很好地解决这一矛盾，维持了岸坡生物多样性，保护和改善了生态环境，促进了生态绿色工程建设发展[4-6]。

2　基本结构原理

生态绿化混凝土主要由碎石作为骨料、水泥作为胶凝材料，通过加入水和特制添加剂拌制，内部形成一种以骨料为支撑的无砂结构。粗骨料通过胶凝材料的作用相互靠拢形成骨架，形成了多孔相互连通的孔隙构造，构成骨架-孔隙结构，以满足植物根系生长及透水的要求。

生态绿化混凝土结构中可将骨料称为固相，胶结材浆体称为液相，孔隙称为气相。骨料和胶凝材料的填充结构依据固相、液相和气相的结构特点可以划分为 5 种域填充形

作者简介：王海鹏（1980—　），男，江苏泰兴人，高级工程师，一级注册建造师，硕士，主要从事水利工程、岩土工程相关的科学研究、技术开发、项目管理。

基金项目：江苏省水利科技项目（2016036）；中央级公益性科研院所基本科研业务费专项资金项目（Y416014）。

式[1]，即 Slurry 域、Capillary 域、Funicular 域、Pendular 域，具体填充形式见表 1。生态绿化混凝土三相结构主要是分布于在 Funicular－1 区域中。通过调整生态绿化混凝土骨料粒径大小及与胶凝材料的配比，形成直径大小不同的孔隙，满足不同植生生长的需要。

表 1　　　　　　　　　　　　骨料与胶凝材料填充形式

填充形式	Slurry 域	Capillary 域	Funicular 域		Pendular 域
			Funicular－1 域	Funicular－2 域	
固相	不连续	连续	连续	连续	连续
液相	连续	连续	连续	连续	不连续
气相	—	—	连续	不连续	连续
状态					

3　工程应用研究

秦淮新河是 1975 年人工开挖的秦淮河分洪河道，起自江宁区东山街道河定桥，止至雨花台区金胜村，河道长 17km。本项目位于秦淮河格子桥上游（桩号 12＋210～12＋500），工程段河道设计洪水位 11.20m，常水位 7.50m，最低通航水位 5.62m，该堤段护坡原状为 C20 普通混凝土护坡，护坡坡比 1：2。

3.1　设计方案

本设计方案在不改变原有坡比的情况下，将原硬质护坡打孔修整或将原硬质护坡拆除，然后铺设生态绿化混凝土，铺设厚度为 10cm，现场浇筑完成并养护至设计强度后，铺设 4cm 厚营养土和种植土，作为植物生成的原始基料，保证植被初期成活率，见图 1。

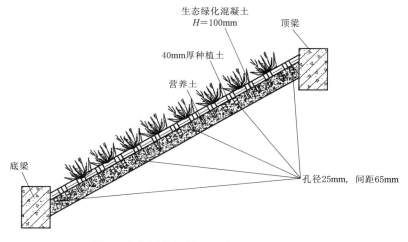

图 1　生态绿化混凝土现浇护坡结构示意图

3.2　原材料选择

3.2.1　骨料

文献［2］中将碎石粒径分类，将骨料分为粗碎（卵）石、中碎（卵）石、细碎（卵）石、和特细碎（卵）石 4 个级别。本文采用的骨料是粒径为 5～16mm 的细碎石单一级配，基本性能指标见表 2。

表 2　　　　　　　　　　　　骨料基本性能指标

粒径/mm	表观密度/(kg/m³)	堆积密度/(kg/m³)	紧密堆积密度/(kg/m³)
5～16	2910	1410	1550

3.2.2　胶凝材料

胶凝材料采用 P·O 42.5 级普通硅酸盐水泥，水泥基本性能指标见表 3。

表 3　　　　　　　　　　　　水泥基本性能指标

规格型号	标准稠度/%	比表面积/(m²/kg)	凝结时间/min	
			初凝	终凝
P·O42.5级	27.1	357	203	250

3.2.3　添加剂

采用添加剂主要有生态绿化混凝土专用添加剂和减水剂两种。通过添加剂作用，在保证生态绿化混凝土强度的前提下，减少水泥用量，降低混凝土碱度，建立有利用于植物生长的生态环境。

3.3　施工工艺流程

本项目施工工艺流程为：前期准备—原硬质护坡打孔修整/原硬质护坡拆除—铺设生态绿化混凝土—铺设营养土及种植土—种植水生植物及草皮—植被养护—交工验收，见图 2。

该施工工艺中，控制水灰比和添加剂掺入比例是关键施工技术。水灰比作为生态绿化混凝土的重要参数之一，其比例的合理性决定混凝土孔隙率和强度能否满足设计和规范要求的关键因素。专用添加剂是混凝土降碱的重要材料，在施工过程中，可以根据骨料粒径、水灰比的不同，适时调整掺入量。

4　边坡抗滑稳定分析

根据土层性质、上部荷载等因素，采用有限元强度折减法建立计算模型，对本设计方案进行边坡进行抗滑稳定分析，验证工程的安全稳定性。

根据项目现场勘察资料，该模型取护底高程以下 30m 处为底边界，坡脚向河道中心线方向取 50m 作为左边界，坡顶向堤防道路方向取 30m 作为右边界，沿河道纵向取 20m 作为计算边界，坡比 1∶2，该模型采用的单元类型为 C3D8，共 7200 个单元，见图 3。

土层土质的计算参数取值见表 4。

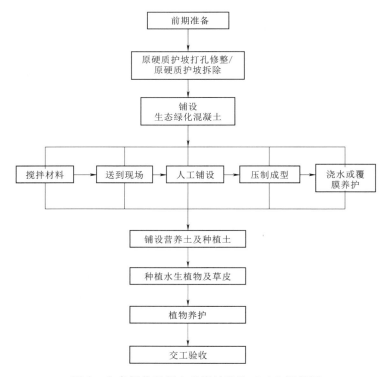

图 2　生态绿化混凝土现浇护坡施工工艺流程图

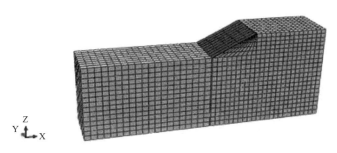

图 3　铺设生态混凝土板的边坡（1∶2）有限元模型

表 4　　　　　　　　　　　　河堤边坡稳定计算的土质参数

匀质土层	$\gamma/(kN/m^3)$	c/kPa	$\varphi/(°)$
粉质黏土	19.2	18	22

　　选取典型计算时刻 $t=0.35$、$t=0.3866$（图 4 和图 5），及最终时刻的云图（图 6），分析边坡塑性区发展规律，揭示整体边坡塑性演变过程。

　　从塑性区等值线云图演变过程可以楚看出，塑性破坏最先出现在护脚处，并逐渐向上延伸，最终形成大致圆弧性滑动面。

　　通过塑性区有限元模拟计算，该边坡模型的稳定安全系数 F_s 为 2.29，大于文献[3]中的边坡抗滑稳定系数标准，可以满足河道护坡的抗滑安全稳定要求。

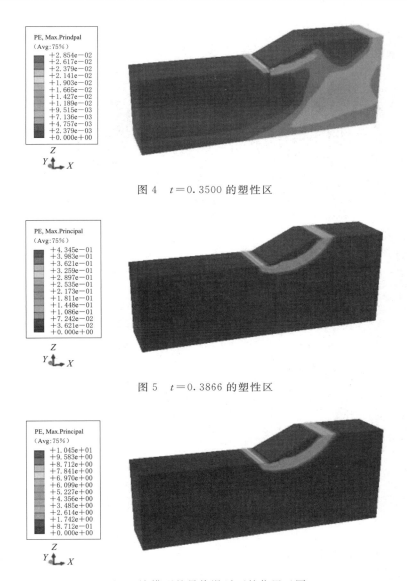

图 4　$t = 0.3500$ 的塑性区

图 5　$t = 0.3866$ 的塑性区

图 6　该模型的最终滑弧面的位置云图

5　实施效果评价

根据项目施工现场取样检测，检测样本 4 组。经第三方检测，四组样品孔隙率分别为 26.3%、25.4%、28%、26.3%，平均孔隙率为 26.5%，满足设计要求和规范要求。

通过对原护坡和改造后的生态绿化混凝土护坡进行对比（图 7），改造后的生态混凝土护坡植物生长旺盛，状态良好，草皮覆盖率达到了 95% 以上。由此可见，作为可以和植物共存的生态绿化混凝土护坡，不但解决了长久以来工程安全和生态环境之间的矛盾，还具有改善和恢复生态环境、建立人与自然和谐相处共生等的作用，对周边自然生态环境改善起到了很好的作用。

（a）原护坡

（b）改造后的护坡

图 7　原护坡与改造后的生态绿化混凝土护坡对比图

6　结论

（1）生态绿化混凝土护坡技术与传统混凝土护坡相比，在保证工程安全稳定的同时，很大程度改善了周边环境，达到人与自然的和谐统一。

（2）生态绿化混凝土护坡现浇技术便于现场施工，施工周期短，景观见效快，有利于环境的快速提升。

（3）生态绿化混凝土施工工艺中，骨料、胶凝材料和添加剂需设定合适配合比。如配合比不合适，影响混凝土强度或孔隙率，进而影响工程稳定、植被生长，达不到预期效果。

（4）植被种植初期，由于植被根系尚未深扎至混凝土内部，需注意对植被进行定期养护，保障植被存活率。待植被根系深入混凝土内部后，可由植被自然生长，一般无需特别养护。

参考文献

[1]　Chindaprasirt P，Hatanaka S，Chareerat T，Mishima N. Yuasa Y. Cement paste characteristics and

porous concrete properties [J]. Construction and Building Mate-rials，2008，22（5）：894-901.

［2］　陈宝璠. 土木工程材料实用技术手册［M］. 北京：中国建筑工业出版社，2011.

［3］　中华人民共和国水利部. 水利水电工程边坡设计规范：SL 386—2007［S］. 北京：中国水利水电出版社，2007.

［4］　阳个小，张黎明，骆俊晖，等. 生态护坡技术在巴平高速公路的应用研究［J］. 公路，2021，66（6）：100-103.

［5］　孙金龙，张宏宁，沈健，等. 生态混凝土护坡技术在南昌赣东风光带的应用［J］. 人民珠江，2015，36（5）：83-86.

［6］　陈露. 浅析生态护坡技术［J］. 科技与创新，2015，41（17）：130-131.

基于污染负荷和可达性分析的城市河道治理应用研究——以常州某河道为例

林俊雄[1,2]　吴月龙[1,2]　赵士文[1,2]　张　红[2]　严雷鸣[1,2]　葛秋易[2]

(1. 南京水利科学研究院，江苏南京　210029；

2. 南京水科院瑞迪科技集团有限公司，江苏南京　210029)

摘　要：近年，我国生态文明建设大力推进，城市黑臭水体治理如火如荼，成效明显。在河道治理过程中，应因地制宜、综合施策，统筹水安全、水环境、水生态及水景观，实现河道的水清、岸绿、景美，逐步打造成为造福人民的幸福河。本研究以常州某河道为例，研究中以问题和目标为导向，进行河道污染源及负荷分析，利于对河道把脉开方和对症下药；通过目标可达性分析进行复核评估，提高城市河道治理技术可行性及经济合理性。通过污染负荷分析，识别各类污染物负荷占比及整治优先级，综合施策、因地制宜，根据整治河道实际可近远期分阶段实施。近期以点源截污、内源清淤和水生态修复为主，并加强日常运维管护，实现消劣达到Ⅴ类目标；远期，进一步通过面源污染控制、水系连通、活水畅流，最终实现河道水质提升、长治久清。

关键词：河道治理；污染负荷；可达性分析；治理方案

1　研究背景及工程概况

为大力推进生态文明建设，持续保持良好的水环境质量，加强河湖管理保护工作，2015年4月，国务院以国发〔2015〕17号文出台了《水污染防治行动计划》（简称"水十条"）。2016年12月，中共中央办公厅、国务院办公厅颁布了《关于〈全面推行河长制的意见〉的通知》（简称"河长制"），提出在全国推行河长制，以确保河湖水污染"可防、可控、可治"。近年来，我国广泛开展城市黑臭水体治理行动，水污染治理取得积极成效[1]。河道已经从单纯的防洪转变为水安全、水环境、水生态及水景观统筹考虑治理，从而实现水清、岸绿、景美的建设要求，达到人与自然的和谐统一[2]。

漏湖位于太湖流域西部，随着地区经济的迅速发展和城市化进程的加快，流域周边入湖河道污染负荷不断增加，严重影响到湖区经济社会的健康发展和生产生活的供水安全，也影响到国家对整个太湖流域环境治理目标的实现，因此对入湖河道的水质指标考核、严格管控并加大整治力度，保证入湖河道水质达标对实现当地环境、经济的可持续发展具有重大的意义。

作者简介：林俊雄（1988—　），男，工程师，博士研究生，主要从事河湖水环境整治、水生态环境修复、海绵城市等方面研究、规划、咨询设计工作。

基金项目：中央级公益性科研院所基本科研业务费专项资金（Y322005）。

目前，滆湖的生态修复工程已全面启动，常州市政府将滆湖环境整治列为重点工程。本研究案例城市河道位于江苏省常州市，东濒滆湖，西瞩长荡湖。为使促进滆湖水质指标持续稳定达标，力求通过问题和目标导向，采用污染负荷和目标可达性分析，为河道把脉开方和对症下药，真正实现"恢复生态、净化水质、美化环境"的目标，为镇区内重要省考断面达标提供有力保障条件，减轻对滆湖的水环境影响。

2　污染源及负荷分析

河道污染源及负荷分析，是指通过河道流域污染源调查，计算各部分污染物总量，并分析对应影响程度[2]。通过对研究河道的现场调研和资料分析，沿河工业废水已接管处理，两岸未有规模性畜禽养殖，汇水范围内污染源主要包括点源、面源和内源三类污染源。其中，点源污染源，以城镇生产生活污染（含三产）为主；面源污染源，地表径流、雨污合流排口排放及周边农田面源污染；内源污染源，为河道内部的存量垃圾和底泥污染释放。

2.1　居民生活污染

居民生活污染，根据城镇生活源产排污系数核算体系研究，并结合《第二次全国污染源普查数据分析报告》，城镇生活源水污染物核算，由居民生活和第三产业两部分统一形成了以城镇常住人口为主要统计基量的污染物核算体系，其核算方法如式（1）：

$$G = 365 \times N_c \times F \times 10 \tag{1}$$

式中：G 为城镇生活源水污染物年产生量，kg/a；N_c 为城镇常住人口，万人；F 为城镇生活源水污染物产生系数，g/（人·d）。

生活污染入河量按式（2）计算：

$$W_{生} = (G - \theta_1) \times \beta_1 \tag{2}$$

式中：$W_{生}$ 为生活污染入河负荷，kg/a；θ_1 为被收集处理的污染负荷，kg/a；β_1 为入河系数（取值为 0.75~0.95），本次取值 0.8。

根据《生活污染源产排污系数手册（试用版）》，常州市属于四区，按其中所明确的"镇区"来考虑，人均用水量取 118L/（人·d），产污系数取平均值，则本研究河道汇水范围部分产污系数见表 1。

表 1　　　　　　　　　城镇生活源污染源排污系数表

污染物名称	COD$_{Cr}$	NH$_3$-N	TP
参数	315mg/L	24.0 mg/L	3.90 mg/L
产污系数	37.2g/（人·d）	2.83g/（人·d）	0.460g/（人·d）

根据污染调查及统计分析资料，研究河道周边住户 185 户，居住人口约 740 人，两岸大部分地块已实施污水纳管工程，但部分区域仍遗留生活污水直接入河问题。另外，现场调查发现，存在部分雨水排口污水排放和已建截流管破损而导致污水入河的现象，综合考虑污水收集率按 60% 计算。则生活污染入河负荷见表 2。

表2　　　　　　　　　　　　　　生活污染入河负荷统计表

污染物名称	COD_{Cr}	NH_3-N	TP
入河负荷	3215.3kg/a	244.5 kg/a	39.7kg/a

2.2　农业面源污染

研究河道汇水区域农业种植类型，包含水稻、小麦油菜等农作物，另种植草皮及景观乔木灌木等树种，施肥量较大，农田面源污染入河负荷根据式（3）计算：

$$W_农 = W_{农P}\beta_2\gamma_1 \tag{3}$$

式中：$W_农$为标准农田污染物入河量，kg/a；$W_{农P}$为标准农田污染物排放量，kg/a；β_2为标准农田入河系数（取值为0.1～0.3），本次取0.2；γ_1为修正系数。

$$W_{农P} = M\alpha_1 \tag{4}$$

式中：M为标准农田面积，亩；α_1为标准农田排污系数，kg/（亩·a）。

标准农田指的是平原、种植作物为小麦、土壤类型为壤土、化肥施用量为25～35kg/（亩·a），降水量在400～800mm范围内的农田。标准农田源强系数COD取10kg/（亩·a），NH_3-N取2kg/（亩·a），TP取0.5kg/（亩·a）。对于其他农田，对应的源强系数要进行修正：

（1）坡度修正。土地坡度在25°以下，流失系数为1.0～1.2；25°以上，流失系数为1.2～1.5。本次计算取1.0。

（2）农作物类型修正。以玉米、高粱、小麦、大麦、水稻、大豆、棉花、油料、糖料、经济林等主要作物作为研究对象，确定不同作物的污染物流失修正系数。此修正系数需通过科研实验或者经验数据进行验证。按照类似地区研究经验，取值1.0。

（3）土壤类型修正。将农田土壤按质地进行分类，即根据土壤成分中的黏土和砂土比例进行分类，分为砂土、壤土和黏土。以壤土为1.0；砂土修正系数为1.0～0.8；黏土修正系数为0.8～0.6。本次计算取1.0。

（4）化肥施用量修正。化肥亩施用量在25kg以下，修正系数取0.8～1.0；在25～35kg之间，修正系数取1.0～1.2；在35kg以上，修正系数取1.2～1.5。根据武进区农业部门统计资料，本次计算取1.5。

（5）降水量修正。年降雨量在400mm以下的地区取流失系数为0.6～1.0；年降雨量在400～800mm之间的地区取流失系数为1.0～1.2；年降雨量在800mm以上的地区取流失系数为1.2～1.5。根据研究区域降雨历史统计资料，降雨量修正系数取1.3。

本研究河道周边农田，主要集中在河道东岸，农田面积约为360亩，则入河污染负荷见表3。

表3　　　　　　　　　　　　　农业面源污染入河负荷统计表

污染物名称	COD_{Cr}	NH_3-N	TP
入河负荷	1404.0kg/a	280.8 kg/a	70.2kg/a

2.3　地表径流污染

地表径流污染，主要是降雨过程中的初期雨水污染，地面污染物大部分随雨水进入雨水管和入河排口最后排入河道，少部分污染物直接由雨水携带进入河道。地表径流污染负荷计算公式（5）所示：

$$L = \sum_{i=0}^{n} L_i = \sum_{i=0}^{n} X_i A_i \tag{5}$$

式中：L 为各土地类型总污染负荷量，kg/a；L_i 为第 i 种土地类型污染负荷量，kg/a；X_i 为第 i 种土地类型单位负荷，$kg/(km^2 \cdot a)$；A_i 为第 i 种土地类型总面积，km^2。

$$X_i = \alpha_i F_i y_i P \tag{6}$$

式中：α_i 为污染物浓度参数，$kg/(cm \cdot km^2)$；y_i 为地面清扫频率参数，本次计算取 1.0；P 为年降水量，cm/a，据调查，该地区多年平均降雨量为1124mm；F_i 为人口密度参数。

年负荷污染物浓度参数 α_i 见表4。

表4　　　　　　　　　　　　　年负荷污染物浓度参数 $\boldsymbol{\alpha_i}$

土地类型	污染物浓度参数/[kg/(cm·km²)]				
	COD_{Cr}	BOD	SS	$PO_4 - P$	TN
生活区	51	35	720	1.5	5.8
商业区	207	141	980	3.3	13.1
工业区	78	53	1290	3.1	12.2
其他	9	5	12	0.4	2.7

人口密度参数 F_i 见表5。

表5　　　　　　　　　　　　　　　人 口 密 度 参 数 $\boldsymbol{F_i}$

土地类型	生活区	商业区	工业区	其他
F_i	$0.142 + 0.111D_p^{0.54}$	1.0	1.0	0.142

注　D_p 为人口密度，人/km^2。

周边地块按工业区和生活区两种类型考虑，农田区域面源污染在前面章节已有估算，不纳入地表径流入河污染计算范畴。经分析，工业区和生活区汇水面积分别约为 $0.15km^2$ 和 $0.23km^2$。计算得入河污染负荷见表6。

表6　　　　　　　　　　　　　径流污染入河负荷统计表

污染物名称	COD_{Cr}	$NH_3 - N$	TP
入河负荷	3202.3kg/a	389.5kg/a	100.3kg/a

2.4　底泥内源污染

随着时间的积累，河道底泥中沉积了大量氮磷及有机污染物，在水温变化或水体扰动的情况下，底泥中的污染物释放到水体中对水体造成污染。底泥内源污染负荷按照单位面积底泥污染负荷释放强度来计算：

$$W_{内} = 365 \times A \times \alpha_2 \times 10 \tag{7}$$

式中：$W_{内}$ 为底泥释放到水体中的污染负荷，kg/a；A 为底泥面积，万 m^2；α_2 为污染物日释放强度，g/（m² · d）。

根据对本河道底泥取样污染释放试验，COD_{Cr}、NH_3-N、TP 日均释放强度分别取 0.3g/（m² · d）、0.06g/（m² · d）、0.01g/（m² · d）。

经测算，本河道底泥面积约为 3.4 万 m²，则其底泥内源释放污染负荷见表 7。

表 7　　　　　　　　　　　底泥内源释放污染负荷统计表

污染物名称	COD_{Cr}	NH_3-N	TP
释放负荷/（kg/a）	3723.0	744.6	124.1

2.5　污染负荷分析

根据以上对研究河道各种类型入河污染的计算，本河道各类污染负荷见表 8，入河污染负荷总量为 COD_{Cr} 11544.6kg/a、NH_3-N 1659.4kg/a、TP 334.3kg/a。研究分析标明，河道主要污染源由大到小为底泥内源污染、地表径流污染、农田面源污染和居民生活污染（图 1）。其中，底泥内源污染的 COD_{Cr}、NH_3-N 和 TP 负荷占比分别为 32.3%、44.9% 和 37.1%，因此，在进行治理方案时应综合施策，在进行清淤疏浚的前提下，通过控源截污、面源削减、水生态修复和运维长效保障等方式实现河道的长治久清。

表 8　　　　　　　　　　　入河污染负荷统计表　　　　　　　　　　单位：kg/a

污染物类型	COD_{Cr}	NH_3-N	TP
居民生活污染	3215.3	244.5	39.7
农业面源污染	1404.0	280.8	70.2
底泥内源污染	3723.0	744.6	124.1
地表径流污染	3202.3	389.5	100.3
总污染负荷	11544.6	1659.4	334.3

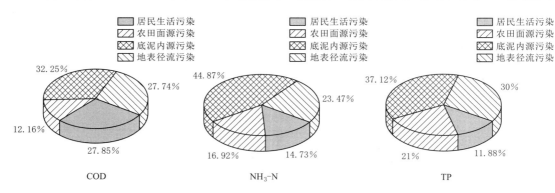

图 1　入河污染负荷组成分析（COD_{Cr}、NH_3-N、TP）

3　河道治理思路及方案

3.1　治理目标

本研究河道的治理目标：近期消除劣 V 类（主要指标 COD_{Cr}、NH_3-N、TP），水质稳定达标至Ⅴ类水，水生态系统稳定。远期，进一步提标至Ⅳ类水，实现"恢复生态、净化水质、美化环境"的目标，为镇区内重要省考断面达标提供有力保障条件，减轻对滆湖的水环境影响。

3.2　思路及技术路线

以问题和目标为导向，应因地制宜、精准施策，按照"流域治理、系统治理、科学治理、精准治理"的思路，从水资源、水环境、水生态和水管理角度，打造具有区域特色的生态河道。

但因资金及建设时序要求，采用近远期分阶段进行，近期以点源截污、内源清淤和水生态修复为主，并加强日常运维管护，实现消劣达到Ⅴ类目标；远期，通过面源污染控制、水系连通、活水畅流，实现水质优于Ⅳ类、长治久清。治理思路及技术路线见图2。

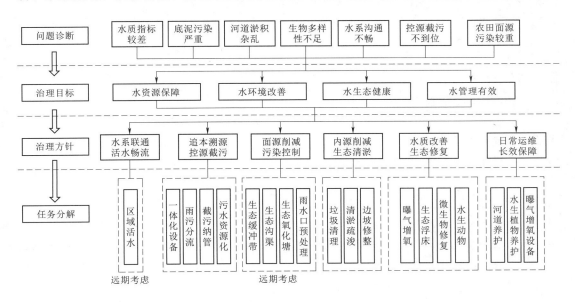

图 2　入河污染负荷组成分析（COD_{Cr}、$NH_3 - N$、TP）

3.3　河道治理方案

3.3.1　点源治理工程

（1）沿河地块控源截污。根据资料及现场调研分析（图3），研究河道中段两岸大部分地块已实现生活污水、工业废水纳管处理，北段和南段仍存在雨污合流或混流遗留问题。为实现水质综合提升和长效管理，针对汇水范围内晴天流水排放口和建筑私接污水排管，实施截污纳管、集中处理达标排放。本工程包括新建截污管1200m，截流井10座，检查井5座，溢流井5座。并新建2座一体化提升泵站，和现状截流井修葺，实现沿河污水的全截流。

（2）入流支流控源截污。现存一条入河支流，垃圾遍布，水体黑臭污染严重。设计通过拦水坝和一体化处理装置（含格栅泵房、混凝高密沉淀池、污泥浓缩池、污泥脱水设备等）建设，实现对汇水范围内的生活污水、初期雨水及少量处理工业废水，初期处理达到

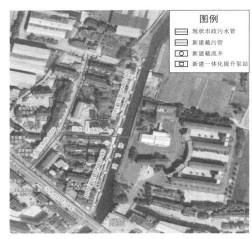

图 3　沿河地块控源截污（左：北段；右：南段）

接管标准后排至市政污水管网，减轻入河污染量。

3.3.2　内源治理工程

在本工程中，河道内源污染主要来自河道沉积底泥以及水域岸线垃圾。通过河道生态清淤、水域岸线垃圾清理和修整自然边坡，实现河道内源污染治理。研究河道治理工程量，包括清理垃圾量约 2.0t，平均清淤 0.5m，总清淤量约 $16500m^3$，并对约 $3000m^2$ 自然岸坡进行修整。

3.3.3　水生态修复工程

健康的河道生态系统具有很强的自我净化作用，在控源截污和内源治理基础上，以道法自然、功能引导、时空尺度分异、生态循环与平衡等为原则，使其河道拥有自我净化能力，以保持河道健康状态。本研究案例水生态修复工程包括曝气增氧、生态浮床（含拦污帘）、微生物修复和水生动物群落恢复内容。

（1）曝气增氧工程。结合河道水质现状特征，研究通过人工曝气复氧方式有效提升水体溶解氧浓度，加快水体中 COD_{Cr}、NH_3-N 转化降解的同时，提升河道的观赏性。从动力效率、适宜水深、影响范围、提升效果和价格成本等方面进行技术比选，优选喷泉曝气和微孔曝气相结合的方案。其中，喷泉曝气设备安装在河道中央，共 8 套，间隔 $80\sim100m$；微孔曝气设备沿河道中心线布置，共 3 套，每套曝气主管长度约 300m。

（2）生态浮床工程。生态浮床是通过水生植物根系的截留、吸附、吸收和水生动物的摄食以及微生物的降解作用，达到水质净化的目的。研究采用"浮床＋生态填料＋拦污帘"的工艺，在河道中游现有截流井和截流管道河段，布置总长度约 600m，共 40 套。

（3）微生物修复工程。微生物作为分解者，能将水中污染物加分解吸收，创造有利于水生动植物的水体环境、改良河床底泥，提高水体的环境容量和自净能力。本工程选择投加的复合菌剂 1.5t，内富含芽孢杆菌、酵母菌、硝化－反硝化菌及酶、营养剂等多类有益高效驯化菌种，能够吞噬、降解水体有机污染物，提高硝化－反硝化速率，加快氨氮、亚硝酸盐的转化降解速率，逐渐引导河道土著微生物复苏，调节水体内部微生物系统平衡。

（4）水生动物群落恢复工程。投放适当的水生动物可有效去除水中富余营养物质，控制藻类生长。螺蛳等底栖动物摄食固着藻类，分泌促絮凝物质，促使水变清。鲫、鳙鱼等滤食性鱼类，可有效地去除藻类物质，使水体的透明度增加。滤食性贝类以浮游植物、微生物和有机碎屑为食，促进悬浮物质沉降的同时，加速有机质的循环作用，进而优化水质条件，改善水体环境。本工程投加鲢鱼、鳙鱼、鲴鱼共约 1t，环棱螺、褶纹冠蚌共约 2t。

4　目标可达性分析

4.1　工程需削减量计算

由于本研究河道历史监测无 COD_{Cr} 数据的原因，目标可达性分析选择 NH_3-N 和 TP 进行测算，削减指标按各河道相应目标指标计算。在河段存在外源污染或内源污染进入水体后，水域纳污能力可对其中一部分污染物进行削减，超出部分为需削减负荷。对水环境容量计算公式进行整合和单位换算后的污染物需要削减量 W 计算方法如下：

$$W=31.536(Q+Q_p)\left[C_0\exp\left(-\frac{KL}{86400u}\right)-C_s\right]+W_{入河} \tag{8}$$

式中：W 为污染物需要削减量，t/a；Q 为上游来水流量，m^3/s，取为上游来水枯水期流量；Q_p 为支流入河水量，m^3/s，根据资料按 $0.012m^3/s$ 计；C_s 为河道的目标水质，mg/L，按水质目标 V 类水标准计取；C_0 为上游来水污染物浓度，mg/L，采用近两年水质监测数据；K 为污染物综合降解系数，1/d，参照区域内类似污染物研究成果中的综合降解系数及相关经验参数，NH_3-N 为 0.10/d，TP 为 0.015/d；u 为设计流量下河道断面的平均流速，m/s，根据相应流量和断面条件计算；L 为河段长度，m，计算河段分别为 1450m 和 3000m；$W_{入河}$ 为进入的外来各类污染物量，根据污染负荷分析结果。

经计算，本研究河道的需削减污染负荷结果见表 9。

表 9　　　　　　　　　　需削减污染负荷统计表

污染指标名称	NH_3-N	TP
需削减负荷/(kg/a)	5406.3	51.2

4.2　削减能力分析

4.2.1　点源治理工程

拟对研究河道汇水范围内，部分污水直排地块进行截污纳管，并对入流污染支流采用一体化设备旁路处理，预计对现状居民生活污染物削减量见表 10。

表 10　　　　　　　　点源治理工程污染物削减量统计表

污染负荷	NH_3-N	TP
削减量/(kg/a)	146.7	23.8

4.2.2　内源治理工程

拟对研究河道全河段清淤，将对污染底泥污染物释放进行有效削减，平均清淤深度根据污染释放试验确定的 0.5m，预计削减量见表 11。

表 11   内源治理工程污染削减量统计表

污染负荷	$NH_3 - N$	TP
削减量/(kg/a)	595.7	99.3

4.2.3 水生态修复工程

（1）曝气增氧。设备供氧量的计算方式如下：

$$Q = \eta \mu Q_0 n \tag{9}$$

式中：Q 为曝气提氧量；Q_0 为曝气设备的通气量；η 为氧在水体中的转移效率（一般在 20%~30% 之间）；μ 为氧气在空气中的占比（按 21% 计）；n 为设备数量。

喷泉式曝气设备理论增氧能力为 2.2kg/h 氧气，按日运行 8h 计；微孔曝气设备设计曝气量为 300m³/h，转移效率取 0.2，日运行 8h。研究河道设置喷泉曝气设备 8 台，微孔曝气设备 3 台，合计向水体中提供氧气 573.2kg/d。

河道治理需氧量计算如下：

$$Q = V[0.7 + 1.7(C_{0COD} - C_{eCOD}) + 4.57(C_{0NH_3-N} - C_{eNH_3-N}) + 1.2(C_{eDO} - C_{0DO})] \tag{10}$$

式中：Q 为河道治理需氧量；V 为治理水量，m³ H_2O；C_0、C_e 为分别为治理前和要求达到的目标浓度，mg/L。

以 COD 单位体积削减 5~10mg/L、溶解氧单位体积提升 2mg/L 计算，则研究河道可削减氨氮 43.5kg/d，按每年运行 200 日计算，则氨氮削减量为 8700kg/a。

（2）生态浮床及水生植物。生态浮床及水生植物种植，对污染物的削减主要依靠水生植物对污染物进行削减，主要表现在以下几个方面：

1）水生植物在生长过程中，会直接吸收水体中的氮、磷等营养物质；

2）通过光合作用，增加水体溶解氧，改善水质；

3）挺水植物根系通过表面的生物膜的作用净化水质。

生态浮床对污染物的削减量计算，见表 12。

表 12   生态浮床及水生植物对污染物的削减量统计表

工程量/m²	净化能力/[g/(m²·d)]		净化量/(kg/a)	
	$NH_3 - N$	TP	$NH_3 - N$	TP
168	0.04	0.004	2.5	0.25

（3）微生物修复。投放复合微生物菌剂 2.5t，结合相关研究和以往类似工程经验，估算投加微生物菌剂后，污染物削减量分别为 $NH_3 - N$ 94.5kg、TP 8.0kg。

4.3 可达性分析

综上，通过点源、内源及水生态修复工程，研究河道采取的工程措施对污染物的削减量与工程目标下的需削减量对比见表 13。

表 13   工程措施削减能力与需削减量对比表   单位：kg/a

$NH_3 - N$ 需削减	$NH_3 - N$ 可削减	TP 需削减	TP 可削减
5406.3	9539	51.2	131.4

由表 13 可知，以上工程措施实施后，在保证充分运行的条件下，对于 NH_3-N 和 TP 而言，地表水 V 类标准目标可达。

5　结论及建议

以问题和目标为导向，在研究河道污染源及负荷分析基础上，可有的放矢进行河道治理措施布置，并通过目标可达性分析对是否达到既定目标进行复核评估，可以有效提高城市河道治理技术可行性及经济合理性。现在项目正在实施，可根据实施后水质提升效果进行验证。

因资金及建设时序要求，河道整治常需近远期分阶段进行，通过污染负荷分析，可识别各类污染物负荷占比及整治优先级。本研究综合施策、因地制宜，近期以点源截污、内源清淤和水生态修复为主，并加强日常运维管护，实现消劣达到 V 类目标；远期，进一步通过面源污染控制、水系连通、活水畅流，实现水质优于 Ⅳ 类、长治久清。

参考文献

[1]　唐颖栋，包晗，曾学云，等. 流域水环境综合整治中"泥"的治理策略研究 [J]. 中国给水排水，2022, 38 (20)：36-40.

[2]　李艳艳，刘蒙泰，海霞，等. 农村小流域河道水环境综合治理分析 [J]. 水科学与工程技术，2020 (6)：63-66.

薄壁大管径供水管道对口关键技术研究

刘南涛　李文斌

（中交第二航务工程局有限公司，湖北武汉　430012）

摘　要：随着社会文明程度进步，国家对人民的生活质量日益重视，解决人民用水问题显得尤为紧迫。南亚等非洲国家严重缺水且淡水湖资源稀缺，当地政府不得不兴建大型供水管道供水以满足人民日益渐增的用水需求。大型供水管线项目修建核心为管道安装。管道安装精度、效率直接决定项目成败与成本。本文依托于巴基斯坦卡拉奇 4 号供水管线项目对大型供水管道修建过程对管道对口精度控制、工效提升进行简要阐述，可为其他类似工程提供借鉴。

关键词：大直径管道；对口精度；对口工效提升

1　引言

大型供水项目常用的输水方式为管道输水，这种方法是将水从水源地输送到城市和工业区的常用方式。管道输水需要建设大型水管网，以及泵站和水厂等设施来处理和调节水质和水压。隧洞输水适用于需要跨越山脉或其他地形复杂区域的输水工程，需要建设隧道和地下水管来输送水。运河输水通常适用于将水从一个地区输送到另一个地区，需要建设大型运河和调节水闸等设施来控制水流量和水质。本项目前分包商采用明渠运河输水方式，修建中期因严重设计缺陷等原因导致项目中断，业主项目宣布失败。为满足卡拉奇人民日益增加的用水需求，业主邀请了德国、美国专业的设计单位进行二次设计，采用管道输水方式建设。

2　工程概况

巴基斯坦卡拉奇地区 4 号供水管道项目管线标起点为塔塔市 Keenjhar 湖泵房出水口，终点至卡拉奇（Karachi）市北部郊区，共分为 PL1 和 PL2 两个标段，PL1 标线路总长 64.2km，PL2 标线路总长 47.5km。

3　管道安装

3.1　管线总体布设概况

管道材质采用 2134mm、1727mm 直径 X42 螺旋焊管。根据本项目设计规定标准管节长度为 12m，现场安装采用焊接连接。项目管线总体布设见图 1。

PL1 标段里程桩号为 RD0＋000～RD64＋200，为双排钢管，长度 64.2km，管道外径均为 2134mm，壁厚为 15.88mm。PL2 标段里程桩号为 RD64＋200～RD110＋700，其中里程 RD64＋200 到里程 RD96＋200 为双排钢管，长度为 32km，管道外径分别为 2134mm 和 1727mm，壁厚分别为 15.88mm 和 12.7mm；里程 RD96＋200 到里程 RD111

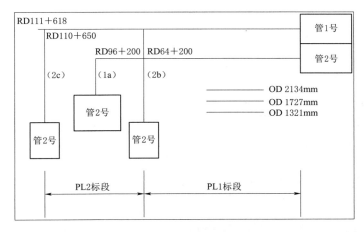

图 1　管线总体布设图

+700 为单排钢管，长度为 15.5km，管道外径为 1727mm，壁厚为 12.7mm。标准断面见图 2~图 4。

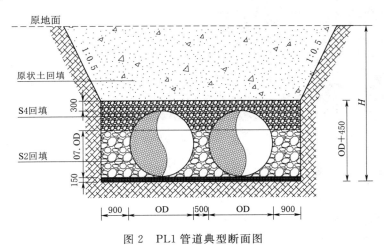

图 2　PL1 管道典型断面图

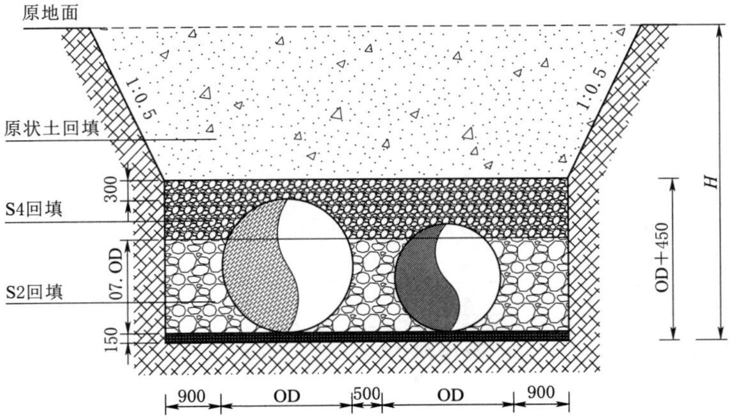

图 3　PL2 管道典型断面图

3.2 管道吊装

管道标准节重量见表1。

表 1   管 道 标 准 节 重 量 表

管径/mm	壁厚/mm	重量/t	管径/mm	壁厚/mm	重量/t
1321	10.31	4	2134	15.88	10
1727	12.7	6.5			

项目沿线地质条件复杂包含砂层段、黏土段、透水层段、石方段等，基坑深度不均为2～12m。基于以上因素，为提高设备使用率保障吊装安全性，经项目团队深入研究，选取80T及以上履带吊进行直径2134mm管道安装。项目管道吊装见图4。

图 4　PL1 管道吊装

3.3 管道对口

管道对口精度直接决定了管道焊接质量，对口时间制约着管道安装的工效。管道对口在管道安装工程中起着至关重要的作用。

3.3.1 管道对口设计概况

常用的坡口形式：

（1）V形坡口：V形坡口是一种常用的管道坡口形式，其坡口呈V形，焊接时需要填充焊材将其填满。

（2）U形坡口：U形坡口是另一种常用的管道坡口形式，其坡口呈U形，同样需要填充焊材将其填满。

（3）X形坡口：X形坡口是一种较为复杂的管道坡口形式，其坡口呈交叉的X形，需要进行多次填充和焊接。

（4）J形坡口：J形坡口是一种常用的管道坡口形式，其坡口呈J形，需要进行多次填充和焊接。

（5）Y形坡口：Y形坡口是一种类似V形坡口的管道坡口形式，其坡口呈Y形，需要进行多次填充和焊接。

本项目管道采用 X42 材质，直径 2134mm 管道，壁厚 15.88mm。坡口采用 Y 形坡口，对口精度要求介于 1.6~2.4mm，坡口角度为 30°±5°。坡口形式见图 5。

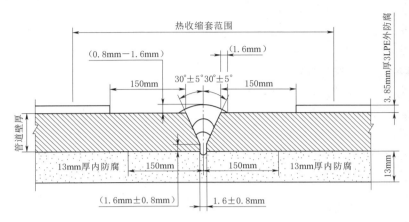

图 5　设计坡口立面图

3.3.2　管道对口精度控制要点

钢制管道为柔性材料，在运输及吊装过程中不可避免地会造成管道失圆的同时管道端头存在不同程度下挠。管道对口的精度其本质在于解决管道失圆及端头下挠问题。常用的管道对口方法为使用钢马板进行对口。采用钢马板进行管道对口见图 6。

图 6　钢马板对口图

（1）对口前检查：在对口前必须采用专用工具检查管道的直径、壁厚、管段长度、弯头尺寸、坡口角度、真圆度等是否与设计要求一致。

（2）管道的支撑和固定：在对口过程中，需要对管道进行支撑和固定，以确保其位置稳定，同时还需要对管道的倾斜度、水平度、垂直度进行测量和调整。

（3）管道表面处理：在对口前需要对管道表面进行清洗、除锈和涂漆等处理，以保证管道的表面光滑、无杂质，并能够抵御腐蚀。

（4）管道对口技术：首先采用吊车将两节管道进行粗定位至 3mm 范围左右。一般管道对口采用钢制马板焊接于管道内口，使用钢楔由上至下逐步将两侧口调整至同一高度。达到对口精度要求。

（5）对口质量检验：管道对口完成后，专业质检人员需采用焊接高低规检查管道错变量，使用游标卡尺进行对口间隙检查，以确保管道连接的质量和安全性。

（6）注意事项：由于管道自重较大同时管道基础常为透水性材料修建，放置时间较长后容易造成坡口失效。管道对口检验合格后，应立即安排焊接人员开始焊接工作。特殊情况下对口完成至开始焊接间隔时间不得大于 3h。

3.3.3 管道对口工效提升方法

常规管道对口采用钢马板＋钢楔施工，其施工时间长、材料浪费大、成本高。对口工艺对管道安装严重制约着管道安装进度。常用的大型管道对口工艺如下：

（1）弹性对口夹具：适用于小口径的管道对口。夹具的设计使其能够完全贴合管道的外形，确保对口件在装配时保持正确的位置和角度。

（2）对口支架：适用于大直径和较厚的管道。支架的设计使其能够支撑管道并保持对口件的正确位置。对口支架通常由多个部分组成，每个部分都有不同的高度和角度调整功能，以适应不同的管道和对口类型。

（3）长轴夹具：适用于长管道的对口。长轴夹具具有两个或更多的夹持点，可以固定管道并确保对口件的正确位置。

（4）对口爪夹：适用于管道壁厚较薄的对口。对口爪夹具可以夹住管道并将其固定在正确的位置和角度，以便进行对口装配。

结合项目管道直径大、壁厚、精度要求高、工期要求紧迫等情况，最终选用了一种液压对口支架式对口器。对口器见图 7。

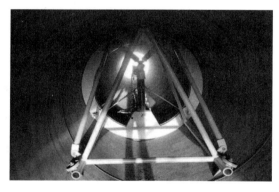

图 7　液压对口支架

该液压对口器由后背支架、双拼可收缩圆环、Y 形调节支架、液压传动系统和自行式轨道组成。首节对口时将其吊装至管口人工进行安装后进行设备调试。用时约 1h。调试完成后将设备安装至管道接口处，由液压传动系统进行将压力输送至 Y 形支撑，通过 Y 形支撑将压力均匀传送至双拼可收缩圆环上，双拼可收缩圆环与两侧管道端口相互作用，徐徐加压至两侧管道对口平顺即可。

2134mm 直径管道采用常规钢马板对口步骤分为：钢马板及钢楔制作→钢马板安装→钢楔逐步调整→管道焊接→钢马板及钢楔拆除→马板与钢管焊口打磨。一般完成一道对口需 4～6h，耗费人工约 6 个，一条缝需消耗钢材约 30kg。人员在管内焊接施工风险较高。

采用该对口设备进行 2134mm 管道对口一道缝时间约为 1h，使用人工 1 个。单条管道仅首次安装时需吊车配合调入管道，后续可自行行走进入下一道工序，无需人员在管内进行对口施工。

3.3.4　对口成本控制关键要点

单节管道自重约 10t，传统对口全程采用吊车对口。属地国人力资源丰富且成本低廉但吊车使用成本较高。严控吊车使用时间对口成本将大幅度下降。

一般管道对口分为三个步骤：①履带吊初步定位；②管端立面位置精确调整；③轴线方向对口间隙精准调整。项目技术团队与分包团队联合攻关，研发了一种"临时吊架＋高强对拉丝杆"辅助对口工装见图 8。

图 8　临时吊架＋高强对拉丝杆

临时吊架分为底托、立柱、桁架、吊耳、10t 手拉葫芦、10t 吊带。现场操作步骤为吊带固定带调节管道端部→临时吊架吊装，采用手拉葫芦由人工对立面进行调整能够满足精度及进度要求。高强对拉丝杆由钢管对称支撑点、高强丝杆、带孔正反丝套筒组成。操作时首先在管道内部对称焊接对拉钢板，固定对拉丝杆，采用专用扳手对丝杆距离进行调整。

使用"临时吊架＋高强对拉丝杆"可以实现管道对口的步骤②、③大量的节约了吊车的使用时间。吊车可持续进行管道吊装及初步定位同步设置多个对口工装可实现流水化施工。能够大幅度提升管道对口的工效同时降低管道焊接成本。

4　结语

依据巴基斯坦卡拉奇 4 号供水管线项目现有管道安装经验，结合项目相关设计要求，项目技术团队精心组织、提前策划、共同研究出"液压＋对口支架""临时吊架＋高强对拉丝杆"两种对口工装，对口工装的使用能够极大提升项目管道对口精度及工效，同时节约了各方资源成本。在属地国各种资源缺乏、项目工期紧急的背景下，为项目的顺利实施奠定了良好的基础。

参考文献

[1]　王乐，陈立峰，樊春雷. 大口径输水管道对口技术研究［J］. 给水排水，2014，40（12）：106 - 108.

［2］ 王风利，张学昭，王辉. 基于多种管道对口技术的大口径管道对口方案比较 ［J］. 环境科学与技术，2016，39 （11）：71 - 75.

［3］ 张彩霞，杨雪松，马吉锋. 大口径管道对口技术的优化设计 ［J］. 科技视界，2017 （11）：149 - 150.

［4］ 肖文庆，高凤娟. 大口径输水管道对口技术及应用研究 ［J］. 管道技术与设备，2016，3 （3）：33 - 35.

浅层真空预压加固吹填超软土承载机理研究

杨 俊[1]　杨 杰[2,3]　王岩峻[2]　龚丽飞[2,3]　张 浩[3]

(1. 浙江头门港投资开发有限公司，浙江台州　317000；

2. 南京水利科学研究院，江苏南京　210029；

3. 南京水科院瑞迪科技集团有限公司，江苏南京　210029)

摘　要：本文建立了适用于浅层真空预压加固吹填超软土的地基承载力计算方法，并利用数值模拟技术解释其变形破坏模式及承载机理，最后通过在实际工程中的应用，优化浅层真空预压设计参数，为类似工程问题提供理论和应用依据。研究结果表明，本文理论公式在硬壳层厚度 $H/B \leqslant 3$ 时，具有较高的准确度，与模型试验相比误差为 $4.8\% \sim 11.5\%$。随着硬壳层厚度 H（真空预压加固深度 H_d）与下卧软土层抗剪强度 c_u 的增大，地基破坏模式由冲剪破坏逐渐向局部剪切和整体剪切破坏过渡，地基承载力明显提高。某实际工程应用分析表明，在其他设计参数不变的情况下，真空预压加固深度 H_d 由 5.0m 调整为 7.0m 时，地基承载力由 50kPa 提高至 65kPa，可满足后续施工机械承载要求。

关键词：吹填超软土；浅层真空预压加固；极限承载力；承载机理

为解决港池周边及航道内疏浚土回淤难题，减少疏浚抛泥对生态环境的二次污染，疏浚土的资源化利用对沿海沿江经济发展及生态保护具有重要意义。近年来，采用疏浚土吹填造陆的资源化利用方式得到广泛认可，但由于其土颗粒极细，且吹填过程中在水力分选作用下，会在陆域形成区产生一定厚度的超软土，其骨架尚未形成，含水率超过 100%，孔隙比大于 2.4，抗剪强度和承载力极低[1,2]，对后续施工造成极大困难。设计一般采用"浅层真空预压＋深层堆载预压"的方式来加固该类超软土地基[3,4]，浅层真空预压加固的目的是在表面形成一定厚度的硬壳层来作为后续插板机等施工机械的稳定工作面。然而该技术一直停留在经验实践阶段，理论方面仍有一些问题值得商榷，特别是浅层真空预压加固后地基承载力的计算。

对于上覆硬壳层的双层地基，如采用 JGJ 79—2012《建筑地基基础设计规范》中推荐的压力扩散角法计算承载力结果过于保守[5]，一般设计基于经验法确定的浅层真空预压加固设计参数易导致承载力不足出现安全问题或者造成严重的浪费，准确度较高的承载力计算理论亟须进一步研究。硬壳层曾在建筑、公路等地基中得到优化处理并应用[6,7]，部分学者也对硬壳层的扩散及封闭作用对成层地基承载力的影响展开了相关的研究[8,9]，受此启发，本文将硬壳层理论应用于浅层真空预压加固技术中，提出了适用于吹填超软土浅层真空预压加固地基承载力计算方法，通过多种对比方式对其准确性进行验证，并结合数

作者简介：杨俊（1985—　），男，高级工程师，主要从事港口航道工程建设管理。

基金项目：国家自然科学基金面上项目（52279135）、中央级公益性科研院所基本科研业务费专项资金（Y323005）。

值模拟进一步解释其变形破坏模式及承载机理，最后将该理论应用于某实际工程，对浅层真空预压设计参数进行优化，可为类似工程问题提供理论和应用依据。

1 吹填超软土真空预压浅层加固承载力计算方法研究

1.1 理论分析

吹填超软土后采用浅层真空预压加固，表面形成一定厚度的硬壳层，在上部荷载作用下，可以有效地将基底荷载进一步扩散至下卧层。本文结合 Meyerhof、Hanna 和 Vesic 对成层土特性的研究，提出了吹填超软土浅层真空预压加固的极限承载力计算方法。理论中关于破坏模式的基本假定为在极限荷载 q_u 作用下，上部硬壳层发生冲剪破坏，剪切破坏面垂直向下，模型简图见图 1。

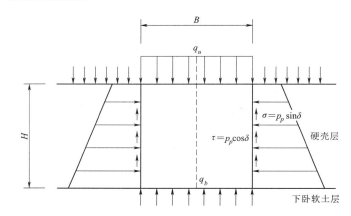

图 1　Meyerhof-Hanna 的冲剪破坏理论模型

对于成层地基，G. G. Meyerhof[10] 提出了考虑基底两侧土体抗剪强度的下卧软土层的极限承载力公式：

$$q_b = c_u N_{c2} + \gamma_1 (D + H) N_{q2} + \frac{1}{2} \gamma_2 B N_{\gamma 2} \tag{1}$$

式中：N_{c2}、N_{q2}、$N_{\gamma 2}$ 均为下卧软土层的承载力系数；γ_2 为下卧层土体容重；γ_1 为硬壳层土体容重；B 为矩形荷载的宽度；D 为基础埋深；c 为土体黏聚力标准值，kPa，吹填超软土初始期抗剪强度基本由黏聚力组成，因此本文可用 c_u 代替。

A. S. Vesic[11] 提出判别软弱下卧层对地基有无影响的临界值，称为"临界深度"，其值 H_{cr} 为

$$H_{cr} = 1.5B \ln\left(\frac{q_t}{q_b}\right) / \left(1 + \frac{B}{L}\right) \tag{2}$$

式中：q_t 为按 Vesic 公式计算的基底位于上层的极限承载力；L 为矩形荷载的长度。

若表层硬壳层的厚度 $H > H_{cr}$，则假设塑性破坏面仅在硬壳层内，下卧软土层对承载力没有影响，此时极限承载力如式（3）：

$$q_b = c_u N_{c1} + \gamma_1 D N_{q1} + \frac{1}{2} \gamma_1 B N_{\gamma 1} \tag{3}$$

若表层硬壳层的厚度 $H < H_{cr}$，则表示下卧软土层对整体极限承载力产生影响，此时应按双层地基进行计算，极限承载力如式（4）：

$$q_u = \left[q_b + \left(\frac{c_1}{m_1}\right)\cot\varphi_1\right]\exp\left\{\left[1+\left(\frac{B}{L}\right)\right]m_1\tan\varphi_1\left(\frac{H}{B}\right)\right\} - \left(\frac{c_1}{m_1}\right)\cot\varphi_1 \tag{4}$$

其中

$$m_1 = (1-\sin^2\varphi_1)/(1+\sin^2\varphi_1) \tag{5}$$

式中：q_b 为下卧软土层极限承载力，kPa；c_1、φ_1 为上层硬壳层土体的黏聚力和内摩擦角，可以由原软土强度指标根据固结度 U_t 进行推算。

杨嵘昌[12] 基于应力路径法，推导了正常固结软黏土在排水固结法加固下任意固结度下抗剪强度指标随固结度之间关系式，汪洪星等[13] 在此基础上综合考虑了总应力参数和有效应力参数，提出了准确度更高的计算公式，如式（6）所示：

$$\varphi_1 = 2\arctan\sqrt{K'(U_t-1)+K_{cu}} - 90°; \quad c_1 = \frac{1}{2}\left[\frac{K_{cu}\sigma_c + \sqrt{K_{cu}}2c_{cu}}{2\sqrt{K'(U_t-1)+K_{cu}}} - \sqrt{K'(U_t-1)\sigma_c}\right]$$

$$K' = \frac{1-\sin\varphi_2'}{1-(1-2A_f)\sin\varphi_2'}[\tan^2(45°+\varphi_2'/2)-1]; \quad K_{cu} = \tan^2(45°+\varphi_{cu2}/2)$$

$$\tag{6}$$

硬壳层厚度 H 可以简化为由真空预压加固深度 H_d 减去沉降量 S 得出，真空预压加固后沉降量 S 可依据 JGJ 79—2012《建筑地基处理技术规范》、GB/T 51015—2014《海堤工程设计规范》等采用的分层总和法和太沙基一维固结理论，则硬壳层厚度 H 可表示为

$$H = H_d - S = H_d - U_t S_f = H_d - U_t m_s S_c = H_d - U_t m_s \sum_{i=1}^{n}\frac{e_{oi}-e_{1i}}{1+e_{oi}}\Delta h_i \tag{7}$$

式中：S_c 为主固结沉降量；S_f 为总沉降量；m_s 为沉降修正系数，其与地基条件、荷载强度、加荷速率等因素有关，规范中真空预压沉降可取 $m_s = 1.05\sim1.2$，而吹填超软土其物理力学性质与正常固结软黏土表现出极大的差异性，龚丽飞等[14] 对其进行了修正，修正后 $m_s = 1.2\sim1.5$。

综上，吹填超软土浅层真空预压加固极限承载力如式（8）所示：

$$q_u = \left[q_b + \left(\frac{c_1}{m_1}\right)\cot\varphi_1\right]\exp\left\{\left[1+\left(\frac{B}{L}\right)\right]m_1\tan\varphi_1\left(\frac{H_d - U_t m_s \sum\limits_{i=1}^{n}\dfrac{e_{oi}-e_{1i}}{1+e_{oi}}\Delta h_i}{B}\right)\right\} - \left(\frac{c_1}{m_1}\right)\cot\varphi_1$$

$$\tag{8}$$

1.2 计算结果分析及验证

本文统计了其他学者的室内试验结果对该计算方法的准确性进行验证。室内往往采用黏土上覆砂土的方式来模拟上硬下软的双层地基，日本的 Mitsu 等[15] 开展了多组矩形荷载作用下双层地基极限承载力离心机试验；闫澍旺等[16] 通过室内小比尺模型试验在吹填土表面上覆粉细砂来测试地基极限承载力，本文将上述试验结果与理论计算结果进行对比，验证其合理性。室内试验参数见表 1，理论值与试验值对比见表 2。

表 1　　　　　　　　　　　　　　　　室 内 试 验 基 本 参 数

试　验	编号	H/m	B/m	γ'/(kN/m³)	φ_1/(°)	c_u/kPa
Mitsu 等[15] 离心机试验	模型 I	2.0	2.0	9.7	45	23.0
	模型 II	3.0	1.5	9.7	45	22.4
	模型 III	3.0	1.0	9.7	45	22.4
闫澍旺等[16] 模型实验	模型 I	0.11	0.04	8.9	28	1.0

注　c_u 为下卧黏土层表面不排水抗剪强度。

表 2　　　　　　　　　　　　极 限 承 载 力 理 论 值 与 试 验 值 对 比

试　验	编号	试验值/kPa	理论值/kPa	相对误差/%
Mitsu 等 离心机试验	模型 I	302.3	287.7	4.8
	模型 II	575.2	513.9	10.7
	模型 III	682.3	745.3	9.2
闫澍旺等模型实验	模型 I	11.3	10.0	11.5

　　通过理论值与试验值的对比可以看出，理论解与试验值的相对误差基本控制在 20%
以内，当 $H/B=1$ 时，相对误差最低为 4.8%，说明该公式在 $H/B \leqslant 3$ 时具有较高的准
确度和可信度。荷载宽度 B、硬壳层厚度 H（真空预压加固深度 H_d）和下卧软土层抗剪
强度 c_u 均为影响地基极限承载力的关键因素，硬壳层厚度和下卧软土层抗剪强度的增加
可以有效提高地基极限承载力。

2　吹填超软土真空预压浅层加固承载机理数值分析

2.1　数值模型建立

　　由理论计算结果可知，荷载宽度 B、硬壳层厚度 H（真空预压加固深度 H_d）和下卧
软土层抗剪强度 c_u 均为影响地基极限承载力的关键因素，因此在数值计算前首先需要将
计算参数进行无量纲归一化处理，采用真空预压加固深度 H_d/B、下卧软土层抗剪强度
$c_u/\gamma B$ 等无量纲参数。本构采用 Mor-Coulomb 模型，边界条件为两侧水平位移约束，底
部双向位移约束，模型示意见图 2。通过给定位移的方式进行加载，参考费康等[17] 建议

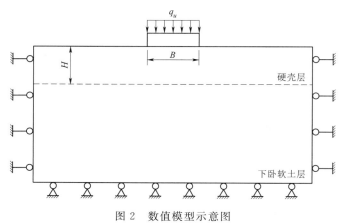

图 2　数值模型示意图

提取竖向约束反力 RF2 和位移 U2 作为输出变量，获得荷载-沉降曲线，当荷载-沉降曲线出现拐点，即地基刚处于塑性流动状态时，对应的荷载作为极限承载力。

2.2　参数分析及验证

根据文献 [14] 取吹填超软土经验参数计算理论解，并与数值解进行对比验证。取 $\varphi_{cu}=5.9°$，$c_{cu}=9.6\text{kPa}$，$\varphi_2'=9.6°$；孔隙水压力系数 $A_f=5.7$；真空预压加固前 $e_0=2.42$，真空预压加固后 $e_1=1.39$；真空荷载固结度 U_t 取 85%；硬壳层 $\gamma_1=16.5\text{kN/m}^3$。本节研究不同真空预压加固深度 H_d/B、下卧软土层抗剪强度 $c_u/\gamma B$ 下地基的变形破坏模式，以及极限承载力 q_u 与 H_d/B、$c_u/\gamma B$ 关系归一化现象，并与式（8）理论计算结果进行对比。当取 $B=1.0\text{m}$ 和 2.0m 时，真空预压加固深度 H_d/B 分别取 0、0.75、1.5、2.25、3.0，对应硬壳层厚度 H/B 通过式（7）计算后分别为 0.5、1.0、1.5、2.0；下卧软土层抗剪强度 $c_u/\gamma B$ 分别取 0.25、0.5、0.75、1.0、1.5 进行计算分析。

2.2.1　真空预压加固深度的影响

不同 H_d/B 下位移云图及矢量图见图 3，荷载沉降曲线见图 4，极限承载力 q_u 数值解与理论解对比见图 5。

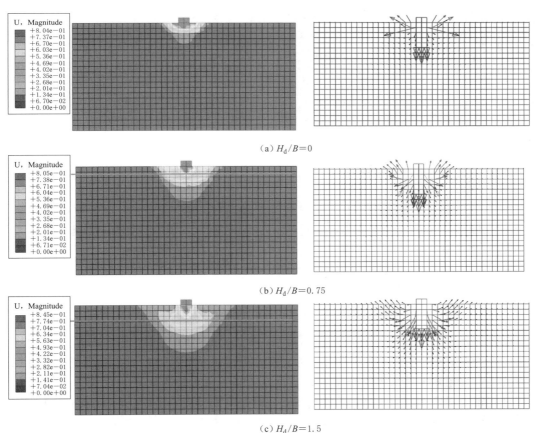

（a）$H_d/B=0$

（b）$H_d/B=0.75$

（c）$H_d/B=1.5$

图 3（一）　不同 H_d/B 下位移云图及矢量图（$B=1.0\text{m}$）

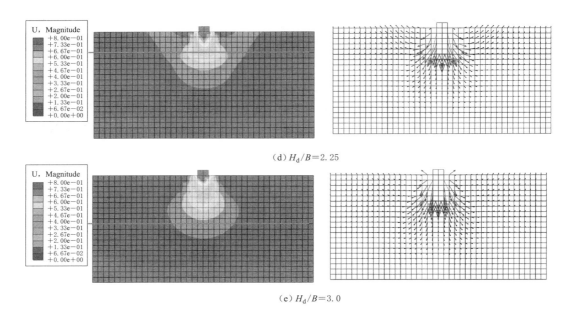

（d）$H_d/B=2.25$

（e）$H_d/B=3.0$

图 3（二） 不同 H_d/B 下位移云图及矢量图（$B=1.0$m）

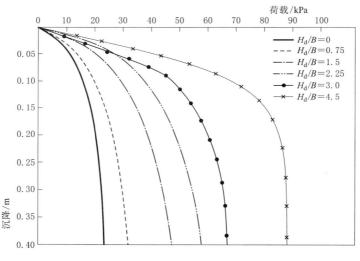

图 4 不同 H_d/B 下荷载沉降曲线

结合图 3 和图 4 可以看出，当不经过浅层真空预压加固即无硬壳层（$H_d/B=0$）时，地基进入塑性流动阶段时，位移集中向下，荷载沉降曲线无明显转折点，地基破坏模式为冲剪破坏，这在软土地基中十分常见；浅层真空预压加固后，随着加固深度 H_d/B 的增大，对应硬壳层厚度变大，基础下方位移明显增加，两侧存在隆起趋势，沉降位移曲线拐点逐渐明显，说明地基破坏模式由冲剪破坏逐渐向局部剪切和整体剪切破坏过渡。由图 5 可知，浅层真空预压加固后上部硬壳层可以有效提高地基极限承载力，1m 硬壳层相比无硬壳层即可提高 1 倍往上的极限承载力。理论解相比于数值解偏大 8%～18%，与室内试

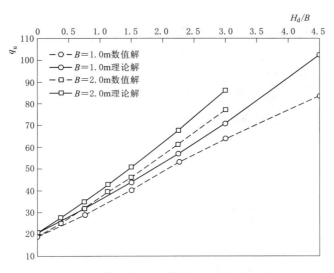

图 5 极限承载力 q_u 数值解与理论解对比

验对比结果基本接近，主要原因为荷载作用下理论解无法考虑土体压缩固结、应力及塑性状态发展等因素，与实际情况存在偏差，而室内试验以及数值模拟能够考虑多因素的耦合作用，可以更好地反映实际情况。

2.2.2 下卧软土层强度的影响

不同 $c_u/\gamma B$ 下位移云图及矢量图见图 6，荷载沉降曲线见图 7，极限承载力 q_u 数值解与理论解对比见图 8。

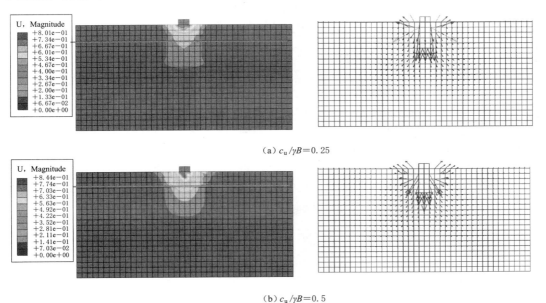

（a）$c_u/\gamma B = 0.25$

（b）$c_u/\gamma B = 0.5$

图 6（一） 不同 $c_u/\gamma B$ 下位移云图及矢量图（$B = 1.0$m）

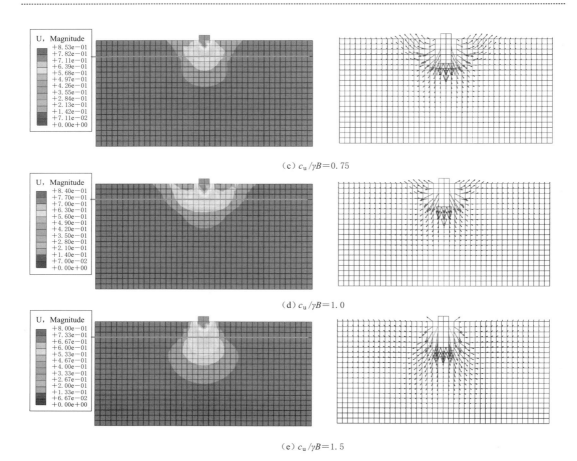

（c）$c_u/\gamma B = 0.75$

（d）$c_u/\gamma B = 1.0$

（e）$c_u/\gamma B = 1.5$

图 6（二） 不同 $c_u/\gamma B$ 下位移云图及矢量图（$B = 1.0$ m）

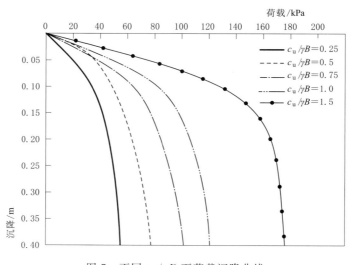

图 7 不同 $c_u/\gamma B$ 下荷载沉降曲线

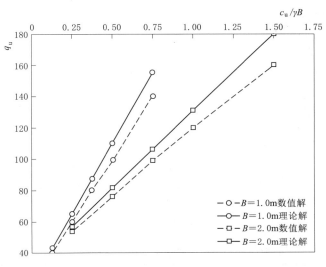

图 8　极限承载力 q_u 数值解与理论解对比

结合图 6 和图 7 可以看出，当 $c_u/\gamma B$ 逐渐变大时，基础下方位移明显增加，两侧存在隆起趋势，沉降位移曲线拐点越来越明显，以变形为特征的破坏模式向土体强度破坏转变，即冲剪破坏向局部剪切和整体剪切破坏模式过渡。由图 5 可知，下卧层抗剪强度对于地基极限承载力同样十分重要，增大下卧层抗剪强度可以有效提高地基极限承载力。通过对比理论解和数值解，当 $c_u/\gamma B$ 在 $0.125 \sim 1.5$ 时，理论解与数值解之间最大偏差为 9.4%，具有较高的准确度。

3　吹填超软土浅层真空预压加固实际应用分析

3.1　工程概况

某新建港区工程，由水力吹填疏浚土形成陆域，面积约 25 万 m^2，吹填厚度约为 10.0m。吹填疏浚土土体骨架尚未形成，与正常固结软黏土物理力学性质存在极大差异，其含水率超过 100%，孔隙比大于 2.4，压缩性很高，承载力极低，参考 JTS 147—2017《水运工程地基设计规范》以及日本关于软土的划分，该吹填疏浚土可确定为超软土。

为提高地基承载力，满足插板机施工承载要求，该吹填疏浚土经过短时间晾晒后采用浅层真空预压加固，设计真空预压加固深度为 5m。

3.2　实测值与理论值对比

部分断面地表沉降荷载时程线如图 9 所示，沉降监测以泥水面基准来作为初始值，待密封膜吸紧并排出表层水后（$5 \sim 10$ 天），布置沉降板进行沉降监测，并将该时间段内地基沉降计入总沉降中。在真空荷载作用下，选取断面的最大沉降量约为 $2.4 \sim 2.7m$，由式（7）可知对应硬壳层厚度为 $2.3 \sim 2.6m$。

真空预压加固前后吹填疏浚土的十字板抗剪强度见表 3，吹填疏浚土经过浅层真空预压加固后，浅层抗剪强度有明显提高。由公式 $f_{ak} = 2c_u + \gamma h$ 计算得到地基承载力特征值为 $46 \sim 51 kPa$。

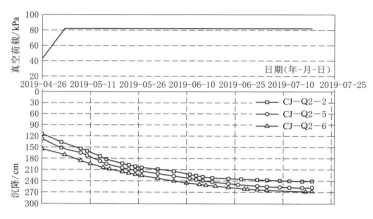

图 9　地表沉降荷载时程线

表 3　　　　　　　　真空预压加固前后吹填疏浚土十字板抗剪强度

深度/m	真空预压加固前抗剪强度/kPa			沉降后深度/m	真空预压加固后抗剪强度/kPa		
	Q2－02 区	Q2－05 区	Q2－06 区		Q2－02 区	Q2－05 区	Q2－06 区
1.0	2.2	2.5	2.1	1.0	15.7	15.8	18.2
2.0	3.0	3.1	2.9	1.5	12.2	12.4	13.5
3.0	4.1	3.9	4.1	2.0	10.8	9.2	11.3
4.0	5.3	4.8	4.8	2.5	8.7	7.4	8.5
5.0	6.1	5.9	5.5	3.0	6.5	5.3	6.9

根据土工试验结果计算本文公式理论解，吹填超软土 $\varphi_{cu}=4.3°$，$c_{cu}=7.5\text{kPa}$，$\varphi'_2=8.1°$；孔隙水压力系数 $A_f=5.9$；真空预压加固前 $e_0=2.71$，加固后 $e_1=1.23$；真空荷载固结度 U_t 取 90%；硬壳层 $\gamma_1=17.4\text{kN/m}^3$；插板机尺寸为 $5\text{m}\times0.5\text{m}$。当真空预压加固深度 $H_d=5.0\text{m}$ 时，由式（8）计算可得极限承载力 $q_u=107.8\text{kPa}$，对应承载力特征值为 53.9kPa，与实测结果较为接近。

3.3　参数分析

由上述实测值和理论值可知，该吹填超软土浅层真空预压加固后承载力约 50kPa，仍小于插板机所需承载力 64kPa，无法满足其施工要求。为满足 64kPa 地基承载力特征值，即 128kPa 极限承载力，需要增大真空预压加固深度，经计算真空预压加固深度应大于 5.8m，考虑 1.2 倍的安全系数后真空预压加固深度约为 7.0m，可满足承载力要求。

4　结论

（1）本文提出的吹填超软土浅层真空预压加固承载力理论公式，通过与离心机试验、室内小比尺试验和数值模拟等对比研究表明，在硬壳层厚度 $H/B\leqslant3$ 时，该理论公式具有较高的准确度，与试验相比误差为 4.8%～11.5%。

（2）参数分析表明，硬壳层厚度（真空预压加固深度）和下卧软土层抗剪强度的增加可以有效提高地基极限承载力；随着加固深度 H_d 与下卧层抗剪强度 c_u 的增大，地基破坏模式由冲剪破坏逐渐向局部剪切和整体剪切破坏过渡。

（3）某实际工程应用分析表明，在其他设计参数不变的情况下，将真空预压加固深度 H_d 由 5.0m 调整为 7.0m 时，地基承载力由 50kPa 提高至 65kPa，可满足后续施工机械承载要求。

参考文献

［1］ 刘永胜，胡伟娜. 含水率对吹填超软土固结特性的影响［J］. 水运工程，2020（8）：178-182.

［2］ 雷华阳，刘安仪，刘景锦，李宸元. 超软土地基交替式真空预压法加固效果影响因素分析［J］. 岩石力学与工程学报，2022，41（2）：377-388.

［3］ 曹永华，李卫，刘天韵. 浅层超软土地基真空预压加固技术［J］. 岩土工程学报，2011，33（增刊1）：234-238.

［4］ 雷华阳，张文振，韩鹏，等. 吹填超软土浅层真空预压加固处理前后的固结特性［J］. 岩土工程学报，2013，35（12）：2328-2333.

［5］ 刘吉福，蒋永春. 吹填流泥地基真空预压浅层加固需求研究［J］. 水运工程，2015（5）：191-196.

［6］ 卞桂荣，李富有，钱晓彤，谢珂. 上覆硬壳层地基极限承载力特性研究［J］. 中外公路，2023，43（1）：31-35.

［7］ 李德晟，陈龙，陈永辉，等. 鱼塘路段人工硬壳层承载特性及计算方法［J］. 科学技术与工程，2022，22（7）：2830-2837.

［8］ 王桦，卢正，姚海林，等. 交通荷载作用下低路堤软土地基硬壳层应力扩散作用研究［J］. 岩土力学，2015，36（S2）：164-170，177.

［9］ 曹海莹，窦远明. 上硬下软型双层路基应力扩散特征及工程应用［J］. 公路交通科技，2012，29（2）：29-34，45.

［10］ G. G. Meyerhof. The ultimate bearing capacity of foundations［J］. Geotechnique，1951，2（4）：301-332.

［11］ A. S. Vesic. Bearing capacity of shallow foundations［J］. FoundationEngineering Handbook，1975，5（4）：121-147.

［12］ 杨嵘昌. 饱和黏性土任意固结度的不排水抗剪强度［J］. 南京建筑工程学院学报（自然科学版），2001（4）：20-24.

［13］ 汪洪星，杨春和，陈锋，等. 软土抗剪强度指标随固结度变化规律分析［J］. 岩土力学，2014，35（S1）：106-112.

［14］ 龚丽飞，朱方方，唐彤芝，等. 吹填淤泥土真空预压沉降计算修正系数的分析［J］. 水利水运工程学报，2014（6）：71-77.

［15］ Mitsu Okamura, Jiro Takemura, Tsutomu Kimura. Centrifuge model tests on bearing capacity and deformation of sand layer overlying clay［J］. Soils and Foundations，1997，37（1）：73-88.

［16］ 闫澍旺，郭炳川，孙立强，等. 硬壳层在吹填土真空预压中的应用［J］. 岩石力学与工程学报，2013，32（7）：1497-1503.

［17］ 费康，彭劼. ABAQUS岩土工程实例详解［M］. 北京：人民邮电出版社，2017.

超深基坑侧壁土压力仪器埋设与观测方法探讨

李　凯[1]　李景林[2]

（1. 南京水科院瑞迪科技集团有限公司，江苏南京　210029；
2. 南京水利科学研究院，江苏南京　210029）

摘　要：超深基坑侧壁土压力观测是一项十分重要的工作，观测成果具有非常重要的研究价值和应用价值。但由于其属于地下超深工程，在实际应用过程中，不仅埋设仪器十分困难，存在应力集中、受力方向易出现偏差等问题，侧壁土压力的测量难度也非常大。基于此，采用气缸顶出法有效地解决了仪器埋设问题，同时采用自动化监测技术代替传统监测手段，形成兼具实时性、连续性、准确性及延展性的监测体系，是超深基坑侧壁土压力测量的突破。

关键词：气缸顶出法；自动化监测；土压力；超深基坑

1　引言

在建筑、水利、交通等工程施工阶段，基坑施工是基础施工环节，与建筑结构稳定性及安全性联系密切[1]，随着我国经济和城市建设的快速发展及大量高层、超高层建筑兴建和地铁工程等地下空间的开发利用，超深基坑工程日益增多[2]，超深基坑工程风险性也伴随其开挖深度、地质条件复杂程度而增加。基坑支护是为保护地下结构施工和周边环境安全，对基坑采用临时性的支挡、加固保护与地下水控制措施[3]。土压力是超深基坑支护结构上的主要水平荷载形式，因此准确及时地对土压力进行观测，不仅可以为有效控制支护结构变形提供有力支撑，提高超深基坑的工程安全性，还可以验证设计，为类似工程提供经验支撑。

在超深基坑工程中，土压力观测仪器埋设的难度非常大，以往采用水压法及挂布法等埋设方法[4]，忽略了应力集中与受力方向偏差等问题，导致无法测得侧壁土压力的真实值，基于这些问题并结合前人实践经验，采用气缸顶出法安装埋设土压力传感器，可以很好地解决上述问题。

此外，及时、有效、准确地对超深基坑侧壁土压力施测也是一个亟待解决的问题。对于传统的基坑侧壁土压力监测，主要是用传统仪器在现场手动和定期测量的，其工作量大，且易受环境和现场条件的影响，存在某些系统错误和人为错误[5]。而应用自动化监测技术可降低施工环节人力物力投入，解决传统基坑开挖环节中人工监测存在的不足，利用自动化监测设备提高监测工作效率，实现数据24h持续采集及传输，根据实时监测数据变化特征，对此类基坑作出风险预判。

作者简介：李凯（1996—　），男，江苏句容人，硕士，主要从事岩土工程勘察、监测、设计与咨询工作。

2　工程概况

某工程基坑挖深超百米，属超深基坑，为目前国内开挖深度最大的基坑。该基坑采用地下连续墙＋内衬混凝土的支护结构，包括地连墙和内衬混凝土两层结构。混凝土地连墙为十边形结构，地连墙最大深度120m，为获得相关物理力学参数，对作用在地连墙上的基坑侧壁土压力进行观测。结合该工程，对超深基坑侧壁土压力仪器埋设及观测方法展开探讨。

3　土压力传感器的埋设

3.1　土压力传感器的选择

土压力的测量是土力学理论和实验研究的一个重要方面，是工程测试中的重要内容，除在特定的条件下可以通过测定土体支撑结构的变形来换算土压力外[6]，一般采用土压力传感器即土压力盒直接测量。

土压力盒的工作环境一般在室外的土中，通常情况下，土压力盒在工作状态时为迎土面全面受力，此时所受压力与振动频率呈线性关系。然而，当土压力盒遇到较为集中应力时，压力与频率是否保持稳定尚未清楚。因此，本文在室内对土压力盒受力情况与振动频率进行了试验，并就此问题进行了初步探讨。

参考规范[7]进行试验，共选取4种不同尺寸垫片作为受压面，垫片规格见表1，采用逐级加载的方式并记录对应的频率模数及频率值，一共进行了5组试验。试验结果见图1~图5。

表 1　垫 片 尺 寸 表

序号	形状	接触面积/cm²	质量/g
1	圆柱	59.42	281.4
2	圆柱	19.55	97.6
3	圆柱	11.64	227.4
4	长方体	5.91	245.2

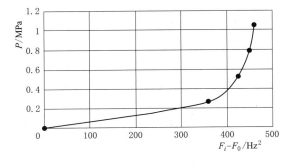

图 1　未放置垫片时压强与频率曲线图

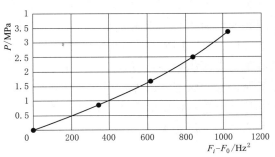

图 2　放置 1 号垫片时压强与频率曲线图

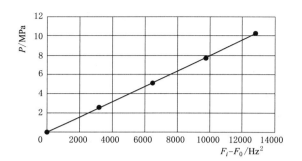

图 3　放置 2 号垫片垫片时压强与频率曲线图

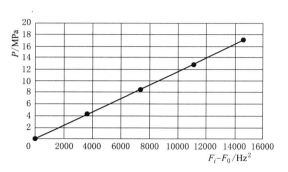

图 4　放置 3 号垫片时压强与频率曲线图

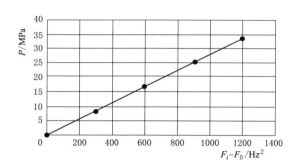

图 5　放置 4 号垫片时压强与频率曲线图

注：F_i 为第 i 次加载时频率模数，F_0 为频率模数初始值；$F = Hz^2/1000$。

分析图 1 可知，当土压力盒未放置垫片时，土压力盒受力面的压强与振动频率不成正比，这与理论不相符。土压力盒由背板、感应板、信号传输电缆、振弦及激振电磁线圈等组成，当土压力盒整面受力时，感应部分只占到整个受力面的中间一部分，因此当没有压力介质时，液压机直接作用在土压力盒时，液压机加力盘的面积大于土压力盒受力板，难以达到完全贴合的理想状态，这可能会导致土压力盒受力不均匀，部分力作用在土压力盒的边缘，未被感应部分所感应，因此测定的 K 值不恒定。

分析图 2 可知，当放置 1 号垫片时，所测的压强与振动频率几乎呈线性关系，即 K 值较为稳定。这是由于土压力盒受力面为垫片底面与土压力盒的接触面，接触面的面积与土压力盒感应部分面积相当，此时液压机所加荷载可以较好地传递到土压力盒感应部分，因此，在不同荷载时，土压力盒的振动频率与所受压强呈线性关系。

分析图 3～图 5 可知，当分别放置 2、3 及 4 号垫片时，所测的压强与振动频率呈线性关系，K 值为稳定状态。这是由于土压力盒受力面为垫片底面与土压力盒的接触面，接触面的面积小于土压力盒感应部分面积，此时液压机所加荷载可以很好地传递到土压力盒感应部分，因此，在不同荷载时，土压力盒的振动频率与所受压强呈线性关系。此时，由于受力面积较小，可以反映出土压力盒遇到集中应力时，压力与频率依然呈线性关系，能保持稳定状态。另外，当卸载后，所测得土压力盒空载时的频率模数有较大变化，这可能是 2 号垫片接触面积较小，在试验时液压机分级加压的压强较上一组试验骤然增大，大大超过了土压力盒的量程，造成了土压力盒的轻微形变，导致卸载后频率模数大于初始值。

结合上述试验，可以得出结论，土压力盒遇到受力面积较小的集中应力时，压力与频率呈线性关系，能保持稳定状态，K 值恒定。加压超过量程时，集中应力的加载会导致初始读数增大。

　　基于上述结论，结合该超深基坑工程侧壁的布设原则为每个土层不少于1只土压力传感器，因此土压力传感器布设按竖向间距5～15m控制，理论上使用土压力传感器量程的1/3～2/3，计算各深度处的侧向土压力理论值，结合侧向土压力理论值选定各深度处相应量程的土压力传感器。基于此，土压力传感器选用VWE型土压力盒，量程范围在0.2～1.6MPa。VWE型土压力盒为采用油膜与传感器受压面合体型土压力传感器，其相较于传统土压力传感器，不仅避免了因集中应力导致的测量结果偏差问题，还解决了油膜与土压力传感器在埋设过程中二次连接和密封的问题。

3.2　土压力传感器的埋设

　　超深基坑支护结构承受的主要荷载为侧向土压力，在埋设土压力传感器时要求传感面紧贴结构物迎土面上，同时防止土压力盒传感器在随钢筋笼下入槽孔混凝土浇筑后，土压力传感器表面钢膜不被混凝土包裹，常采用挂布法、顶入法、钻孔法等[8]。挂布法是将土压力传感器安装在帆布的挂帘上，然后将帆布与传感器平铺在钢筋笼上绑扎固定，随钢筋笼一起吊入槽孔，利用水下浇注混凝土侧向挤压帆布以及混凝土面的向上抬升，使传感器与侧壁接触。钻孔法主要是在成墙后钻孔安装埋设土压力传感器。由于超深基坑开挖槽窄、深度深以及槽孔内又充满固壁泥浆等特点，埋设土压力传感器是较困难的工作。上述方法不仅容易定位产生偏差、传感面在浇筑混凝土时易被包裹或受冲击损坏，同时存在传感面无法紧贴侧壁的问题。

　　因此，为解决上述问题，本工程采用气缸顶出法埋设土压力传感器，即将土压力传感器安装在气缸端头，将气缸固定在相应位置上，钢筋笼放入沉槽段内以后，用气压泵通过连接管道将气压传送给气缸，利用活塞杆将土压力传感器推向侧壁，等混凝土浇筑初凝结束再卸压，这样能保证土压力传感器与被测面垂直，并紧贴土层表面。具体埋设方法如下：

　　（1）法兰的焊接。在钢筋笼的预定位置焊接法兰，气缸的两端各连接一块法兰，其中一块焊接在钢筋笼的内侧，与主筋相接，另一块法兰焊接在钢板上，钢板上通过加焊钢筋与主筋相连，焊接过程中应确保两块法兰在同一水平线上，使得气缸能与槽壁垂直。气缸与法兰之间尽量做到先焊接再安装，以减少焊接热量对于气缸密封件的影响。必要时可以省略钢板，直接在法兰上加焊钢筋，以便于安装。

　　（2）气缸的安装。气缸顶出法的顶出装置主要由气缸、进出压力管和加压装置构成。在钢筋笼制作过程中，结合传感器布设深度与气缸长度，在安装部位焊接两块钢板法兰，气缸的两端通过螺丝与法兰相连，其中法兰螺丝孔凹陷的一面朝外，以防螺丝的长度高于法兰平面，不利于焊接。同时确保气缸方向与槽壁垂直。气缸进气口连接尼龙气压管，气缸出气口安装堵头。

　　（3）气缸与土压力传感器的连接。土压力传感器与气缸间采用拴锁结构相连。将土压力传感器与气缸连接，调整土压力计受力面方向并固定，使土压力传感器受力面与钢筋笼的直立面平行。应对每只土压力计做好标号，以便将已连接配套长度电缆的土压力计埋设到预定深度。

　　（4）电缆与气压管的安装和连接。在气缸与土压力传感器安装过程中，应连接气压管，并进行仪器和气缸性能测试，测试合格后分别进行通信电缆和压力管的绑扎，与钢筋接触部位需做保护装置。气压管分捆进行绑扎，并分别将其穿过钢丝套管以做保护，钢丝套管绑扎于钢筋笼上。气压管集中连接到气泵上并通过气压分配器进行中央控制；气压管应逐条做好标识，以便识别，同时做好警戒标识与保护工作。

（5）保护板的安装。保护板可以起到很好的保护与定位的作用，在土压力传感器的两侧分别安装两块保护板，保持土压力传感器与保护板在同一竖直线上，将保护板的两端分别焊接与箍筋位置，保护板的两端应有一定的坡度，使得保护板凸出钢筋笼的高度略大于连接后土压力传感器凸出的高度。

（6）加压装置的安装。加压装置由气泵、储气罐、多管路分气排、不锈钢对丝、铜球阀、快插接头和气压管等部分组成。详细的连接方式如下：

1）气泵与储气罐的连接。气泵与储气罐通过气压管相连。气泵出气口处已连接好转换阀，连接相应外径的尼龙气压管，气压管另一端与储气罐相接。需要注意的是，每个连接部位应缠绕生料带进行旋拧，以保证气密性。

2）储气罐与气排的连接。储气罐共有五个接口，分别接气泵、压力表、放水螺丝、气排和或堵头。压力表通过补芯与储气罐连接，放水螺丝与堵头均直接与气罐进行连接，气排通过双外的不锈钢对丝与气罐相连。

3）气排与气管的连接。气孔个数与气缸个数一一对应。气排出气孔先与对应尺寸的铜球阀相连，铜球阀接口为外转内，然后再将快插接头与铜球阀相连，并一一连接气管。

（7）土压力传感器的埋设。钢筋笼安装好后，将钢筋笼顺槽下到位，在地面通过气泵进行加压对土压力传感器进行推顶，使其受压膜面与槽壁的土体充分接触受力，加压大小根据安装深度选取气泵功率和进出压力管材质，加压过程中要进行压力观测，同时观察出气管气泡，当观测数值骤然增大时可认为土压力传感器埋设成功，保持此时输出的气压值，然后灌注混凝土把土压力计固定在与土体接触的界面上。在土压力传感器安装前和安装后，以及混凝土初凝时，都应对振动频率读数并记录。需要注意的是，在推顶土压力传感器时，应当按照由深到浅的顺序逐个推顶，在保证处于较深位置的土压力传感器埋设成功时，再对下一个较浅的土压力传感器进行埋设，依次进行直到埋深最浅的位置，这样可以保证每个土压力传感器埋设有效。

采用气缸顶出法埋设土压力传感器（图6），制作简单，操作方便，并能保证每只仪器都紧贴墙壁，避免安装中受力方向出现偏差，使埋设后的土压力传感器能有效的测得基坑侧壁土压力及其变化，对日后测量中真实反映土体对地连墙的压力提供了可靠性，同时为此类超深基坑工程的仪器埋设探索了一条可靠、简便、成功率高的新途径。

4   土压力的观测方法

传统的人工监测具有无法进行实时监测、反馈速度慢、受天气条件限制多、数据质量难以保证等缺点[9]。自动化监测技术弥补了人工监测的各种缺陷，通过自动化监测系统软硬件的配置，自动进行监测数据的采集、传输、处理、预警发布，为工程安全提供实时的数据保障[10-11]。

本工程采用自动化监测的方法观测土压力，利用软件平台整合数据，对基坑侧壁土压

图 6　气缸顶出法安装埋设土压力传感器图

力进行全天候动态监测。土压力自动化监测系统由土压力传感器、自动测量单元、全功能测量模块、云平台、太阳能电池板、电源避雷器及安装支架构成。

在实际测量过程中，全功能测量模块通过无线网络实现对传感器数据的采集命令控制，在该系统内，数据可通过信息转换、信息处理、信息发送等流程，将传感器输出电压及电流等信号转换为数字信号，通过数字信号分析的方法获取相关信息。此外，在数据采集系统过程中，还综合考量环境因素、天气因素及灾害因素等影响，设置保护外壳及电源避雷器等方式，减少外界因素对数据采集系统运行产生的威胁。

自动测量单元可实现多个土压力传感器接入。当受外界环境因素影响，导致数据存在异常时，利用智能算法可实现异常数据判断，并触发后续数据采集及对比。当数据无异常问题后，可根据不同信号通道对应标识传输至云平台对应数据库中。土压力自动化监测数据报表图和曲线图见图 7 和图 8。

云平台集"云端采集""云端存储""云端管理""云端分析"一体，可以对监测数据进行分析处理、实时查询、报表打印及数据库备份，当数据超限或异常时，云平台可进行风险预警及状态评估。另外，太阳能电池板又实现了该自动化监测系统无室电野外作业的功能。

采用自动化监测的方式对超深基坑侧壁土压力施测，能够及时有效地获取高精度实时化的土压力数据，随时快速掌握超深基坑工程的技术指标，弥补了传统监测的诸多缺陷，在观测周期较长的超深基坑工程中还能有效地降低成本，提高经济效益。

5　结语

选择合适量程的合体型土压力传感器并采用气缸顶出法埋设，可以有效地解决应力集中以及地下结构安装中受力方向易出现偏差的问题，具备埋设有效、定位精准及观测数据更加准确真实的优点。通过自动化监测的方法观测土压力实现了数据实时自动采集，不仅节省了人力物力，数据实时性好，监测频率也任意可调，相关人员可以及时地掌握基坑侧

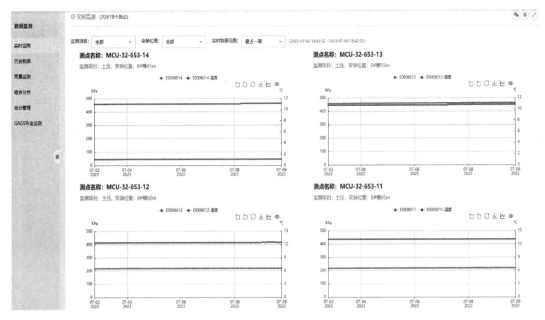

图7　土压力自动化监测数据报表图

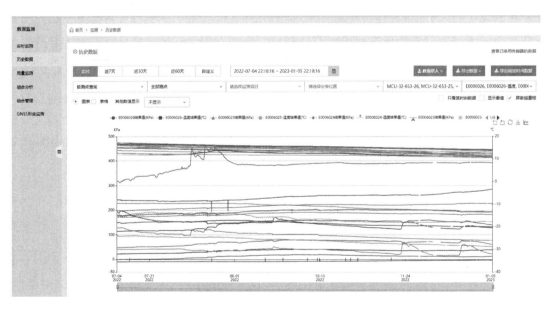

图8　土压力自动化监测数据曲线图

壁土压力变化情况的第一手资料。

　　本工程成功应用气缸顶出法与自动化监测对基坑侧壁土压力进行仪器埋设与观测，全面监控施工过程中侧壁土压力的变化情况，实现实时监测、24h不间断采集、自动对比预警，使施工现场能随时了解土压力变化情况，以便及时采取有关措施，调控施工步序与节奏，做到信息化施工，确保基坑施工顺利进行，在赢得经济性与安全性的同时，为此类超深基坑侧壁土压力仪器埋设与观测方法提供了工程经验。

参 考 文 献

［1］包时超. 自动化监测技术在基坑监测中的应用分析［J］. 智能建筑与智慧城市，2023（4）：138－140.

［2］王若茂. 对某超深基坑管涌事故的处理与思考［J］. 建设监理，2023（4）：71－72，86.

［3］李力，李海斌，赵庆攀. 深基坑工程自动化监测技术与实践［J］. 广东建材，2023，39（4）：53－55.

［4］陈友光. 黄河小浪底水利枢纽混凝土防渗墙观测仪器的埋设［C］//中国水利学会地基与基础工程专业委员会. 98 水利水电地基与基础工程学术交流会论文集［M］. 天津：天津科学技术出版社，1998：164－167.

［5］何衍兴，梅甫定，申志兵. 我国尾矿库安全现状及管理措施探讨［J］. 安全与环境工程，2009，16（3）：79－82.

［6］李彦坤，王珂，郝岳伟. 不同埋设状态下土压力盒砂标试验研究［J］. 岩土工程界，2008，11（11）：67－69.

［7］GB/T 13606—2007，土工试验仪器岩土工程仪器振弦式传感器通用技术条件［S］.

［8］龚丽飞. 分离卸荷式地下连续墙板桩码头结构与土相互作用研究［D］. 南京：南京水利科学研究院，2007.

［9］吴学银，王小龙，张楚楚. 自动化监测技术在电力工程监测中的应用［J］. 工程质量，2022，40（9）：55－58，72.

［10］许余亮. 深基坑工程中自动化监测技术的应用［J］. 城市道桥与防洪，2018，228（4）：166－171，19.

［11］魏长寿. 自动化监测技术在基坑监测中的应用［J］. 矿山测量，2018，46（6）：117－121，126.

基于不同降水保证率和风向条件下的湖山水库水质演化过程研究

苗晨阳[1]　龚丽飞[1,2]　姚雨萌[1]　龙玉桥[1,2]

(1. 南京水科院瑞迪科技集团有限公司，江苏南京　210029；

2. 水利部交通运输部国家能源局南京水利科学研究院，江苏南京　210029)

摘　要：依托湖山水库为研究对象，以降水保证率和风向条件为影响因素，对水库水质演化过程进行分析，探究湖山水库水质演化规律。结果表明：①模型模拟的水动力结果与实测结果较为吻合，表明模型选取参数合理；②水动力模拟方面，不同降水保证率下库区流场与流速分布规律相似，库区中部流速分布较均匀且变化较小；③水质模拟方面，各降水保证率下库区中部监测点和出库口监测点 COD 浓度变化规律相似，丰水期 COD 浓度明显高于平水期和枯水期；④湖山水库水质演化过程研究中降水保证率的影响因子较大，风向条件的影响因子较小。

关键词：降水保证率；中型水库；数值模拟；水质演化

当前，我国水环境安全问题面临严峻的形势，根据 2019 年国家环境保护局公布的数据，全国七大水系地表水监测断面中，Ⅰ～Ⅲ类水质占 71%，Ⅳ～Ⅴ类占 24.9%，劣Ⅴ类水质占 4.1%，有 29% 的江河湖库无法达到饮用水水源地标准[1]。

海南省位于我国最南端，是中国的经济特区、自由贸易试验区，但近年来海南省地区农业面源污染严重、畜牧水产业发展繁荣，由此引发大量污染物伴随河流、降雨径流等方式进入水库，造成严峻的水库水环境问题，特别是水源地水库的饮水安全问题。因此，水环境治理迫在眉睫，需要寻求有效的水质提升措施，而水库水质分布和变化规律的研究是水质提升的基础。

学者们在大量湖库模型上进行水质分布和变化规律研究，总结出水质分析、评价、模拟研究的方法[2-6]。前人主要在水动力模型基础上对水质进行模拟分析，而基于不同条件的水动力对中小型水库水质的影响研究较少，因此本文采用水动力模型及对流扩散模型，分析不同降水保证率下典型年的水质指标 COD、NH_3-H、TP 在时间和空间上的分布规律，探究不同水文条件对水质指标的影响规律，这对水环境整治具有重要意义，以期为水库水环境修复提供决策依据。本文先介绍了研究区概况、数值方程、模型边界，再对不同情景下的湖山水库进行数值模拟，最后将计算分析结果进行分析、对比、总结。

作者简介：苗晨阳（1993—　　），男，江苏常州人，硕士研究生，主要从事水环境治理咨询设计工作。

通信作者：龙玉桥（1984—　　），男，广东英德人，博士研究生。

1 研究方法

1.1 研究区概况

湖山水库位于中国海南省文昌市，地处阶地平原区，于 1958 年春兴建，是一宗以灌溉为主、兼防洪、发电、养殖等综合利用效益较好的中型水库。湖山水库流域雨季为每年 5—10 月，降雨量约占全年总量 85%；枯季为每年 11 月至翌年 4 月，降雨量仅占全年总量 15% 左右。目前湖山水库水质现状为 Ⅳ 类，水质未达到湖山水库二级保护区地表水 Ⅲ 类水质标准要求。

1.2 研究数据

本文研究所用水库水位、降雨蒸发数据来源于湖山水库管理站提供的湖山水库主要观测成果日、月报，模型初始水质数据依据湖山水库北山村河流环境质量点位的连续监测数据。

2 模型建立

水质数学模型是指水体含有物（包括化学物质、热、放射性物质、生物体）因水动力和生物化学作用而发生的物理的、化学的和生物学的各种反应，形成错综复杂的迁移转化过程所做的数学描述和模拟[7]。目前广泛应用于湖库水质模拟的数模软件有 EFDC[8]、ROMS[9]、FVCOM[10]、MIKE21 等。麻蓉等[11] 建立 MIKE21 水动力模型，在典型降雨情况下模拟了研究区域内的积水过程。冯静[12] 利用水动力数值模拟正确给出研究海域全场的水动力状况分布。梁云等[13] 基于 MIKE21 水动力模型研究了洪泽湖的水位变化过程。郭凤清等[14] 构建了二维水动力模型，得到潖江蓄洪区的洪水演进模拟结果。袁雄燕等[15] 在二维数值模拟中，确定模型在桥渡壅水计算中的适用性。根据前人常用水质数值模拟方法，本文选用二维水动力水质模拟方法。

2.1 研究区域网格划分

本文以湖山水库为研究对象，根据库区在卫星图上的实际水面形状，以现有水面边界资料、地形资料、DEM 数据为基础，采用 GIS 技术对湖山水库边界和地形进行处理，得到水面边界和地形点坐标（北京 1954 坐标系），确定研究区域模拟范围及水库地形状况。

湖山水库现状水面面积 $4.937km^2$，数字化水面边界轮廓导入后进行网格剖分，划分为非结构化三角形网格，模型共概化了 558 个网格节点，834 个网格。计算网格布置示意图和地形高程示意图见图 1，其中，point 1 为入库口监测点，point 2～point 4 为水库中部监测点，point 5 为出库口监测点。

2.2 模型边界定解条件

COD、$NH_3 - N$、TP 初始质量浓度采用湖山水库取水口实测值，分别为 19mg/L、0.37mg/L、0.09mg/L，由于入库河流白芒溪水质较差，常年监测水质指标超出地表 Ⅴ 类水，本次计算进水水质假设为地表 Ⅴ 类水，其中 COD、$NH_3 - N$、TP 浓度分别为 40mg/L、2mg/L、0.2mg/L。

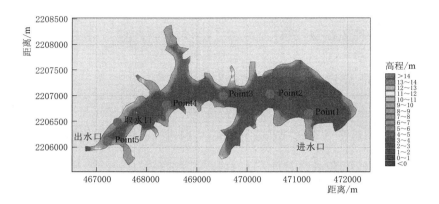

图 1　湖山水库模型网格划分和地形高程示意图

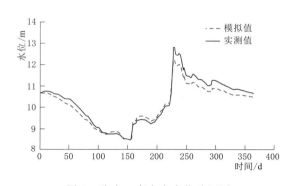

图 2　取水口率定点水位验证图

2.3　模型参数率定与验证

为保证湖山水库水动力模型模拟的精确性和可行性，需要对二维水动力模型选取的参数进行率定和验证。数值模拟计算2018 年 1—12 月的水库率定点水位值时间序列，与湖山水库逐日库水位相比可得的验证结果见图 2。率定点模拟水位与实测水位绝对误差最大值小于 0.6，相对误差小于 4.7%，模拟水位与实测水位整体上拟合较好且水位的升降走势保持一致。

但在下半年峰值附近有所偏离，一方面是用于数值模拟的水库边界轮廓与现实情况有一定的偏差，用于计算的大断面地形可能并没有与实际地形完全吻合，水库在汛期有回水淹没现象，而水面特征曲线与库容特征曲线是在静水条件下建立的，同时实测水位可能因为客观因素产生测量误差。因此，综合分析后得到此计算模型是合理可行的。

3　计算方案与结果分析

3.1　计算方案

典型年主要依据所求的河网地区的降水量资料进行选取，考虑该河网流域内的雨量站现存的所有的年降水量资料，数据来源于湖山水库管理站日观测记录，再采用 P-Ⅲ型水文频率分析法对数据进行整理归纳，求出不同保证率的典型年份，根据湖山水库 1989—2018 年降雨资料分析可得，10% 降水保证率下典型年份为 1997 年（丰水期），50% 降水保证率下典型年份为 1992 年（平水期），90% 降水保证率下典型年份为 2003 年（枯水期），图 3 为不同降水保证率下典型年降水过程柱状图。

本次计算方案主要研究不同降水保证率下典型年对湖山水库取水口水质的影响。风速取海南省海口站日实测平均风速，具体计算方案见表 1。

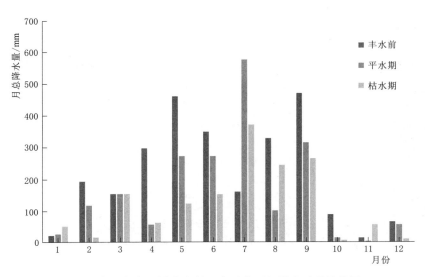

图 3 湖山水库不同降水保证率下典型年降水过程柱状图

表 1　　　　　　　　　　　　　湖山水库水质模拟计算方案表

方案号	风向	降水保证率/%	时期	典型年
1	无	10	丰水期	1997
2	实时风向	10	丰水期	1997
3	无	50	平水期	1992
4	实时风向	50	平水期	1992
5	无	90	枯水期	2003
6	实时风向	90	枯水期	2003

3.2　水动力模型计算结果

3.2.1　不同降水保证率对水动力的影响

　　对添加实时风向的水动力模型进行求解，得水动力模型总水深变化图（图 4）。各个降水保证率下不同监测点总水深变化规律相同，水库总水深由入库口到出库口呈现出先升高后降低的趋势，水库中部总水深最高。丰水期监测点总水深明显高于平水期、枯水期，且波动幅度较大。枯水期由于降雨量小，总水深变化较小，基本稳定在固定值。

　　水库四周地势高，中间地势低，水库水深由中部向四周呈逐渐变浅的趋势，死角区域水深最小，东部区域水深最大（见图 5）。丰水期、平水期及枯水期湖山水库水深分布规律相似，丰水期总水深较其他两个时期明显增高。

　　不同降水保证率下库区流场与流速分布规律相似，库区中部流速分布较均匀且变化较小，一般在 10^{-3} m/s 数量级左右，暴雨降临时流速可达到 10^{-2} m/s 数量级。只有在入库口和出库口，水流流速较高且变化较大。丰水期和平水期流速波动频率明显大于枯水期，入库口最高流速达 0.06m/s，出库口最高可达 0.35m/s。监测点流速变化见图 6。

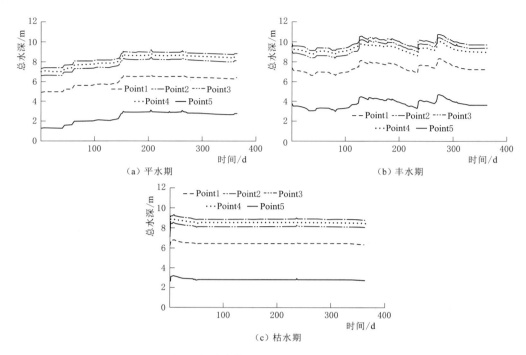

图 4　水动力模型监测点总水深变化图

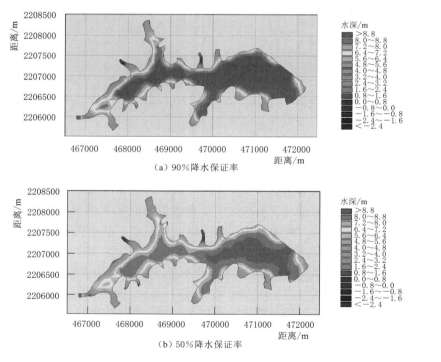

图 5（一）　水动力模型运行 1 年后等水深线图

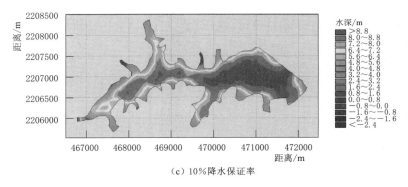

（c）10%降水保证率

图 5（二）　水动力模型运行 1 年后等水深线图

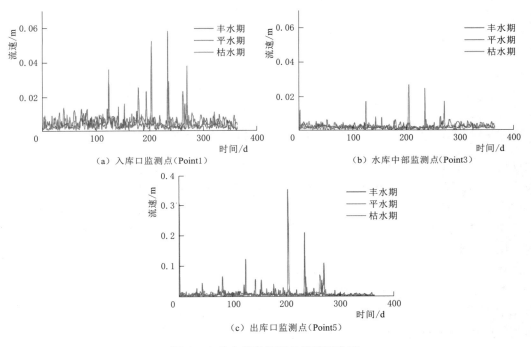

（a）入库口监测点（Point1）　　　　　　　　（b）水库中部监测点（Point3）

（c）出库口监测点（Point5）

图 6　水动力模型监测点流速变化图

3.2.2　同一降水保证率下风对水动力的影响

本节主要考虑风速和风向影响，得到方案 1、方案 2 的监测点流速变化图（图 7）。湖山水库丰水期水流高速区主要集中在入库口 A 及出库口，达到 10^{-2} 数量级，水库中部监测点流速均值较小，明显小于入库口及出库口，仅有 10^{-3} 数量级。湖山水库丰水期有风模型监测点流速明显高于无风模型，两者流速极值点基本相同，考虑暴雨来临时库区各区域流速瞬间增大，此时流速受风影响较小。

3.3　水质模型计算结果

3.3.1　不同降水保证率对水质的影响

对湖山水库水质模型进行模拟，得到不同降水保证率下典型年的水库水质主要污染物

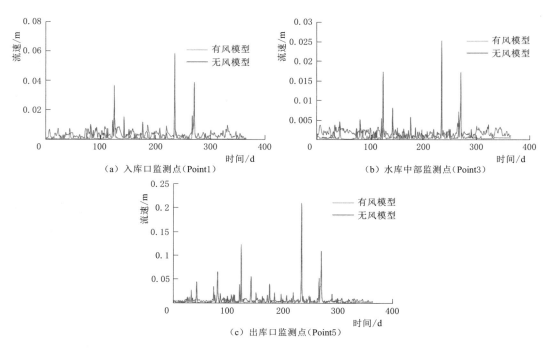

图 7　无风及有风模型监测点流速图

浓度场分布图（图 8）。在水质模型运行期，开始入流后，在入流附近污染物质量浓度较大，并且在流速梯度的作用下，污染物质量浓度从入库口到达水库后逐级递减，迅速向库区中央扩散，而在距离入流口较远的区域，COD 质量浓度几乎与初始值相同，表明该时段污染物以扩散为主，降解作用很小。丰水期水库整体 COD 浓度明显大于平水期、枯水期，说明丰水期降雨量大，雨水汇入水库上游后进入水库，导致入库水流流量增大，入库污染物总量增大，从而使水质 COD 浓度升高。

湖山水库入库口监测点各个降水频率下 COD 浓度波动幅度较大，当暴雨来临时，COD 浓度急剧上升，暴雨褪去时，COD 浓度明显下降，见图 9。各降水保证率下库区中部监测点和出库口监测点 COD 浓度变化规律相似，丰水期 COD 浓度明显高于平水期和枯水期。

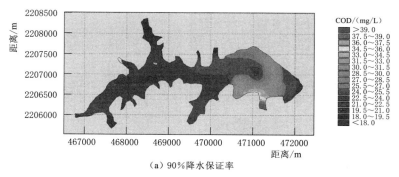

（a）90%降水保证率

图 8（一）　不同典型年下 COD 浓度场分布

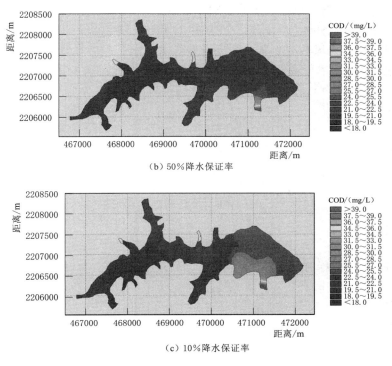

（b）50%降水保证率

（c）10%降水保证率

图 8（二）　不同典型年下 COD 浓度场分布

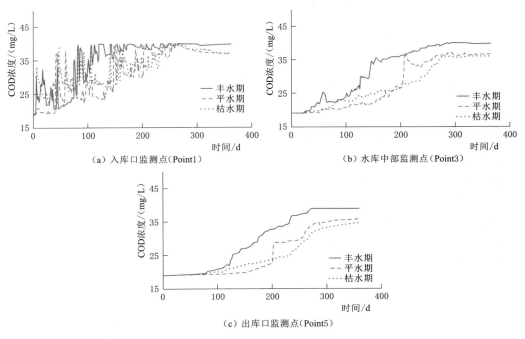

（a）入库口监测点（Point1）　　　　　　（b）水库中部监测点（Point3）

（c）出库口监测点（Point5）

图 9　不同降水频率下模型监测点 COD 浓度变化图

3.3.2 同一降水保证率下风对水质的影响

本节主要考虑风速和风向对水质分布规律的影响,对丰水期湖山水库模型进行水质模拟,得到有风模型和无风模型水质主要污染物浓度场分布图(图10)。湖山水库丰水期监测点中无风模型COD浓度高于有风模型,说明库区水流在风的影响下,污染物扩散更快,COD浓度分布更均匀。

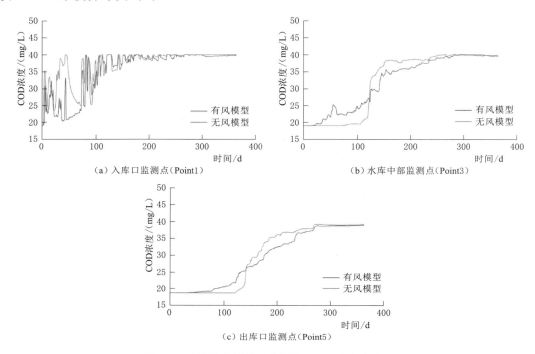

(a)入库口监测点(Point1)

(b)水库中部监测点(Point3)

(c)出库口监测点(Point5)

图10 无风及有风模型监测点COD浓度变化图

3.3.3 库区取水口污染物指标变化规律

本节分析湖山水库取水口在不同降水保证率下水质指标变化规律,图11为水库取水口COD、NH_3-N、TP浓度变化曲线图。水库取水口COD、NH_3-N、TP浓度随时间变化规律相似,说明影响水库水质指标的主要影响因素为扩散作用,而不同污染物的降解系数对取水口各水质指标的影响较小。不同时期水库取水口各水质指标在第一季度基本保持不变,在第二、第三季度上升速度很快,在第四季度趋于稳定,这可能与当地降水规律有关,第二和第三季度为雨季,导致污染物入库速率加快,从而使取水口水质指标升高。丰水期、平水期、枯水期三者相比,丰水期库区取水口各污染物浓度最高,其次是平水期,最后是枯水期,这主要与不同降水保证率下典型年的降雨总量有关。

4 结语

(1)模型模拟的水动力结果与实测结果较为吻合,表明模型选取参数合理,模型能够用于湖山水库水动力和水质模拟。

(2)水动力模拟方面,模拟结果较好地呈现了湖山水库的水位、水流流速分布。不同

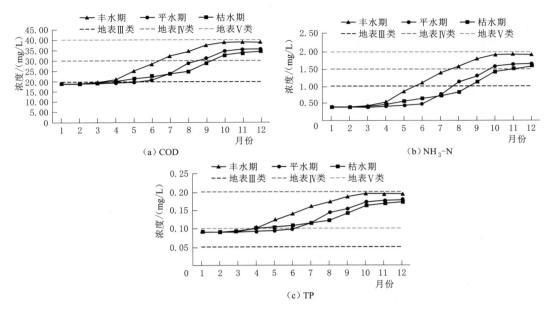

图 11　水库取水口 COD、NH_3-N、TP 浓度变化曲线图

降水保证率下库区流场与流速分布规律相似，库区中部流速分布较均匀且变化较小，只有在入库口和出库口，水流流速较高且变化较大。丰水期有风模型监测点流速明显高于无风模型，两者流速极值点基本相同，考虑暴雨来临时库区各区域流速瞬间增大，此时流速受风影响较小。

（3）水质模拟方面，入库口监测点各个降水保证率下 COD 浓度波动幅度较大。各降水保证率下库区中部监测点和出库口监测点 COD 浓度变化规律相似，丰水期 COD 浓度明显高于平水期和枯水期。丰水期监测点中无风模型 COD 浓度高于有风模型。库区取水口各水质指标在第一季度基本保持不变，在第二、第三季度上升速度很快，在第四季度趋于稳定。丰水期库区取水口各污染物浓度最高，其次是平水期，最后是枯水期。

（4）综上所述，湖山水库水质演化过程研究中降水保证率的影响因子较大，风向条件的影响因子较小。

参考文献

［1］　秦昌波，李新，容冰，等. 我国水环境安全形势与战略对策研究［J］. 环境保护，2019，47（8）：20-23.

［2］　马太玲. 湖库水质评价及水质模拟预测方法研究［D］. 呼和浩特市：内蒙古农业大学，2007.

［3］　徐小明. 大型河网水力水质数值模拟方法［D］. 南京：河海大学，2001.

［4］　谷照升. 水库湖泊水质分析、模拟与预测的综合数学方法及其应用［D］. 长春：吉林大学，2006.

［5］　王丹丹. 河流总体水质评价方法研究及数值模拟［D］. 武汉：武汉理工大学，2009.

［6］　魏文龙. 稀疏水质数据条件下流域模型模拟效果改进方法研究［D］. 北京：清华大学，2014.

［7］　逄勇，等. 水环境容量计算理论及应用［M］. 北京：科学出版社，2010.

［8］ 黄轶康，李一平，邱利，等. 基于 EFDC 模型的长江下游码头溢油风险预测［J］. 水资源保护，2015，31（1）：91-98.

［9］ 崔可夫. 基于 ROMS 的渤海湾水动力学模型及其应用［D］. 天津：天津大学，2014.

［10］ 陈波昌，魏皓. FVCOM 模型在渤海湾潮流潮汐模拟中的应用［J］. 天津科技大学学报，2013，28（4）：40-43.

［11］ 麻蓉，白涛，黄强，等. MIKE21 模型及其在城市内涝模拟中的应用［J］. 自然灾害学报，2017，26（4）：172-179.

［12］ 冯静. MIKE21FM 数值模型在海洋工程环境影响评价中的应用研究［D］. 青岛：中国海洋大学，2011.

［13］ 梁云，殷峻暹，祝雪萍，等. MIKE21 水动力学模型在洪泽湖水位模拟中的应用［J］. 水电能源科学，2013，31（1）：135-137.

［14］ 郭凤清，屈寒飞，曾辉，等. 基于 MIKE21FM 模型的蓄洪区洪水演进数值模拟［J］. 水电能源科学，2013，31（5）：34-37.

［15］ 袁雄燕，徐德龙. 丹麦 MIKE21 模型在桥渡壅水计算中的应用研究［J］. 人民长江，2006（4）：31-32.

第二部分　港口工程

埋地 UPVC 管在水平荷载下的管土相互作用研究

刘建强　　桑登峰　　娄学谦

（中交四航工程研究院有限公司，广东广州　510231）

摘　要：埋地管道里程长，覆盖区域广，运行环境复杂，山体滑坡、地震断层以及冻融沉降等地质灾害将导致管道承受水平方向的附加荷载。采用模型试验模拟了 UPVC 管在水平荷载下的管土相互作用，重点研究了埋深、回填土密实度以及刚度等影响因素。结果表明，管周土体随埋深增加由整体剪切破坏模式向主、被动区发生土拱效应的局部剪切破坏模式过渡；埋深比越大、密实度越高和刚度越小的工况，其跨中位移越小；Ovesen 模型和 Hansen 模型对 UPVC 管极限土阻力有不同程度的高估或低估，而规范建议的屈服位移则远远低估了 UPVC 管中密砂和密砂工况下的屈服位移，实测值是规范预测值的 2～3 倍；通过试验数据验证，表明基于管端屈服位移的梁弯曲理论能够较好地预测柔性管道的最大纵向应变，更加适用于工程应用。

关键词：管土相互作用；UPVC 管；土阻力；DIC

1　引言

管道作为基础设施的关键部分，在能源、市政、水利、电力和农业等领域发挥着至关重要的作用。通常，埋地管线延绵数百公里长，覆盖区域广，运行环境复杂。山体滑坡、地震断层以及冻融沉降等地质灾害将导致管道承受水平方向的附加荷载，引发管道变形，造成管壁屈曲或凹陷，进而导致管道破裂、运输物质泄漏，影响管网系统的正常使用，甚至酿成安全事故。

工程实践中，基于非线性 Winkler 地基模型的数值或解析梁常被用于分析地层运动下的管土相互作用。在这些方法中，三个方向（轴向、侧向和竖向）上离散且互相独立的土弹簧被用于替代管道周围土体。部分土弹簧计算方法也被设计指南[1-2]收录并指导工程实践。然而，规范采纳的土弹簧均是基于刚性或半刚性管材（钢管、灰口铸铁管和混凝土管）难以发生管道截面变形和管身挠曲的假设发展而来[3-6]。相比传统的刚性管道，柔性管道（PVC 管、PE 管、PP 管等）具备质量轻、耐腐蚀、连接效率高、可抵抗大变形和无污染等优点[7]，符合绿色低碳的方针政策，近年来已得到快速发展。据统计，仅在 2001 年，柔性管道已占近 60%。

Xie 等[8]和 O'Rourke 等[9]利用离心机试验和数值模拟分析研究，发现基于弹性地基梁理论的管道荷载分析结果远高于 PE 管实测值，使用折减的 PE 管土弹簧刚度进行分析可以得到较为合理的结果。Ni 等[10]和 Saiyar 等[11]通过离心机试验和大型模型试验，指出现有分析方法预测的柔性管道应变值超过了实测值的 10 倍。尽管 Ha 等[12]和 Almahakeri 等[13]对 HDPE、GFRP 等管道展开了深入研究，但有关柔性管道荷载—位移曲线特征的试验研究依旧较少，管道埋深、刚度、回填土密实度和管径等对荷载—位移曲线特征的影响机理不明确，使得对柔性管道的精准分析缺乏理论基础。同时，柔性管道受荷过程中管道变形规律以及管周土体破坏机制未知，这将限制相关计算理论的发展。

本文的研究目的有：①考虑埋深比、回填土密度和管道壁厚等影响因素，设计并开展模型试验，研究各个参数对 UPVC 管荷载-位移曲线、挠度、极限土阻力以及屈服位移等特征的影响规律；②通过模型试验分析水平荷载作用下管道变形机制，研究不同工况下管身纵向应变、环向应变、弯曲应变以及轴向应变的发展规律。利用 DIC 技术捕捉试验过程中管道位移和周边土体的变形特征，重点揭示埋深比和回填土密实度等参数对土体破坏类型、剪切带发展规律等的影响机理。

2　试验装置

为满足试验需求，设计并制作了管土相互作用装置，试验装置如图 1 所示。试验装置主要由试验箱、加载系统和淋砂系统三部分组成。试验所采用的 UPVC 管外径 D ＝110mm。

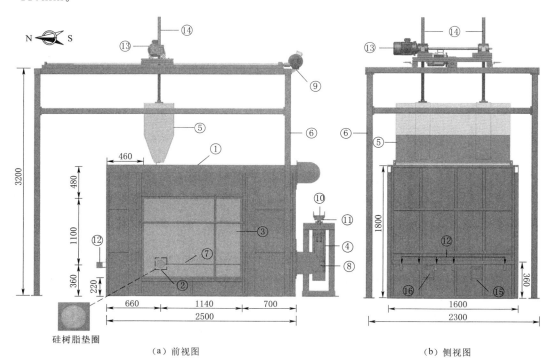

（a）前视图　　　　　　　　　　（b）侧视图

图 1　试验装置（单位：mm）

①—测试装置；②—测试管；③—透明亚克力板；④—液压电缸；⑤—砂漏；⑥—钢框架；⑦—牵引钢绳；
⑧—滑轮；⑨—电机；⑩—支撑梁；⑪—压力传感器；⑫—线性位移计；⑬—提升机；
⑭—提升杆；⑮—漏砂口；⑯—挡砂板

如图 1 所示，试验箱由钢框架、透明亚克力板、钢板以及漏砂口组成。加载系统主要由电缸、滑轮、支撑梁和牵引钢绳组成，可在计算机中直接控制加载系统。电缸有效行程为 250mm，额定推力为 110kN，常规调节速率为 10mm/s，满载压力情况下加载速率最

慢为 1mm/min，最快为 150mm/min。现有公开文献表明，常见的加载速率在 0.168～
150mm/min[13-19]，本试验加载速率选取 2.5mm/min。为实现高效便捷地将大体积砂土按
固定密实度填入试验箱内，设计了本试验中的淋砂系统。图 2 展示了试验装置的实物。

图 2　试验装置实物图

3　试验材料

综合考虑设备几何尺寸、工程常用管径以及操作难度等因素，本试验 UPVC 管的外
径选取为 110mm，长度为 1600mm，长径比 $L/D=14.54$，试验使用了 5.3mm 和 8.1mm
两种壁厚的管道。

为明确试验中 UPVC 管的拉伸强度、弹性模量、应力应变关系以及断裂伸长率等材
料特性，按照美国测试与材料学会发布的 ASTM D638-14 标准[20] 开展了拉伸测试。表
1 展示了壁厚分别为 5.3mm 和 8.1mm（拉伸速度为 5mm/min）的 UPVC 管详细材料
特性。

表 1　　　　　　　　　　　　　　UPVC 管 道 的 参 数

半径 D /mm	壁厚 t /mm	密度 /(kg/m³)	弹性模量 /MPa	拉伸强度 /MPa	屈服应变 /%	破坏应力 /MPa	破坏应变 /%	断裂伸长率 /%
110	5.3	1440	3530	42.9	3.2	38	117	96
	8.1		3590	44.7	3.4	36.3	121	83

本试验选用干燥的天然河砂，颗粒级配试验、最大最小干密度试验以及直剪试验均按
照 GB/T 50123—2019《土工试验方法标准》[21] 执行。试验用砂粒径范围为 0～5mm，有
效粒径 $d_{10}=0.11$mm，连续粒径 $d_{30}=0.25$mm，平均粒径 $d_{50}=0.53$mm，限定粒径
$d_{60}=0.80$mm，不均匀系数 $C_u=7.27$，曲率系数 $C_c=0.71$。因此，该天然河砂属于级配
不良土。河砂的最大干密度为 1.83g/cm³，最小干密度为 1.43g/cm³。

试验过程中，主要依靠砂漏雨淋和平板夯实来控制砂层的密实度。通过使用砂雨装置
将回填土以 1m 的高度淋入箱内，使用铁夯板进行机械压实，以达到所需的土体目标平均

密度。综合试验结果，选取两种砂层密度，分别为 1.66g/cm³ 和 1.75g/cm³，其对应的相对密度为 57%～79%，在砂漏淋砂后分别需要通过 1 次夯实和 7 次夯实来实现。天然河砂的内摩擦角 ϕ 采用常规四联直剪仪测量，根据选定的两种密度装样，垂直荷载分别设置为 50kPa、100kPa、150kPa 和 200kPa，开展慢剪试验，剪切速率为 0.02mm/min，当达到 6mm 剪切变形时停止采集数据。表 2 中总结了砂土的关键试验参数。

表 2 **砂土的关键参数**

密度	最大干密度 /mm	最小干密度 /(kg/m³)	相对密度 /MPa	d_{10} /mm	d_{30} /mm	d_{50} /mm	d_{60} /mm	C_u	C_c	峰值内摩擦角 ϕ/(°)
密砂	1.83	1.43	79	0.11	0.25	0.53	0.8	7.27	0.71	42.6
中密砂			57							37.3

4　试验仪器

试验采集了管道荷载、管道位移、土体位移以及管身应变等试验数据。将量程为 10kN、精度为 24.5N 的轮辐式压力传感器 ［图 3（c）］安装在电缸上部的支撑梁下，压力传感器下部的拉环与牵引钢绳相连，从而测量作用于管道的荷载。将 5 个量程为 400mm、精度为 0.02mm 的拉线位移传感器（LDT）固定在试验装置北侧钢板上。图 3（a）为仪器布设的正视图，展示了位移传感器与管道的连接布设情况，图 3（c）为管道安装好后的实物图。

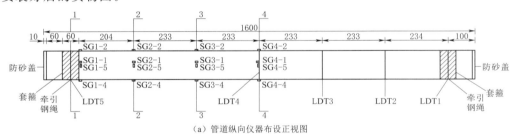

（a）管道纵向仪器布设正视图

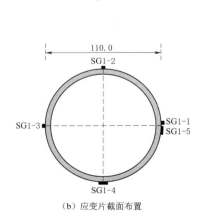

（b）应变片截面布置

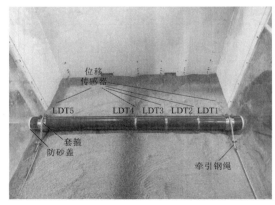

（c）实物图

图 3　仪器布设

试验采用了单轴应变片测量了管道的纵向应变和环向应变。图 3（a）展示了应变片布设的正视图，每根管道取 4 个截面，在间隔约 233mm 的截面处布置应变片，每个截面安装 3 个纵向应变片和 2 个环向应变片。应该注意到，由于应变片和粘合剂的刚度非常接近 UPVC 管的刚度，易造成应变片产生局部硬化从而导致读数过小[10,22]。为了获得修正系数，分别对两种壁厚的管道进行了三点弯曲试验。具体方法已在之前的出版物中详细介绍[10]。UPVC 管总共承受 8 个增量载荷，每个载荷增量为 40kg。比较试验测得的弯曲应变和计算的弯曲应变，壁厚为 5.3mm 和壁厚为 8.1mm 的管道的平均修正系数分别为1.58 和 1.40。

数字图像相关（DIC）是一种连续变形测量技术。White 等[23] 基于数字图像相关技术开发了 Geo - PIV 图像处理程序，该程序适用于岩土工程领域的可视化研究，根据White 等[23] 推荐的误差计算方法，随机误差为 0.012 像素。为保守起见，此处的随机误差取为 0.1 像素，目标拍照区域最大尺寸约为 1750mm×1000mm。因此，GeoPIV - RG所测量的位移精度为 0.046mm。

5　试验方案

本文共计开展了 5 组试验，分别研究了埋深比 H/D、回填土相对密实度 D_r 以及壁厚 t 对管土相互作用规律的影响，其中第 1、2、5 组考虑了变量埋深比 H/D 的影响，第2、3 组考虑了变量回填土相对密实度 D_r 的影响，第 2、4 组考虑了变量壁厚 t 的影响，各试验工况及对应的参数汇总在表 3 中。

表 3　　　　　　　　　　　　　　　试　验　方　案　和　结　果

序号	埋深 /mm	H/D	壁厚 t /mm	刚度 EI_z /(kN·m²)	D_r /%	F_u /kN	N_{qh}	y_u /mm	y_u/D
1	220	2	5.3	4.55	84	7.08	11.75	17.98	0.16
2	550	5	5.3	4.55	84	26.58	16.02	39.17	0.36
3	550	5	5.3	4.55	63	18.60	11.33	62.56	0.57
4	550	5	8.1	6.80	84	24.65	14.86	49.68	0.45
5	880	8	5.3	4.55	84	43.78	16.49	72.27	0.66

6　试验结果

6.1　破坏机制

图 4 为不同埋深比下管道在屈服位移时的累积位移矢量和位移云图。与现有公开文献中的发现相似[15,16,25,26]，管道周围土体可被划分成主动区、被动区和静止区。根据位移云图结果确定 3 个区域边界，分别用 a_1、a_2、p_1 和 p_2 标记出主动区和被动区的破裂面。此外，累积位移矢量和位移云图展示了管道初始位置和发生屈服位移时刻的位置。

在埋深比为 2 时，管周土体破坏类型为整体剪切破坏，无论是主动区还是被动区都延伸至地表。漏斗型的静止区则将主动区和被动区分隔开。从累积位移矢量图中可以看出，主动区上方形成了一个凹槽，被动区上方则出现了土体隆起的现象。主动区和被动区内越

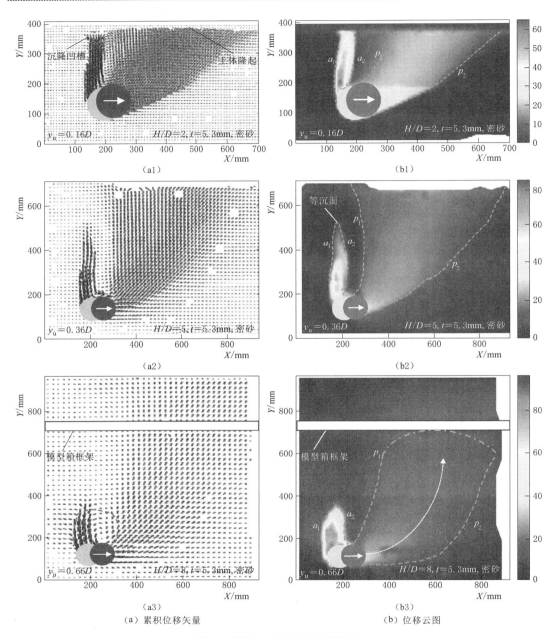

（a）累积位移矢量   （b）位移云图

图 4　埋深比对破坏机制的影响

靠近管道的土体位移越大，在试验过程中主动区和被动区自下而上逐渐形成并最终延伸至地表，不同工况的剪切带均出现了这一特征。对于埋深比为 5 的工况，可以发现管周土体破坏类型介于整体剪切破坏和局部剪切破坏之间，属于过渡模式。主动区高度约为 3.3D，并没有扩展至地表，而被动区则延伸至地表非常明显，主动区上部存在土拱现象，破裂面顶端即为等沉面，顶端以上的土体位移相等，且几乎为 0，该现象也在埋深比为 8 的工况中出现。当埋深比为 8 时，管周土体破坏类型为过渡模式。主动破坏区只发展到管道上方 2.3D 高度范围,剪切带难以达到地表。此外,破坏区内发生了土拱效应。可以看到,被动破坏区的土体位移随高度上升而逐渐减小(沿白色虚线箭头方向),土体间产生了相对位移,下部土体中的应力向上部未被破坏的土体传递。如前所述,UPVC 管在试验过程中发生了明显的挠曲,管端逐渐陷入了土体内,这也将限制被动区剪切带的发展。值得注意的是,从累积位移矢量图中可以看到在管道正上方出现了绕流现象,但与钢管等刚度更大的试验结果相比[25],该现象更不明显。

总结发现,UPVC 管侧向土阻力随着埋深比增加主要归因于:①被动破坏区面积增加从而调动了更大的土体自重反力;②被动破坏区的破裂面长度随着面积增加而增大,导致破裂面总剪应力增加。此外,相比于刚性管而言,UPVC 管的挠曲现象以及在深埋条件下发生的土拱效应会导致侧向土阻力减小。

6.2 荷载位移曲线

图 5 汇总了试验中各工况下管道的荷载-端部位移曲线,管端位移为管道两端位移(LDT1 和 LDT5)的平均值。如图 5 所示,管道在受荷初期荷载-位移呈现近似线性关系,随着管道位移增大,荷载增加的速率逐渐降低,直至到达峰值点(图中已用箭头标出),管道响应整体上是非线性的。峰值点对应的荷载被定义为极限土阻力 F_u,对应的位移称为屈服位移 y_u,本文中屈服位移 y_u 均表示管端的屈服位移。表 3 汇总了各工况的试验结果。

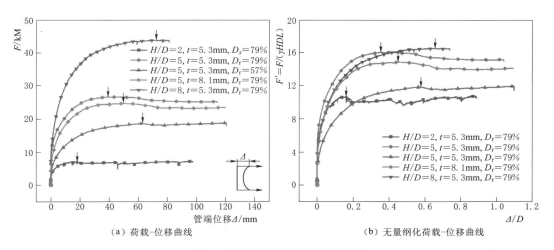

(a) 荷载-位移曲线 (b) 无量纲化荷载-位移曲线

图 5 管道荷载-端部位移曲线

对比图 5 (a) 中不同工况下的曲线可知,在埋深比 H/D 为 2 和 5 的密砂工况下,土阻力在达到峰值后将小幅度降低,随后保持稳定,这种现象被称作荷载软化。与刚性管密砂状态下的力-位移曲线规律[6,16,25] 不同,UPVC 管在密砂中的荷载软化现象更不明显。对于中密砂,土阻力在达到峰值荷载后小幅度降低,此后荷载随着位移缓慢线性增长,这种现象则被称作荷载硬化。而对于埋深比 H/D 为 8 的密砂工况,荷载软化则受到限制,并出现了一定的硬化现象。由图 5 (b) 可知,无量纲峰值荷载随着埋深比和密实度的增大而增大。值得注意的是,相比于埋深比为 $H/D=5$ 的工况,$H/D=8$ 工况下的无量纲极限土阻力增幅较小，这一现象也在 Wu 等[15] 的试验中出现。

6.3 管道挠度

UPVC 管跨中挠度与荷载的关系。管道要达到相同的跨中挠度，在埋深比更大或者密实度更高的工况下所需调动的荷载更大。当埋深比 $H/D=5$、$D_r=79\%$ 时，壁厚 8.1mm 的 UPVC 管在试验结束时的挠度为 59.8mm，而壁厚 5.3mm 的 UPVC 管的挠度为 74.6mm。这主要因为壁厚 8.1mm 的管道的抗弯刚度（EI_z）大于壁厚 5.3mm 的管道。图 6（b）对比了 Almahakeri 等[27] 的试验结果。可以发现，钢管跨中挠度与荷载呈明显的线性关系，而 GFRP 管和 UPVC 管的挠度与荷载均为非线性关系。中密砂工况下，UPVC 管的挠度大于 GFRP 管和钢管。这再次说明了在相同条件下，刚度越大的管道在荷载结束时挠度越小。同时，这还意味着在滑坡、断层以及隧道开挖导致土体扰动等地质灾害中，UPVC 管相比于钢管和 GFRP 管或许具有更大的优势，它可以通过产生较大的挠度协调管土相对变形，而管壁不发生屈服或拉伸破坏。

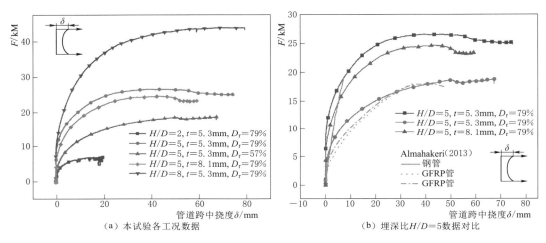

（a）本试验各工况数据　　　　　　　　　　（b）埋深比 $H/D=5$ 数据对比

图 6　跨中挠度与荷载的关系

图 7 显示了在 50%、75%、85%、95% 和 100% 峰值荷载下，沿管道全长的各截面位移。可以发现，在埋深较浅的情况下，管道两端易发生轻微的倾斜，但在埋深较大时，倾斜程度减缓。而在 Almahakeri 等[27] 的研究中，埋深较小时管道两端不易发生倾斜，埋深较深时管道两端倾斜较为明显。这或许由于试验装置、加载方式以及试验步骤的不同，使得本文试验现象与 Almahakeri 等[27] 观察的情况相反。以埋深比 $H/D=8$ 为例，尽管 UPVC 管道端部位移在峰值点时约为 70mm，然而管道跨中截面几乎保持静止，这也是 UPVC 管与其他刚度较大管道之间的区别[27]。

6.4 极限土阻力

无量纲化极限土阻力又称承载能力系数或破坏系数，图 8 展示了无量纲化极限土阻力随埋深比变化的规律。可以看出，无量纲化极限土阻力随埋深比增加而逐渐增大，但相比于埋深比为 5 的工况，埋深比为 8 时增幅仅有 3%。此外，在埋深比为 5 时，密砂中（$\phi=42.6°$）管道的无量纲化极限土阻力比中密砂工况（$\phi=37.3°$）增加了近 42%，

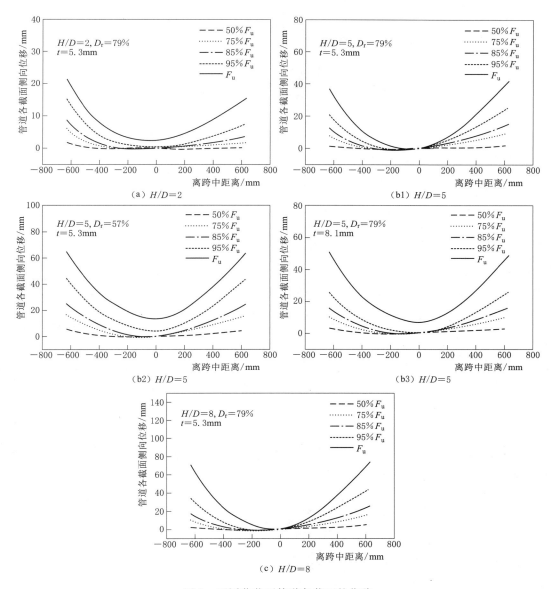

图 7 不同荷载下管道各截面的位移

表明了密实度对 UPVC 管无量纲化极限土阻力有较大的影响。

图 8 中还对比了美国土木工程师协会设计指南[2]（ASCE 1984）关于管道在不同埋深比和内摩擦角条件下给出的设计值。可以发现，无论是中密砂还是密砂，规范中 Hansen 模型建议值都远大于 UPVC 管的实测值。随着埋深比的增大，Hansen 模型建议值和实测值之间的差值逐渐增加。在埋深比为 8 的密砂工况下，Hansen 模型建议值给出的无量纲化极限土阻力甚至达到了 UPVC 管实测值的 2.2 倍。但是，规范中 Ovesen 模型建议值均低估了中密砂以及密砂中的实测值。在埋深比为 2 时，密砂中 Ovesen 模型建议值的误差达 25%。由于 UPVC 管无量纲化极限土阻力随着埋深比增大，增速逐渐降低。因此，规

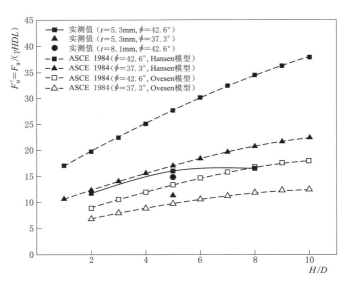

图 8　无量纲极限土阻力与埋深比的关系

范中 Hansen 模型在更大埋深比的情况下 （$H/D \geqslant 8$），对 UPVC 管的预测误差还将进一步增加。尽管 Ovesen 模型在 $H/D = 8$ 时与实测值吻合得很好，但可以预见的是，随着埋深比的增大，Ovesen 模型也将高估 UPVC 管的无量纲极限土阻力。应该指出的是，ASCE 1984 设计指南属于旧规范，共提供了两种模型。然而，新规范 ALA 2001 只保留了 Hansen 模型，其计算结果偏于保守。

6.5　屈服位移

根据图 9 中无量纲化屈服位移汇总结果可知，UPVC 管在峰值点时所对应的无量纲化屈服位移随着埋深比和壁厚增加而逐渐增加，随密实度的增加而减小。在同一埋深比

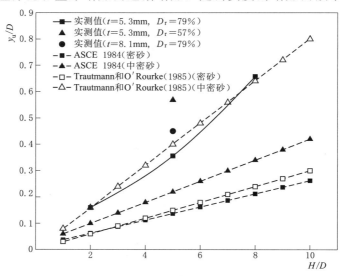

图 9　无量纲化屈服位移与埋深比的关系

下，中密砂工况的无量纲化屈服位移相比密砂工况增加了 58%，壁厚 8.1mm 与壁厚 5.3mm 的两种管道的无量纲化屈服位移差值约为 0.09。

此外，图 9 中还展示了美国土木工程师协会规范[2]（ASCE 1984）以及 Trautmann 和 O'Rourke[6] 给出的推荐值。可以发现，对于中密砂和密砂，两者给出的推荐值均低估了 UPVC 管的屈服位移，尤其是在埋深比较大的工况。ASCE 1984 规范值比 Trautmann 和 O'Rourke[6] 的推荐值低估程度更大，在埋深比为 5 的中密砂工况，实测值是 ASCE 1984 规范值的 2.6 倍。在埋深比为 8 的密砂工况下，实测值甚至是 ASCE 1984 规范值的 3.1 倍。Trautmann 和 O'Rourke[6] 给出的中密砂状态下屈服位移的推荐值比较接近 UPVC 管密砂状态下的实测值。由于 ASCE 1984 规范和 Trautmann 和 O'Rourke[6] 推荐值均是基于刚度较大的管道试验结果发展而来，从而导致给出的公式并不适用于 UPVC 柔性管道的分析。此外，屈服位移也受到试验装置、加载方式和回填土密实度控制方法等条件的影响[28-29]。

6.6 管道应变

从试验中收集了管道 4 个截面处共 12 组纵向应变数据集，所有的应变数据通过修正系数进行修正。本文规定拉应变为正，压应变为负，应变编号中第一个数字为管道截面编号，第二个数字为应变片在横截面上的位置编号。为了简便，图 10 仅展示了试验 1 和试验 2 测量的纵向应变结果。图中使用箭头标记了管道达到峰值点时的位置。总体而言，同一截面处，管道前侧应变 ε_f 和后侧应变 ε_r 符号相反，量值接近。可以发现，管道最大纵向应变并非与极限土阻力同时出现，而是滞后于极限土阻力。以图 10（b）中 SG4-1 为例，试验结束时的 UPVC 管应变甚至是峰值时刻应变的两倍多。此外，管道截面 1 处的应变出现了不稳定的现象，这或许是因为截面 1 处应变片非常靠近钢制套箍，从而在试验过程中受到套箍的影响。

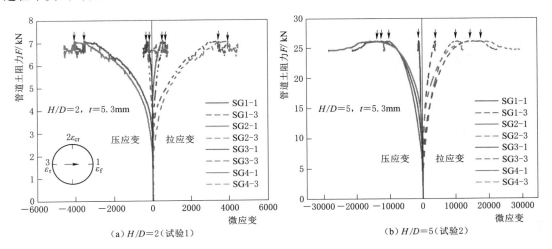

（a）$H/D=2$（试验1）　　　　　　（b）$H/D=5$（试验2）

图 10　纵向应变随载荷的变化

图 11 展示了试验 2 和试验 5 测量的环向应变结果。埋深比 $H/D=8$ 的工况最大环向应变为 1%，已达到该工况最大纵向应变值的 1/3。多个管侧环向应变片的绝对值［如图

11（a）中 SG1-5、SG2-5］，随着荷载增加，而后又逐渐减小，这是管道发生抬升旋转导致的。各组试验中管道都产生了环向变形，除第一组试验外，最大的环向应变绝对值都出现在管道跨中，且随着埋深比和密实度增加而增加，与管道刚度成反比。这证实 UPVC 管在水平荷载作用下产生了截面变形，埋深比、回填土密实度以及管壁厚度对管道截面变形有影响，易造成 UPVC 管运送能力降低。

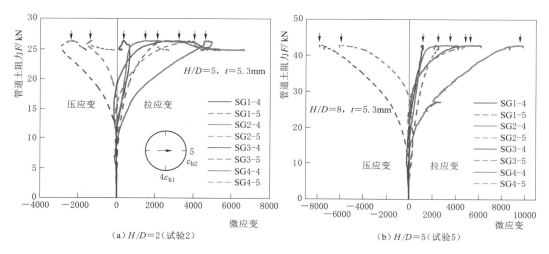

（a）$H/D=2$（试验2）　　　　　　　　　（b）$H/D=5$（试验5）

图 11　环向应变随载荷的变化

Cholewa 等[22] 提出了一种计算管道最大应变的梁弯曲理论，见式（1），把受水平向土阻力的管道视作梁结构，基于梁弯曲理论可以计算出管身的最大纵向应变。

$$\varepsilon_{\max} = \kappa_{\max} \frac{D}{2} = f \frac{D\delta}{i^2} \tag{1}$$

式中：$\varepsilon_{\max}$ 为最大纵向应变；$\kappa_{\max}$ 为峰值曲率；i 为每个拐点（曲率为 0 的点）与最大纵向应变（或最大曲率）位置的距离，i 和 D 的值取决于管道破裂的几何形状和土壤材料；δ 为管道应变最大值处的挠度；f 为施加在梁上水平向荷载模式的函数，当荷载为集中荷载时，$f=1.5$，当荷载为均布荷载时，$f=1.2$。对于本文试验，可以合理地假设实际载荷结构介于集中荷载与均布荷载之间。

为了验证式（1）是否满足梁弯曲理论，使用式（1）计算 UPVC 管道跨中的 $\varepsilon_{\max}$，并结合本文的水平荷载下的 UPVC 管试验数据进行对比。与前人研究不同的是，此处考虑了 UPVC 柔性管沿纵向方向大挠度变形，可以合理地考虑使用管端屈服位移 y 代替挠度 δ 用于计算最大纵向应变。在本文试验中，最大纵向应变出现在管道跨中。表 4 展示了实测的最大纵向应变与计算的最大纵向应变。实测值与基于 y_u 计算的应变最大误差值在 0.13 以内，除第四组试验外，实测应变均在计算的应变范围之中。而基于 δ 计算的应变最大误差值在 0.06 以内，三组实测应变处于计算的最大纵向应变范围内。因此，出于对工程的安全性考虑，选择基于 y_u 计算的最大柔性管道纵向应变方法是更加合理的。

表 4 实测和计算的最大纵向应变

序号	y_u /mm	δ /mm	i /mm	基于 y_u 计算的应变/%		基于 δ 计算的应变/%		实测应变 /%
				$f=1.2$	$f=1.5$	$f=1.2$	$f=1.5$	
1	17.60	15.93	670	0.52	0.65	0.47	0.59	0.63
2	39.60	38.70	670	1.16	1.46	1.14	1.42	1.43
3	62.70	50.70	670	1.84	2.30	1.49	1.86	1.92
4	49.50	43.14	670	1.46	1.82	1.27	1.59	1.33
5	72.60	71.61	670	2.13	2.6	2.11	2.63	2.46

7 结论

本文基于管土相互作用试验装置、多种传感器及 DIC 技术,考虑了埋深比、回填土密度以及管道壁厚等因素,开展了水平荷载作用下 UPVC 管-土相互作用研究,分析了力-位移曲线、极限土阻力、屈服位移以及破坏机制等特征。主要结论如下:

(1)埋深比、回填土密度对土体破坏机制有较大影响。埋深比为 2 时,土体破坏类型为整体剪切破坏,埋深比为 5 和 8 时,土体破坏类型均属于过渡型;主动区和被动区均发生了土拱效应。中密砂工况下的被动破坏区发展速度小于密砂工况,从而导致密砂中 UP-VC 管屈服位移小于中密砂工况。

(2)在埋深比较小时,UPVC 管道荷载位移曲线出现了荷载软化现象,但相比刚性管而言,UPVC 管在密砂状态下的荷载软化现象更不明显。深比越大、密实度越高和刚度越小的工况,其跨中位移和管道挠度越小。与刚性管道不同,UPVC 管道跨中挠度与荷载呈非线性关系,回填土密实度、埋深比以及壁厚对管道挠度均有显著影响

(3)随着埋深比增大,无量纲极限土阻力增幅减小。Ovesen 模型和 Hansen 模型对 UPVC 管极限土阻力均有不同程度的高估或低估。现有常用计算方法则远远低估了 UP-VC 管中密砂和密砂工况下的屈服位移,如埋深比为 5 的中密砂工况,实测值是 ASCE 1984 规范值的 2.6 倍;在埋深比为 8 的密砂工况下,实测值甚至是 ASCE 1984 规范值的 3.1 倍。这主要原因在于,现有屈服位移计算方法均是基于刚度较大的管道试验结果发展而来的。

(4)最大纵向应变并非与极限土阻力同时出现,而是存在滞后现象。管道最大纵向应变与埋深比和密实度成正比,与管道壁厚成反比,峰值纵向应变均出现在跨中截面。试验数据验证结果表明,基于管端屈服位移的梁弯曲理论能够较好地预测柔性管道的最大纵向应变,更加适用于工程应用。

参考文献

[1] ALA. Guidelines for the design of buried steel pipe [R]. Washington,DC,USA:American Lifeline Alliance(ALA),a public - private partnership between American Society of Civil Engineers(ASCE)and Federal Emergency Management Agency(FEMA),2001.

[2] ASCE. Guidelines for the seismic design of oil and gas pipeline systems [M]. New York:Commit-

tee on Gas and Liquid Fuel Lifelines，Technical Council on Lifeline Earthquake Engineering，1984.

［3］ HSU T－W. Soil restraint against oblique motion of pipelines in sand［J］. Canadian geotechnical journal，1996，33（1）：180－188.

［4］ 王滨，李昕，周晶. 走滑断层作用下埋地钢质管道反应的改进解析方法［J］. 工程力学，2011，28（12）：51－58.

［5］ KARAMITROS D K，Bouckovalas G D，Kouretzis G P. Stress analysis of buried steel pipelines at strike－slip fault crossings［J］. Soil Dynamics and Earthquake Engineering，2007，27（3）：200－211.

［6］ TRAUTMANN C H，O'ROURKE T D. Lateral force－displacement response of buried pipe［J］. Journal of Geotechnical Engineering，1985，111（9）：1077－1092.

［7］ 北京塑料工业协会. 中国塑料管道市场分析报告——钢增强塑料管道市场前景［J］. 塑料工业，2011，39（11）：118－147.

［8］ XIE X. Numerical analysis and evaluation of buried pipeline response to earthquake－induced ground fault rupture［M］. Rensselaer Polytechnic Institute，2008.

［9］ O'ROURKE M J，LIU X. Seismic design of buried and offshore pipelines［J］. MCEER Monograph MCEER－12－MN04，2012.

［10］ NI P，MOORE I，TAKE W. Distributed fibre optic sensing of strains on buried full－scale PVC pipelines crossing a normal fault［J］. Géotechnique，2018，68（1）：1－17.

［11］ SAIYAR M，NI P，TAKE W A，et al. Response of pipelines of differing flexural stiffness to normal faulting［J］. Géotechnique，2016，66（4）：275－286.

［12］ HA D，ABDOUN T H，O'ROURKE M J，et al. Centrifuge modeling of earthquake effects on buried high－density polyethylene（HDPE）pipelines crossing fault zones［J］. Journal of Geotechnical and Geoenvironmental Engineering，2008，134（10）：1501－1515.

［13］ ALMAHAKERI M，FAM A，MOORE I D. Experimental investigation of longitudinal bending of buried steel pipes pulled through dense sand［J］. Journal of Pipeline Systems Engineering and Practice，2014，5（2）：04013014.

［14］ CHEUK C，WHITE D，BOLTON M. Deformation mechanisms during uplift of buried pipes in sand；proceedings of the Proceedings of The International Conference on Soil Mechanics and Geotechnical Engineering，F，2005［C］. AA Balkema Publishers.

［15］ WU J，KOURETZIS G，SUWAL L，et al. Shallow and deep failure mechanisms during uplift and lateral dragging of buried pipes in sand［J］. Canadian geotechnical journal，2020，57（10）：1472－1483.

［16］ ANSARI Y，KOURETZIS G，SLOAN S W. Physical modelling of lateral sand－pipe interaction［J］. Géotechnique，2021，71（1）：60－75.

［17］ MONROY－CONCHA M. Soil restraints on steel buried pipelines crossing active seismic faults［D］. University of British Columbia，2013.

［18］ YUE H，ZHUANG P，SONG X，et al. Soil restraint on buried pipelines during oblique relative movements in sand［J］. Marine Georesources & Geotechnology，2020：1－11.

［19］ KARIMIAN S A. Response of buried steel pipelines subjected to longitudinal and transverse ground movement［D］. Doctoral dissertation. University of British Columbia，2006.

［20］ ASTM. ASTM D638－14 Standard Test Methods for Tensile Properties of Plastic：America Society for Testing and Material：［S］. 2014：

［21］ 中华人民共和国水利部. 土工试验方法标准：GB/T 50123—2019［S］. 北京：中国计划出版社，2019.

［22］ CHOLEWA J，BRACHMAN R，MOORE I. Response of a polyvinyl chloride water pipe when transverse to an underlying pipe replaced by pipe bursting ［J］. Canadian geotechnical journal，2009，46 (11)：1258 – 1266.

［23］ WHITE D，TAKE W，BOLTON M. Soil deformation measurement using particle image velocimetry (PIV) and photogrammetry ［J］. Géotechnique，2003，53 (7)：619 – 631.

［24］ STANIER S A，BLABER J，TAKE W A，et al. Improved image – based deformation measurement for geotechnical applications ［J］. Canadian geotechnical journal，2016，53 (5)：727 – 739.

［25］ BURNETT A. Investigation of full scale horizontal pipe – soil interaction and large strain behaviour of sand ［D］. MASc thesis. Queen's University，2015.

［26］ 岳红亚. 基于 PIV 技术的浅埋锚定板和管道抗拔破坏机理及计算理论研究 ［D］. 济南：山东大学，2020.

［27］ ALMAHAKERI M，FAM A，MOORE I D. Longitudinal bending and failure of GFRP pipes buried in dense sand under relative ground movement ［J］. Journal of Composites for Construction，2013，17 (5)：702 – 710.

［28］ ANSARI Y，KOURETZIS G，SLOAN S W. Development of a prototype for modelling soil – pipe interaction and its application for predicting uplift resistance to buried pipe movements in sand ［J］. Canadian geotechnical journal，2018，55 (10)：1451 – 1474.

［29］ THUSYANTHAN N，MESMAR S，WANG J，et al. Uplift resistance of buried pipelines and DNV – RP – F110 guidelines：proceedings of the Proc Offshore Pipeline and Technology Conference，F，2010 ［C］.

废弃混凝土块在重力式码头现浇胸墙中的应用研究

郑　乐　陈　达　俞小彤

（河海大学港口海岸与近海工程学院，江苏南京　210098）

摘　要： 废弃混凝土块是建筑垃圾存在的主要形式，根据港口工程现浇混凝土胸墙的特点，提出一种在胸墙中埋放废弃混凝土块的环保处理方法。新旧混凝土界面的损伤是影响结构承载力的主要因素，探讨不同因素对新旧混凝土界面损伤的影响，有利于废弃混凝土块埋放在现浇胸墙中环保处理方法的推广。本文采用 ABAQUS 有限元软件，选取合适的内聚力模型参数并建立新旧混凝土的界面，通过改变废弃混凝土块距系船柱锚筋的距离、块体大小、不同的界面黏结强度以及在胸墙中不同的位置分析新旧混凝土界面损伤的特性。结果表明，废弃混凝土块距锚筋越远、界面黏结强度越大和块体越大则界面的损伤越小，同时在锚筋处的界面损伤值大于船舶撞击处、门机轨道下和墙后土压力侧。通过研究分析，建议废弃混凝土块距钢筋的距离大于 200mm，新旧混凝土界面尽量粗糙以保证有足够的黏结强度，块体的大小需要根据结构的尺寸、界面的黏结强度和埋放的位置等综合考虑，同时在埋放过程中应尽量避开系船柱锚筋位置。

关键词： 废弃混凝土；港口工程；现浇混凝土胸墙；内聚力模型；界面损伤

1　引言

随着我国城市的快速更新，大量的城市建筑不断被拆除，产生了大量的建筑垃圾。据统计我国目前建筑垃圾每年产生量超 35 亿 t，远超过生活垃圾，占城市固废总量 40%[1]。目前除了掩埋和堆放建筑垃圾外[2]，较为环保的处理方式主要有三类。第一类为利用机器破碎废弃混凝土，从而产生可再生的粗骨料和细骨料，用来拌制再生混凝土砖、空心砖或砌筑砂浆等。第二类为利用强夯置换法将废弃混凝土夯入地基，增强地基的承载力。第三类则作为护岸、护坡、丁坝、顺坝的回填料，主要应用在水利工程中[3]。以上的处理方法均需要将废弃的混凝土块破碎成较小的块体才能使用，在重复利用中处理工序复杂，造价高。

港口工程中的混凝土胸墙为大体积混凝土，配筋较少，为了节省混凝土材料并减少水化热，一般会在混凝土胸墙内部埋放块石，形成块石混凝土。目前的研究主要集中于施工措施，张通[4] 提出块石应大致方正，最长边与最短边之比不宜大于 2，块石与块石之间的净距不宜小于 100mm。李晓雷[5] 认为胸墙的块石用量为 60% 左右，与传统现浇素混凝土相比，水化热显著降低。蒋元等[6] 提出块石的埋石率不仅与混凝土骨料级配有关，而且还需要考虑结构的种类、埋放的位置、施工工艺有关。废弃混凝土块强度较高，可替

作者简介：郑乐（1993—　），男，陕西咸阳人，硕士研究生，主要从事港口海岸及近海工程方面研究。

代块石填充在现浇胸墙内,不仅能有效利用建筑废弃混凝土块,也可节约自然块石的消耗。

2 胸墙结构简介

选取某一重力式沉箱顺岸码头的现浇胸墙作为研究对象。沉箱上部为现浇混凝土胸墙,其上布设 450kN 单挡檐形系船柱,间距约为 19.0m,每隔 6.305m 安装 1 组 V 形橡胶护舷,如图 1 所示。现浇混凝土胸墙整体尺寸为 12m×4.5m×3.2m,钢筋布设间距为 200mm,强度设计等级为 C30F300,钢筋为直径 16mm 的 I 级钢筋,净保护层厚度 50mm,如图 2 所示。

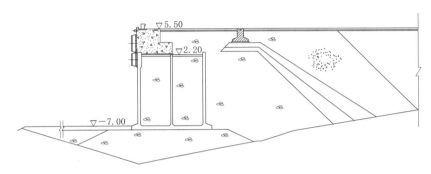

图 1 码头结构

3 现浇混凝土的建模方法与损伤验证

3.1 新老混凝土界面理论

在现浇混凝土胸墙中埋放废弃混凝土,其薄弱位置则为新老混凝土的界面,在有限元分析中如何对界面进行有效的模拟成为准确分析的关键。新老混凝土界面可分为有抗剪钢筋和无抗剪钢筋,胸墙中则主要为无抗剪钢筋,界面的性能主要有法向黏结抗拉和两个切向黏结抗剪。

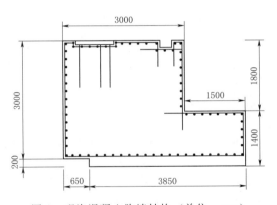

图 2 现浇混凝土胸墙结构(单位:mm)

无抗剪钢筋的新老混凝土界面的抗剪研究一般通过试验得到界面的剪应力-滑移曲线。刘健[7] 对进行新老混凝土立方体黏结试件的压剪、拉剪力学性能试验研究(图 3),分析压应力(拉应力)、粗糙度等因素对抗剪强度的影响,建立了新老混凝土的黏结在压剪复合受力状态下的破坏强度公式 [见式 (1)],并得到压应力为 2MPa 时不同粗糙度下结合面相应的剪切应力-滑移关系(图 4),当粗糙度为 2.222mm 时,峰值剪切应力为 6.99MPa,峰值滑移量为 0.631mm。

$$\frac{\tau_0}{f_{ca}} = 0.0726 + 2.06 \frac{\sigma_0}{f_{ca}} - 2.47 \left(\frac{\sigma_0}{f_{ca}}\right)^2 + 0.0055H + 0.092 \left(\frac{\sigma_0}{f_{ca}}\right)^2 H \tag{1}$$

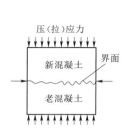 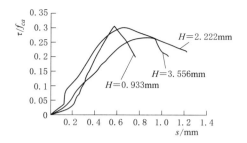

图 3　文献［7］试验示意图　　图 4　压应力 2MPa 时的剪应力—滑移关系曲线

式中：τ_0 为峰值剪应力，MPa；σ_0 为压应力，MPa；H 为灌砂平均深度（即粗糙度），mm；$f_{ca}=(f_{cu,0}+f_{cu,n})\times 0.67/2$，MPa；$f_{cu,0}$ 为老混凝土立方体抗压强度，MPa；$f_{cu,n}$ 为新混凝土立方体抗压强度，MPa。

3.2　有限元理论

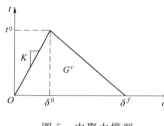

图 5　内聚力模型

接触内聚力模型指两个不同表面之间的黏结行为，主要用于界面厚度小到可以忽略不计的情况。其定义由一个法向黏结抗拉和两个切向黏结抗剪组成，三个方向的应力—位移本构如图 5 所示。图中 δ^0、δ^f 分别为起始开裂有效位移和完全失效有效位移，K 为初始弹性刚度，t^0 为法向或切向峰值应力，G^c 为断裂能即图中围成的三角形面积，当界面达到起始开裂有效位移 δ^0 和峰值应力 t^0 时，界面发生损伤，刚度开始退化，当达到完全失效有效位移 δ^f 时，界面完全分离。

接触内聚力模型损伤是指当接触应力或接触分离满足指定的损伤起始标准时，单元开始发生损伤，本文的损伤起始标准选用平方名义应力准则，即

$$\left\{\frac{\delta_n}{\delta_n^0}\right\}^2+\left\{\frac{\delta_s}{\delta_s^0}\right\}^2+\left\{\frac{\delta_t}{\delta_t^0}\right\}^2=1 \tag{2}$$

式中：δ_n、δ_s、δ_t 分别为内聚力单元的法向应力和 2 个切向应力；δ_n^0、δ_s^0、δ_t^0 分别为内聚力单元在各方向上的最大允许名义应力。

损伤演化可以根据损伤过程耗散的能量来定义。本文采用基于能量损伤演化中的 Benzeggaagh‐Kenane（B‐K）准则对内聚力单元损伤演化进行描述［见式（3）］。

$$G_n^c+(G_s^c-G_n^c)\left\{\frac{G_S}{G_T}\right\}^\eta=G^c \tag{3}$$

式中：G^c 为拉剪混合模式的断裂能；c、G_s^c 分别为内聚力单元的Ⅰ型和Ⅱ型断裂能；G_n^c、G_s^c、G_T 分别为内聚力单元在法向和切向的变形能；$G_S=G_s^c+G_T$；$G_T=G_n^c+G_s^c$；η 为内聚力的特征参数。

3.3　废弃混凝土块结构与埋放位置

废弃混凝土块体选用从 100mm 的立方体至 600mm 的立方体结构，埋放的位置根据现浇混凝土胸墙的特点分别埋放在系船柱锚筋后侧、船舶撞击护舷后侧，以及门机轨道下侧和墙后土压力下，如图 6 所示。

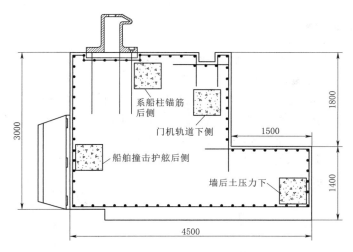

图 6 废弃混凝土块埋放的位置（单位：mm）

3.4 有限元模型

现浇混凝土、钢筋、系船柱和锚筋独立建模，钢筋和锚筋采用空间桁架单元 T3D2，混凝土和系船柱采用连续实体单元 C3D8R，不考虑钢筋与混凝土间的黏结滑移，钢筋骨架通过 Embedded region 约束功能嵌入到混凝土中，锚筋以同样的方法嵌入到混凝土和系船柱中。墙身混凝土网格尺寸约 100mm，钢筋按 20mm 划分单元，在废弃混凝土块位置网格尺寸约 20mm。试件 ABAQUS 有限元模型如图 7 所示。

钢筋采用弹性强化模型，屈服准则为 Von Mises 准则，弹性模量 E_s 取 $2 \times 10^5 \mathrm{N/mm^2}$，泊松比取 0.3，应力应变曲线为二折线，屈服后为很平缓的斜直线，其斜率取 $0.01E_s$。混凝土采用损伤塑性模型（concrete damaged plasticity），应力应变关系采用 GB 50010—2010《混凝土结构设计规范》的规定。

内聚力模型用于新老混凝土界面模拟时，对于切向黏性行为采用刘健[7] 的新老混凝土的黏结面在压剪及拉剪复合受力状态下的强度性能试验研究，试验数值选

图 7 胸墙有限元模型

用压应力为 2MPa，粗糙度为 2.222mm 时对应的峰值剪切应力为 6.99MPa，峰值滑移量为 0.631mm。法向界面拉应力—相对位移关系则采用 GB 50010—2010《混凝土结构设计规范》给出的混凝土轴拉应力—裂缝宽度关系，见表 1。

表 1 　　　　　　　　　　　接触内聚力模型参数选取

项 目	$K/(\mathrm{MPa/mm})$	t^0/MPa	δ^0/mm	δ^f/mm	$G^c/(\mathrm{MPa \cdot mm})$
切向黏结行为	11.078	6.99	0.631	1.925	6.728
法向黏结行为	21052.6	2.0	0.000095	0.000524	0.000524

4 数值模拟结果及分析

4.1 混凝土块埋放在系船柱锚筋后侧的结果及分析

4.1.1 距锚筋不同的距离对界面损伤的影响

距锚筋不同距离的情况下其损伤系数逐渐减小如图 8 所示，并且距离大于 200mm 后，损伤系数趋于稳定。主要是因为在混凝土内部应力的扩散行为如图 9 所示，在锚筋处混凝土的拉应力达到最大，沿着深度和宽度方向变化应力逐渐减小，且在距离较近的情况下应力的损失变化率较大，因此损伤系数在较短的距离下急剧减小，距离大于 200mm 后，损伤系数趋于稳定。

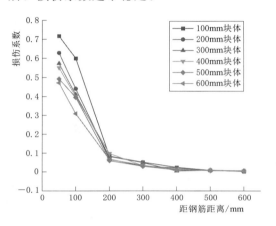

图 8 距受力筋不同距离下界面的损伤情况

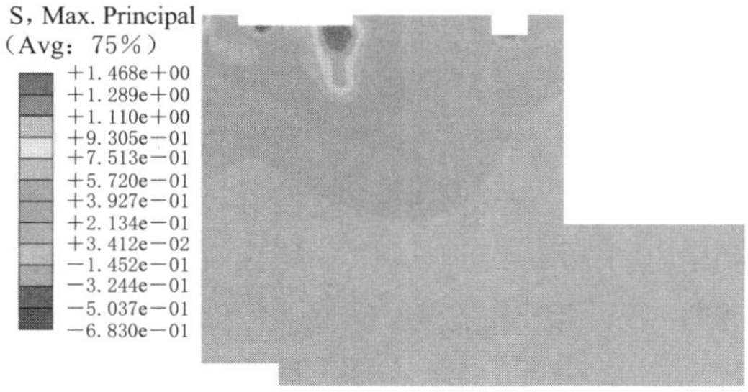

图 9 混凝土内部应力分布范围

4.1.2 不同废弃混凝土块体大小对界面损伤的影响

不同块体大小的情况下其损伤系数随着块体的增加而减小如图 10 所示，主要是由于锚筋的受力在上端的受力最大，向下逐渐递减如图 11 所示，而块体增大的过程中，参与损伤的界面逐渐增大如图 12、图 13 所示，因此其损伤系数相应减小。

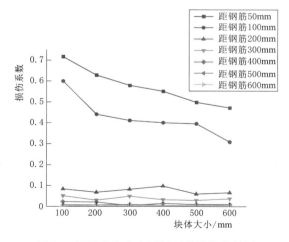

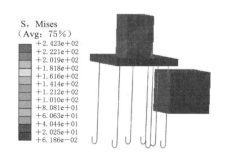

图 10 不同块体大小下界面的损伤情况图

图 11 锚筋的应力分布

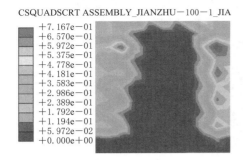

图 12　100mm 块体界面损伤分布

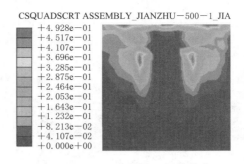

图 13　500mm 块体界面损伤分布

4.1.3　不同的界面极限强度对界面损伤的影响

影响界面的黏结强度与表面的粗糙度、混凝土的强度有关，因此在不同的黏结强度界面下其损伤程度是不同的。

不同极限法相黏结强度或者切向黏结强度的情况下其损伤系数随着黏结强度的增加而减小如图 14、图 15 所示，但是当切向黏结强度较小时，混凝土块体越小，损伤系数越小，主要是因为切向黏结强度的较小的情况下，块体越大就容易导致界面附近的位移、应力发生变化，使得界面的位移、应力增加如图 16、图 17 所示，使得界面更容易损伤。

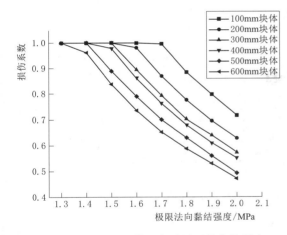

图 14　极限法向黏结强度对界面损伤的影响

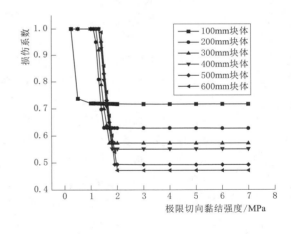

图 15　极限法向黏结强度对界面损伤的影响

4.2　在胸墙的不同位置处对界面损伤的影响

混凝土块埋放在各个位置处的损伤程度也各有不同，如图 18 所示，由于在系船柱锚筋后侧的界面主要受拉和受剪作用，因此损伤系数最大。护舷和胸墙的传力宽度为 200mm，因此在船舶撞击下 200mm 的块体损伤最大，块体大于或者小于 200mm 时，界面主要承受压力，损伤逐渐减小。在门机荷载作用下，由

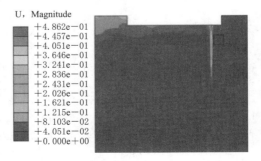

图 16　黏结强度为 1MPa 时 100mm 块体位移分布

于构造筋的影响，块体埋放的位置与力的作用点相距 450mm，因此损伤较小。胸墙的高度不高，土压力较小，因此对界面损伤影响不大。

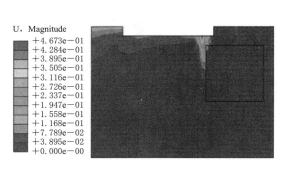

图 17　黏结强度为 1MPa 时 600mm 块体位移分布

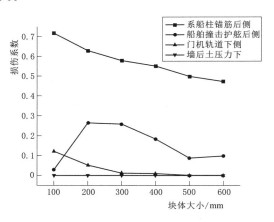

图 18　在不同位置处对界面损伤的影响

5　结论

现浇混凝土中埋放废弃混凝土块作为处理建筑垃圾的一种环保方式，对新旧混凝土界面进行数值模拟，量化界面的损伤状态，评估各个因素对界面损伤的影响，得出如下结论。

（1）废弃混凝土块埋放在系船柱锚筋侧面时，距锚筋距离越远界面损伤越小，距离越近界面损伤减小越快，距离在 200mm 以后损伤趋于稳定。因此建议块体埋放位置与钢筋的距离保持在 200mm 左右。

（2）界面的极限黏结强度越大，界面的损伤越小。同时在界面黏结强度较大时，块体越大界面的损伤越小，当极限剪切强度减小 1.5MPa 时，块体越小损伤越小。因此在施工过程中应增加界面的粗糙度以获得较大的极限黏结强度，而块体的大小需要根据结构的尺寸、界面的黏结强度和埋放的位置等综合考虑。

（3）废弃混凝土块埋放在系船柱锚筋处，界面的损伤达到最大，埋放在船舶撞击边界时损伤也会相应增加，埋置在门机轨道和墙后侧时，界面损伤非常小。因此在埋放过程中应避开锚筋以及船舶撞击位置。

参考文献

[1]　曹元辉，王胜杰，王勇，等. 我国建筑垃圾综合利用现状及未来发展趋势 [J]. 中国建材，2021（9）：118－121.

[2]　张雅鑫. 我国建筑垃圾资源化处理产业发展现状 [J]. 再生资源与循环经济，2023，16（4）：22－24.

[3]　莫开生，陈建国，陈宗平，等. 建筑垃圾再生骨料在水利工程的应用 [J]. 绿色环保建材，2020（3）：234，236.

[4]　张通. 大体积块石混凝土温度裂缝控制措施 [J]. 珠江水运，2016（14）：92－93.

[5] 李晓雷. 堆石混凝土技术在防波堤胸墙中的应用研究 [J]. 陕西水利, 2015 (1)：91-92.

[6] 蒋元, 雷祥林. 关于大体积混凝土埋块石的研究 [J]. 水利水电技术, 1962 (4)：3-12, 39.

[7] 刘健. 新老混凝土粘结的力学性能研究 [D]. 大连：大连理工大学, 2000.

[8] Austin S, Robins P, Pan Y. Tensile bond testing of concrete repairs. Materials and Structures, 1995, 28 (5)：249-259.

[9] 赵志方, 赵国藩, 刘健, 等. 新老混凝土粘结抗拉性能的试验研究 [J]. 建筑结构学报, 2001 (2)：51-56.

大型原油码头群安全设施设计及策略研究

申瑞婷[1]　常　江[2]　燕太祥[1]　任增金[1]

（1. 中交水运规划设计院有限公司，北京　100007；

2. 山东港口日照港集团有限公司，山东日照　276808）

摘　要：某港区"一"字形连续布置 4 个 30 万吨级大型原油泊位，在国内外大型原油码头布置中具有唯一性。建成后如果其中任何一个码头发生泄漏、火灾爆炸及溢油事故，将对周边码头及设施产生极大影响，可能造成次生事故、连环事故或使事故等级上升，引起事故多米诺效应。因此，对泊位安全设施的设计与投产后的安全管理提出了较高要求。本文运用建设方案安全评价、事故危险评价方法，有害因素危害评价、有毒作业危害评价等方法，对港区多故障状态下的影响进行分析，结合先期建成原油泊位安全设施设计，持续优化后续泊位的安全设施设计，提升本质安全。本文详细介绍了码头群安全设施设计及策略研究，为类似工程的规划设计提供借鉴。

关键词：大型原油码头群；安全设施设计；连续布置

近年来，我国原油进口数量增长迅猛，是世界上最大的原油进口国。日照港作为国家重要的能源和原材料运输口岸，为了适应腹地原油需求量不断增长的要求，响应《山东半岛蓝色经济区发展规划》的要求，规划岚山港区中作业区呈"一"字形连续布置 4 个 30 万吨级原油泊位，这个布局在国内外大型原油码头的布置中具有唯一性。截至 2022 年年底，第 4 座原油泊位——日照港岚山港区 30 万吨级原油码头三期工程也已投产运营，初步形成大型原油码头群布置格局。

4 座大型原油泊位的建设有利于促进石化产业在日照形成聚集效应，加快日照市石化产业的招商引资，推动日照市石化工业基地的形成；有利于促进石化产业的发展；有利于提升日照港在国家能源运输体系中的竞争力[1]。

1　原油泊位群工程概况

根据功能定位，岚山港区中作业区重点发展液体散货运输。岚山港区中作业区布置有 4 座 30 万吨级原油码头，从西往东，依次布置为原油码头一期工程、一期扩建工程、二期工程和三期工程。4 座码头前沿线布置在 −10.0m 水深处，轴线走向为 40°～220°。每座码头均由工作平台、靠船墩、系缆墩、相应的人行桥组成，码头通过引桥与后方连接。原油码头泊位群总体布置见图 1，各泊位现状及布置方案见表 1。

作者简介：申瑞婷，正高级工程师，主要研究方向为港口工程安全环保技术。

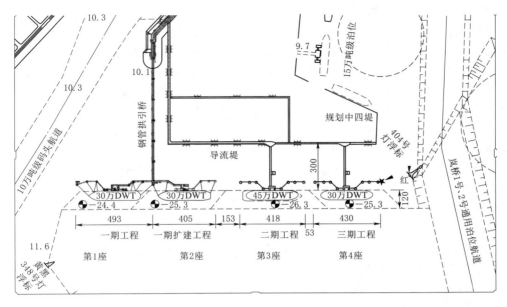

图 1　原油码头泊位群总体布置示意图

表 1　　　　　　　　　　　　　　　　原油泊位群总体设计方案

泊 位	靠泊船型 DWT/t	岸线长度 /m	工作平台 尺度/m	引 桥 布 置	航 道
一期工程	80000～300000	493	50×40	两期工程共用引桥，引桥长度798m，引桥与码头端部系缆墩连接	依托岚山港区 30 万吨级深水航道
一期扩建工程	150000～300000	405	50×40		
二期工程	150000～450000	413	40×25	引桥长度 260m，引桥与码头在工作平台相接	
三期工程	150000～300000	430	40×30	引桥长度 255m，引桥与码头在工作平台相接	

　　第 1 座 30 万吨级原油码头于 2010 年 12 月 27 日试投产，第 2 座 30 万吨级原油码头于 2014 年 9 月建成试投产，第 3 个 30 万吨级原油码头（兼顾 45 万吨级）于 2018 年 5 月建成试投产，第 4 个 30 万吨级原油码头于 2022 年 8 月完工。原油码头群的建成有利于岸线综合利用，形成石化产业集聚效应，但同时也增加安全、环保等管理难度。

2　原油泊位群安全特点

2.1　原油的危险特性

　　参照规范，接卸的原油为甲$_B$类易燃液体，火灾危险性较大；加之油轮卸载数量巨大，在船舶靠离泊和卸船作业过程中有发生火灾爆炸及泄漏扩散等事故的危险，且事故一旦发生，后果严重。另外，原油有含硫量较高和黏性较大的特点，易造成管道腐蚀和凝管事故。

2.2 码头布置方案安全特点

根据日照港总体规划，原油码头泊位布置在日照港岚山港区中作业区，该作业区规划为原油、成品油、液体化工品等液体散货运输，来往的油船和化工品船舶较多。作为开敞式码头，靠离泊时，船舶受风浪影响较大，船舶靠离泊作业难度相对大。一旦发生船舶碰撞码头或船舶相撞事故，可能造成码头及船舶受损，严重者可引发泄漏或火灾爆炸等事故。

4个原油泊位连续布置，共用部分港池水域以及共用进出港航道，投入使用后如果其中任何一个码头发生泄漏、火灾爆炸及溢油事故，将对周边码头及设施产生极大影响，可能造成次生事故、连环事故或使事故等级上升，引起事故多米诺效应[2]。因此对码头和装卸工艺的安全设施的设计与投产后的安全管理提出了较高要求。

原油码头所在地区受大风天气影响，对于输油臂、登船梯等大型机械设备的防风措施应予以充分重视。

原油管线经过引桥、引堤进入后方罐区，存在共用管廊带的情况，后续泊位管线的设计、建设、管理及维护必须与前期已建工程相协调，并保持足够的安全间距。施工过程中，施工组织安全管理对相邻管线的安全运营影响很大。

原油码头公用配套工程（航道、水、电、通信、消防等）需要依托港区现有设施，公有设施的操作及管理对原油码头群的安全生产有重要影响。

3 安全设施设计及策略研究

结合原油泊位安全特点及4个原油码头依次建设的顺序，从本质安全出发，设计过程中不断吸收已建泊位在施工及使用过程中的经验，在总体布局、装卸系统、消防系统、事故应急、安全管理等五个方面进行安全设施设计及策略研究。

3.1 总体布局安全设计及策略

总体布局安全策略主要考虑码头群总平面布置应依照相应设计规范和标准中有关安全、消防、卫生等的要求，合理布置建、构筑物的间距、朝向和方位；要符合防火、防爆的基本要求；还要有疏散和逃生的设施。

3.1.1 安全间距

二期和三期工程的综合控制楼的布置根据规范"消防控制室距离码头前沿的距离不小于35m"等规定，并且考虑到避免码头工作平台设计的过大，因此二期和三期工程均采用控制楼和工作平台分离的布置方式。二期、三期工程均在距离码头最近的引桥墩兼做控制楼平台，控制楼距离码头前沿105m。

3.1.2 引桥、人行桥设置

一期工程和扩建工程采用了共用引桥与后方陆域连接的布置方案，码头布置在引桥两侧，码头工作平台与各系缆墩间通过人行桥连接。

二期工程和三期工程码头采用了分别设置与后方陆域连接的布置方案，码头工作平台与各系缆墩间通过人行桥连接，同时在二期码头和三期码头之间设置一座联系桥。

3.2 工艺及设备安全设施设计及策略

工艺及设备安全策略主要考虑码头群正常工作状态与非正常状态下采用的危险货物装

卸储存安全设施与措施。

3.2.1 工艺设备

输油臂均配置 ERC 紧急脱离装置，布置在码头平台前沿。为方便工作人员上下船舶，工作平台前沿登船梯，可满足不同靠泊船型在不同水位及载重条件下的工作需求。考虑码头平台还要布置现场制氮设备，因此，登船梯的包络线与制氮设备不重叠，确保登船梯与制氮设备不会发生碰撞。

3.2.2 泄漏收集

为完善事故应急系统，满足意外事故后原油储罐外溢物料、含油污水、初期污染雨水和消防事故水的收集需求，三期工程在后方陆域设置 10 万 m^3 事故应急池。

3.3 消防安全设计及策略

消防安全策略主要根据码头群特点，确定火灾危险性原则，对于消防电源、消防站、消防水泵房、高压消防泵站、低压消防泵站、水上消防站等均进行区域综合考量规划。

3.3.1 火灾危险性设计原则

一期工程和扩建工程按照 1 座码头着火设计，考虑到 4 个大型原油码头群的特点，二期工程和三期工程按照 2 座码头同时着火设计，1 起火灾按 30 万吨级原油码头二期工程（45 万吨级）油船发生火灾考虑，1 起火灾按 30 万吨级原油码头三期工程（30 万吨级）油船发生火灾考虑。

3.3.2 消防电源

4 个泊位中，一期 2 个泊位电源引自罐区中心变电所，二期、三期 2 个泊位电源引自引堤中心变电所，均为双重电源供电，满足码头消防负荷的要求。一期 2 个泊位消防水来自库区油品公司已建消防泵房，二期、三期 2 个泊位来自二期工程新建的消防泵房，且两个不同的消防泵房均已采用不低于电泵能力的柴油泵供水系统，两套供水系统联通，可满足 2 个泊位同时灭火的要求。

3.3.3 消防依托和协作

岚山港区中区有一座特勤消防站和一座消防站，可满足工程建成运营后，消防队接到出动指令后 5min 内到达扑救地点的要求。

水上消防站配置 8 艘 3000hp 以上消拖两用船，提供冷却水量不小于 160L/s，并且可满足接到出动指令 15min 内到达扑救地点的要求。

3.3.4 消防泵站

港区已建消防泵站包括油品公司高压消防水泵站、油品公司低压消防水泵站、中石化首站高压消防泵站、中石油首站高压消防泵站、油库二期消防泵站。

依托于油品公司高压消防水泵站的有 10 万吨级原油码头工程、30 万吨级原油码头一期工程、30 万吨级原油码头一期扩建工程、2 万吨级油品码头工程、5000 吨级油品码头工程、拟建 3 万吨级、5 万吨级液体散货码头工程及相关罐区部门；其中，该泵站供水能力满足上述码头工程同一时间内的火灾次数按 1 起所需消防用水要求。

原油三期工程从相邻原油二期工程引桥与导流堤 S1 衔接处接出消防管道一根，接管点管径 DN900，接管点压力约为 1.9MPa，满足工程所需消防用水要求[3]。原油码头二期工程、30 万吨级原油码头三期工程依托后方规划罐区已有消防站，该消防泵站包括 2 座消防泵房、2座 3000m³ 消防水池及 2座 10000m³ 水罐。每个消防泵房内设有 4 台消防柴油泵和 2 台稳压泵。

3.4 事故应急措施

根据相关法规要求，每座原油泊位应制定《原油码头突发性重大事故总体应急救援预案》，同时制定完善的专项应急救援预案，以及相应的现场处置应急方案，并进行必要的演练。制定的专项应急救援预案包括火灾/爆炸等重大安全事故应急预案、泄漏重大安全事故应急预案（原油）、地震/台风等自然灾害事故应急预案、电气事故应急预案、船舶靠离泊作业事故应急预案、船舶定本工程的事故应急救援预案外。从区域角度出发，建议日照港集团牵头制定该港区的火灾爆炸和泄漏事故应急救援预案，并协同各单位的应急处理，加强各单位的安全信息交流。

3.5 安全管理

从每座码头靠离泊安全管理出发，考虑到原油三期工程与原油二期工程共用港池及部分旋回水域，受港池水域尺度限制，业主单位应与港调合理协调船舶的进出港时机，严禁两泊位船舶同时进行靠离泊作业。

从区域安全管理角度出发，鉴于码头与库区属不同法人，存在作业界内安全职责划分，建议与所依托的储罐区签订安全管理协议，在安全管理协议中规定协调作业的内容和协同应急处置的要求，并约定双方编制的应急预案中应包含当装卸船过程中发生管道、储罐发生油品泄漏的紧急状态下，如何处置，如何开关紧急切断阀的内容。

4 结论

大型原油泊位群建设装卸储运危险货物规模大、作业风险高，项目关系国计民生、投资规模大，一旦发生事故可能造成严重环境污染、财产损失和人员伤亡，保障其投产后安全平稳运行对于保障人民生命和保护自然环境安全十分重要。通过采取科学的安全策略研究，进行严格安全设施设计，提高运营单位的安全管理水平，其风险水平可以管控。

参考文献

[1] 中交水运规划设计院有限公司. 日照港岚山港区中作业区及南作业区规划方案调整报告 [R]. 北京：中交水运规划设计院有限公司，2013：5.

[2] 日照港集团有限公司. 日照岚山港区 30 万吨级原油码头三期工程安全预评价报告 [R]. 天津：天津东方泰瑞科技有限公司，2016：103.

[3] 中交水运规划设计院有限公司. 日照岚山港区 30 万吨级原油码头三期工程安全专篇 [R]. 北京：中交水运规划设计院有限公司，2019：63.

某亲水平台岸坡滑移分析与抢险设计

姚雨萌[1]　龚丽飞[1,2]　杨　杰[1,2]　王　晶[1]

（1. 南京水科院瑞迪科技集团有限公司，江苏南京　210029；
2. 南京水利科学研究院，江苏南京　210029）

摘　要：岸坡稳定设计在堤岸、堤防、护岸等工程设计、建设过程中是最常规的设计和控制要求，但运行期岸坡失稳后的抢险设计则要求在滑移后环境复杂、边界条件不明确的情况下，需能快速提出合理可靠、简单实用的技术方案，满足应急抢险的需要。通过对某滨江亲水平台前端发生坍塌现状和原因分析，根据现场实际情况和监测数据，对该平台所在岸坡开展了应急抢险方案设计和临时加固工程设计，为类似岸坡抢险过程提供借鉴。

关键词：应急抢险；临时加固；水下岸坡滑移

1　引言

　　岸坡稳定设计在工程设计、建设过程中是最常规的设计和控制要求，是沿江地区经济与社会发展和人民生活必不可少的安全保障[1-2]。但在运行期由于一些突发状况，例如汛期时水流紊乱等自然原因，导致岸坡出现滑移失稳，若不及时处理则会造成严重后果。因此岸坡滑移失稳时的应急抢险、临时加固显得尤为重要。吴国如[3] 分析了应急抢险工程及其施工技术的特点，并提出了应急抢险工程施工技术方案编制原则、编制方法。李金瑞等[4] 依托具体工程，研究提出护岸工程水毁后防护对策措施，并针对后续实施的防护工程，分析其防护效果。兰雁等[5] 利用 Morgensterm‐Prince 边坡极限平衡理论与基于流固耦合理论的有限元计算方法，分析了岸坡的稳定性。杨璧榕等[6] 依托具体工程，以护岸实时监测数据为依据，采取了各种减小对护岸稳定安全影响的有效控制措施，保障施工期护岸的稳定性。

　　本文以某滨江亲水平台抢险工程为研究对象，对其滑移现状进行详细分析，结合抢险工程的施工特点，及时制定了科学、有效的应急抢险方案设计和临时加固工程设计，将灾害造成的损失降到最低。

2　工程概况

2.1　平台原设计方案

　　某滨江公园的护岸工程在施工期内护岸出现向外滑移，对护岸进行加固设计，利用修建亲水平台来解决护岸的稳定问题。平台由中间主平台和两侧副平台组成，依江堤而建。主平台主体部分，顺江堤方向长 66m，伸入江中 34.4m。主平台两侧依江堤分别有长 126m、伸入江中 14.5m 的波形平台（副平台）。亲水平台采用地基土层经抗滑桩排加固后的实体填筑结构。亲水平台平面和加固体断面如图 1 和图 2 所示。

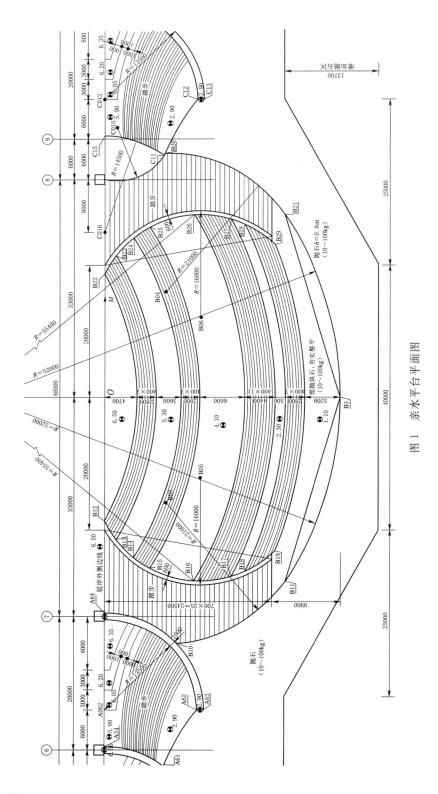

图 1 亲水平台平面图

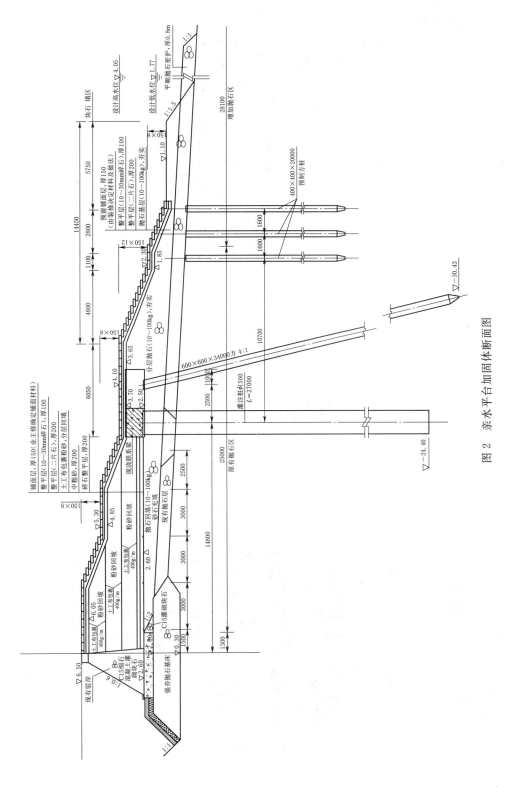

图 2 亲水平台加固体断面图

2.2 岸坡地质条件

结合该区域相邻断面勘探成果，岸坡上主要分布的土层如下：

第①₁层抛石，表层为大理石地砖，其下为钢筋混凝土平台，约1m以下混较多粉砂和碎石，抛石厚度在陆域区一般为5.0～7.5m，水域区为5.0m左右；第①₂层吹填土，勘察区域范围内部分分布，以灰黄色细砂为主，颗粒较均匀，厚度为2.6m；第②₁层淤泥质粉质黏土，勘察区域范围内均有分布，厚度变化较大，为1.9～19.4m；第②₂层粉质黏土，在陆域区均有分布，水域范围内部分分布，平均层厚约5.2m；第③₁层粉砂，陆域区厚度稍大，一般为4.5～8.5m，水域区分布厚度相对较小，一般为1.7～4.0m；第③₂层粉细砂，勘察区域范围内均有分布，厚度未揭穿。各土层物理力学性质指标见表1。

表1　　　　　　　　　　各土层物理力学性质指标

土层名称	天然重度 /(kN/m³)	饱和重度 /(kN/m³)	黏聚力 /kPa	摩擦角 /(°)
①₁ 抛石	22.0	22.5	0	40.0
①₂ 吹填土	18	18.5	38.0	1.0
②₁ 淤泥质粉质黏土	17.5	18.0	21.5	11.0
②₂ 粉质黏土	17.7	20.0	21.0	12.5
③₁ 粉砂	19.2	19.5	33.5	2.5
③₂ 粉细砂	18.8	19.1	33.0	2.5

3 滑移现状分析

3.1 滑塌后现状

亲水平台在使用期内前端发生坍塌，约宽12m的平台沉入水中。水下岸坡发生滑移，滑移范围垂直岸线方向约140m，顺岸方向约长130m，如图3所示。为尽可能减少险情带来的损失，应立即展开应急抢险和加固。

图3　水下岸坡滑移的亲水平台

3.2 水下坡形变化

根据岸坡滑移前后的水下地形测量数据对比（图4），亲水平台前0～50m范围内泥面标高从0.0m左右降至−2.0～−26.0m；50～120m范围内泥面标高从0.0～−32.0m降至−26.0～−32.0m，最大变化值为26.0m，两个月时间冲刷掉土方量约21万m³，冲刷和崩塌现象十分严重，且形成坡比约为1:1的岸坡，对整个亲水平台的稳定极为不利。

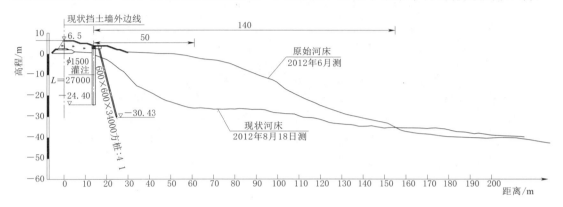

图4　发生滑移前后水下岸坡泥面线对比图

3.3 岸坡加固结构体变化

（1）灌注桩体及桩后土体变化。原设计亲水平台前端有一排桩径1.5m的灌注桩，桩长约28.0m，两桩之间间隙为20m，自桩顶向下1.2m范围内为联系梁。灌注桩前伸出的承台下打设有边长0.6m的方桩，桩间距3.5m，底标高约−30.0m。现存平台面下淘刷现象严重，支撑平台的灌注桩和方桩的临空面约占桩长的1/3（长度约10m），监测结果显示桩体已出现方向指向水侧的位移，位移量约1.0cm，且呈增大趋势。由于灌注桩之间存在空隙，且桩前泥面已被冲刷至联系梁底高程以下，水流从空隙进入桩后的填土中，在潮汐作用下，将桩后的细颗粒带走，桩后平台下出现空洞，如图5所示。

 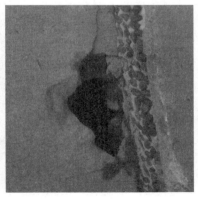

图5　现场照片（灌注桩桩后平台下方空洞）

（2）现场监测。根据亲水平台及后方挡土墙变形观测资料，现存平台的顶面在监测时

段内出现一定的沉降，沉降量为 2.0～3.0cm，且呈增大趋势。挡墙后方（陆侧）已出现
多道裂缝（图 6），宽度为 0.5～3.0cm，且呈增大趋势。

图 6　现场照片（挡墙后方裂缝）

3.4　现状分析与评价

根据 GB 50286—2013《堤防工程设计规范》[7] 规定，采用圆弧滑动法对滑移前后的
水下岸坡岸坡进行抗滑稳定计算。

按照总应力法，抗滑稳定安全系数计算公式为

$$K = \frac{\sum Cb\sec\beta + W\cos\beta\,\text{th}\varphi}{\sum W\sin\beta} \tag{1}$$

其中
$$W = W_1 + W_2 + \gamma_w Zb$$

式中：b 为条块宽度，m；W 为条块重力，kN；W_1 为在堤坡外水位以上的条块重力，
kN；W_2 为在堤坡外水位以下的条块重力，kN；Z 为堤坡外水位高处条块底面中点的距
离，m；β 为条块的重力线与通过此条块底面中点半径之间的夹角，(°)；γ_w 为水的重度，
kN/m^3；C、φ 为土的抗剪强度指标，kN/m^3，(°)。

经计算（图 7 和图 8），滑移发生前，原始河床安全系数为 1.030，处于临界状态；滑
移发生后现状岸坡安全系数为 1.022，处于临界状态。

根据计算结果、水下地形测量数据和亲水平台及后方挡土墙监测数据，对亲水平台现
状分析评价如下：

（1）计算得出的滑移前原始河床安全系数最小滑动面和滑移后现状岸坡不一致，这说
明土体失稳并不是岸坡发生滑移的主要因素。经现场调查发现，滑移发生时正处于长江汛
期，本工程所处区域水流条件紊乱，水流冲刷导致水下岸坡大量土体流失，引起了岸坡滑
移。因此本次抢险方案设计的重点在于重建护面结构，并做好防渗设计。

（2）水下岸坡出现滑移前后，亲水平台前沿岸坡泥面高程最大变化值约为 26.0m，
冲刷现象十分严重，且形成坡比约为 1∶1 的岸坡，岸坡稳定性处于临界状态，对整个亲
水平台的稳定极为不利，险情严重。

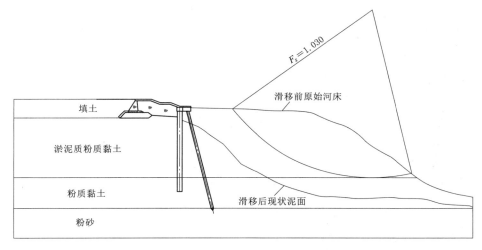

图 7　滑移前原始河床安全系数最小滑动面示意图

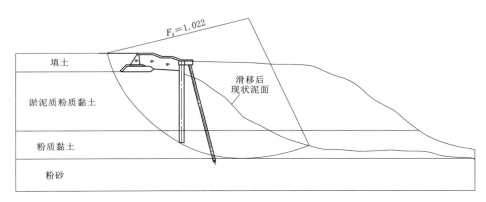

图 8　滑移后现状岸坡安全系数最小滑动面示意图

（3）灌注桩前沿泥面降低至约－2.0m，低于联系梁底高程，导致桩体后方填土被冲刷，进而后方挡土墙发生位移，挡土墙后方出现多条裂缝，且在不断发展。该现象表明桩体后方填土仍在不断被冲刷带走。

（4）灌注桩和方桩前沿泥面下降严重，且前端岸坡很陡，桩体有近10m处于临空状态，大大降低了桩体对桩后土体的支挡作用，对整个亲水平台的稳定极为不利，险情严重。

由于亲水平台及其前沿水下岸坡的冲刷现象十分严重，亲水平台及后方挡墙安全稳定系数大大降低，必须尽快采取措施，对亲水平台前沿岸坡进行应急抢险和加固处理。

4　抢险临时工程设计

4.1　设计思路

本次设计包括应急抢险方案设计和临时加固工程设计：

（1）进行临时抢险方案设计，保证现有岸坡短时间内不再出现冲刷现象。

（2）进行临时加固方案设计，在进行稳定计算的基础上，对现有岸坡进行加固、保护，确保汛期不出险情。

4.2　应急抢险方案设计

应急抢险阶段情况紧急且特殊，采用边设计边施工抢险的方法进行[3]，如图 9 所示。

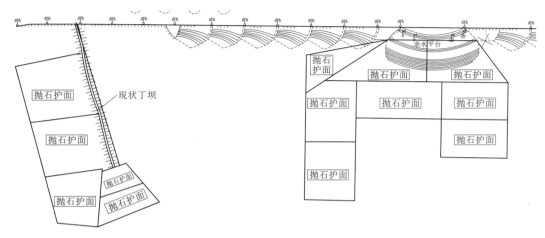

图 9　应急抢险方案抛石护底范围

1. 亲水平台前抛石护坡

自亲水平台两侧端点与岸线呈 30°～50°的夹角向外延伸至平台前约 40m 处形成的扇形区以及扇形区前端约 70m 范围内进行抛石护底，抛石厚度不小于 1.2m。

在亲水平台灌注桩前沿抛填人工砂袋，保证砂袋顶高程超过灌注桩连系梁底高程 0.5m 以上。

2. 亲水平台上游丁坝处理

丁坝上游约 40m 范围内抛石护底，抛石厚度不小于 1.2m；丁坝端头 30m 范围内抛石，以延长丁坝，增强其挡水作用，减小水流对下游亲水平台岸坡的冲刷。

4.3　临时加固方案设计

经过应急抢险的抛石护底方案，亲水平台前端岸坡冲刷险情得到有效控制，为巩固目前取得的抢险成果及保证水下岸坡的安全，需对水下岸坡进行临时加固处理。

1. 处理范围

根据水下地形图，确定亲水平台临时加固区域为：垂直岸线方向约 150m，顺岸方向约 130m。临时加固断面如图 10 所示。

2. 临时加固处理方法

（1）护面：在防护范围内的坡面上依次向上铺设土工格栅一层、1.5m 厚袋装砂。

（2）护坡：护面基础上沿坡面变化铺设大砂袋，范围为平台前沿约 60m 以内坡面，垂直坡面平均厚度约 4m；在大砂袋坡面上抛填 2m 厚块石，坡度 1:2。

（3）护脚：亲水平台前沿水下岸坡坡脚处（离平台约 70m），在护面的基础上设置护脚抛石棱体，棱体顶宽 10.0m，高度 5.0m，外侧坡比 1:2，内侧坡比 1:1.5。

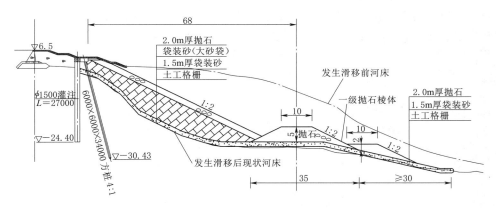

图 10 临时加固断面（高程：m；尺寸：m）

（4）护底：在护脚抛石棱体外侧 30m 范围内，从现状泥面向上依次铺设土工格栅一层、1.5m 厚袋装砂、2m 厚块石进行护底。

3. 设计计算

根据 GB 50286—2013《堤防工程设计规范》[7] 规定，采用圆弧滑动法对本次临时加固设计方案进行抗滑稳定计算，如图 11 所示。加固后岸坡安全系数为 1.257，满足规范要求的临时工程安全稳定系数。

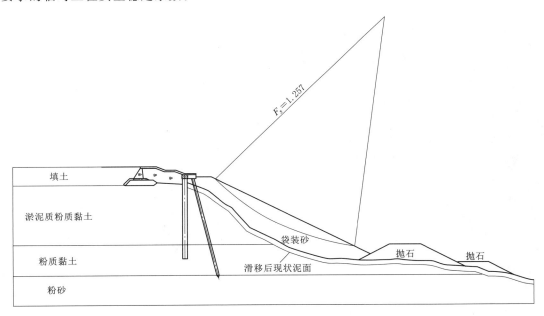

图 11 临时加固后安全系数最小滑动面示意图

5 结论

岸坡滑坡后工程抢险设计相对较少，但其设计要求高，安全风险高，要求能快速提出合理可靠、简单实用的技术方案，满足应急抢险的需要。工程实施效果表明，通过抢险和加固设计，以上应急抢险及临时加固设计方案是安全可靠、合理有效的，其抢险设计工作思路和内容、方法值得类似工程参考借鉴。

参考文献

［1］ 陈肃利. 对长江中下游干流河道治理的几点认识［J］. 人民长江，2003，34（7）：1-3.

［2］ 熊铁. 长江重要堤防隐蔽工程建设重点技术问题及对策［J］. 人民长江，2002，33（1）：10-12.

［3］ 吴国如. 应急抢险工程施工技术研究［J］. 水利水电技术，2013，44（3）：31-33，36.

［4］ 李金瑞，方娟娟，丁兵. 强水沙变化下长江安徽河段护岸失稳及防护研究［J］. 人民长江，2021，52（12）：9-14，71.

［5］ 兰雁，张俊霞. 某电厂近厂址黄河岸坡失稳及坡面侵蚀研究［J］. 人民黄河，2012，34（8）：92-95.

［6］ 杨璧榕，李丹. 滑坡失稳护岸的加固设计与施工控制措施［J］. 水运工程，2012（5）：152-156.

［7］ 中华人民共和国水利部. 堤防工程设计规范：GB 50286—2013［S］. 北京：中国计划出版社，2013.

高桩码头梁体预应力碳纤维板加固法
与增大截面加固法的对比试验研究

李 帅 杨 帅 王 翔 孟 岩

（中交四航工程研究院有限公司，广东广州 510230）

摘 要： 在老旧码头结构维修加固中加固方法的选择对于加固效果、施工难度、经济成本来说都具有非常重要的意义。为研究预应力碳纤维板加固方法与增大截面加固方法的特点，比较两种加固方法的可行性与加固效果，进行了室内梁体抗弯试验，得出预应力碳纤维板加固法相对于其他加固方式加固效果更好。同时通过设置4组不同的试验对比，可以得出预应力的提升对于提升构件的承载能力也有一定的帮助，通过设置初载与静载的试验对比可以得出设置初载对于构件的开裂荷载也有一定的提升。

关键词： 维修加固；对比试验；预应力；碳纤维板

在老旧高桩码头结构中，钢筋混凝土梁体往往由于钢筋锈蚀、混凝土破损、开裂等原因造成结构性能退化。为保证老旧码头的安全运行，提高老旧码头的适用率，需要研究钢筋混凝土结构缺陷修补加固技术。目前对既有钢筋混凝土构造物的修补加固常采用的方法大致可分为两类，即主动加固方法与被动加固方法。主动加固法常采用体外预应力加固的方法；被动加固法最常用到的是通过增加待加固结构横截面积的方法恢复或提高其承载力。相较被动加固方法，采用体外预应力进行加固的维修加固方法无论是理论上还是实际施工时往往都更加复杂，也是现在采用得越来越多的方法。黄侨等[1] 对体外预应力加固体系和各受力阶段进行了分析，从力学本质上揭示了体外预应力加固的机理。王宗林等[2] 在分析体外预应力钢筋与混凝土梁变形的基础上，通过截面内力平衡方程和变形协调关系，对体外预应力混凝土梁进行了从加载到破坏的全过程分析，得到了极限状态下体外筋的极限应力和混凝土梁的极限抗弯强度，其理论分析结果与实测值吻合良好。黄侨等[3-4] 对12片梁进行了试验，探讨了梁内钢筋极限应力合理的取值范围，分析了其极限破坏机理，最终基于试验结论提出了体外预应力加固后混凝土梁的极限强度计算方法。

为进一步研究体外预应力加固方法的可行性、加固效果，比较预应力碳纤维板加固法与增大截面加固法的优缺点，本文通过设置几组不同的室内梁体抗弯试验，对不同加固方法进行了对比试验研究。

1 预应力碳纤维板施工方法

本试验施加预应力的方法为先锚固后张拉法[5]，相较反拱法[6,7] 与外部张拉法[8]，

作者简介：李帅（1994— ），男，硕士，工程师，主要从事地下工程、水工结构等方面的试验、分析等。

先锚固后张拉法施工期短，不影响结构的使用，是碳纤维板施加预应力的较优解决办法。

该加固系统由碳纤维板、锚固体系（含支座、锚头、张拉杆等）、碳板胶、张拉机具（含千斤顶、工具挡板、工具拉杆及高强螺母等）和压条等组成，见图1及图2。

图 1　预应力碳纤维板加固系统

1—光纤传感器（可选）；2—固定端锚具及支撑座；3—碳板；4—压条；
5—张拉端锚具及支撑座；6—张拉设备

图 2　预应力碳纤维板加固梁体立面示意图

碳纤维板粘贴时，首先确定碳纤维板和两端锚具及支座钻孔位置；然后进行混凝土表面清理、粘接面找平；再采用植筋法对螺栓进行安装；待化学锚栓固定，达到设计强度后，安装固定端、张拉端支座并调整，在张拉端安装张拉螺杆并锚上螺母；在碳纤维板表面与混凝土构件接触面均涂抹碳板胶；再安装固定端、张拉端锚具，连接张拉螺杆并安放千斤顶；张拉时分级张拉预应力碳纤维板；预应力张拉到位后，压紧压条，使碳纤维板紧贴梁面；最后对锚具、张拉支座、张拉杆及锚栓表面涂刷一层环氧基材料进行防护处理，对防腐层、磨耗层涂抹封护。

2　试验方案

2.1　试验梁设计

（1）基础梁。基础梁尺寸设计为：长3200mm×宽300mm×高450mm，钢筋布置见图3。

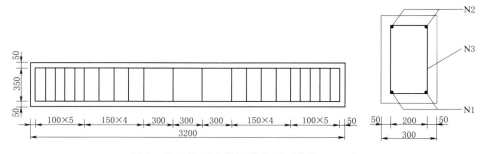

图 3　基础梁尺寸及钢筋布置（单位：mm）

共设置1号及2号基础梁，各类钢筋尺寸见表1，设置两种钢筋尺寸是为了用钢筋直

径为 $\phi18$ 的构件模拟未锈蚀的构件，钢筋直径为 $\phi14$ 的构件模拟锈蚀的构件，通过试验验证锈蚀构件通过几种不同的加固方法是否能达到原构件的承载能力，并且比较几种加固方法的加固效果。

表 1   基 础 梁 钢 筋 尺 寸

基础梁	N1	N2	N3
1 号	$\phi18$	$\phi10$	$\phi8$
2 号	$\phi14$	$\phi10$	$\phi8$

试验梁 1 号只有一根且只进行未加固试验，其他未加固试验以及加固试验都是采用试验梁 2 号进行试验。试验梁的数目见表 2。

表 2   试 验 梁 数 目

编号	加 固 情 况	数量	合计
B1-1	基础梁，不加固，受拉区主筋为 $\phi18mm$	1	8
B1-2	基础梁，不加固，受拉区主筋为 $\phi14mm$	7	

（2）预应力碳纤维板加固梁。在基础梁底面，安装预应力碳纤维系统，见图 4 及图 5。按碳纤维板张拉应力 $\sigma_{张拉}=0.4\sim0.7$ 及碳纤维材料强度设计值 $f_{cf}=2400MPa$，并考虑施加张拉力后混凝土梁上缘不开裂，确定最大张拉力 F_{max}。设置两组加固设计参数组合，分别是张拉力 $F=0.83F_{max}$、$F=0.5F_{max}$。预应力碳纤维板加固的梁体同 2 号基础梁。

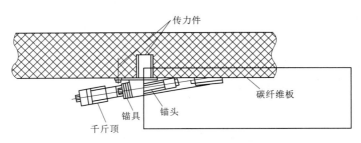

图 4　预应力碳纤维板锚固系统

图 5　预应力加固

（3）增大截面加固梁。在基础梁底面，增大受拉区截面面积，并增加受拉钢筋 2@ $\phi14$。完成增大截面后，在梁底面粘贴碳纤维板，见图 6。增大截面加固的梁体同 2 号基础梁。

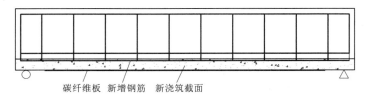

图 6 增大截面加固

试验梁数量见表 3。

表 3   试 验 梁 数 量

编号	加 固 情 况	数量
B1－1	基础梁，不加固，受拉区主筋为 $\phi18mm$	1
B1－2	基础梁，不加固，受拉区主筋为 $\phi14mm$	1
B2	增大截面加固，增加受拉钢筋，增大截面，粘贴碳纤维板	1
B3	张拉预应力碳板，张拉力分别取 $F=0.8F_{max}$、$F=0.5F_{max}$，无初始荷载下试验	2
B4	张拉预应力碳板，张拉力分别取 $F=0.8F_{max}$、$F=0.5F_{max}$，有初始荷载下试验	2
B5	机动梁	1
合　　计		8

2.2 加载方案

试验装置由结构试验反力架、加载系统（包括千斤顶、油泵等）、传感器（力传感器、百分表、应变片、振弦式应变计）以及数据采集系统（静态数据采集仪、综合测试仪等）组成。

加载采用图 7 所示加载图式。试验采用分级加载，荷载等级的划分主要考虑开裂荷载、极限荷载，以等级差进行划分。

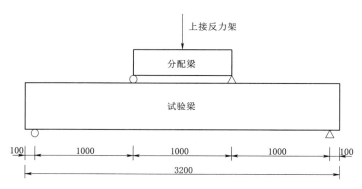

图 7 荷载加载图示（单位：mm）

2.3 数据采集

测点布置及仪表安设见表 4。

表 4 测 点 布 置 方 式

数据类型	布设测点的位置	主要测量仪表	仪表数量
挠度	分别在两个支座处、跨中位置布置挠度测点	百分表	4
应变	在跨中及 1/4 截面处的梁侧面和底面布置应变测点	表贴式混凝土应变片	75

应变片位置见图 8，其中梁侧面竖向布置为混凝土应变片，梁底面横向布置为碳纤维板应变片。

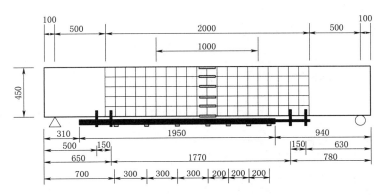

图 8 应变片图示（单位：mm）

2.4 试验理论值

（1）增大截面法加固试件。

$$M \leqslant \alpha_s f_y A_s \left(h_0 - \frac{x}{2} \right) + f_{y0} A_{s0} \left(h_1 - \frac{x}{2} \right) - f'_{y0} A'_{s0} \left(\frac{x}{2} - a' \right)$$

$$M \leqslant 2400 \times 140 \times (500 - 44) + 0.9 \times 270 \times (450 - 440) + 270 \times 308 \times (400 - 44)$$

$$\qquad - 270 \times 157 \times (44 - 42)$$

$$\qquad = 222 (\text{MPa})$$

式中：M 为构件加固后弯矩设计值，$\text{N} \cdot \text{mm}$；α_s 为新增钢筋强度利用系数，取 $=0.9$；f_y 为新增钢筋的抗拉强度设计值，MPa；A_s 为新增受拉钢筋的截面面积，mm^2；h_0、h_1 为构件加固后和加固前的截面有效高度，mm；x 为等效矩形应力图形的混凝土受压区高度，简称混凝土受压区高度，mm；f_{y0}、f'_{y0} 为原构件中钢筋的抗拉、抗压强度设计值，MPa；A_{s0}、A'_{s0} 为原构件中受拉钢筋和受压钢筋的锈后实际截面面积，mm^2；a' 为纵向受压钢筋合力点至混凝土受压区边缘的距离，mm。

（2）预应力碳纤维板加固试件。

$$M \leqslant \alpha_1 f_{c0} b x \left(h - \frac{x}{2} \right) + f'_{y0} A'_{s0} (h - a') - f_{y0} A_{s0} (h - h_0)$$

$$M \leqslant 1 \times 20.1 \times 300 \times 84 \times (450 - 20) + 270 \times 157 \times (450 - 42) - 270 \times 157 \times (450 - 400)$$

$$\qquad = 221.8 (\text{MPa})$$

式中：M 为构件加固后弯矩设计值，N·mm；α_1 为受压区混凝土矩形应力图的应力值与混凝土轴心抗压强度设计值的比值；当混凝土强度等级不超过 C50 时，取 $\alpha_1 = 1.0$；当混凝土强度等级为 C80 时，取 $\alpha_1 = 0.94$；其间按线性内插法确定；f_{c0} 为原构件混凝土的抗压强度设计值，MPa；b、h 为矩形截面的宽度和高度，mm；x 为等效矩形应力图形的混凝土受压区高度，简称混凝土受压区高度，mm；f_{y0}、f'_{y0} 为原构件截面受拉钢筋和受压钢筋的抗拉、抗压强度设计值，MPa；A_{s0}、A'_{s0} 为原构件截面受拉钢筋和受压钢筋的锈后实际截面面积，mm²；a' 为纵向受压钢筋合力点至截面近边的距离，mm；h_0 为构件加固前的截面有效高度，mm。

3 试验结果分析

（1）各种处理方式的裂纹图见图 9，承载力情况见表 5。

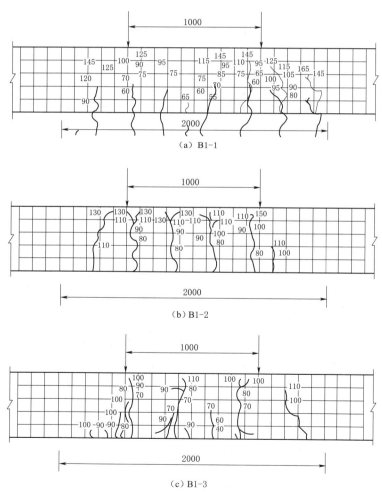

图 9（一） 各试件的裂纹图（单位：mm）

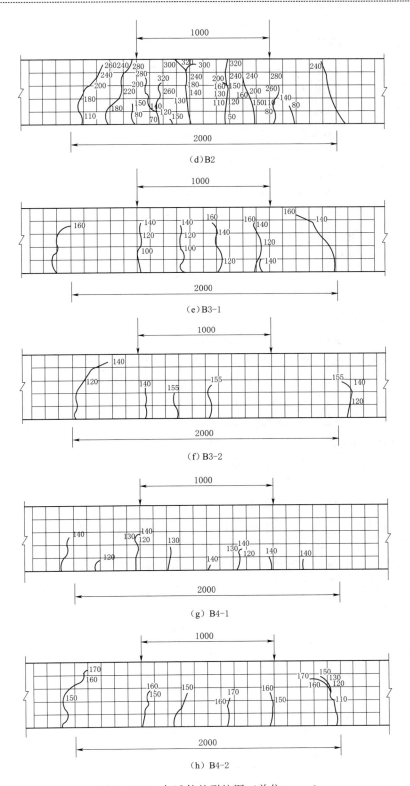

（d）B2

（e）B3-1

（f）B3-2

（g）B4-1

（h）B4-2

图 9（二） 各试件的裂纹图（单位：mm）

表 5　　　　　　　　　　　　　　**各种处理方式承载力情况**

试件名称	承 载 力 情 况
未加固 B1-1 试件	加载到 55kN 时，跨中出现裂缝；90kN 时，支座处出现裂缝；145kN 时，结构破坏
未加固 B1-2 试件	加载到 45kN 时，跨中出现裂缝；80kN 时，支座处出现裂缝；130kN 时，结构破坏
未加固 B1-3 试件	加载到 40kN 时，跨中出现裂缝；80kN 时，支座处出现裂缝；110kN 时，结构破坏
增大截面加固 B2 试件	加载到 50kN 时，跨中出现裂缝；80kN 时，支座处出现裂缝；280kN 时，碳纤维板脱胶、破坏；320kN 时，混凝土结构破坏
600MPa、静压载 B3-1 试件	加载到 100kN 时，跨中出现裂缝；160kN 时，支座处发生破坏
1000MPa、静压载 B3-2 试件	加载到 120kN 时，跨中出现明显的裂缝；120kN 时，支座处出现裂缝；155kN 时，结构破坏
600MPa、张拉 10kNB4-1 试件	加载到 120kN 时，跨中出现明显的裂缝；120kN 时，支座处出现裂缝；150kN 时，结构破坏
1000MPa、张拉 10kNB4-2 试件	加载到 150kN 时，跨中出现明显的裂缝；110kN 时，支座处出现裂缝；170kN 时，结构破坏

由图 8 的裂缝开展情况以及表 5 的承载能力情况分析可得：

1）由几组未加固试件的试验对比，可知混凝土受拉区钢筋直径对构件的承载能力有显著的影响，从而可知钢筋锈蚀对结构承载能力会造成一定的影响。

2）几组采用不同加固形式的试件相比于未加固试件在承载力方面都有明显的提高，并且加固后构件的开裂荷载以及破坏荷载都比模拟的未锈蚀构件（B1-1）要大，从而可知这几种加固方式对锈蚀构件也能起到很好的加固效果。

3）通过预应力碳纤维板加固法 4 组试件试验的横向对比可以知道预应力的提高对构件承载力的提升也有很大的帮助；通过静载与设置初载的对比可以知道，设置初载对结构的开裂荷载起到很大的提升作用。

4）预应力碳纤维板加固法中四组试件的承载能力与（B1-1）试件相比，开裂荷载和破坏荷载都有明显提高，并且混凝土在锚固区最先出现破坏，说明锚固区的锚固系统的可靠性对加固后构件的承载力有重要影响，还有待进一步的研究和提高。

（2）各加固方法的构件受弯承载力试验值与理论值见表 6。其中增大截面加固 B2 试件采用的是增大截面法和粘贴碳纤维复合材料加固法结合，其他 4 组加固试件均采用预应力碳纤维板加固方法。

表 6　　　　　　　　　　**各加固构件试验值与理论值的比较**

试 件 编 号	弯矩试验值/(kN·m)	弯矩理论值/(kN·m)
增大截面加固 B2 试件	160	222
600MPa、静压载 B3-1 试件	80	221.8
1000MPa、静压载 B3-2 试件	77.5	221.8
600MPa、张拉 10kNB4-1 试件	75	221.8
1000MPa、张拉 10kNB4-2 试件	85	221.8

根据表 6 各加固构件试验值与理论值的比较中，可知 B2 试件的试验值与理论值有较大偏差，分析可能原因是当荷载加载到 280kN 时，碳纤维板脱胶、破坏，使得碳纤维板无法充分发挥其受弯承载特性的作用，才导致试验弯矩值比理论值偏小，说明碳纤维板与混凝土构件的粘贴效果很大程度影响到了构件的承载能力。

其余四组构件的试验值与理论值产生较大差距的原因在于当荷载加载到 150～170kN 都出现了支座破坏，构件无法再起到承载作用，说明在安装预应力碳纤维板时，支座处的安装工艺有待于进一步改进和优化，同时也说明了安装预应力碳纤维板后支座处的承载能力也非常重要。

（3）各种处理方式梁加载过程荷载—位移变化曲线见图 10，各种处理方式梁加载过程中跨中混凝土以及跨中碳纤维部分的荷载—应变变化情况见图 11 和图 12。

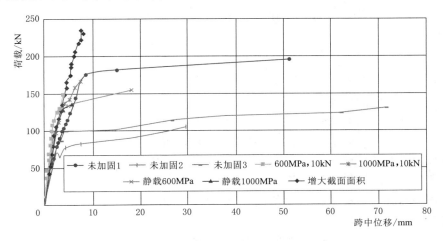

图 10　各种处理方式下荷载—跨中位移曲线

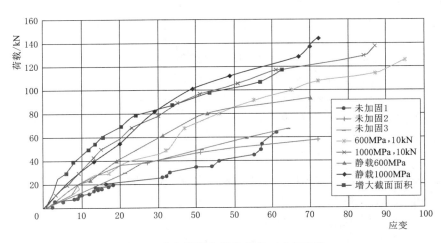

图 11　跨中混凝土部分荷载—应变曲线

由荷载—跨中位移变化曲线以及荷载—应变曲线可知，各构件的变化曲线大致相似，主要区别在于破坏荷载的大小不同，这是由于不同加固方式产生的加固效果不同，其中增

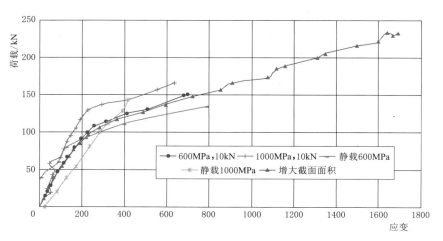

图 12　跨中碳纤维部分荷载—应变曲线

大截面面积配合碳纤维板加固的组合加固法的加固效果最好；其次可以看出提升预应力对于体外预应力加固法的加固效果也有一定的帮助。

（4）各种处理方式梁加载破坏模式。碳纤维板加固混凝土梁的正截面破坏过程与普通钢筋混凝土梁相似，经历了三阶段。但由于使用碳纤维板加固，各阶段的特征荷载有所提高，而且加固梁的变形形态也不一样。从试验中发现加固梁中出现弯曲裂缝时对应的荷载值增大，即碳纤维板的使用延长了梁的弹性阶段；裂缝出现后梁进入第二阶段，随着荷载的增加，钢筋和碳纤维板中的应力值增大；钢筋屈服后，标志着梁的第三阶段开始，这个阶段加固梁的承载力明显高于基准梁，特别是在受拉钢筋屈服后，由于碳纤维板的作用得到充分发挥，梁的承载力有较大幅度的提高，且随碳纤维板用量的增加而增大，但其抗变形能力减弱，梁的延性大为降低。

4　结论

通过室内几组不同加固方式试验的对比，可以得出以下结论：

（1）增大截面加固法和粘贴碳纤维板法的组合可以使构件的破坏荷载有很大的提升，开裂荷载的提升效果不明显；预应力碳纤维板加固法对于构件的开裂荷载有很大的帮助，可以有效地避免裂缝的开展，从而延缓混凝土中钢筋的锈蚀，此外该方法对于构件的破坏荷载也有提升，对于新老结构共同受力有很大的帮助，可有效延长构件的使用寿命。

（2）通过设置 4 组不同的预应力碳纤维板加固方法的试验对比，可以得出预应力的提升对于提升构件的承载能力有一定的帮助；通过设置初载与静载的试验对比可以得出设置初载对于构件的开裂荷载也有一定的提升。

（3）通过各加固构件试验值与理论值的比较可以看出，预应力碳纤维板加固方法中预应力碳纤维板与混凝土构件在支座处的安装质量以及碳纤维板与混凝土梁的黏结效果对于加固结果都有很大影响。

参考文献

[1] 黄侨，张树仁. 桥梁体外索加固体系的力学分析 [J]. 东北公路，1994 (1)：60 - 66.

[2] 王宗林，王彤，张树仁. 体外预应力混凝土简支梁的极限强度分析 [J]. 哈尔滨建筑大学学报，2001 (1)：114 - 118.

[3] 黄侨，张树仁，苗栓明. 桥梁预应力体外索加固设计方法 [J]. 中国公路学报，1993 (1)：47 - 54.

[4] 黄侨，张树仁. 公路钢筋混凝土简支梁桥的体外预应力加固技术 [M]. 北京：人民交通出版社，1998.

[5] 张俊，赵泽俊，邓朗妮，等. 预应力碳纤维板加固混凝土梁抗弯承载力设计计算方法 [J]. 桂林理工大学学报，2011，30 (1)：73 - 76.

[6] 刘杰. 预应力碳纤维板加固大比例 T 梁抗弯性能试验研究 [D]. 长沙：长沙理工大学，2010.

[7] 余舒宇. 表层嵌贴预应力 CFRP 板条加固 RC 梁抗弯性能影响因素研究 [D]. 长沙：长沙理工大学，2012.

[8] Gyamera Kesse，Janet M. Lees. Experimental behavior of reinforced concrete beams strengthened with prestressed CFRP shear straps [J]. Journal of Composites for Construction，2007，11 (4)：375 - 383.

格栅式水泥土搅拌墙在管板桩码头的应用研究

周新月[1,2]　牛　飞[1,2]　周红星[1,2]

(1. 中交四航工程研究院有限公司，广东广州　510230
2. 中交交通基础工程环保与安全重点实验室，广东广州　510230)

摘　要：本文依托某管板桩码头，针对其深厚淤泥质土采用真空预压结合格栅式水泥土搅拌墙的地基处理方式。首先对真空预压预处理后土体进行水泥土配方试验与试桩试验，再采用 Midas GTS NX 对该码头进行三维数值模拟，研究格栅式水泥土搅拌墙的受力变形及其受施工过程影响。结果表明：水泥加固土的力学参数随水泥掺入比（14%、16%、18%、20%）增大而迅速增加，但增至 16% 后，其增长幅度逐渐趋缓，确定水泥的最佳掺入比为 16%；根据试验结果进行现场施工工艺试验，采用水灰比 1.5、水泥掺入比 16% 的钻孔芯样抗压强度可达到设计使用要求；格栅式水泥土搅拌墙的墙体与墙间土共同协调码头结构与土的受力状况，通过增加整体刚度抵挡竖向和水平向的荷载，减少作用于前墙的侧向土压力。

关键词：格栅式水泥土搅拌墙；管板桩码头；施工工艺；室内试验；有限元分析

1　引言

由于板桩码头结构向深水化、大型化方向发展，对其承载力及变形要求更为严格，管板桩码头结构对土层适应好，水平抗弯能力强，承载力高，能够适应码头结构向大型化、深水化的发展。但针对淤泥、淤泥质土、含水量较高且地基承载力不大的软土地区，管板桩码头需进一步对地基进行加固。在建筑施工领域中广泛应用的软基加固处理方法中，水泥搅拌桩技术应用越来越成熟。孙群安等[1] 对镇江大港板桩码头的沉降分析及地基处理进行了研究，在采用深层搅拌法时应注意水泥掺入比的确定。

此外，水泥搅拌桩还可以联合其他地基处理方法进行加固，进一步丰富了管板桩码头软土地基处理的方式。郑涛等[2] 针对某板桩码头墙后深厚软土层的问题进行了研究，采用换填与水泥土搅拌桩相结合的处理方式可以确保码头结构的安全性、地基处理的经济性及可实施性。陈丽琴等[3] 以珠江三角洲河口湾河海交汇处某驳船码头为研究对象，对于钢板桩墙前港池底开挖深度较浅的施工工况下，真空预压结合水泥搅拌桩施工方案以突出优势有效加固软土地基。秦网根等[4] 以组合式密排灌注桩板桩码头结构为研究对象，解决了地连墙在软土条件下成孔形状沿深度发生变形的施工问题。秦网根等[5] 通过对比满堂式加固法和水泥搅拌桩加固法两种软弱土地基处理方案，通过有限元软件分析单锚板桩结构在两种加固方案情况下受力变形规律。

在管板桩码头软基加固处理方法中，水泥搅拌桩施工技术成熟，应用广泛，但对于格栅式水泥土搅拌墙在管板桩码头应用还很少见，需对格栅式水泥土搅拌墙对管板桩码头地基加固效果进行深入研究。由于该码头工程大部分区域吹填疏浚土形成陆域，地基处理的主要土层为原状软土和吹填疏浚土，具有高含水量、高压缩性、低强度、不均匀性、结构性和触变性，由于其承载力较差，对工程影响不利，采用真空预压联合格栅式水泥土搅拌墙加固法。首先采用真空预压进行地基处理，在真空预压地基处理卸载后，由于前板桩墙与锚碇墙区域沉降标准较高，接着用格栅式五轴水泥土搅拌墙对场地进行二次处理，提高地基承载力，墙后1.0m以上回填泡沫轻质土，厚度为3.75m，进一步提高软土地基承载力从而达到码头结构预期的加固目标。

本文以某码头工程为研究对象，针对其深厚淤泥质土采用真空预压结合格栅式水泥土搅拌墙的地基处理方式，首先对真空预压预处理后土体进行水泥土配方试验与试桩试验，再采用Midas GTS NX对该码头进行三维数值模拟，研究格栅式水泥土搅拌墙的受力变形及其受施工过程影响。码头泊位断面如图1所示。

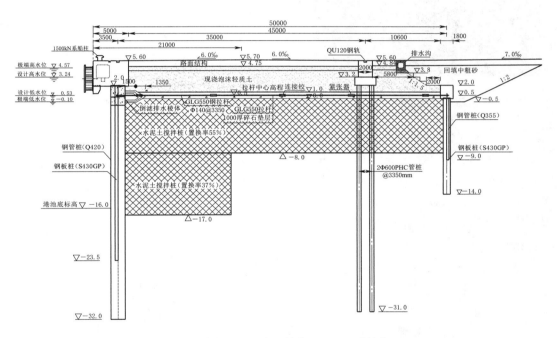

图1 码头泊位断面图（高程单位：m；尺寸单位：mm）

2 水泥土配方试验与试桩

2.1 水泥土配方试验

从工程现场取回真空预压预处理后土体进行水泥土配方试验，对不同水泥掺入比的水泥土进行无侧限抗压强度试验[6]（图2），对比真空预压预处理后土体在加入四组水泥掺入比（14%、16%、18%、20%）后养护到指定龄期（养护龄期7d、28d、90d）后水泥加固土的无侧限抗压强度变化规律。

不同水泥掺入量的水泥加固土无侧限抗压强度与龄期关系如图3所示。由图3可知，在相同的龄期，水泥加固土随着水泥掺入比的增大，其强度不断提高，无侧限抗压强度也得到增强。在龄期为 7d 的时候，不同水泥掺入比的无侧限抗压强度值明显增大，曲线较陡峭，斜率明显增大；在龄期 28d 的时候，水泥掺入比为 20% 的无侧限抗压强度值明显提高；在龄期为 90d 的时候，其增长较缓慢，曲线较平缓，斜率较低。

图 2　无侧限抗压强度试验

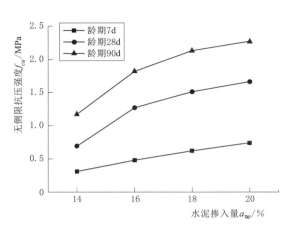

图 3　不同水泥掺入比水泥加固土无侧
限抗压强度与龄期关系图

水泥加固土的强度随着龄期的增长也在增加。养护龄期为 7d 的时候，不同的水泥掺入比的无侧限抗压强度值比较相近；当养护龄期为 28d 的时候，水泥掺入比为 20% 的无侧限抗压强度值明显提高；当养护龄期为 90d 的时候，水泥掺入比的无侧限抗压强度值明显增大，其增长斜率随着掺入比的增加而提升。

2.2　试桩试验

由于此软土地基分布广而深的淤泥层，为确定格栅式水泥搅拌桩对淤泥处理效果，需要对室内试验最佳水泥掺入比进行施工工艺试验，以优选出一个可靠、经济、合理的配合比及施工工艺。

在施工现场进行格栅式水泥土搅拌墙的试桩试验，水泥搅拌桩施工流程主要包括：桩位测量放样→搅拌机械就位、调平→预搅下沉至设计深度，带浆下沉→提升搅拌，边喷浆、边搅拌提升至预定的停浆面→关闭搅拌机械。在成桩 14d 后，现场对 1 号、3 号试桩进行了钻孔取芯进行无侧限抗压强度试验。

由试验可知（表 1），现场采用水灰比 1.5 和 16% 水泥掺入比的试桩，其喷气孔和喷浆孔的钻孔芯样抗压强度满足设计要求，最低强度的 1 号试桩-喷浆孔钻孔上部芯样抗压强度（0.96MPa）高于设计值（0.8MPa），验证了试验采用的施工工艺"两喷两搅"的有效性，正式施工使用水泥掺入比不小于 16%，水灰比 1.5，搅拌下沉速度 0.6～0.7m/min，搅拌提升速度 0.8～0.9m/min。此外，在实际施工中，应根据地面高程、桩顶高程、实桩长度以及钻杆深度确定水泥搅拌桩喷浆起始位置和喷浆长度，以确保满足设计要求。

表1　　　　　　　　　　试验桩钻孔取样无侧限抗压强度检测结果

桩　号	芯样号	深度/m	强度/MPa	强度平均值/MPa	代表值/MPa
试桩1号喷浆孔-1	-1	3.20~3.70	1.36	0.96	0.96
	-2		0.95		
	-3		0.97		
试桩1号喷浆孔-2	-1	9.5~10.0	2.78	3.05	
	-2		2.86		
	-3		3.50		
试桩1号喷浆孔-3	-1	18.4~18.8	1.19	—	
	-2		2.98		
	-3		0.73		
试桩1号喷气孔-1	-1	2.50~3.00	1.32	—	
	-2		1.05		
	-3		0.70		
试桩1号喷气孔-2	-1	9.50~10.00	2.25	—	2.04
	-2		1.87		
	-3		1.31		
试桩1号喷气孔-3	-1	17.10~17.60	2.10	2.04	
	-2		1.97		
	-3		1.52		

3　有限元分析

3.1　计算条件

在三维建模中，土体和格栅式水泥土搅拌墙均采用修正莫尔-库仑弹塑性本构模型，如图4所示；对码头的横向进行分析，取格栅式水泥土搅拌墙的重复单元区段进行建模计算；前管板组合结构与土体之间设置接触面单元；假设回填前土体的初始位移为零；模型中水位统一设置为低水位（+0.53m），不考虑地下水渗流，同时不考虑波浪力对码头结构的影响；分析模型不考虑场地吹填、真空预压步骤，在真

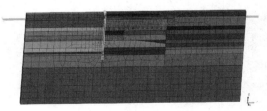

图4　管板桩码头三维模型图

空预压预处理后地基进行施工模拟。计算模型最终尺度为：纵向166.50m、竖向45.30m、横向3.35m。在本模型中，以垂直前墙并指向陆侧为y正向，竖直向上方向为z正向，沿码头前沿方向为x正向。模型边界条件：模型四周约束其法向位移，底面约束三个方向的位移，顶面不设置任何位移约束条件。取板结构弹性模量与钢材一致。前墙等效板厚度为0.65m，锚碇墙等效板厚度为0.32m。本文中提及的前墙指的是前板桩结构，

后墙指的是锚碇墙结构，本文重点分析前墙的受力变形情况。

表 2 工 况 表

步骤	工 况
1	地基土层的地应力平衡阶段（自重作用下，位移清零）
2	前墙、锚碇墙和水泥搅拌桩的施工
3	前墙与锚碇墙之间上层土体开挖
4	布置拉杆，回填碎石层
5	前墙与锚碇墙之间土体分层回填
6	港池开挖至 -6.10m
7	港池开挖至 -16.0m
8	码头面施工（码头面标高 $+5.60\text{m}$，堆载 30kPa）

3.2 结果分析

3.2.1 前墙水平位移

分析工况中选择回填结束、港池开挖开始、港池开挖结束和码头面结构施工工况下管板桩码头前墙水平位移的变化，前墙水平位移随深度变化规律如图 5 所示，正值代表向陆侧方向，负值代表向海测方向。

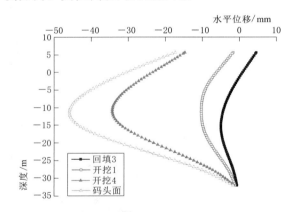

图 5 前墙水平位移随深度变化规律

由图 5 可知，前墙水平位移总体呈"弓"字形弯曲变形。码头上部回填完成时前墙的最大水平位移为 4.98mm。由于码头上部回填的材料为泡沫轻质土及中粗砂，前墙两侧土体对于前墙的约束作用也较为明显，因而其水平位移随墙身入土深度的变化不大。港池开挖完成时，前墙最大水平位移达到 34.32mm，对应深度 -12.3m，相较于港池第一步开挖时增大了 24.07mm，增加了 480%。这是由于随着港池开挖深度不断增大，前墙自由段长度得到不断增加，前墙产生向海侧方向变形。当码头面堆载时，前墙最大水平位移达到 45.87mm，相较于开挖完成时增加了 34%，对应深度往下移动至 -12.8m。在竖向荷载作用下，前墙水平变形进一步增大，最大水平位移出现位置也随之提高。

3.2.2 前墙单宽弯矩

由图 6 可知，前墙弯矩总体呈 S 形。码头上部回填完成时前墙的最大正弯矩为 196(kN·m)/m。由于码头上部回填泡沫轻质土和中粗砂完成时前墙所受荷载较小，前墙两侧土体对于前墙产生一定约束作用，因而其弯矩随深度的变化不显著。随着港池开挖深度不断增加，前墙的最大正弯矩和最大负弯矩也呈现增大的变化趋势。

3.2.3 前墙土压力

前墙作为管板桩码头结构中承受水平土压力的主要结构，其土压力分布规律与施工工况密切相关。前墙的土压力分为前墙墙前（临海侧）土压力和墙后（近陆侧）土压力。由图 7 可知，前墙土压力整体表现出随深度增大而增大，且同一深度处墙前土压力大于墙后土压力，这是因为土压力与前墙位移方向有关，前墙墙前土体受墙体挤压的程度增大，其土压力往被动土压力发展，而前墙墙后土压力因为墙体"脱离"土体的程度增大而往主动土压

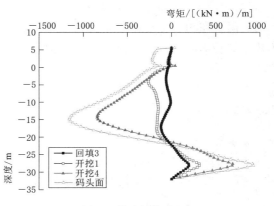

图 6　前墙单宽弯矩

力发展。当墙前土体开挖至港池底部时，前墙墙前土压力在开挖面以下一定深度范围内会出现土压力减小的现象。

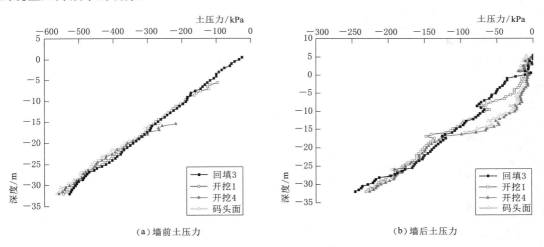

（a）墙前土压力　　　　　　　　　　　　（b）墙后土压力

图 7　前墙水平方向土压力

在回填结束、港池开挖开始、港池开挖结束和码头面结构施工工况中，前墙的墙前、墙后土压力在港池开挖结束和码头面结构施工工况时变化幅度较大，可在港池开挖期和码头面结构施工时加强管板桩码头的变形监测。

4　结论

（1）前期水泥加固土的力学参数随水泥掺入比（14％、16％、18％、20％）的增大而迅速增加，但增加到 16％后，其增长幅度逐渐趋缓，确定水泥的最佳掺入比为 16％。

（2）在试桩试验中，试桩试验采用水灰比 1.5、水泥掺入比 16％的钻孔芯样抗压强度

可达到设计使用要求。

（3）格栅式水泥土搅拌墙通过增加整体刚度抵挡竖向和水平向的荷载，减少作用于前墙的侧向土压力，前墙的变形显著减小。码头前沿区域整体沉降较小且分布比较均匀，有效减小码头面的不均匀沉降。可在港池开挖期和码头面结构施工时加强管板桩码头的变形监测。

参 考 文 献

[1] 孙群安，钱玉林，王业明，等. 镇江大港板桩码头沉降分析及地基处理 [C]//第十届全国结构工程学术会议论文集 第Ⅱ卷，2001：797-800.

[2] 郑涛，柏龙武，窦亚军. 某板桩码头墙后超深软基处理设计分析 [J]. 中国水运（下半月），2012，12（9）：121-122，124.

[3] 陈丽琴，陈志强，孙英. 水泥搅拌桩在板桩码头前软基加固的应用 [J]. 中国水运（下半月），2013，13（8）：294-295，141.

[4] 秦网根，李晓径，王伟霞. 新型密排灌注桩板桩码头结构的应用探讨 [J]. 港工技术，2017，54（5）：49-52.

[5] 秦网根，蔡正银，关云飞，等. 不同地基处理方式下组合式板桩码头结构的受力变形分析 [J]. 河海大学学报（自然科学版），2020，48（2）：158-162.

[6] 中华人民共和国水利部. 土工试验方法标准：GB/T 50123—2019 [S]. 北京：中国计划出版社，2019.

榫卯界面功能梯度梁抗弯性能研究

周文涛　俞小彤　常西栋　陈　达

（河海大学港口海岸与近海工程学院，江苏南京　210024）

摘　要：为增强 ECC -混凝土功能梯度梁的界面连接，本文提出一种榫卯界面功能梯度梁，在功能梯度梁界面沿梁长度方向设置榫卯结构，增强梁的稳定性和整体性。采用 ABAQUS 有限元软件对比分析普通钢筋混凝土梁、平接界面功能梯度梁和榫卯界面功能梯度梁的抗弯性能，并且研究不同榫卯长度、不同榫卯位置和不同界面黏结强度对榫卯界面功能梯度梁的承载性能的影响。研究结果表明：榫卯界面功能梯度梁的承载性能优于平接界面功能梯度梁；榫卯长度不宜过小；布置方式应沿梁长度方向全布置或仅布置在梁两端；榫卯界面功能梯度梁对界面黏结性能要求可适当降低。

关键词：功能梯度梁；榫卯界面；承载性能

1　引言

　　高强混凝土在港口、跨海大桥、海底隧道和海上采油平台等施工难度大且环境恶劣的工程环境中具有广大的应用前景[1-2]，但在环境、荷载作用下混凝土开裂、剥落现象不容忽视，结构耐久性问题依然存在。简单地提升混凝土强度难以从根本上解决其脆性开裂问题。超高延性水泥基复合材料（engineered cementitious composite，ECC）具有超高延性[3]，拉伸应变通常超过 2%，是高强混凝土的数百倍，且呈现独特的密集分布的多缝开裂形式，裂缝宽度可控制在 $100\mu m$ 内。这些特性赋予 ECC 优异的抗裂及耐久性能。采用 ECC 替换受拉区混凝土形成功能梯度构件已有大量研究成果并在多个工程中应用，但 ECC 与混凝土界面脱黏现象引发承载及耐久性问题，是限制 ECC -混凝土功能梯度构件大规模推广运用的瓶颈。

　　为探明界面黏结性能的作用机理，提升构件承载性能，学者们研究了界面处理方法、基体强度和加固方式等因素对界面黏结强度的影响以及界面黏结对构件承载性能的影响。Tayeh 等[4-5] 开展既有混凝土表面不同连接方式对 ECC -既有混凝土界面破坏形态及承载能力的研究；王孟伟[6] 通过 ECC -既有混凝土抗拉、抗剪试验测定黏结强度、加载端和自由端的黏结滑移曲线，分析粗糙度、界面剂、既有混凝土强度、ECC 强度对黏结性能的影响；王楠等[7] 分析新老混凝土基体强度、界面黏结剂种类和加固方法等因素对界面抗剪效果的影响，并给出经验公式；程文强等[8] 对经过四种界面处理（光滑、喷砂、凿毛和切槽）的预制 UHPC -现浇 NC 组合试件进行双面剪切试验，发现界面粗糙处理显著提高预制 UHPC -现浇 NC 组合试件界面抗剪性能。

作者简介：周文涛（1998—　　），男，安徽六安人，硕士研究生，主要从事港口、海岸及近海工程研究。

目前功能梯度梁研究大多采用平接界面，对功能梯度梁界面结构型式研究较少。本文设计榫卯结构界面 ECC-混凝土功能梯度梁，对比分析其与普通钢筋混凝土梁、平接界面功能梯度梁承载性能的差异，明确榫卯结构型式和界面黏结性能对承载性能的影响机制。研究结果可指导实际功能梯度梁的优化设计。

2　有限元模型

2.1　功能梯度梁结构型式设计

参考 Mustafa 等[9] 的抗弯试验梁设计试件梁模型，梁整体长 1900mm，宽 150mm，高 200mm；混凝土层厚 130mm，ECC 层厚 70mm。试件尺寸和配筋情况见图 1。

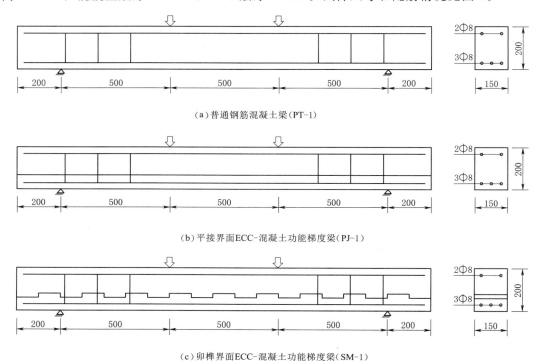

（a）普通钢筋混凝土梁（PT-1）

（b）平接界面ECC-混凝土功能梯度梁（PJ-1）

（c）卯榫界面ECC-混凝土功能梯度梁（SM-1）

图 1　试件尺寸及配筋图（榫卯界面功能梯度梁以 SM-1 为例，单位：mm）

对比平接界面功能梯度梁和本文提出的榫卯界面功能梯度梁两种界面结构形式，建立 9 种梁模型，见表 1。表 1 中，全布置指沿梁长度方向上榫卯布置在整个梁上；仅跨中指沿梁长度方向上榫卯布置在跨中；仅两端指沿梁长度方向上榫卯布置在梁两端；界面黏结较好指整个加载过程中 ECC-混凝土界面不发生脱黏；界面黏结中等指钢筋屈服后 ECC-混凝土界面发生脱黏；界面黏结较差指钢筋屈服前 ECC-混凝土界面发生脱黏。

2.2　模型建立与材料参数选取

混凝土和 ECC 材料参数见表 2，钢筋的材料参数见表 3。考虑到混凝土材料失效前具有较为明显的塑性变形特征，采用混凝土塑性损伤（concrete damaged plasticity，CDP）模型定义混凝土和 ECC 材料的塑性。依据 GB 50010—2010《混凝土结构设计规范》中的

表 1   构 件 设 计 参 数

构件编号	榫卯长度/mm	榫卯布置	界面黏结
PT－1	—	—	—
PJ－1	—	—	—
SM－1	100		
SM－2	200	全布置	较好
SM－3	400		
SM－4		仅跨中	
SM－5	100	仅两端	
SM－6		全布置	中等
SM－7			较差

规定输入混凝土的塑性参数、单轴拉伸和单轴压缩本构模型。ECC 的塑性参数、单轴拉伸和单轴压缩本构模型可根据试验数据中应力—应变曲线关系，通过文献［10］中公式计算得到非弹性应变与损伤因子并输入有限元软件进行模拟。

试件的混凝土层和 ECC 层黏结界面的作用机理复杂，其力学性质于混凝土和 ECC 材料的力学性质有关，包括断裂和摩擦损伤。本文采用 ABAQUS 有限元软件中的 Cohesive 接触模拟混凝土和 ECC 间的黏结界面，具体参数见表 4。

表 2   混凝土和 ECC 材料性能

材料	抗压强度/MPa	弹性模量/MPa	泊松比
混凝土	70	36745	0.2
ECC	60	18500	0.2

表 3   钢 筋 材 料 性 能

直径/mm	屈服强度/MPa	极限强度/MPa	极限拉应变	弹性模量/(MPa/mm)	泊松比
8	500	550	0.045	200000	0.27

表 4   黏 聚 力 模 型 系 数

界面黏度	弹性刚度/MPa		峰值应力/MPa		破坏滑移/mm
	法向	切向	法向	切向	
较好	1.76	1.76	1.70	1.70	1.53
中等	1.76	1.76	0.85	0.85	0.77
较差	1.76	1.76	0.12	0.12	0.15

本文的有限元分析中，混凝土和 ECC 采用八结点线性六面体单元 C3D8R，钢筋采用两结点线性三维桁架单元 T3D2 并内置于混凝土和 ECC 中。网格采用六面体，全局近似尺寸为 20mm。加载方式为四点弯曲加载，荷载为－25mm 的位移。

3 模拟结果分析

3.1 模型验证

为验证模型的可靠性，本文根据 Mustafa 等[9] 的抗弯试验梁数据进行模拟验证。对比分析普通钢筋混凝土梁（PT-1）和平接界面功能梯度梁（PJ-1）的荷载—挠度曲线，如图 2 所示，可以发现数值模拟结果与试验结果一致，表明该模型能够较好地模拟钢筋混凝土梁和普通功能梯度梁抗弯承载性能，证明模型的合理性与可信性。

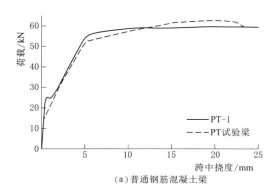

（a）普通钢筋混凝土梁

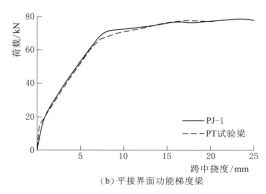

（b）平接界面功能梯度梁

图 2 数值模拟与试验梁的荷载—挠度曲线对比

3.2 榫卯界面功能梯度梁承载性能

图 3 为平接界面功能梯度梁（PJ-1）与榫卯界面功能梯度梁（SM-1）荷载—挠度曲线，一开始施加于梁的荷载比较小，没有达到试件梁的开裂荷载，此时处于弹性阶段，跨中挠度随着荷载的增加而线性增长，刚度保持不变；随着荷载的增加，刚度有所下降，曲线近似为直线，梁此时进入带裂缝工作阶段；随着荷载进一步增加，受拉钢筋发生屈服，此时曲线到达拐点，试件梁的荷载趋于稳定，跨中挠度迅速增加，刚度明显降低。对比分析发现，试件 PT-1 的刚度约为 9.27kN/mm，SM-1 的刚度约为 11.15kN/mm，增长 20.28%，表明本文提出的榫卯界面功能梯度梁相对于普通功能梯度梁具有更好的承载性能。

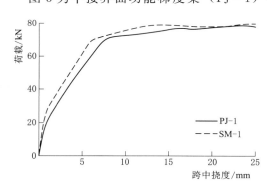

图 3 试件 PJ-1 和 SM-1 的
荷载—挠度曲线

对比分析钢筋屈服时试件 PJ-1 和 SM-1 的应力云图，如图 4 所示，应力集中分布在两个加载点附近，梁底部受拉钢筋屈服面积较大；如图 5 所示，应力主要分布于梁跨中顶部受压区，梁底部受拉钢筋跨中位置应力呈现出更大的屈服面积。表明本文提出的榫卯界面功能梯度梁在相同荷载作用下应力分布更均匀，具有较好的整体性与稳定性。

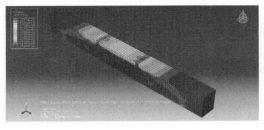

（a）混凝土　　　　　　　　　　　　（b）钢筋

图 4　钢筋屈服时试件 PJ-1 应力云图

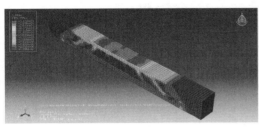

（a）混凝土　　　　　　　　　　　　（b）钢筋

图 5　钢筋屈服时试件 SM-1 应力云图

4　榫卯功能梯度梁承载性能影响因素分析

4.1　榫卯长度

对比分析榫卯长度为 100mm（SM-1）、200mm（SM-2）和 400mm（SM-3）的功能梯度梁荷载—挠度曲线，如图 6 所示，可以发现三者的整体刚度保持一致，这表明榫卯长度对梁刚度影响不大。与试件 SM-1 相比，试件 SM-2 和 SM-3 的承载力增长 7.23%，这表明过小的榫卯长度会削弱梁的承载力。图 7 为钢筋屈服时试件 SM-1、SM-2 和 SM-3 的应变云图，可以发现试件 SM-1 的混凝土层裂缝由于应力集中的影响而全部在榫卯侧面开展，屈服时裂缝高度较大，使得梁中性轴位置提高，受压区混凝土截面减小，故承载能力弱；试件 SM-2 和 SM-3 的榫卯侧面数量少，只能控制部

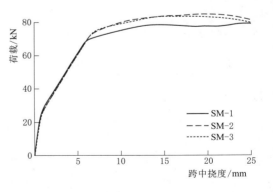

图 6　试件 SM-1、SM-2 和 SM-3
荷载—挠度曲线

分混凝土层的裂缝，其他裂缝分布在榫卯顶面与凹槽底面的水平接触面上，裂缝发展更平缓，裂缝高度较小，梁中性轴位置低，受压区混凝土截面大，承载能力强。

（a）试件SM-1

（b）试件SM-2

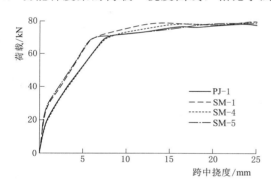

（c）试件SM-3

图7　钢筋屈服时试件SM-1、SM-2和SM-3应变云图

4.2　榫卯位置

图8为平接界面（PJ-1）、榫卯全布置（SM-1）、仅跨中（SM-4）和仅两端（SM-5）功能梯度梁的荷载—挠度曲线，相比于试件PJ-1，试件SM-4的刚度和承载力基本相同，约为9.21kN/mm；试件SM-5的刚度更大，为约11.07kN/mm，增长19.42%。这表明榫卯仅布置在梁跨中位置对功能梯度梁的承载性能影响不大，而仅布置在两端对其承载性能有利。图9为钢筋屈服时试件PJ-1、SM-1、SM-4和SM-5的界面滑移云图，可以发现在相同荷载情况下，布置在跨中位置的榫卯不会影响梁的竖向变形，最大滑移值基本一致；布置在两端的榫卯会阻碍梁的横向变形，最大滑移值约为0.29mm，减小141.62%，在抗弯梁有一定挠度时影响跨中位置的竖向变形，进而提高梁整体刚度。故榫卯界面功能梯度梁宜采用榫卯全布置或仅布置在两端的界面结构型式，视具体施工条件而定。

图8　试件PJ-1、SM-1、SM-4和SM-5荷载—挠度曲线

4.3　黏结性能

图10为平接界面功能梯度梁（PJ-1）、黏结较好（SM-1）、黏结中等（SM-6）和黏结较差（SM-7）的榫卯界面功能梯度梁荷载—挠度曲线。与试件SM-1相比，试件SM-6和SM-7分别在钢筋屈服至破坏阶段和梁带裂缝工作阶段出现脱黏，部分ECC-

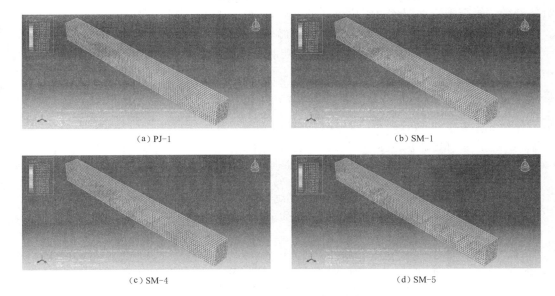

（a）PJ-1　　　　　　　　　　　　　　（b）SM-1

（c）SM-4　　　　　　　　　　　　　　（d）SM-5

图 9　钢筋屈服时 PJ-1、SM-1、SM-4 和 SM-5 界面滑移云图

混凝土界面失去接触，导致刚度分别下降 7.00％和 1.00％。这表明 ECC-混凝土界面黏结性能较低会引起界面脱黏现象，进而降低梁的承载性能。与试件 PJ-1 相比，试件 SM-7 的刚度约为 10.71kN/mm，增长 17.05％。这表明相比于界面黏结较好的平接界面功能梯度梁，黏结性能较差的榫卯界面功能梯度梁承载性能仍然更好。这是因为榫卯的存在，使得钢筋屈服前发生脱黏的试件 SM-7 整体性仍然较好，刚度优于完好黏结的试件 PJ-1。故榫卯界面功能梯度梁对界面黏结性能要求可适当降低，节省界面处理的人力和材料成本。

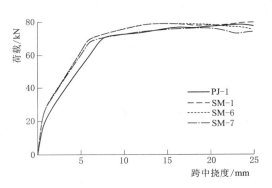

图 10　界面黏结较好、较差和中等的功能梯度梁荷载—挠度曲线

5　结论

本文提出一种榫卯界面功能梯度梁，并与尺寸相同的现浇钢筋混凝土梁、平接界面 ECC-混凝土功能梯度梁的抗弯性能对比分析，主要结论如下：

（1）与平接界面功能梯度梁相比，本文提出的榫卯界面功能梯度梁刚度增长 20.28％，具有更好的承载性能和整体性。

（2）榫卯界面功能梯度梁的承载性能与榫卯长度有关，过小的榫卯长度会导致裂缝集中于榫卯侧面并迅速发展，降低承载力 6.74％。

（3）与平接界面功能梯度梁相比，榫卯布置在两端的梁刚度增长 19.42％，承载性能明显提高，故宜采取榫卯全布置或仅两端的布置方式。

（4）与界面黏结性能较好的平接界面功能梯度梁相比，黏结性能较差的榫卯界面功能梯度梁刚度仍然增长 17.05%，故榫卯界面功能梯度梁对界面黏结性能要求可适当降低。

参考文献

［1］ 陈先华. 土木工程材料学 ［M］. 南京：东南大学出版社，2021.

［2］ 宋兆萍. SCFRP 筋高强度混凝土梁受弯性能试验研究 ［D］. 桂林：桂林理工大学，2020.

［3］ 李志辉. 超高延性水泥基复合材料（ECC）面向可持续和韧性基础设施的可弯曲混凝土 ［M］. 张亚梅，等，译. 北京：科学出版社，2022.

［4］ Tayeh B A，Abu Bakar B H，Megat Johari M A. Characterization of the interfacial bond between old concrete substrate and ultra – high performance fiber concrete repair composite ［J］. Materials and Structures，2013，46（5）：7743 – 753.

［5］ Tayeh B A，Abu Bakar B H，Megat Johari M A，et al. Mechanical and permeability properties of the interface between normal concrete substrate and ultra high performance fiber concrete overlay ［J］. Construction and Building Materials，2012，36：538 – 548.

［6］ 王孟伟. ECC 与既有混凝土粘结性能的影响因素研究 ［D］. 南京：东南大学，2018.

［7］ 王楠，徐世烺. 超高韧性水泥基复合材料与既有混凝土黏结性能 ［J］. 建筑材料学报，2011，14（3）：317 – 323.

［8］ 程文强，耿健，柳根金，等. 界面处理对预制 UHPC -现浇 NC 界面抗剪性能的影响 ［J］. 建筑材料学报：1 – 10.

［9］ Mustafa，Shozab，Singh，Shantanu，Hordijk，Dick，et al. Experimental and numerical investigation on the role of interface for crack – width control of hybrid SHCC concrete beams. ［J］. Engineering Structures，2022，251.

［10］ 周航凯. 超高韧性水泥基复合材料加固受弯混凝土构件研究 ［D］. 杭州：浙江大学，2019.

灌注桩施工临时充砂袋围堰数值分析

寇本川　　邵昌浩　　林海龙

（中交水运规划设计院有限公司，北京　100007）

摘　要： 为获得最小抗力分项系数的合理取值，以及护坡木桩对地基整体稳定性的影响程度，本文对灌注桩施工临时砂袋围堰设计方案进行了数值分析。针对不同设计方案和施工工序，采用简单条分法和强度折减法共两种方法进行整体稳定性分析，以及采用有限元法进行变形分析，经试验段实际验证，得出了最小抗力分项系数及最大竖向位移的经验值。结果表明，由简单条分法及强度折减法计算得出的最小抗力分项系数值和有限元法计算得出的最大竖向位移值可作为本区域临时砂袋围堰方案设计的依据。

关键词： 砂袋围堰；整体稳定性分析；强度折减法；有限元法

1　引言

砂袋围堰能较好地适应软土地基的变形，在近海工程中得到了广泛应用。而土坡和地基的稳定性验算是砂袋围堰设计的一项重要研究内容，相关学者开展了大砂袋围堰变形及失稳的离心模型试验和土工布强度对软基上大砂袋围堰变形和失稳影响的数值分析[1-2]。简单条分法和强度折减法作为常用的两类整体稳定性计算方法[3-4]，在指导工程实践中发挥着越来越重要的作用。虽然简单条分法的研究成果比较完善，但由于其没有考虑土条间的相互作用力，而强度折减法不仅考虑了土条两侧的相互作用力，还考虑了土体的应力—应变关系[5]，因此，强度折减法与简单条分法比较也有一定的优势。有关学者对简单条分法和强度折减法计算结果开展了对比分析，结果表明对于均质土坡，采用简单条分法计算的边坡安全系数比强度折减法小4％～18％[6]；当土体的黏聚力较小时，摩擦角越大，简单条分法和强度折减法计算的安全系数差异越大，当土体的黏聚力较大时，摩擦角越小，两者的安全系数差异越大[7]；对108组不同条件的高桩码头岸坡，采用简单条分法计算的边坡安全系数一般比强度折减法小，差异值主要分布在−1％～8％区间，最大差异值为12.2％，随土体强度指标和岸坡形状参数的变化，两者的差异均显得比较突出[8]。

本文结合工程案例，分别采用简单条分法和强度折减法对原设计方案进行了整体稳定性验算，结合是否考虑编织土工布的影响，对有无木桩方案进行了抗力分项系数计算和对比分析。考虑施工期的整体稳定性按照短暂状况计算，采用直剪快剪指标计算时，最小抗力分项系数根据经验取值[9]，由于缺乏本地区的经验值，因此选取了30m长无木桩的砂袋围堰试验段进行验证。本文数值分析结果与以往同类研究结果一致，采用简单条分法计

作者简介： 寇本川（1985—　），男，河北省衡水人，硕士，主要从事水运工程技术管理和安全质量环保研究工作。

算的边坡安全系数小于强度折减法的计算结果，其中由简单条分法及强度折减法计算得出的抗力分项系数值和有限元法计算得出的最大竖向位移值可作为经验取值，相关成果可供同类工程参考。

2 工程概况

2.1 施工方案

湛江市某项目新建栈道及观景平台，包含人行栈桥、两座圆形平台、两座叶子平台、一座观鸟台和一座雕塑平台，总长度约 600m。栈桥和平台均采用灌注桩基础，设计桩径分别为 650mm、800mm 和 1000mm，采用钻孔灌注桩工艺施工。

结合场地特点和结构尺寸，拟建设临时砂袋围堰用于灌注桩施工。堰顶标高＋4.80m，堤底标高＋2.19～＋3.24m，顶宽 11.00m，堰心采用大型充砂袋，每层厚度 700mm，外侧依次铺设袋装砂和土工布护面，顶部铺设 300mm 级配碎石和 20mm 厚钢板。堰外侧坡度为 1∶2，沿堰脚等间距布置木桩。其中木桩直径 80～100mm，长度 5.00m，等间距 0.30m 布置。典型断面见图 1。

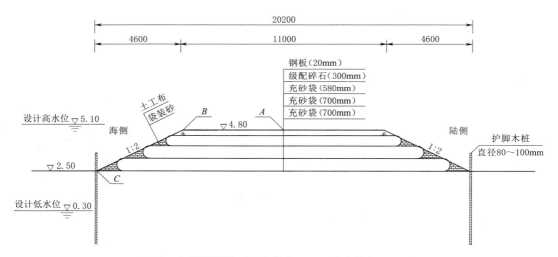

图 1　典型断面图（高程单位：m；尺寸单位：mm）

2.2 地形地貌及地质

拟建场地地处潮间带区域。整体地形平缓，勘探点孔口地面高程变化在＋2.19～＋3.24m 之间。勘察钻孔揭露的地层主要是第四系全新统海积层（Q_4^m）和第四系下更新统海陆交互相沉积层（Q_1^{mc}），与工程建设相关的主要岩土层自上而下分别为细砂层和淤泥层。

（1）细砂层，浅灰褐、褐黄、浅灰等色，饱和，松散。主要由细粉砂粒组成，含多量粉黏粒，下部夹含较多淤泥质土，性质不均匀，局部为粉砂、中砂或粉质黏土。该层分布于场地表层，层厚 1.70～5.50m，平均厚度 3.53m。标准贯入试验，平均 2.6 击。

（2）淤泥层，青灰、浅灰黑色，饱和，流塑为主，局部软塑，部分为淤泥质土，含少量粉细砂粒或中砂粒。该层分布广泛，全部钻孔均有揭露，层厚 6.70～11.10m，平均厚度 9.37m。

本文选用 ZK15 土层数据作为计算依据，其物理力学指标见表 1。

表 1 土 层 物 理 力 学 指 标

土层分布 /m	名称	深度 /m	水上重度 /(kN/m³)	浮重度 /(kN/m³)	直剪快剪指标	
					黏聚力/kPa	内摩擦角/(°)
+0.60～+2.50	①细砂	1.90	18	9	—	—
−9.30～+0.60	②淤泥	9.90	16.1	6.2	3.4	3

2.3 施工工艺

灌注桩施工临时砂袋围堰的施工工序和工期见表 2。

表 2 堤 身 结 构 施 工 工 序 和 工 期

编号	施工工序	工序施工工期/d	与下一工序间隔时间/d	累计施工工期/d
1	打设木桩	2	0	2
2	铺设第一层充砂袋	3	1	5
3	铺设第二层充砂袋	3	1	9
4	铺设第三层充砂袋	3	2	13
5	抛填级配碎石	2	3	17
6	铺设钢板和施工作业	1	0	21

3 数值分析方法概述

本文采用简单条分法和强度折减法对灌注桩施工临时砂袋围堰进行整体稳定性分析，同时采用有限元法进行变形分析，根据计算成果，分析木桩对整体稳定性和变形的影响。由于施工期环境复杂，编织土工布的力学性能随着时间的增长而逐步降低，因此在整体稳定性分析中，对考虑编织土工布和不考虑编织土工布两种极端情况的抗力分项系数进行了计算，实际的抗力分项系数值在以上范围之内。

3.1 模型参数

相关模型参数见表 3～表 5。

表 3 土 体 模 型 参 数

名称	土体模型	水上重度 /(kN/m³)	浮重度 /(kN/m³)	黏聚力 /kPa	内摩擦角 /(°)	压缩模量 /kPa	泊松比	水平渗透系数 /(m/d)	竖向渗透系数 /(m/d)
碎石	MC	17.00	11.00	0.00	38.00	100000.00	0.30	100.00	100.00
袋装砂	MC	18.00	9.00	0.00	28.00	13700.00	0.30	2.00	2.00
①细砂	MC	18.00	9.00	0.00	28.00	13700.00	0.30	2.00	2.00
②淤泥	MC	16.10	6.20	3.40	3.00	2030.00	0.35	3.28×10^{-5}	4.06×10^{-5}

表4 木 桩 参 数

名称	直径 /m	长度 /m	间距 /m	弹性模量 /kPa	顺纹抗剪强度 /kPa	轴向侧摩阻力（淤泥） /(kN/m)	桩端反力（淤泥） /kN
木桩	0.08	5.00	0.30	7000000.00	1200.00	2.51	0.50

表5 编 织 土 工 布 参 数

名称	单位面积质量 /(g/m²)	纵向抗拉强度 /(N/5cm)	横向抗拉强度 /(N/5cm)	纵向断裂伸长率 /%	横向断裂伸长率 /%	极限抗拉强度 /(kN/m)	轴向刚度 /(kN/m)
编织土工布	200	≥1500	≥1500	<15	<15	20	200

3.2 简单条分法（极限平衡法）

简单条分法假定滑动面是一个圆弧面，假定条块两侧的作用力大小相等，方向相反且作用于同一直线上[10]。抗力分项系数计算公式为

$$F_s = \frac{\sum(c_i l_i + W_i \cos\theta_i \tan\varphi_i)}{\sum W_i \sin\theta_i} \tag{1}$$

式中：F_s 为抗力分项系数；c_i 为滑动面上第 i 土条的黏聚力，kPa；l_i 为第 i 土条滑动面的弧长，m；W_i 为第 i 土条重力标准值，kN/m；θ_i 为第 i 土条底部中点与圆心连线同垂直线的夹角，(°)；φ_i 为滑动面上第 i 土条的内摩擦角，(°)。

3.3 强度折减法

强度折减法是将土体黏聚力和内摩擦角同时除以一个折减系数，不断试算，当使边坡刚好达到临界破坏状态时，确定相应的折减系数为坡体的最小稳定安全系数，此时坡体达到极限状态，发生剪切破坏，同时又可得到坡体的破坏滑动面[10]。折减系数计算公式为

$$\varphi_r = \arctan\frac{\tan\varphi}{F_r} \tag{2}$$

$$c_r = \frac{\tan c}{F_r} \tag{3}$$

式中：F_r 为折减系数；φ 为土的内摩擦角，(°)；φ_r 为折减后的内摩擦角，(°)；c 为土的黏聚力，kPa；c_r 为折减后的黏聚力，kPa。

4 分析流程

分析流程见图2。

5 计算结果及分析

5.1 计算结果及汇总

模型按照短暂状况考虑，施工荷载按照均布荷载5kPa考虑，其在铺设钢板后同步施加。计算结果见表6、表7和图3、图4。

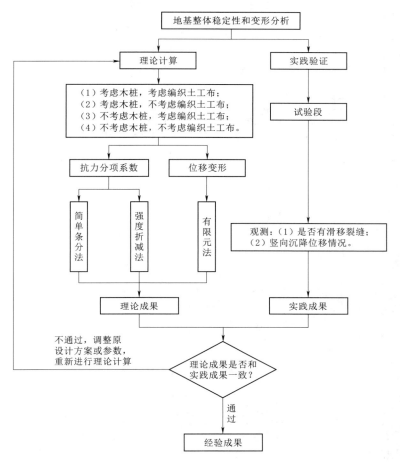

图 2　分析流程图

表 6　　　　　　　　　　**各施工工序抗力分项系数值**

编号	类　　型	施工工序编号				
		2	3	4	5	6
1	极限平衡法（简单条分法）（考虑木桩，考虑编织土工布）	3.04	1.63	1.21	1.09	1.00
2	极限平衡法（简单条分法）（考虑木桩，不考虑编织土工布）	2.01	1.13	0.85	0.77	0.70
3	极限平衡法（简单条分法）（不考虑木桩，考虑编织土工布）	3.04	1.63	1.21	1.09	1.00
4	极限平衡法（简单条分法）（不考虑木桩，不考虑编织土工布）	2.01	1.13	0.85	0.77	0.70
5	强度折减法（考虑木桩，考虑编织土工布）	1.43	1.42	1.30	1.18	1.09
6	强度折减法（考虑木桩，不考虑编织土工布）	1.43	1.26	1.19	1.15	1.05
7	强度折减法（不考虑木桩，考虑编织土工布）	1.43	1.42	1.30	1.18	1.09
8	强度折减法（不考虑木桩，不考虑编织土工布）	1.43	1.26	1.19	1.15	1.05

表 7		各施工工序最大竖向位移值				单位：m	
编号	类 型	施工工序编号					
		2	3	4	5	6	
1	有限元法（考虑木桩，考虑编织土工布）	0.040	0.121	0.219	0.281	0.360	
2	有限元法（考虑木桩，不考虑编织土工布）	0.045	0.121	0.221	0.283	0.364	
3	有限元法（不考虑木桩，考虑编织土工布）	0.045	0.121	0.220	0.281	0.360	
4	有限元法（不考虑木桩，不考虑编织土工布）	0.045	0.121	0.220	0.283	0.367	

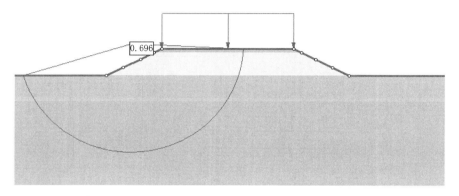

图 3　简单条分法计算的潜在滑动面（不考虑木桩和编织土工布、施工工序 6）

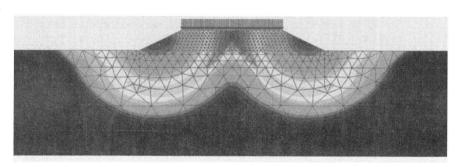

图 4　强度折减法计算的可能破坏的总位移增量阴影图（不考虑木桩和编织土工布、施工工序 6）

5.2　计算结果分析

（1）短暂工况，依据直剪快剪指标计算得出的抗力分项系数，在无木桩且不考虑编织土工布因素下，采用简单条分法求得的抗力分项系数为 0.70，采用强度折减法求得的抗力分项系数为 1.05。

（2）通过对比简单条分法计算结果发现，木桩在滑动面圆弧内，木桩对抗力分项系数计算结果没有影响，施工工序 6 不考虑编织土工布因素时比考虑编织土工布因素时抗力分项系数小 0.30，前者比后者小约 30%。

（3）通过对比强度折减法计算结果发现，木桩在滑动面圆弧内，木桩对抗力分项系数计算结果没有影响，施工工序 6 不考虑编织土工布因素时比考虑编织土工布因素时抗力分项系数小 0.04，前者比后者小约 4%。

（4）通过对比两种计算方法发现，相同条件下，简单条分法比强度折减法的抗力分项系数计算结果小；在无木桩且不考虑编织土工布因素下，施工工序 6 简单条分法比强度折减法计算的抗力分项系数小 0.35，前者比后者小约 33%。

（5）不考虑木桩和编织土工布因素比考虑木桩和编织土工布因素时，施工工序 6 砂袋围堰最大竖向位移大 7mm，其中 A 点竖向位移大 5mm，B 点竖向位移大 5mm，C 点竖向位移相同。因此木桩和编织土工布因素对采用有限元法计算的竖向位移结果影响可以忽略。

（6）经对 30m 长的砂袋围堰试验段观测，现场未发现滑移裂缝，测得临时砂袋围堰堤顶中心竖向位移平均值为 0.30m，采用有限元法计算的理论值与其基本一致。为节约造价，最终设计方案取消了护坡木桩。

6 结语

通过对灌注桩施工临时砂袋围堰数值分析，得出如下结论：

（1）在工程地质条件相似的情况下，采用简单条分法得到的结果相比强度折减法结果偏小，简单条分法的结果更加保守。

（2）考虑编织土工布的强度因素，可明显提高简单条分法和强度折减法计算的边坡安全系数，但施工期应考虑编织土工布强度随时间的衰减，做好监测和防护措施。

（3）在是否考虑编织土工布因素时，施工工序 6 采用简单条分法计算的抗力分项系数计算值分别为 0.70 和 1.00，采用强度折减法计算的抗力分项系数计算值分别为 1.05 和 1.09，施工方案可行，相关计算参数和成果为同类工程提供了参考。

（4）在类似地质条件的工程中，木桩对围堰的整体稳定性和堤顶竖向位移基本没有影响，可取消护坡木桩设计。

（5）试验段临时砂袋围堰堤顶中心竖向位移平均值为 0.30m，为同类工程提供了参考。

参考文献

［1］ 陈凌伟. 软基上大砂袋围堰的变形与失稳模式研究 [D]. 广州：华南理工大学，2016.

［2］ 王晓亮. 软土地基膜袋砂堤坡破坏模式与设计计算方法研究 [D]. 广州：华南理工大学，2020.

［3］ 杨正玉，刘顺青，崔雨. 有限元极限平衡法与强度折减法在边坡稳定性分析中的对比 [J]. 水科学与工程技术，2020（1）：74 - 76.

［4］ 李荣建，郑文，邵生俊，等. 非饱和土边坡稳定分析中强度折减法与条分法的比较 [J]. 西北农林科技大学学报，2010（9）：207 - 214.

［5］ 贺林林，任宗巧，周莉，等. 基于强度折减法的分阶框架护岸结构稳定性分析 [J]. 水运工程，2020（11）：117 - 121.

［6］ 张玲洁，曹志翔，袁仕方，等. 边坡稳定性计算方法的对比研究 [J]. 水科学与工程技术，2021（10）：24 - 27.

［7］ 赵虎，张金. 基于强度折减法和极限平衡法的含软弱夹层边坡的稳定性分析研究 [J]. 工程建设与设计，2020（5）：22 - 24.

［8］ 余神光，别社安，李伟，等. 高桩码头岸坡滑弧模式研究与变形稳定性分析［J］. 岩土力学，2013（1）：227-234.

［9］ 中交天津港湾工程研究院有限公司. 水运工程地基设计规范：JTS 147—2017［S］. 北京：人民交通出版社股份有限公司，2018.

［10］ 李广信，张丙印，于玉贞. 土力学［M］. 2版. 北京：清华大学出版社，2013.

深水软基筑堤施工工序对堤身断面影响分析

覃晓东[1]　赵　磊[1]　刘　震[2]

(1. 南京水科院瑞迪科技集团有限公司，江苏南京　210029；

2. 福建省水利建设中心，福建福州　350001)

摘　要：沿海某围海造地工程在深水软基条件下填筑，筑堤施工工序不同，围堤断面稳定安全系数不同，可根据工期、周边条件等要求改变施工工序，进而对围堤断面进行优化。采用"南水"模型的数值计算结果与原型观测数据较为吻合，可较好地模拟深水软基筑堤过程。施工工序与围堤断面结构关系分析论证结果表明：一级平台预压时间由15d减至5d，二级平台预压时间不变，三级平台预压时间增加10d，一、二级平台长度可缩短5m，在确保围堤稳定的前提下每延米围堤可节省填筑材料约22.7m³。

关键词：深水软基；筑堤技术；断面尺寸；施工工序；影响分析

引言

随着经济的发展，我国东部沿海地区土地资源日趋紧张，向海洋要地成为一个发展方向[1]。围海造地首先要填筑围堤，滩涂资源的耗尽驱使围海向深水区域发展，而我国沿海地区多以泥质海岸为主，近海区域覆盖有深厚软土，在深水软基上筑堤成为一个值得研究的课题。根据经典土力学理论，堤身断面稳定性与断面形式和填筑速率相关，断面越宽，综合坡度越小，堤身越稳定；施工过程中，填筑速率越慢，软土中超静孔隙水压力消散越充分，堤身越稳定[2-3]。但实际工程中，工期和造价直接关系到项目的经济效益和社会效益，多数工程设计时以一个假定的理想施工工序为依据，然后通过调整堤身断面使其符合现行规范对堤身稳定的要求，以此来确定堤身断面形式。虽然从设计角度不存在任何问题，但该设计过程忽视了实际施工中的工序符合性和工序优化性。如何将施工工序与堤身断面结合起来从工期和造价两方面综合考虑其平衡效益值得深入研究。本文以沿海某筑堤工程为例，结合原型观测数据开展深水软基条件下施工工序与围堤断面结构关系分析论证，供类似工程借鉴。

1　工程概述

某围海造地工程在滨海滩地上填筑围堤，然后吹填形成后方陆域，其滩地平均高程－4.5m，最低高程－6.2m，地基土主要为淤泥和淤泥质土，厚度8.5～22.6m，属深水深厚软基筑堤。堤顶高程5.2m，防浪墙顶高程6.2m，堤顶路宽13.0m。设计采用水上打设塑料排水板＋抛石成堤的筑堤方案。土层物理力学性质指标见表1。堤身典型断面见

作者简介：覃晓东（1991—　），男，广西玉林人，本科，主要从事岩土工程勘察和监测工作。

图1。堤身施工工序见图2。

表 1 土层物理力学性质指标

岩土名称		含水率 w_0 /%	孔隙比 e_0	天然重度 γ_0 /(kN/m³)	饱和度 S_r /%	饱和重度 γ_{sat} /(kN/m³)	液限 W_L /%	塑限 W_p /%	液性指数 I_L	压缩系数 a_{1-2} /MPa⁻¹	压缩模量 Es_{1-2} /MPa	直接快剪	
												黏聚力 c /kPa	内摩擦角 φ /(°)
淤泥	0~5m	66.8	1.751	16.0	99.2	15.9	53.0	32.8	1.71	1.73	1.63	2.7	6.7
	5m以下	59.1	1.633	16.0	96.7	16.2	50.1	30.2	1.52	1.504	1.76	5.3	4.7
残积砂质黏性土		31.6	0.844	19.4	98.9	19.3	42.2	27.6	0.27	0.36	5.31	23.3	17.4
粗砂				19.5		19.8						0	28.0

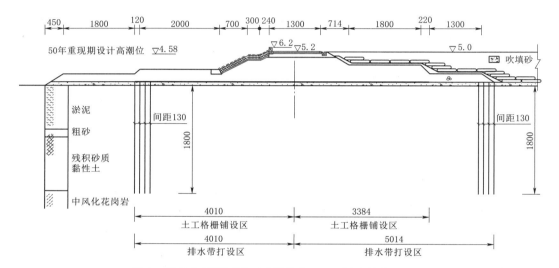

图 1 堤身典型断面图（高程单位：m；尺寸单位：mm）

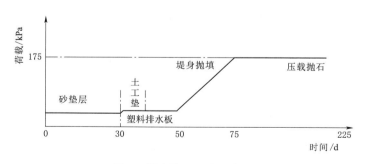

图 2 堤身施工工序示意图

2 原观数据分析

2.1 原型观测数据

该项目布置的监测项目有地表沉降和深层土体水平位移，一个监测断面布置6根沉降杆和 2 根测斜管。监测仪器布置如图 3 所示。

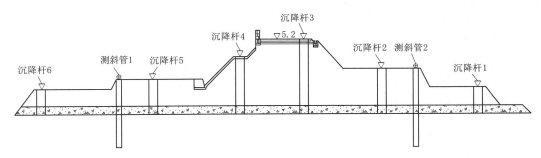

图 3　监测仪器布置示意图

2.1.1　地表沉降

沉降杆在堤身开始抛填块石时埋设并开始监测,沉降过程曲线见图 4。

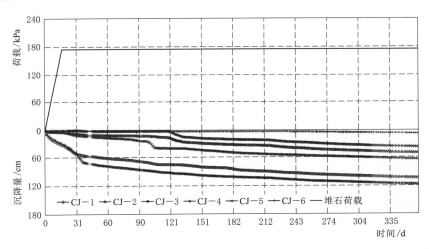

图 4　监测断面沉降过程曲线

根据沉降过程曲线,堤顶中线位置沉降最大,超过 120cm,两侧逐渐减小,其中临水侧最外侧的沉降杆 6 沉降最小,该位置抛填厚度较小。

2.1.2　深层土体水平位移

监测断面的测斜管编号分别为 CX1 和 CX2,其中 CX1 位于临水侧,CX2 位于背水侧。深层土体水平位移实测曲线见图 5 和图 6。

可以看出,测斜管的最大水平位移均发生在深度 0.5m 处,CX1 的最大水平位移为 111.7mm,CX2 的最大水平位移为 53.8mm,临水侧水平位移较背水侧水平位移大。CX1 水平位移最大速率为 0.10mm/d,CX2 水平位移最大速率为 0.15mm/d,堤身填筑过程中,水平位移未超限值。

2.2　数值模拟分析

2.2.1　排水板渗透系数等效方法

从宏观上讲,塑料排水板只是增加了软土地基的竖向渗透系数,因此可将软土塑料排

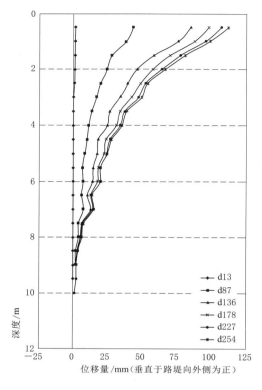

图 5　CX1 深层土体水平位移曲线　　　　　图 6　CX2 深层土体水平位移曲线

水板加固区用等效竖向渗透系数代替模型进行简化，等效转换公式如下[4]：

$$k_{ve} = \left(1 + \frac{2.5 l^2}{\mu D_e^2} \frac{k_h}{k_v}\right) k_v \tag{1}$$

$$\mu = \ln\left(\frac{n}{s}\right) + \frac{k_h}{k_s} \ln(s) - \frac{3}{4} + \pi \frac{2 l^2 k_h}{3 q_w} \tag{2}$$

式中：k_{ve} 为等效的竖向渗透系数；l 为竖向排水体的排水长度；D_e 为单井等效范围直径，对于梅花形布置排水板，$D_e = 1.05 S_b$，S_b 为排水板间距；k_h、k_v 分别为地基土水平向和竖向渗透系数；k_s 为涂抹区土的水平渗透系数；q_w 为塑料排水板的通水性能；n 为井径比，$n = D_e/d_w$；s 为涂抹比，$s = d_s/d_w$，d_s 为涂抹区直径。

2.2.2　数值模拟

本次计算选取的本构模型为"南水"双屈服面弹塑性模型，该模型与非线性弹性模型相比，可以考虑土体的剪胀和剪缩特性，能够较为真实地反映软土的应力应变性状[5-6]。本工程堤基土体的"南水"模型参数见表 2。

有限元计算时模拟施工工序为：堤基→砂垫层→打设排水板→抛石填筑，填筑施工工序及进度与施工一致，抛石填筑到堤顶后模拟恒载条件下 5 个月的地基固结过程。

表 2　数值模拟土体计算参数

材料名称	ρ /(g/cm³)	k_v /(cm/s)	k_h/k_v	n_0	Sr_0	c /kPa	φ_0 /(°)	$\Delta\varphi$ /(°)	K	n	R_f	K_{ur}
堤身抛石	2.00	1.0E−2	1.0	0.32	0.85	0	40	0	330	0.35	0.75	660
淤泥	1.70	2.88E−7	1.52	0.551	0.95	17.0	12.5	0	47.7	0.88	0.54	150
粗砂	1.98	1.0E−3	1.0	0.401	0.95	25.6	25.1	0	280	0.31	0.75	560
残积土砂质黏土	1.98	1.703E−6	2.0	0.407	0.95	24.6	15.5	0	146.6	0.58	0.80	420
中风化花岗岩	2.14	2.51E−6	1.5	0.398	0.96	22.4	13.8	0	685	0.72	0.73	1370

2.2.3　数值计算结果与参数反馈

图 7 给出了数值模拟分析结果图，滑动面如图 7（d）所示，滑动安全系数仅为 1.05，处于极限平衡状态。表 3 分别列出了典型断面施工填筑期沉降、水平位移实测与数值计算结果。

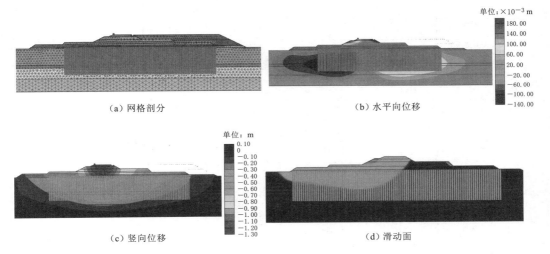

（a）网格剖分　　　　　　　　　　　　　（b）水平向位移

（c）竖向位移　　　　　　　　　　　　　（d）滑动面

图 7　数值模拟分析结果图

表 3　堤基变形实测与数值计算结果

统　计　项　目		现场监测	数值计算
堤基水平向位移 /cm	临水侧	11.17	12.41
	背水侧	5.38	6.11
堤基沉降/cm		125.9	128.3

3　围堤断面与施工工序分析

软土堤基的稳定和变形与上部堆荷加载速率和填筑高度密切相关。围堤填筑前期，堤基上部产生的附加应力全部由孔隙水压力承担，土体开始产生超静孔隙水压力，随着时间增长，超静孔隙水压力随之逐渐消散，土体有效应力得到增长，土体发生固结沉降。本工程中，围堤堤身填筑采用一次性加载的方式，堤基软土来不及有效固结，因此堆载期间围堤断面的稳定安全系数接近极限值，堤基固结需要较长的恒载期，且这种加载方式会在恒载期发生较大的沉降，不利于堤顶施工。本节主要分析分级填筑施工工序，整个围堤按照平台高度分为四级，各分级高度分别为-1.5m、0.0m、4.0m、5.2m。围堤分级填筑间歇期时间越长，堤基软土强度增长越大，能够承担较大上部围堤荷载，对围堤断面与施工工序进行分析。

在初始填筑时，稳定安全系数较高，在施工至堤顶时，由于抛石荷载较大，且软土固结程度不高，强度未发生较大程度增长。在此情况下，可缩短围堤一、二级平台的间歇期时间，适当延长三级平台的间歇期，可更快地提高堤基软土的强度。在满足整体稳定的前提下，保持总工期不变，对一级平台间歇期时间依次按照30%、60%的比例进行缩减，二级平台间歇期时间保持不变，三级平台间歇期时间依次按照30%、60%的比例进行延长。

表4 围堤不同施工工序及强度增长情况

工况	分级标准	间歇时长/d	淤泥固结度/%	淤泥增长后强度/kPa	黏土固结度/%	黏土增长后强度/kPa
工况一	一级平台（-1.5m）	15	1.68	2.78	1.84	24.72
	二级平台（0.0m）	15	5.45	3.12	6.27	25.21
	三级平台（4.0m）	15	12.39	5.13	14.55	28.23
	堤顶（5.2m）	—	23.04	8.14	27.68	32.92
工况二	一级平台（-1.5m）	10	1.68	2.78	1.84	24.72
	二级平台（0.0m）	15	7.49	3.28	9.13	25.49
	三级平台（4.0m）	20	16.25	5.88	19.91	29.56
	堤顶（5.2m）	—	33.27	10.56	41.45	37.05
工况三	一级平台（-1.5m）	5	1.68	2.78	1.84	24.72
	二级平台（0.0m）	15	8.86	3.38	11.12	25.69
	三级平台（4.0m）	25	20.77	6.77	25.61	30.98
	堤顶（5.2m）	—	49.33	14.35	60.99	42.93

根据表4中围堤不同施工工序的强度增长情况，以整体稳定为判别标准，分别得到不同施工工序工况下围堤的最小断面尺寸，见表5。围堤整体稳定安全计算采用瑞典圆弧法，软土层计算参数考虑不同施工段的强度增长，围堤断面稳定分析主要包含软土固结度理论、堤基强度增长理论和抗滑移稳定理论[7-9]。根据规范[10]规定，堤防施工期稳定安全系数不应低于1.1，运行期稳定安全系数不应低于1.2。

表5 不同工况下围堤的最小断面尺寸

工况	运用情况		断面尺寸	稳定安全系数
工况一	非常运用情况Ⅰ	一级平台	$L=17.0m, H=-1.5m$	3.355
		二级平台	$L=18.0m, H=0.0m$	2.240
		三级平台	$L=3.0m, H=4.0m$	1.371
		堤顶	$H=5.2m$	1.194
	正常运用情况	预压期结束	—	1.335

续表

工况	运 用 情 况		断面尺寸	稳定安全系数
工况二	非常运用情况Ⅰ	一级平台	$L=16.0\text{m}$，$H=-1.5\text{m}$	3.355
		二级平台	$L=17.0\text{m}$，$H=0.0\text{m}$	2.223
		三级平台	$L=3.0\text{m}$，$H=4.0\text{m}$	1.344
		堤顶	$H=5.2\text{m}$	1.147
	正常运用情况	预压期结束	—	1.267
工况三	非常运用情况Ⅰ	一级平台	$L=14.0\text{m}$，$H=-1.5\text{m}$	3.355
		二级平台	$L=15.0\text{m}$，$H=0.0\text{m}$	2.205
		三级平台	$L=3.0\text{m}$，$H=4.0\text{m}$	1.312
		堤顶	$H=5.2\text{m}$	1.103
	正常运用情况	预压期结束	—	1.202

从表 5 中可以看出，对于工况三，在满足规范要求的前提下，一、二级平台长度最大可缩减 25%（工况三），施工期填筑至堤顶时稳定安全系数为 1.103，运行期稳定安全系数为 1.202。堤身一级平台由 19m 缩减为 14m，平台高度 3.04m，二级平台由 20m 缩减为 15m，平台高度 1.50m，在此方案下每延米围堤可节省约 22.7m³ 填筑材料，可节省填筑材料超过 2 万 m³。

4 结论

本文以沿海某围海造地工程为例，结合原型观测数据开展深水软基条件下筑堤施工工序与围堤断面结构关系分析论证，得出主要结论如下：

（1）筑堤施工工序不同，围堤断面稳定安全系数不同，可根据工期、周边条件等要求改变施工工序，进而在安全稳定的前提下，对围堤断面进行优化。

（2）采用"南水"模型对围堤施工过程进行数值模拟，结果与原型观测数据较为吻合，表明"南水"模型可较好的模拟深水软基筑堤过程。

（3）针对于本文案例，可通过调整施工工序优化围堤断面，一级平台预压时间由 15d 减至 5d，二级平台预压时间不变，三级平台预压时间增加 10d，一、二级平台长度可缩短 5m，在确保围堤稳定的前提下每延米围堤可节省填筑材料约 22.7m³。

参考文献

[1] 胡斯亮. 围填海造地及其管理制度研究［D］. 青岛：中国海洋大学，2011.

[2] 陈凌伟. 软基上砂袋围堰的变形与失稳模式研究［D］. 广州：华南理工大学，2016：13 - 26.

[3] 施斌林，张浩. 某互通软基病害分析及处理方案研究［J］. 现代交通与冶金材料，2021，1（5）：12 - 18.

[4] 姜弘，沈水龙，斜逢光，等. 塑料排水板处理的软土地基的分析［J］. 岩土力学，2004（S2）：437 - 440.

[5] 谷建晓，杨钧岩，王勇，等. 基于南水模型的钙质砂应力-应变关系模拟［J］. 岩土力学，2019，40（12）：4597 - 4606.

［6］ 沈珠江. 南水双屈服面模型及其应用［C］//中国土木工程学会，中国建筑业协会深基础分会，台湾地工技术研究发展基金会. 海峡两岸土力学及基础工程地工技术学术研讨会论文集. 1994：161－168.

［7］ 张振，米占宽，朱群峰，等. 考虑排水板土柱效应的软土地基固结特性研究［J］. 水利水运工程学报，2023，198（2）：70－79.

［8］ 娄炎. 杭州湾跨海大桥南岸接线深厚软基沉降控制技术［M］. 北京：人民交通出版社，2010.

［9］ 涂园，王奎华，周建，等. 有效应力法和有效固结应力法在预压地基强度计算中的应用［J］. 岩土力学，2020，41（2）：645－654.

［10］ 中华人民共和国水利部. 海堤工程设计规范：GB/T 51015—2014［S］. 北京：中国计划出版社，2015.

重力式码头结构振动安全评价与控制标准研究

朱明星[1,2]　　武坤鹏[1,2]　　毛凤山[1,2]　　温友鹏[1,2]

(1. 中交四航工程研究院有限公司，广东广州　510230；

2. 中交集团交通基础工程环保与安全重点实验室，广东广州　510230)

摘　要：重力式码头因具有坚固耐用、施工简单等优点，在世界范围内的港口工程中广泛使用。而码头结构经常会遭受地基处理施工振动、打桩施工、交通车辆振动等振害，需对码头结构受到的振动进行合理定量评估，并建立相应控制标准，使水工构筑物在整个施工过程及服役期间均在振动容许阈值范围内，保证其正常使用。本文借鉴了国内外现行建构筑物振动控制相关规范，最终分别从微观和宏观角度对三种常见重力式码头结构提出了两套振动控制标准，可为后续工程实践提供相关参考。

关键词：重力式码头；振动安全评价；振动控制标准

1　引言

重力式码头是国内外分布较广、使用较多的一种码头形式，因其结构坚固耐用、施工简便、维修费用少，得以在国内外港口广泛使用。根据墙身结构型式的不同[1-2]，重力式码头分为方块码头、沉箱码头、扶壁码头、坐床式圆筒码头、现浇混凝土结构和浆砌石结构，较为常用的是前三种。随着现代工业、交通运输事业的迅速发展，重力式码头结构的运用愈加频繁，而通常码头结构后方土体均需进行加固处理，地基处理施工振动、打桩施工、交通车辆振动等人工振源对既有码头结构的振动危害问题越来越突出。如果码头结构的振动超过其所容许的振动阈值时，水工构筑物可能会发生一系列的损坏或破坏：发生滑移、倾覆，墙身开裂，结构构件出现裂缝等，进而可能危及整个码头结构的安全，造成不可估量的损失。因此，非常有必要对施工振动对重力式码头结构产生的影响进行合理评价，建立相应的振动控制标准，使水工构筑物在整个施工过程及服役期间均在振动容许阈值范围内。

目前，国内外振动安全评价方面主要集中在爆破振动对周边既有建构筑物的影响方面[3-5]，而针对施工非爆破振动对水工构筑物（如重力式码头结构）安全的影响评估，目前还未形成统一的规范或标准。对于普通建筑物的振动影响，英、德、美、日等一些发达国家先后提出了对建筑物振动的控制标准，这些规范中，大都采用频率和振动速度作为衡量对建筑物的振动影响。GB 50868—2013《建筑工程容许振动标准》[6] 则规定建筑结构基础和顶层楼面的振动速度时域信号测试应取竖向和水平两个主轴方向，评价指标应取三

作者简介：朱明星（1990—　），男，江西会昌人，硕士，主要从事岩土地基处理、地基振动控制等方面的科学研究及咨询工作。

者峰值的最大值及对应的振动频率。

基于上述背景，本文拟对常见的三种重力式码头结构（方块、沉箱及扶壁码头结构），进行振动安全评价指标与振动控制标准研究。

2 重力式码头结构振动安全评价

描述振动的物理量主要有振动频率、振动强度（加速度、速度、位移等）、振动方向和暴露时间。描述振动强度的物理量有位移、速度和加速度等，振动对结构物和人体的影响实际上是振动能量转换的结果，加速度的有效值能较好地反映这种状况，因此在环境振动的分析中，振动强度一般以加速度有效值表示，常以 m/s^2 为单位。

2.1 建筑物振动安全评价

GB 50868—2013《建筑工程容许振动标准》[6] 规定，对于建筑施工（此处指打桩、地基处理等）振动对建筑结构的影响评价，建筑结构基础和顶层楼面的振动速度时域信号测试应取竖向和水平向两个主轴方向，评价指标应取三者峰值的最大值及其对应的振动频率，即中国标准是通过振动速度指标对建筑物受到的振动影响进行定量评价，并根据不同建筑物类型遭受不同建筑施工振动影响时的容许振动速度峰值。

德国标准 DIN4150 - 3[7] 使用振动速度对建筑物受到的振动进行评价，该标准将质点速度峰值拟矢和定义如下：

$$v_r = \sqrt{v_x^2 + v_y^2 + v_z^2} \tag{1}$$

式中：v_x、v_y、v_z 分别表示质点在 x、y、z 三个方向的实测速度峰值。

由于同一质点三个方向振动分量的最大值在实际工程中很少同时出现，所以很多人研究后认为 v_r 的定义不是太合理。为方便比较，有学者建议采用如下换算公式对 v_r、v_z 进行转换：

当竖向分量占优势时：$\quad\quad v_z = (0.6 \sim 1.0) v_r$

当水平分量占优势时：$\quad\quad v_z = (0.0 \sim 0.6) v_r$

德国标准规定，振动频率在 $1 \sim 10\text{Hz}$ 时，振动速度幅值的控制标准为 20mm/s。德国标准由上述公式换算后的振动速度控制标准，对工业建筑来说应该是 12mm/s。

总结现行国内外不同建（构）筑物的振动评价指标，见表 1。

表 1　　　　　　　　国内外不同类型建（构）筑物振动评价指标汇总表

建（构）筑物类型	受振荷载类型	振动评价指标	出　处
不同类型建筑物	建筑施工（打桩、地基处理等）振动	分顶层楼面处和基础处，容许振动速度峰值 v 和主振频率 f	GB 50868—2013《建筑工程容许振动标准》[6]
不同类型建（构）筑物	爆破振动荷载	基础质点峰值振动速度 v 和主振频率 f	GB 6722—2014《爆破安全规程》[8]
单层工业建筑	各类振动荷载	基础容许振动加速度 a	GB 50190—2020《工业建筑振动控制设计标准》[9]
不同类型建（构）筑物	爆破振动荷载	允许质点振动速度 v 和主振频率 f	JTS 204—2023《水运工程爆破技术规范》[10]

续表

建（构）筑物类型	受振荷载类型	振动评价指标	出 处
水工泄水建筑物	泄洪振动荷载	综合频率-振动速度峰值 v 以及建筑物高度 h 的十万分之一一双振幅	《水工泄水建筑物振动安全评价方法研究》[11]
不同类型建（构）筑物	各类振动荷载	基础处容许振动速度峰值 v 和主振频率 f	英国 BS 7385-2：1993[12]
不同类型建（构）筑物	各类振动荷载（分连续振动和非连续振动）	分两种情况：①顶层楼板水平速度限值 v_x；②基础处允许振动速度峰值 v 和主振频率 f	德国 DIN4150-3-1999[7]
不同类型建（构）筑物	各类振动荷载（含爆炸荷载）	允许质点振动速度 v 和主振频率 f	瑞士 SN640312-1992[13]
不同类型建筑物	各类振动荷载	振动位移	Westwater[14]

2.2 重力式码头结构振动安全评价

重力式码头结构型式区别于一般建筑物，目前尚无统一的振动评价方法和控制标准，有必要对此进行一些探索。根据港口工程失效后果严重程度的不同，中国标准 GB 50158—2010《港口工程结构可靠性设计统一标准》[15] 将港口工程结构的安全等级分为一级、二级和三级，见表 2。

表 2 港口工程结构的安全等级

安全等级	失效后果	适用范围
一级	很严重	有特殊安全要求的结构
二级	严重	一般港口工程结构
三级	不严重	临时性港口工程结构

对于永久性港口建筑物，其设计使用年限为 50 年。

根据 JTS 167—2018《码头结构设计规范》[1]，重力式码头承载能力极限状态的持久组合的验算内容包括：①对墙底面和墙身各水平缝及齿缝计算面前趾的抗倾稳定性；②沿墙底面和墙身各水平缝的抗滑稳定性；③沿基床底面的抗滑稳定性；④基床和地基承载力；⑤整体稳定性；⑥卸荷板、沉箱、扶壁、空心块体和圆筒等构件的承载力。

2.2.1 方块码头结构振动安全评价

方块式重力码头是用预制的正六面体素混凝土、浆砌石或钢筋混凝土实心或空心方块构成的岸壁式重力码头。其优点是耐久性好、不需要钢材、施工简单，不需要复杂的施工设备。方块码头分为阶梯式、衡重式、卸荷板式三种，以卸荷板式方块码头为例（图 1）。方块重力码头分层错缝平砌的水平面和基床底面是码头结构的薄弱环节。

根据前述建构筑物振动安全评价指标及方块码头受力承载特点，综合考虑方块码头结构位移和受力情况，采用码头结构基础顶面的容许振动加速度峰值、层间剪切力和结构倾斜三个指标作为方块码头结构的振动安全评价指标。

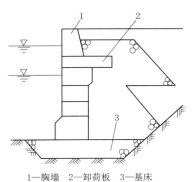

1—胸墙　2—卸荷板　3—基床

（a）典型断面示意图（卸荷板式）　　　　　　（b）实物图

图 1　重力式方块码头

2.2.2　沉箱码头结构振动安全评价

沉箱是一种巨型的有底空箱，箱内用纵横隔墙隔成若干舱格。矩形沉箱重力码头制作简单、浮运稳定性好、施工技术成熟，常作为岸壁式码头，见图 2。根据形状的不同，沉箱码头主要分为矩形沉箱和圆形沉箱两种。对于墩式码头，圆形沉箱和方形沉箱比较，前者承受水平力无方向性，受力状态好，节省材料。

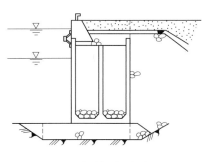

（a）典型断面示意图　　　　　　　　　（b）实物图

图 2　重力式沉箱码头

沉箱码头的设计包括抗滑稳定性和抗倾稳定性及基床承载力计算。抗滑、抗倾验算中主要的作用包括土压力（包括堆货土压力）的水平分力及其引起的倾覆力矩、系缆力水平分力及其引起的倾覆力矩。而沉箱码头的主要抗力包括结构自重及由自重引起的稳定力矩，土压力的竖向分力及其引起的稳定力矩。对于沉箱码头，自重主要由混凝土胸墙、钢筋混凝土沉箱、箱顶填石及箱内填石组成。一般取若干个沉箱为一个计算单位计算得到该单位的总重之后除以长度得到单位长度沉箱的自重。

根据前述建构筑物振动安全评价指标及沉箱码头受力承载特点，综合考虑沉箱码头结构位移和受力情况，采用码头结构基础顶面的容许振动加速度峰值和结构倾斜两个指标作为沉箱码头结构的振动安全评价指标。

2.2.3　扶壁码头结构振动安全评价

扶壁码头是由立板、底板和肋板相互连接而成的钢筋混凝土结构（图3），肋板可分为单肋、双肋和多肋。扶壁码头主要由混凝土胸墙、钢筋混凝土扶壁及填砂填料三部分组成。在扶壁码头的设计中，需要进行抗滑、抗倾稳定性验算。扶壁码头承受的主要作用包括土压力填料及堆载的水平分力及其引起的倾覆力矩、系缆力水平分力及其引起的倾覆力矩。

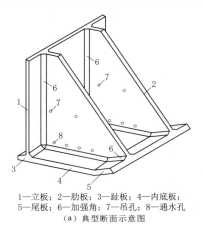
1—立板；2—肋板；3—趾板；4—内底板；
5—尾板；6—加强角；7—吊孔；8—通水孔
（a）典型断面示意图

（b）实物图

图 3　重力式扶壁码头

根据前述建构筑物振动安全评价指标及扶壁码头受力承载特点，综合考虑扶壁码头结构位移和受力情况，采用码头结构基础顶面的容许振动速度峰值和结构水平位移两个指标作为扶壁码头结构的振动安全评价指标。

3　重力式码头结构振动控制标准研究

3.1　建筑物振动的控制标准

由于建筑物的振动不仅与传播到建筑物基础处的地面振动有关，还与建筑物结构本身的强度、材料特性及动力特性等相关，所以制定出比较精确、统一的振动控制标准几乎是不可能的。往往会出现当采用某一标准进行评估时，振动物理量可能在要求的范围之内，而采用其他标准时，振动又可能会超出阈值之外。

机械、爆破、建筑施工、过往交通车辆等振源引起的振动通过周围地层传播到附近地下结构或邻近建筑物内，如果建筑物的振动超过所容许的振动阈值时，建筑物可能会发生一系列的损坏：墙和板的开裂、结构构件和非结构构件中出现裂缝以及设备、装饰、门窗玻璃的掉落、移位、振裂等。更严重时，长时间的连续振动还会导致主要承重构件产生疲劳和超应力问题，进而危及到建筑物的安全。各国在制定标准时都考虑到了建筑材料的类型和质量（特别是延性）、结构构造形式、建筑基础类型、主要承重构件的尺寸、建筑的年龄、受振动影响的时间以及振动的特性（频率等）等影响因素。由于各种标准是在某一具体的场地条件下，针对特定结构物进行实验取得数据的基础上加以调整而制定的一种普适标准，因而各国所制定的标准存在较大的差异。另外，控制标准中的"破坏"的认定取决于一个国家的社会经济发展水平，生活水平高的国家一般限制标准要严些，例如美、英等国家是以建筑物外观的破坏为振动限制标准的。

衡量建筑物结构振动常用的物理量为振动速度和振动频率，这是因为振动速度和振动频率与建筑物的破坏有着密切的关系，它们能直接反映振动能量的大小，在建筑物的振动中起着决定性的作用。总结梳理国内外常见建构筑物在振动荷载下的振动控制标准，见表3。

表3   **国内外结构安全振动控制允许最大振动速度汇总表**

标准名称	振动荷载频率/Hz	建构筑物类型与状态	允许最大振动速度/(mm/s)
欧洲标准3（CEN 1993）[16]	各种频率	加筋或框架结构—工业和重型商业建筑	50
		埋地设施	40
		重工业	30
		轻商业	20
		住宅	10
		废墟、古迹建筑物	4
英国标准 BS 7385-2：1993[12]	4～15	未加固或轻型框架住宅或轻型结构商业类建筑	15～20
	＞15	未加固或轻型框架住宅或轻型结构商业类建筑	20～50
瑞士标准 SN640312（SNV 1992）[13]	10～30	钢或钢筋建筑物混凝土，例如工厂、挡土墙、桥梁、钢材塔楼、明渠、地下房间，以及有和没有混凝土的隧道	30.48
		有基础墙的建筑物	17.78
		上述建筑物含木头、砖石天花板和墙壁	12.7
		施工非常敏感振动、具有历史意义的物体	7.62
美国公路运输学会标准（1990）[17]	—	工程结构，无石膏	25.4～38.1
		住宅楼状况良好，用石膏板修复墙壁	10.16～12.7
		住宅建筑，抹灰墙壁	5.08～7.62
		历史遗迹或其他重要的地点	2.54
中国标准 GB 50868—2013《建筑工程容许振动标准》[6]	1～50	工业建筑、公共建筑	24.0①
		居住建筑	12.0
		对振动敏感、具有保护价值、不能划归上述两类的建筑	6.0
中国标准 GB 6722—2014《爆破安全规程》[8]	1～50②	土窑洞、土坯房、毛石房屋	1.5～9.0
		一般民用建筑物	15.0～25.0
		工业和商业建筑物	25.0～45.0
		运行中的水电站及发电厂中心控制室设备	5.0～7.0
		水工隧洞	70～100
		交通隧道	100～150
		永久性岩石高边坡	50～120
		一般古建筑与古迹	1.0～3.0

① 此列数据均指强夯施工对建筑结构影响在时域范围内结构顶层楼面的容许振动速度峰值；②此处只列出被保护对象所在地基础质点主振频率为50Hz范围内的爆破振动判据，该标准实际还列了大于50Hz的相关判据。

3.2 重力式码头结构振动的控制标准

参考借鉴表 3 涉及的国内外建筑物容许振动速度限值，结合 JTS/T 234—2020《水运工程施工监控技术规程》[18]、GB 50190—2020《工业建筑振动控制设计标准》[9] 两本规范相关规定，从微观和宏观两个角度分别给出了常见重力式码头结构的振动控制标准。微观角度，以码头结构基础容许振动加速度为控制指标，见表 4；宏观角度，以码头结构构件内力预警值及码头结构顶部水平位移为控制指标，见表 5。

表 4 重力式码头结构振动容许限值[①]

码头结构类型	方块码头	沉箱码头	扶壁码头
基础容许振动加速度/(m/s²)	3.0	4.0	3.5

① 此表容许限值针对外部振动频率不大于 100Hz 的施工振动。

表 5 重力式码头结构振动控制限值[①]

码头结构类型	方块码头	沉箱码头	扶壁码头
结构构件内力预警值（承载能力设计值的百分比）/%	60	70	65
结构倾斜限值[②]	1/400	1/500	1/450

① 此表容许限值针对外部振动频率不大于 100Hz 的施工振动。②此处倾斜指码头结构顶部水平位移与结构高度的比值。

4 结语

（1）综述了当前建构筑物振动安全评价研究现状，提出了方块、沉箱和扶壁三种常见重力式码头结构的振动安全评价方法。

（2）借鉴国内外建构筑物振动控制相关规范标准思路，分别从微观和宏观角度对三种常见重力式码头结构提出了两套振动控制标准，可为后续相关工程实践提供相关参考。

参考文献

[1] JTS 167—2018，码头结构设计规范 [S].

[2] Maritime works—part 2：Code of practice for the design of quay walls, jetties and dolphins [S]. BS 6349 - 2 2010. BSI Standards Publication.

[3] 王明年，潘晓马，张成满，等. 邻近隧道爆破振动响应研究 [J]. 岩土力学，2004（3）：412 - 414.

[4] 张玉琦，蒋楠，周传波，等. 地铁基坑爆破振动作用邻近高层框架建筑物结构动力响应 [J]. 煤炭学报，2019，44（S1）：118 - 125.

[5] 钟权，李家亮，王义昌. 爆破振动对邻近水工建筑物影响的监测与分析 [J]. 人民长江，2015，46（10）：83 - 86.

[6] GB 50868—2013 建筑工程容许振动标准 [S].

[7] Part S V.3：Effects of vibration on Structures [J]. DIN Germany Institute，1999：4150 - 3.

[8] GB 6722—2014，爆破安全规程 [S].

[9] GB 50190—2020，工业建筑振动控制设计标准 [S].

[10] JTS 204—2023，水运工程爆破技术规范 [S].

［11］ 张雯雯. 水工泄水建筑物振动安全评价方法研究［D］. 南昌：南昌大学，2014.

［12］ Britânica N. BS 7385 - 2：1993［J］. Evaluation and measurement for vibration in buildings—Guide to damage levels from groundborne vibration，1993.

［13］ SN 640312—1992. Swiss Association for Standardization（SNV）. Swiss standard for vibration in buildings. SN 640 312. Switzerland：Winterthur；1978.

［14］ Morris G，Westwater R. Damage to structures by ground vibrations due to blasting［J］. Mine and Quarry Eng，1953：116 - 118.

［15］ GB 50158—2010 港口工程结构可靠性设计统一标准［S］.

［16］ Standard B. Eurocode 3—Design of steel structures［J］. BS EN 1993 - 1，2006，1：2005.

［17］ Aashto. Standard recommended practice for evaluation of transportation - related earthborn vibrations. Washington，DC：AASHTO Designation R8 - 96；2009.

［18］ JTS/T 234—2020 水运工程施工监控技术规程［S］.

基于地层-结构法的电缆沟伸缩缝接头破坏模式试验研究

廖　强[1]　桑登峰[1]　娄学谦[1]　蒋　成[2]

（1. 中交四航工程研究院有限公司，广东广州　510230；

2. 华南理工大学，广东广州　510641）

摘　要：电缆沟结构存在的主要病害都集中在力学性能薄弱的电缆沟伸缩缝接头环节，在外部作业或土体扰动的影响下非常容易出现错台及张开导致电缆沟内部严重积水，甚至是拉拽电缆线。本文通过地层-结构法足尺试验的手段，对比不同塞缝水泥砂浆强度的电缆沟伸缩缝接头试验结果，描述试件的试验现象和破坏模式，分析了试件的荷载—伸缩缝张开量曲线、承载力、钢筋应力等相关数据。研究表明：当外部荷载是剪力为主导时，伸缩缝破坏形式将呈现脆性地"上下错动"，当外部荷载是以弯矩为主导时，伸缩缝破坏形式将呈现延性地"两端张开"，且提高塞缝水泥砂浆强度能有效提升伸缩缝接头的承载力。

关键词：电缆沟；伸缩缝；足尺地层-结构法试验；破坏模式

1　引言

在工程实地调研阶段发现电缆沟结构存在的主要病害都集中在力学性能薄弱的电缆沟伸缩缝接头环节[1]，由于两端的钢筋及混凝土结构是完全断开的，但电缆沟内部的电缆线却是连续的，两侧的电缆沟结构无法传力及协调变形，所以在外部作业或土体扰动的影响下非常容易出现错台及张开导致电缆沟内部严重积水甚至是拉拽电缆线[2]。可目前关于电缆沟结构的研究只是停留在电缆沟结构或是盖板，多是从新型材料角度出发进行荷载-结构法试验研究，并不能较好地反映实际工程情况，且都集中在现象阐述、原因分析和变形控制等方面[3]。对于在实际工程中频频出现病害的伸缩缝接头的针对性理论或试验研究更是少之又少，因此本文对电缆沟伸缩缝接头部位展开相关试验。

2　电缆沟伸缩缝接头试验方法

本试验为探究性试验，重点关注电缆沟伸缩缝接头部位，以指导实际工程施工与运维监测，也为后续相关研究提供参考借鉴，见图1。本试验对在伸缩缝接头处设有若干位移计，在探究伸缩缝接头承载力的同时，观察伸缩缝的破坏过程与破坏模式，并记录其伸缩缝接头的张开量发展及最终张开量。此外本试验在电缆沟构件钢筋上也设有应变片，目的在于观测在伸缩缝张开及破坏的整个过程中电缆沟结构是否已经提前破坏退出工作，进而

作者简介：廖强（1995—　　），男，广东人，硕士，主要从事岩土工程咨询与科研相关工作。

能从电缆沟结构的多个关键性评价指标探究各类指标之间与结构安全状态的发展与联系，提出电缆沟结构的运维保护的结构安全监测指标以指导实际工程。

图 1　电缆沟伸缩缝试验对象选取

2.1　加载方案

为了充分体现电缆沟结构与地基土之间的相互作用与约束，在电缆沟结构下方设置了 400mm 的垫土。试验荷载为竖向的单调均布荷载，加载是通过上方 1 台或 2 台 1000kN 液压千斤顶来进行的。图 2 为试件加载装置示意图。正式加载前，预估伸缩缝开裂破坏荷载 F_{cr}，分别按照开裂荷载 F_{cr} 的 40%、60%、80%、90%、100% 寻找实际开裂破坏荷载。若伸缩缝接头未出现开裂破坏或开裂发展未稳定，则后每级荷载按照开裂破坏荷载的 10% 逐级递加，直至伸缩缝接头开裂破坏稳定。电缆沟伸缩缝接头试验的试件对照组见表 1。

表 1　　　　　　　　　　　电缆沟伸缩缝接头试验的试件对照组

构件试验序号	构件编号	加载制度	塞缝水泥砂浆强度	电缆沟节段数
1	C1	侧壁加载（抗剪）	M10	2
2	C2	侧壁加载（抗弯）	M10	2
3	D1	侧壁加载（抗剪）	M20	2
4	D2	侧壁加载（抗弯）	M20	2

2.2　测量内容与测试元件布设

钢筋应变片及位移计布设如图 3 所示，节段内沿着节段两侧壁高度的 1/4 为单位间距分别设有 A、B 系列应变片，节段内沿着节段底板长度 1/4 为单位间距设有 C 系列应变片，节段盖板内沿着盖板长度 1/3 为单位间距设有 D 系列应变片。节段两侧壁与底板每面均设有 3 个应变片，盖板设有 2 个应变片，一个电缆沟节段共 11 个测点。由于试件是由两个节段组合而成的，同时为了方便试验的开展，所以另一个节段对应的位置将在加载准备分别时命名为 A′、B′、C′、D′ 系列。

在试件侧壁两个节段之间布设有 4 个位移计，1 号、2 号布设在侧壁高度 2/3 处，3 号、4 号布设在侧壁高度 1/3 处，其中 1 号和 3 号位移计水平架设在电缆沟伸缩缝接头两

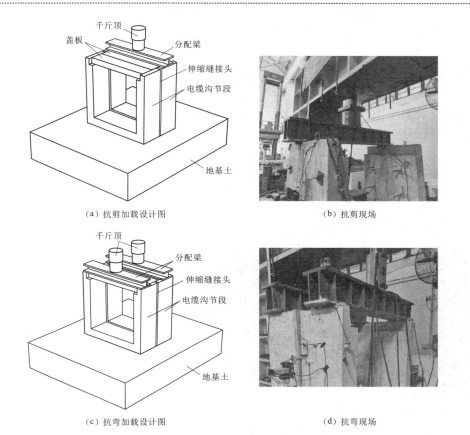

（a）抗剪加载设计图

（b）抗剪现场

（c）抗弯加载设计图

（d）抗弯现场

图 2　试验加载装置

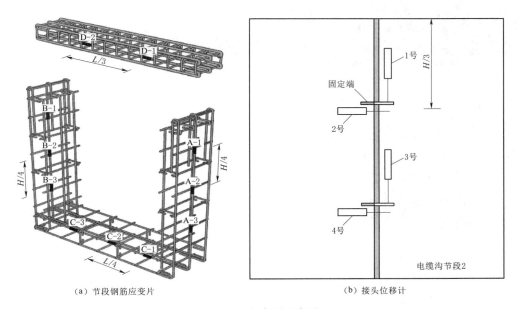

（a）节段钢筋应变片

（b）接头位移计

图 3　测点布置示意图

端用于测量水平张开量，而 2 号和 4 号位移计竖直架设在电缆沟伸缩缝接头处，通过固定端测量竖向相对沉降。

3 电缆沟伸缩缝接头试验结果与分析

3.1 破坏模式对比

图 4 展示了抗剪试验结束时结构的破坏形态。由图 4 可知，接头的破坏形式为"错动型"破坏，发生在结构的下部（3/4 高度）附近，接头破坏处水泥砂浆的上下错开量约为 20mm，电缆沟底板内部也产生了非常明显的纵向裂缝，裂缝宽度为 4～10mm，且在厚度方向接近"贯穿"的程度。

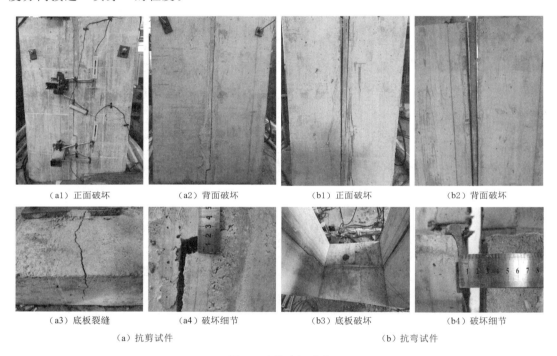

（a1）正面破坏　　　　（a2）背面破坏　　　　（b1）正面破坏　　　　（b2）背面破坏

（a3）底板裂缝　　　　（a4）破坏细节　　　　（b3）底板破坏　　　　（b4）破坏细节

（a）抗剪试件　　　　　　　　　　　　　　　　（b）抗弯试件

图 4　试件破坏形态

因此，由上述分析可认为 M10 水泥砂浆填充的接头破坏发生在荷载达到 571kN 时。当荷载增长至 571kN 时，M10 水泥砂浆接头达到抗剪强度，剪切破坏发生在水泥砂浆接头的下部 3/4 高度附近。

在接头破坏后，继续加载程序，可加载至 705kN。在该过程中，电缆沟两侧壁发生了不同程度的沉降，两侧壁的不均匀沉降，并引起了图 4 中所示的底板裂缝，裂缝宽度约为 2mm。

抗弯接头的破坏形式为"张开型"破坏，水泥砂浆接头主体未出现明显裂缝，电缆沟侧壁向两侧张开，这与 C1 试件接头破坏形式存在明显区别。塞缝水泥砂浆与电缆沟结构主体脱开，表现为"上大下小"的张开破坏。其中正面和背面的接头都发生了程度相近的张开，顶部甚至出现了超过 20mm 的张开量。如图 4 所示，电缆沟底板内部未出现明显的裂缝，说明电缆沟结构在接头破坏后还存在较好的承载力，仍处于较为安全的状态。此外，在接头张开的过程中，接头的张开量是先不断增长，后趋于稳定的。

3.2 接头承载力分析

通过砂浆强度对比，试件接头的承载力差异较大。从图5的荷载—位移曲线可以看出，抗剪和抗弯曲线都存在一个荷载特征值，分别为位移激增点和位移稳定点对应的荷载值。可将这两个特征值作为试件接头的承载力，由此可以得到四个构件的承载力：C1为571kN，C2为600kN，D1为660kN，D2为920kN。对比C1和D1、C2和D2，即砂浆强度由M10变为M20，其承载力的增长率分别为16％和51％，差异明显。这说明水泥砂浆强度的增大（如本次试验中增大2个等级）可以明显改善电缆沟接头的抗剪和抗弯承载力。此外，还可以看出采用同一种加载形式（抗弯或者抗剪），试件的荷载—位移曲线变化趋势是相似的，比如抗剪加载曲线具有位移激增，脆性破坏的特点，而抗弯加载曲线具有破坏位移稳定，延性破坏的特点，因此其破坏形式是相似的。

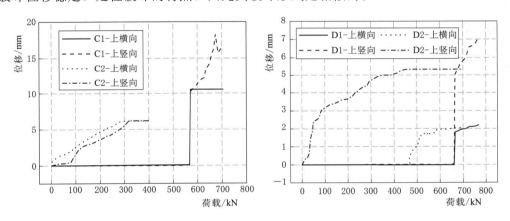

图 5 不同水泥砂浆塞缝强度试件张开量对比

3.3 荷载—张开量对比分析

通过抗剪抗弯加载形式对比，试件接头的承载力差异更大。如图6从荷载—位移曲线可以看出，抗剪和抗弯曲线都存在一个荷载特征值，分别为位移激增点和位移稳定点对应的荷载值。可将这两个特征值作为试件接头的承载力，由此可以得到四个构件的承载力：C1为571kN，C2为600kN，D1为660kN，D2为920kN。对比C2和C1、D2和D1，即加载形式由抗弯变为抗剪，其承载力的增长率分别为5％和40％。这说明当采用相同强度的水泥砂浆接头时，电缆沟接头的抗弯承载能力比抗剪承载能力强。但值得注意的是，抗剪加载的破坏形式是脆性的，而抗弯加载破坏是延性的，因此不能简单地认为抗弯破坏比抗剪破坏在实际工程中的影响更严重。

3.4 钢筋应力分析

图7为C1试件加载段和非加载段的钢筋应力变化曲线。由图7可知，随着荷载的增加，钢筋应力呈近似线性增长，表现为有拉有压。当荷载达到571kN时，钢筋应力出现突变。加载段的钢筋应力在突变后趋于稳定且趋近于0，但非加载段的钢筋应力的突变表

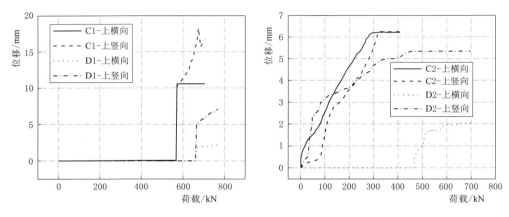

图 6　抗剪抗弯试件张开量对比

现为应力激增，此后应力表现为小幅度的非线性增长。随后，当荷载达到 705kN 时，加载段的钢筋应力未有明显变化，非加载段的钢筋应力则达到最大值。但两节段的应力值均较小，最大应力不超过 45MPa，远远小于屈服应力（335MPa），因此可以推测电缆沟结构的钢筋在电缆沟底板出现明显裂缝时并未破坏，反而处于较为安全的状态。

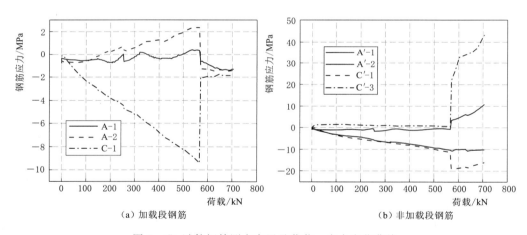

（a）加载段钢筋　　　　　　　　　　　（b）非加载段钢筋

图 7　C1 试件钢筋测点布置及荷载—应力变化曲线

图 8 为加载段和非加载段的钢筋应力变化曲线。由图 8 可知，随着荷载的增加，钢筋应力呈非线性增长，表现为有拉有压。其中测点 C－2 和 B′－3 分别出现了加载段和非加载段的应力最大值。当荷载超过 300kN 后，两测点的钢筋应力增长斜率增大。当荷载达到 400kN 时，两测点的钢筋应力达到最大值。其中测点 C－2 超过了 80MPa，而 B′－3 则超过了 55MPa。但是，两者均远远小于屈服应力（335MPa），因此可以推测电缆沟结构的钢筋在接头出现明显张开和稳定裂缝时并未破坏，而处于较安全的状态。

综上分析，抗剪试件在接头破坏后，电缆沟结构仍有一定的承载能力；即使电缆沟底板已经出现明显裂缝，节段内的钢筋仍未屈服，且处于较为安全的应力状态。而抗弯试件在接头张开且张开量保持稳定时，节段内的钢筋也未屈服，说明电缆沟结构仍有较高的承

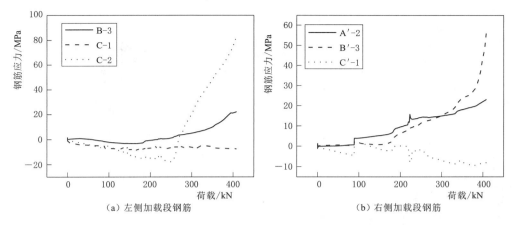

（a）左侧加载段钢筋　　　　　　　　　（b）右侧加载段钢筋

图 8　C2 试件钢筋测点布置及荷载—应力变化曲线

载能力，且处于较安全的应力状态。

4　结论

通过抗弯构件与抗剪构件之间对照组、不同塞缝水泥砂浆强度之间对照组的对比分析，得出以下结论：

（1）当电缆沟结构外部荷载是通过电缆沟侧壁传力时，电缆沟伸缩缝接头将出现错动张开破坏。且当外部荷载是以剪力为主导时，伸缩缝破坏形式将呈现脆性地"上下错动"，当外部荷载是以弯矩为主导时，伸缩缝破坏形式将呈现延性地"两端张开"。

（2）相同条件下，当外部荷载是以剪力为主导时，相较以弯矩为主导的伸缩缝接头，其承载力更低，且在剪力为主导时，电缆沟伸缩缝接头是出现脆性的"上下错动"破坏，无法较好进行预警，建议在电缆沟伸缩缝接头处避免出现单侧的堆载或卸载工况。

（3）电缆沟伸缩缝塞缝水泥砂浆强度 M20 相较 M10，在荷载是以剪力为主导的抗剪试验中，电缆沟伸缩缝承载力提高约 16%，在荷载是以弯矩为主导的抗剪试验中，电缆沟伸缩缝承载力提高约 51%，塞缝水泥砂浆强度对伸缩缝承载力提升效果显著。

（4）由于伸缩缝接头的脆性破坏，建议可以将接头的错动张开位移量是否出现突变或持续增长作为电缆沟的控制预警标准。

参 考 文 献

[1]　陈暄. 10kV 及以上电力电缆运行故障统计分析 [J]. 工程建设与设计，2018（24）：83 - 84.

[2]　李浪. 高压电力电缆故障原因分析和试验方法的研究 [D]. 重庆：西南交通大学，2013.

[3]　林礼健. 明挖现浇电力管廊结构渗漏成因及防治措施研究 [J]. 中国建筑防水，2017（6）：20 - 25.

新型通航设施运行原理及应用特性分析

周树高[1]　屈　斌[1]　陈潇逸[1]　金　龙[2]　王　敏[2]

（1. 上海中交水运设计研究有限公司，上海　200092；

2. 杭州国电机械设计研究院有限公司，浙江杭州　310030）

摘　要：为满足上海市金汇港航道整治工程出海通航建筑物的建设要求，提出一种配备了升降筒式系统模块的新型通航设施。结合工程特点及实际需求，介绍了新型通航设施的总体结构、主要设备及运行原理，从运行及环保两个角度进行了新型通航设施的应用特性分析。分析结果表明，新型通航设施主要通过驱动升降筒来控制闸室水位升降，使闸室与内河侧或外海侧水位齐平后实现水体连通，从而达到船舶通航的目的。新型通航设施不仅具有可模块化拓展、通航效率高、运行能耗小、工作稳定性强、占地少等优点，并且能减少水资源耗费、降低海水入侵影响，同时满足了河海直达航道的船舶通航需求及防咸环保需求。

关键词：通航设施；模块化；河海直达；防咸船闸

1　引言

通航建筑物为水利枢纽及航运工程中用以克服水位落差以保证船舶通航的重要设施，其主要型式包括船闸和升船机。船闸是最常见、广泛应用的通航建筑物，但传统船闸往往存在通航效率较低、消耗大量水资源的问题。为改善船闸通航效率，国内外提出了结构改造、高效输水、优化调度等多种技术[1]。同时，国内外还提出了兼具防咸、省水功能的省水船闸、咸水厢船闸等型式以节约、保护淡水资源。省水船闸即为在闸室旁增设蓄水池，将闸室灌泄水所用水体暂时存储于蓄水池中，具有降低工作水头、降低耗水量等优点，但存在运行条件复杂、占地多、成本高等问题[2]。咸水厢船闸为在船闸闸室内设置一个充满海水的钢制容器，钢容器中的海水与周围淡水不连通。当船舶由海侧进闸时咸水厢浮于水面，船舶进厢后，咸水厢下降至沉入闸底，周围的淡水占据上层原先由海水占据的空间，由此进行闸室上层的水体置换，但该型式存在操作控制系统复杂、造价高的局限性[3]。

升船机的应用可以显著提高船舶通航效率、减少水资源的浪费，但升船机主要适用于高坝通航，一般通过能力较小、运行流程较繁琐、扩展性差。升船机的常见提升形式主要为钢丝绳卷扬式、齿轮齿条爬升式等，随着升船机技术的不断发展，各式新型升船机被提出且广泛运用在各项工程中[4-5]。气压式升船机采用压缩空气作为驱动，支撑船厢随着气囊的变形而垂直升降，结构简单、运行平稳、成本较低，适用于中小型工程[6]。液压提升式升船机采用主驱动油缸进行驱动，承船厢随主驱动油缸垂直升降运行，具有传动系统简

作者简介：周树高（1978—　），男，河北唐山人，高级工程师，主要从事港口航道设计与咨询。

单、安全性高、节约成本等特点,适用于城市水系贯通工程和中小型水利枢纽通航设施[7]。水力式升船机采用水力驱动浮筒式平衡重升降从而带动承船厢升降运行,在解决大尺度、下水式升船机船厢重量大幅变化方面具有显著的技术优势,目前已成功运用到澜沧江景洪通航工程中[8,9]。

本文根据金汇港航道整治工程出海通航建筑物的工程特点及建设需求,以传统升船机技术的抬升理念作为出发点,创新性地提出了一种配备了升降筒式系统模块的新型通航设施,介绍了新型通航设施的结构组成和运行原理,从运行和环保两个角度对其应用特性进行分析,从而为河海直达航道出海通航建筑物的设计与应用提供技术参考。

2 工程概况

金汇港北起黄浦江,南至杭州湾,是上海市内河航运发展规划高等级航道之一。金汇港航道整治工程的实施,不仅将为临港新片区建设提供便捷水运通道,同时将直接实现河海直达,从江苏、浙江两省至洋山港区的内河集装箱船运输距离将大大缩短,从而进一步完善洋山深水港区集疏运体系,支撑上海国际航运中心建设,助力长三角一体化的发展[10]。金汇港南枢纽通航建筑物作为河海直达航道的出海关键节点设施,其设计需要考虑的要点如下:

(1)适用于河海直达航道。金汇港航道河海直达运输的代表船型为120TEU河海直达集装箱船(船长80m×船宽12.6m×吃水2.5m)。金汇港南闸联通金汇港内河及杭州湾,一侧为淡水环境,另一侧为海水环境。金汇港南闸内河通航水位2.0~3.4m,外海通航水位−0.81~4.61m,内河通航水位最大变幅1.40m,外海通航水位最大变幅5.42m。内河向外海最大提升高度2.61m,最大下降高度4.21m。因此,通航建筑物应满足河海直达船型的通航需求,同时通航建筑物应适应内河与外海通达时的水位升降要求。

(2)通航效率高。金汇港南闸通航建筑物的建设目的是为分流由黄浦江驶入杭州湾的集装箱货船,打通金汇港河海直达通道。因此,要求金汇港南闸通航建筑物要具备较高通航效率,其通过能力应满足预测货运量的通过需求。

(3)减少海水入侵量。考虑国家生态文明建设和上海市环保要求,若内河淡水和外海水有大量的水体交换,海水上溯将对内河及周边生态和环境造成不利影响。因此,在通航过程中需尽可能地控制水体交换量,减少海水的入侵。

(4)减少动拆迁量。需根据金汇港南闸周边现状条件进行通航建筑物的布置,布置时需充分利用现有土地空间,减少动拆迁量,妥善处理与现有水利和港口(南闸、顺坝、渔船码头、导流坝、排水口等)设施的关系,同时尽量减少对周边居民区的影响。通航建筑物拟建位置周边情况见图1。

为了满足金汇港航道整治工程出海通航建筑物的建设需求,本文提出了一种新型通航设施。新型通航设施中创新地配备了升降筒式系统模块,依靠驱动升降筒的直立移动实现闸室内水位的起升与降落,使闸室与内河或外海水位齐平,水位齐平后打开闸门将闸室水体和内河或外海水体联通,从而使船舶顺利通过航道,实现河海直达功能。

图 1　通航建筑物拟建位置及周边情况示意图

3　结构组成

3.1　总体结构

新型通航设施总体结构主要由闸室结构、上下游闸门及启闭机、若干套升降筒式系统模块和检修桥机组成。闸室为矩形结构，由两边侧墙及内河闸门、外海闸门共同形成闸室空间。内河闸门、外海闸门起到隔断闸室和内河、外海水域的作用，采用固定钢丝绳卷扬式启闭机驱动闸门的启闭。升降筒式系统模块主要包含了升降筒金属结构、平衡重系统、提升机构、导向装置及密封装置等，为新型通航设施的核心设备。其中，升降筒放置于闸室底部的筒槽内，可沿筒槽上下升降，筒槽与升降筒之间设置密封件。升降筒底部及筒槽共同组成下槽室。在密封件的作用下，下槽室与闸室相互隔绝，其中下槽室通过通气廊道与大气相通，保证升降筒的正常运行。在闸室侧墙内的配重井内设置有一定重量的平衡重，升降筒上部通过钢丝绳绕过滑轮组与平衡重连接，以此克服升降筒在运行过程中的大部分阻力，可以大大降低提升机构的能耗。提升机构安装于闸室两侧的机房内，利用钢丝绳或者连杆等装置提升升降筒或者平衡重，以驱动升降筒沿筒槽直立升降。

此外，新型通航设施还配备有 PLC 控制设备、运行行程检测系统、水位检测系统等，每一套升降筒式系统模块都对应了独立的控制信号源。将上游引航道进行加深形成集咸池，集咸池通过排水管路与外海侧相连，当淡水测水位高于外海侧水位时，可用于排咸[11]。同时在每个筒槽底部设置排水口，若闸室内水体因水封损坏等原因进入筒槽后，也可通过排水管道及时排出。新型通航设施结构见图 2。

3.2　主要设备

3.2.1　升降筒

升降筒是新型通航设施升降筒式系统模块的主要设备，升降筒为箱型钢结构，底部开敞，其他面封闭。在闸室共布置 8 块，分别位于闸室底部 8 个沿闸室横向与纵向中心线对称布置的筒槽内，筒体和筒槽四周适当留有间隙，每个筒槽上部设置环向水封，使升降筒在筒槽内垂直运行时水体不会进入筒槽内部。升降筒的筒体上部设置两套吊耳结构，沿闸

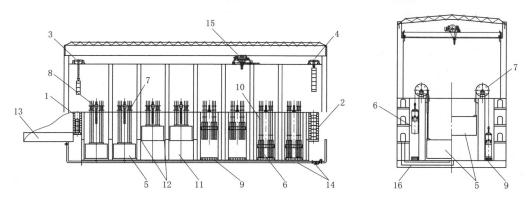

图 2 新型通航设施结构示意图

1—内河闸门；2—外海闸门；3—内河侧启闭机；4—外海侧启闭机；5—升降筒；6—平衡重；7—滑轮组；
8—提升机构；9—平衡重锁定；10—钢丝绳；11—筒槽；12—密封件；
13—集咸池；14—水泵；15—检修桥机；16—通气廊道

室纵向中心线对称布置，分别和提升机构及平衡重钢丝绳相连。在筒体四周分别设置导向装置，导向装置于安装在筒槽侧壁的固定导轨相配合，使升降筒在固定导轨的延伸方向上运动，从而在减少升降筒上下过程中摩擦阻力的同时，也避免了升降筒运动偏离筒槽而造成擦碰等事故，提高了设备的工作稳定性。

3.2.2 平衡重系统

升降筒在筒槽内升降的主要载荷有筒体自身重量、筒体上部水压力以及筒体运行中的动摩擦力，为减少筒体运行的驱动力，每个筒体对应设置平衡重系统，以平衡掉大部分载荷，剩余载荷由提升机构驱动筒体运行。平衡重系统主要由平衡重块、滑轮组、钢丝绳、钢丝绳连接组件、平衡重锁定、平衡重轨道及埋件组成。钢丝绳一端通过钢丝绳连接组件与升降筒吊耳相连，绕过滑轮组，另一端与平衡重相连。每块升降筒分别布置 4 套滑轮组，2 组平衡重。

每组平衡重块由铸铁块构成，可沿配重井侧壁的平衡重轨道上下移动，四周通过钢结构安全梁进行围固。平衡重块的顶部设置钢质调整块以及与钢丝绳连接的调节螺杆、螺母等构件。平衡重块的重量及钢丝绳的连接位置可调节，加大了设备的可操作性与自由度。安全梁两端装设有导轮装置，作为钢丝绳断绳的安全保护，同时兼作平衡重的上锁定承载结构。在每块平衡重块凹槽截面的四周，设有 4 套平衡重块锁定装置，便于在设备检修期间将平衡重进行锁定。

3.2.3 提升机构

常见的提升机构可分为两类：一是钢丝绳卷扬设备；二是液压油缸提升设备。本文以液压油缸提升设备为例进行说明。

每个升降筒的升降由 2 套驱动油缸进行控制，2 套驱动油缸对称布置于筒体两侧，由液压泵站提供动力，通过液压系统和电控系统控制油缸的升降速度。驱动油缸活塞杆与升降筒吊耳板采用销轴连接，缸体通过双十字铰万向节式支座支撑在闸室两侧的侧墙上。液压系统由液压泵站、控制阀组、管路系统及专用工具等设备组成，左右岸各设置一套，对称布置在闸室两侧的廊道设备平台内，各执行机构的控制阀组在执行机构旁就近布置。

3.2.4　闸门及启闭机

内河侧、外海侧各设置一道平板钢闸门作为工作闸门，由门叶结构、门槽、止水橡皮等组成。闸门各由 1 套固定卷扬式启闭机进行启闭，启闭机布置于闸门上部。当闸门关闭时，起到阻挡闸室水体与上下游引航道水体交换的作用；当闸门开启时，闸室水体与外侧引航道水体连通，达到船舶进出的目的。

启闭机主要由起升机构、机架、电控设备等部分组成。其中起升机构包括卷筒装置、减速器、交流变频电动机、安全制动系统（含工作制动器、安全制动器、制动液压泵站等）、联轴器、动滑轮组、定滑轮组、平衡滑轮装置、荷载限制器、高度指示器、行程限制器、钢丝绳等组成。启闭机配置一套现地控制设备，控制设备由一套电控柜及相应检测装置组成，完成闸门启闭机现地控制。

4　运行原理

新型通航设施的核心功能为：在有一定水体的闸室内，通过提升机构驱动闸室底部升降筒的升降运动，以此来抬高或者降低闸室水位，使闸室水位与内河或外海水位齐平。再通过相应闸门的启闭，使闸室水位和内河或外海水体连通，达到过船通航的目的。

运行流程主要包括调节闸室水位、启闭内河及外海闸门两个部分。具体而言，调节闸室水位步骤依靠驱动升降筒上下移动实现，首先由水位检测系统接收当前水位信息及目标水位信息，确定升降筒各自对应的动作数据后，再将动作数据发送至控制系统，提升机构驱动升降筒进行对应幅度的上升和下降，至目标位置后通过对应的平衡重锁定系统进行位置固定。同步地，当升降筒上升时，挤压了水体所处的闸室空间，使闸室内水平面上升；升降筒下降时，释放了水体所处的闸室空间，使闸室内水平面下降。

闸门采用固定钢丝绳卷扬式启闭机驱动闸门的启闭，内河闸门与外海闸门关闭时，与闸室主体结构共同形成封闭空间；闸门开启时，起到连通闸室和内河或外海水域的作用。以船舶从外海进入内河为例，新型通航设施运行流程见图 3，船舶从外海进入内河通航过程见图 4。

5　应用特性分析

5.1　运行特性分析

新型通航设施采用了升降筒式系统模块，在运行方面具有以下特性：

（1）传动系统简洁，通航效率高。新型通航设施的闸室内水位升降依靠驱动所述升降筒上下移动实现，无需额外的灌泄水动作，相比传统船闸大大提升了通航效率，也从源头避免了水资源的浪费。新型通航设施在通航流程上主要包括上游和下游闸门的启闭、升降筒的升降三个环节，而传统升船机在控制流程上还包括乘船厢与闸首的对接、卧倒门的对开和防撞梁的升降等过程。经估算，新型通航设施在金汇港航道工程中的运用相比传统升船机方案的单次通航时间约能缩短 34％。因此，新型通航设施的控制流程更加简洁，通航效率更高。以船舶出海流程为例，新型通航设施和传统升船机通航流程见图 5。

（2）模块化制造，可拓展性强。由于控制水位升降的是多个可单独运作的升降筒式系

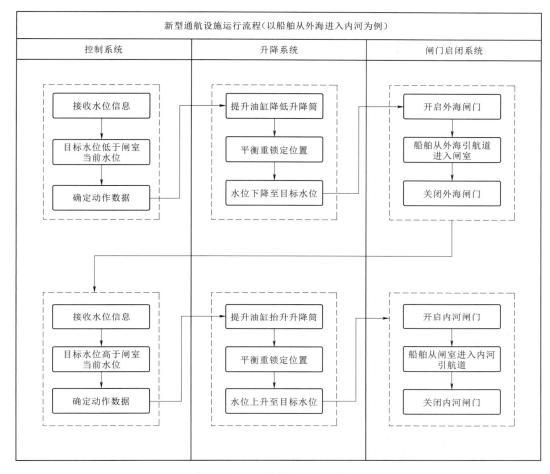

图 3　新型通航设施运行流程图

统模块组成，因此若想拓展闸室的承载空间，除了增加闸室尺寸外，只需要增加模块的数量即可完成通航设施的扩展，在提高了升降系统可靠性的同时，也为今后适应更大尺寸船舶或更多船舶数量的通航要求提供了较好的升级条件。

（3）可靠性高，工作稳定性强。由于新型通航设施中的每一个升降筒对应的提升机构都由独立的控制信号源进行控制，因此，如果当少部分升降筒出现故障等异常状况时，升船机依旧可以通过剩余正常工作的升降筒实现水位的高低转换，完成通航过程，大大提高了系统的工作稳定性。在船流量较大的时期，及时出现部分故障，升船机也可不间断工作，直至船流量较小时期再对故障模块进行修理，能较好地提高本设备运行的可靠性。

5.2　环保特性分析

在新型通航设施的设计中考虑了环保要求，融入了将绿色低碳、资源节约理念。尤其是新型通航设施作为河海直达航道的出海通航建筑物，需着重考虑其省水、防咸能力，降低咸淡水交换对内河侧淡水资源造成的影响。新型通航设施的环保特性具体如下：

（1）耗费水资源少，防咸效果好。在船舶过闸时海水的入侵途径主要有[12]：①水位

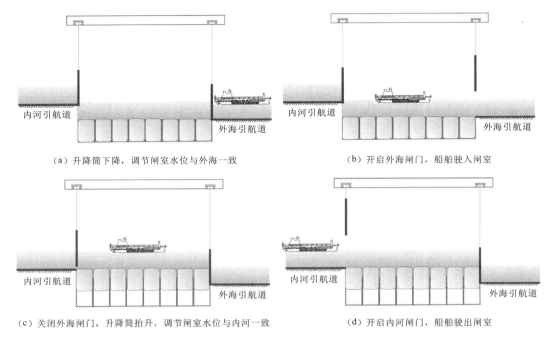

（a）升降筒下降，调节闸室水位与外海一致　　　　　　（b）开启外海闸门，船舶驶入闸室

（c）关闭外海闸门，升降筒抬升，调节闸室水位与内河一致　　（d）开启内河闸门，船舶驶出闸室

图 4　船舶从外海进入内河通航过程示意图

差的调平；②盐水楔异重流；③闸阀门及密封件漏水；④船舶进出闸室时水量的补给及扰动。其中，前两者是船舶过闸时最主要的盐水入侵方式。相比传统船闸，新型通航设施无需灌泄水来进行水位差调平，减少了淡水资源的浪费，避免了因水体交换而产生的大量海水入侵，有效地减少了生态破坏。本文引用了天津水运科研所通过试验提出的经验公式[12,13]，分别对新型通航设施方案及传统船闸方案在相同通航时间情况下的入侵盐量进行估算，估算结果见表 1。根据估算结果可知，对于传统船闸方案，由水位差造成的入侵盐量占了入侵总盐量约 70%。新型通航设施在通航相同艘次情况下入侵至内河的总盐量为 6.90t，为传统升船机方案的 69%，仅为传统船闸方案的 6.89%。

表 1　　　　　　　　　　通航相同时间情况下的盐水入侵量估算结果对比

方　案	通行艘次	有效水域规模（有效长度×有效宽度×水深）/(m×m×m)	外海水体初始盐度/‰	内河水体初始盐度/‰	水位差调平造成的入侵盐量/t	盐水异重流造成的入侵盐量/t	入侵总盐量/t
新型通航设施	3	90.5×16.5×3.5	8	0	0	6.90	6.90
传统升船机	3	104.3×20×3.7	8	0	0	10.00	10.00
传统船闸	3	310×14×(7~9.61)	8	0	70.77	29.47	100.24

注　1. 新型通航设施、传统升船机无灌泄水进行水位差调平过程而导致的盐水入侵，计算中考虑传统船闸灌泄水盐度与海水盐度一致的极端情况。
　　2. 计算中已考虑船舶（队）排开水体的补给（单艘 120TEU 河海直达集装箱船排水量 2270m³）。
　　3. 计算中考虑了水位差及盐水异重流两种方式造成盐水入侵的相互盐度变化影响。

（2）运行能耗小。新型通航设施升降系统采用了类似于传统升船机的主要提升原理，将平衡重有效的引入到升降筒的提升过程中，大大降低了提升载荷，从而减小了升降筒在

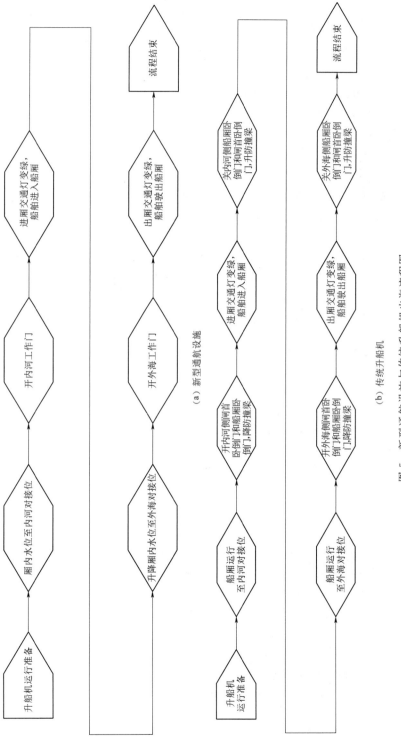

（a）新型通航设施

（b）传统升船机

图 5 新型通航设施与传统升船机出海流程图

运行过程中的能耗。同时，新型通航设施相比传统升船机减少了承船厢系统设备和上下游的对接系统设备，简化了运行流程，因此相比传统升船机可降低约30％的综合能耗。

（3）占地面积小，征地拆迁少。结合金汇港南闸的工程实际情况进行分析，在满足相同的船舶通过能力下，新型通航设施相比传统升船机而言所需闸室的面积尺寸更小，总体可减少约28.4％的占地面积。若采用传统船闸方案，船闸闸室所需占地面积较大，相比新型通航设施方案还需额外占用居民区楼并搬迁现状客渡及渔船码头。以充分利用现有土地空间、减少动拆迁量的原则进行考虑，新型通航设施能大大减少占地面积，节约土地资源，同时降低对周边地区生产生活的影响。

6　结语

新型通航设施创新性地配备了可拓展的升降筒式系统模块，通过提升机构驱动升降筒运动以此来抬高或者降低闸室水位，克服内河与外海水位落差问题而保证船舶的河海直达通航。新型通航设施在运行方面，具有通航效率高、可模块化拓展、工作稳定性强等特性；在环保方面，具有耗费水资源少、防咸效果好、运行能耗小和占地小等优势，尤其是能满足金汇港航道实现河海直达功能与减少海水入侵影响的综合性要求。本文提出的新型通航设施具有创新性，同时在河海直达航道出海通航建筑物的设计与应用中具有实际参考价值。

参考文献

[1] 王治力，陈秋同，韩建军，等. 浅析通航建筑物的发展 [J]. 科技创新导报，2018，15（21）：56，58.

[2] 夏小迪，汤建宏. 省水船闸的布置方案与结构设计 [J]. 水运工程，2022，595（S1）：124 - 129，154.

[3] 谢世楞. 荷兰海船闸防止海水入侵的措施 [J]. 港口工程，1982（4）：18 - 21.

[4] 王永新. 国内外过船建筑物的建设和发展 [J]. 水力发电，1990（8）：44 - 47.

[5] 胡亚安，李中华，李云，等. 中国大型升船机研究进展 [J]. 水运工程，2016（12）：10 - 19.

[6] 丁江平. 气压式升船机的特点 [J]. 河海大学机械学院学报，1997（4）：38 - 43.

[7] 倪佳，蒋春祥，宋远卓. 液压提升式升船机提升原理及特性分析 [J]. 华电技术，2013，35（11）：13 - 16，95.

[8] 胡亚安，薛淑，李中华. 2×1000吨级水力式升船机布置及运行特性仿真分析 [J]. 水运工程，2020（11）：1 - 6.

[9] 马洪琪，曹学兴. 水力式新型升船机关键技术研究 [J]. 水利学报，2018，49（4）：446 - 455，463.

[10] 周树高，陈潇逸. 升船机在金汇港航道整治工程中的可行性应用分析 [J]. 港口科技，2022（9）：25 - 30，46.

[11] 陈祎，褚明生. 浅析潮汐区船闸的防咸措施 [J]. 中国水运（学术版），2007（1）：6 - 8.

[12] 周华兴，孙玉萍. 船舶过"海船闸"时盐水入侵量的分析与计算 [J]. 海岸工程，1987（2）：48 - 57.

[13] 周华兴，孙玉萍，白志敏. 海水以异重流方式入侵船闸的试验研究 [J]. 水道港口，1986（3）：13 - 19，27.

全装配式高桩码头桩节点力学特性有限元分析

刘力真　俞小彤　常西栋　陈　达

（河海大学港口海岸与近海工程学院，江苏南京　210098）

摘　要：装配式桩节点和现浇桩节点在约束条件及受力特性上有很大不同。本文采用有限元数值模拟方法，通过对比装配式桩节点和现浇桩节点相关结构参数，分析其在结构内力、混凝土应力、结构变形、传力分配等方面的差异，总结出一般规律。结果表明：三种节点的力学性质基本一致；桩帽内钢筋布置会影响桩帽变形；灌浆料与桩帽的连接一般不会先于桩与灌浆料连接破坏；适当增加桩伸入长度可以增加节点承载能力并减少现场施工灌浆料用量；灌浆料强度对节点的结构变形几乎没有影响，但会影响结合面处的混凝土应力。

关键词：高桩码头；装配式；桩节点；有限元

1　引言

传统高桩码头大多通过现浇混凝土的方式施工，其施工周期长、环境污染大，且现浇混凝土的质量会受制作条件、混凝土浇筑环境、养护条件等因素影响。《国家中长期科学和技术发展规划纲要》[1] 和《"十三五"国家科技创新规划》[2] 中明确提出，应加强绿色建筑设计技术和装配式建筑研究。装配式高桩码头的优势包括加快施工速度、提高质量控制、节约资源和能源、环境友好、灵活性和可重复使用以及提高安全性，近年来逐渐成为研究的热点，众多相关理论及施工方法被提出[3-5]。

桩节点是码头受力传递中的关键部位，主要作用为将上部荷载通过梁板构件传递到桩帽并最终传递到桩基。该节点一旦发生破坏，将直接影响码头的稳定。全装配式高桩码头的桩节点由预制桩帽和桩基组成，其中桩帽与桩基之间采用灌浆填充连接。其强度及连接的可靠性是码头安全的重中之重。崔磊等[6] 采用有限元数值分析方法对比了装配式双桩桩帽节点与传统现浇双桩桩帽节点受力特性的区别。钟扬等[7] 对3组灌浆套筒连接节点进行压弯试验，研究不同灌浆长度和灌浆厚度下节点的压弯承载力、延性和破坏模式。江义等[8] 发现结合面的粗糙度、键槽作用和纵向钢筋的销栓作用是影响装配式节点抗剪能力的主要因素。白承钊[9] 研究了不同桩帽配箍率、桩帽混凝土强度、桩芯配筋率和直桩嵌固长度对现浇节点抗震性能的影响。目前已有的成果对装配式单桩节点的力学特性及相关影响因素研究不够充分，无法直接反映其节点力学特性。

本文通过有限元软件，对全装配式高桩码头的单桩节点进行静力研究，分析其与现浇节点的异同，进而明确桩伸入长度及灌浆料强度对节点力学特性的影响。相关研究结果可

作者简介：刘力真（1998—　），男，湖南长沙人，硕士研究生，主要从事港口海岸及近海工程方面研究。

服务于后续新型装配式桩节点的设计优化。

2 节点形式

2.1 码头工程概况

连云港徐圩港区 64 号~65 号液体散货泊位工程位于徐圩港区规划的液体散货区内，建设规模为 1 个 10 万吨级液体散货泊位和 1 个 8 万吨级液体散货泊位，采用装配式高桩梁板结构，梁底部开设 $\phi 1600mm$、高度 1000mm 空腔，下部基桩采用 $\phi 1200mm$ 大管桩（桩型为 D1200B32 - 2），基桩与横梁通过灌浆实现预制装配化。工程采用预制装配式方法，有效减少现场工作量，提高施工效率。

2.2 现浇固接节点

现浇桩帽尺度为 2600mm×2600mm×1800mm（长×宽×高），桩基采用 $\phi 1200mm$ 大管桩，桩基伸入桩帽 0.75D 即 900mm，并将桩芯钢筋笼伸入桩帽内部。一般认为该节点为刚性连接。节点结构如图 1 所示，节点配筋参数见表 1。

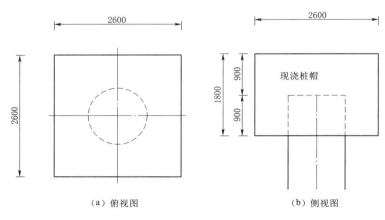

（a）俯视图　　　　　　　　　　（b）侧视图

图 1　现浇固接节点（单位：mm）

表 1　现浇固接节点配筋参数

结　构	钢筋种类	钢筋直径/mm	数量/根
桩帽	桩帽主筋	25	37
	环形钢筋	12	4
	加强钢筋	28	12
桩顶桩芯	锚固钢筋	25	16
	环形钢筋	12	23

2.3 现浇铰接节点

现浇桩帽尺度为 2600mm×2600mm×1800mm（长×宽×高），桩基采用 $\phi 1200mm$ 大管桩，桩基伸入桩帽 100mm，并将桩芯钢筋笼伸入桩帽内部。一般认为该节点为铰接或半固接。节点结构如图 2 所示，节点配筋参数见表 2。

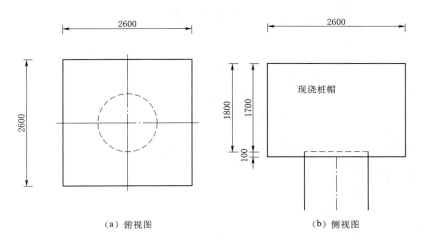

（a）俯视图 　　　　　　　　　　　（b）侧视图

图 2　现浇铰接节点（单位：mm）

表 2　　　　　　　　　　　　　　现浇铰接节点配筋参数

结　构	钢筋种类	钢筋直径/mm	数量/根
桩帽	桩帽主筋	25	37
桩顶桩芯	锚固钢筋	25	16
	环形钢筋	12	19

2.4　装配式节点

本文研究预制桩帽尺度为 2600mm×2600mm×1800mm（长×宽×高），桩基采用 φ1200mm 大管桩，桩基伸入桩帽 100mm，并将桩芯钢筋笼伸入桩帽内部。预制桩帽内部形成 φ1600mm×1000mm（直径×高）的空腔，预制桩帽安装到桩顶后，通过灌浆孔进行后灌浆，将桩基与桩帽连成整体。节点结构如图 3 所示，节点配筋参数见表 3。

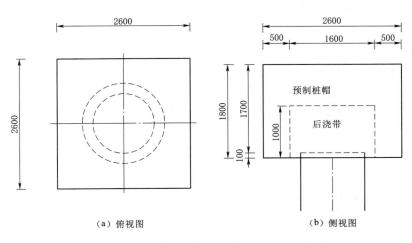

（a）俯视图 　　　　　　　　　　　（b）侧视图

图 3　装配式节点（单位：mm）

表 3 装配式节点配筋参数

结　构	钢筋种类	钢筋直径/mm	数量/根
桩帽	桩帽主筋	25	37
	环形钢筋	12	5
	加强钢筋	28	12
桩顶桩芯	锚固钢筋	25	16
	环形钢筋	12	19

3 ABAQUS 有限元模拟

3.1 材料参数与单元选取

数值模型中的材料主要为钢筋和混凝土两种。在模型建立过程中，混凝土桩帽、灌浆、大管桩采用减缩积分 C3D8R 实体单元模拟，主筋、箍筋、加强筋采用 Truss（T3D2）单元模拟。不考虑钢筋与混凝土间的黏结滑移，钢筋通过 Embedded region 约束功能嵌入到混凝土中。材料参数参考 GB 50010—2010《混凝结构设计规范》，数值见表 4、表 5。

表 4 混 凝 土 材 料 性 能

混凝土类型	密度/(t/mm³)	弹性模量/MPa	泊松比
C40	2.4×10^{-9}	3.25×10^4	0.2
C50	2.4×10^{-9}	3.45×10^4	0.2
C60	2.4×10^{-9}	3.60×10^4	0.2
C70	2.4×10^{-9}	3.70×10^4	0.2
C80	2.4×10^{-9}	3.80×10^4	0.2

表 5 钢 筋 力 学 性 能

钢筋类型	密度/(t/mm³)	弹性模量/MPa	泊松比	屈服强度/MPa
HRB400	7.8×10^{-9}	2×10^5	0.3	360

3.2 节点有限元模型

采用 ABAQUS 有限元软件建立桩节点模型，模型 01、模型 02、模型 03 分别为现浇固接节点、现浇铰接节点和装配式节点。考虑到网格划分精度及计算速度，网格采用六面体，网格尺寸约为 100mm。计算假定桩底为嵌固状态，嵌固点位于桩帽底部 25m 处。模型 01、模型 02、模型 03 网格划分及其配筋见图 4。

3.3 荷载设计

荷载采用力或弯矩，作用加载至图 5 桩帽位置。荷载条件如下：

（1）作用于上表面的压力 10kN。

（2）作用于上表面的拉力 10kN。

（3）作用于上表面的水平力 10kN。

（4）作用于上表面的弯矩 10kN·m。

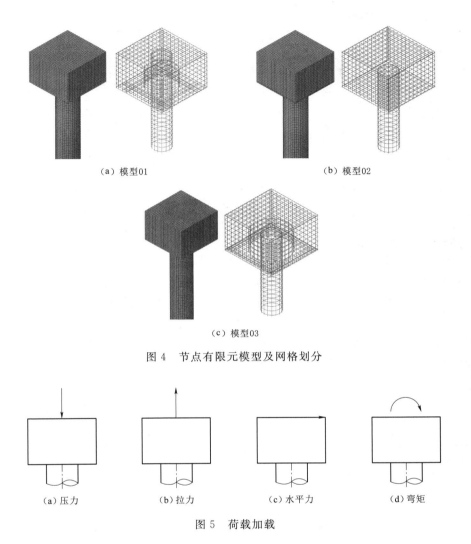

（a）模型01 　　　　　　　　　　　　（b）模型02

（c）模型03

图 4 节点有限元模型及网格划分

（a）压力 　　　（b）拉力 　　　（c）水平力 　　　（d）弯矩

图 5 荷载加载

4 结果分析

4.1 结构变形与受力情况

　　将三种模型在不同荷载下的结构变形及受力计算结果汇总见表 6。从三种模型的位移结果可以看出，无论在竖向荷载、水平荷载或弯矩作用下，三种节点的力学性质基本一致。装配式节点（模型 03）的变形小于现浇铰接节点（模型 02），而与现浇固接节点（模型 01）数值一致，主要原因为两模型桩周边钢筋竖起及环形钢筋对桩帽变形起到较大的限制作用。适当在桩帽内增设竖向钢筋可以减少桩帽的变形。且随着桩周边钢筋竖起，桩帽底部桩的弯矩值会减小。现浇固接节点（模型 01）由于内部钢筋布置与装配式节点稍有不同，其弯矩值小于装配式节点。

表 6		结构变形及受力计算结果（×10⁻²）		
荷载	计 算 内 容	模型 01	模型 02	模型 03
压力	竖向位移/mm	1.12	1.22	1.12
	桩轴力/kN	1000	1000	1000
拉力	竖向位移/mm	1.12	1.22	1.12
	桩轴力/kN	1000	1000	1000
水平力	水平位移/mm	1875	2034	1875
	桩帽底部桩弯矩/(kN·m)	1129	1165	1138
弯矩	水平位移/mm	111.1	120.5	111.1
	桩帽底部桩弯矩/(kN·m)	631.3	650.9	638.5

4.2 连接强度分析

表 7 为三种模型在不同荷载下结合面的切应力。从单个模型分析，在 4 种荷载作用下，由水平力或弯矩产生的结合面切应力远大于竖向荷载产生的切应力。即桩基与桩帽的连接方式，不仅要从垂直力的角度考虑，更应从水平力和弯矩的角度考虑。图 6 展示三种模型在水平力作用下结合面的切应力云图。比较模型 01、02、03，因为模型 01 桩伸入桩帽更多，其侧壁摩阻力抵抗弯矩及剪力比 02、03 多，能承受更大荷载。模型 02 结合面切应力较模型 03 较小，即桩周边钢筋的布置型式对结合面切应力有一定影响。对于模型 03，根据数值模拟计算结果，灌浆料与桩帽的结合面切应力相对较小，在相同拔桩力及弯矩的作用下其数值小于桩与灌浆间结合面切应力，灌浆料与桩帽的连接不会先失效。

表 7		结 合 面 切 应 力		单位：10⁻²MPa
荷载	计算内容	模型 01	模型 02	模型 03
压力	结合面切应力	0.458	0.741	0.722 (0.309)
拉力	结合面切应力	0.458	0.741	0.722 (0.309)
水平力	结合面切应力	3.157	5.094	5.217 (0.812)
弯矩	结合面切应力	1.953	2.905	2.999 (0.552)

注 模型 03 结合面切应力中括号内数值为灌浆料与预制桩帽间切应力。

当桩帽受到水平力或外弯矩时，节点破坏主要以桩基与桩帽或灌浆料与桩帽预留孔搭接面的剪切破坏为主。混凝土抗剪强度判定比较复杂，一般认为与其受压及受拉状态有关，多位学者也曾通过试验测定的方式推导混凝土抗剪强度与抗压、抗拉强度的数据关系。对于 C40 混凝土可采用抗拉强度设计值 1.71MPa 作为结合面混凝土的抗剪强度，取值是偏安全的[10-12]。

在水平力作用下，模型 01 结合面切应力为 $3.157×10^{-2}$ MPa，对应桩帽底部桩弯矩为 11.29kN·m，由此可推断，当结合面切应力达到 1.71MPa 时，其桩帽底部桩所受到的弯矩约为 611kN·m。同理，模型 02、模型 03 桩帽底部桩所受到的弯矩约为 391kN·m、373kN·m。加大桩基伸入桩帽内腔的长度，同时增大桩帽内腔的预留高度可以增加节点的承载力。

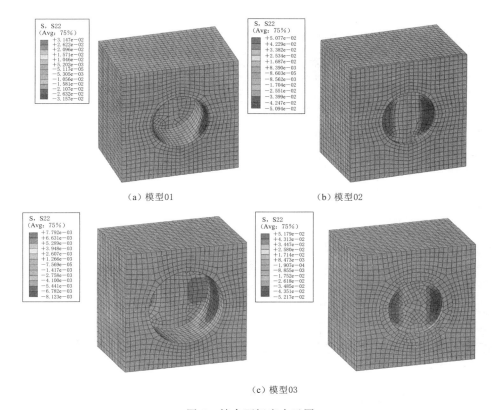

（a）模型01　　　　　　　　　　　（b）模型02

（c）模型03

图 6　结合面切应力云图

5　装配式节点力学特性的影响因素

5.1　桩伸入长度的影响

改变装配式节点桩伸入灌浆料的长度，模型 Z1、Z2、Z3 分别为桩伸入长度 300mm、500mm、700mm 的装配式节点，其他参数保持不变。分别对三个模型施加第 3 节中相同的四种荷载，通过比较各模型结构变形、桩帽底部桩弯矩值及轴力值、桩帽与桩结合面处的混凝土应力，研究桩伸入长度对此节点力学特性的影响。

将三种模型在不同荷载下的计算结果汇总至表8。从结果看来，桩伸入灌浆料长度的增加对节点的变形和桩帽底部桩弯矩几乎没有影响，但灌浆料与预制桩帽间结合面切应力会减少，而桩与灌浆料间结合面切应力有先增加后减少的趋势。三种模型结合面切应力云图见图 7。可见，切应力较大区域从桩顶向桩侧壁移动，桩伸入增多，其侧壁摩阻力抵抗弯矩及剪力也会有所增加。适当增加桩伸入长度，不仅可以增加节点的承载能力，还可以减少现场施工灌浆料用量。

5.2　灌浆料强度的影响

改变装配式节点灌浆料的强度，模型 G1、G2、G3、G4 分别为灌浆料选用 C50、C60、C70、C80 的装配式节点，其他参数保持不变。分别对三个模型施加第 3 节中相同的四种荷载，通过比较各模型结构变形、桩帽底部桩弯矩值及轴力值、桩帽与桩结合面处的混凝土应力，研究灌浆料的强度对此节点力学特性的影响。

表 8　　　　　　　　　　结构变形及受力计算结果（×10⁻²）

荷载	计 算 内 容	模型 Z1	模型 Z2	模型 Z3
压力	竖向位移/mm	1.12	1.12	1.12
	桩轴力/kN	1000	1000	1000
	结合面切应力/MPa	0.532（0.307）	0.534（0.305）	0.534（0.303）
拉力	竖向位移/mm	1.12	1.12	1.12
	桩轴力/kN	1000	1000	1000
	结合面切应力/MPa	0.532（0.3068）	0.534（0.305）	0.534（0.303）
水平力	水平位移/mm	1875	1875	1875
	桩帽底部桩弯矩/(kN·m)	1129	1165	1138
	结合面切应力/MPa	3.552（0.801）	3.558（0.791）	3.557（0.783）
弯矩	水平位移/mm	111.1	111.1	111.1
	结合面切应力/MPa	631.3	650.9	638.5
	桩帽底部桩弯矩/(kN·m)	2.178（0.546）	2.179（0.540）	2.177（0.536）

注　结合面切应力中括号内数值为灌浆料与预制桩帽间切应力。

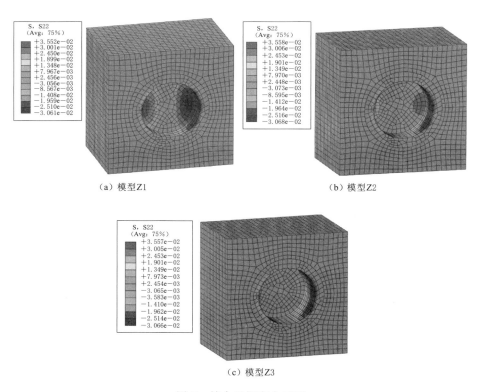

（a）模型 Z1　　　　　（b）模型 Z2

（c）模型 Z3

图 7　结合面切应力云图

将三种模型在不同荷载下的计算结果汇总至表 9。从结果看来，灌浆料强度的增加对节点的变形几乎没有影响。在水平力或弯矩作用下，灌浆料与预制桩帽间结合面切应力会减少，而桩与灌浆料间结合面切应力增加。结合前文研究，桩帽内的钢筋布置型式是影响其变形的主要因素。桩的伸入长度及灌浆料的强度会影响结合面处的混凝土应力。

表 9　　　　　　　　　　　　　　　　结构变形及受力计算结果

荷载	计　算　内　容	模型 G1	模型 G2	模型 G3	模型 G4
压力	竖向位移/mm	1.12	1.12	1.12	1.12
	桩轴力/kN	1000	1000	1000	1000
	结合面切应力/$\times 10^{-2}$MPa	0.729（0.309）	0.733（0.309）	0.735（0.309）	0.738（0.309）
拉力	竖向位移/mm	1.12	1.12	1.12	1.12
	桩轴力/kN	1000	1000	1000	1000
	结合面切应力/$\times 10^{-2}$MPa	0.729（0.309）	0.733（0.309）	0.735（0.309）	0.738（0.309）
水平力	水平位移/mm	1875	1875	1875	1875
	桩帽底部桩弯矩/(kN·m)	1135	1134	1132	1131
	结合面切应力/$\times 10^{-2}$MPa	5.228（0.779）	5.235（0.759）	5.238（0.746）	5.242（0.734）
弯矩	水平位移/mm	111.1	111.1	111.1	111.1
	桩帽底部桩弯矩/(kN·m)	637	636.1	635.5	634.9
	结合面切应力/$\times 10^{-2}$MPa	3.010（0.532）	3.011（0.519）	3.014（0.511）	3.017（0.504）

注　结合面切应力中括号内数值为灌浆料与预制桩帽间切应力。

6　结论

全装配式高桩码头单桩节点通过灌浆将预制的桩基、桩帽连成整体，其约束条件及受力特性与传统桩节点不同。对装配式桩节点和现浇桩节点以及装配式桩节点中相关结构参数进行数值模拟，分析其在结构内力、混凝土应力、结构变形、传力分配等方面的差异，得出如下结论。

（1）对比现浇节点和装配节点，从三种模型的位移结果可以看出，无论在竖向荷载、水平荷载或外弯矩作用下，三种节点的力学性质基本一致。

（2）灌浆料与桩帽的结合面切应力相对较小，在相同拔桩力及弯矩的作用下其数值小于桩与灌浆间结合面切应力，灌浆料与桩帽的连接一般不会先于桩与灌浆料连接破坏。

（3）适当增加桩伸入长度，不仅可以增加节点的承载能力，还可以减少现场施工灌浆料用量。

（4）灌浆料强度的增加对节点的结构变形几乎没有影响，其强度变化会影响结合面的混凝土应力。

参考文献

［1］　中华人民共和国国务院. 国家中长期科学和技术发展规划纲要（2006—2020 年）［R］. 北京：中华人民共和国国务院，2006.

［2］ 中华人民共和国国务院. "十三五"国家科技创新规划［R］. 北京：中华人民共和国国务院，2016.

［3］ 徐俊，唐洲. 装配式技术在连云港港徐圩港区码头工程中的应用［J］. 水运工程，2023（5）：11-16.

［4］ 刘鹏，周厚亚，刘晓曦. 装配式高桩码头插槽式横梁安装工艺［J］. 水运工程，2023（5）：147-152.

［5］ 李武，鲍希琰. 装配式模块化高桩码头设计方法［J］. 水运工程，2023（5）：1-4.

［6］ 崔磊，陈海峰，乔成. 装配式双桩桩帽节点受力有限元分析［J］. 水运工程，2023（5）：33-38.

［7］ 钟扬，邱松，吴锋，等. 装配式码头灌浆连接节点压弯性能试验研究［J］. 水运工程，2020（8）：53-58.

［8］ 江义，刘亚男. 高桩码头装配式节点结合面抗剪设计方法比较［J］. 水运工程，2019（7）：66-72.

［9］ 白承钊. 高桩码头整浇装配式直桩节点抗震性能有限元分析［D］. 武汉：武汉理工大学，2008.

［10］ 万后林. 混凝土材料剪切强度的试验分析［J］. 四川水泥，2021（3）：38-39.

［11］ 陈宇良，姜锐，陈宗平，等. 直剪状态下再生混凝土的变形性能及损伤分析［J］. 材料导报，2021，35（19）：19015-19021.

［12］ 梅卫锋，黎浩. 压剪作用下混凝土抗剪强度的试验研究［J］. 四川建筑科学研究，2020，46（4）：82-88.

考虑土塞效应的大直径 PHC 管桩承载力计算

刘江贞[1]　夏高响[2]　林福裕[2]　管中林[3]

（1. 南京水利科学研究院，江苏南京　210029；
2. 安徽省交通勘察设计院有限公司，安徽合肥　230011；
3. 中交第三航务工程勘察设计院有限公司，上海　200032）

摘　要：大直径 PHC 管桩贯入土体时，桩端土体进入管桩内形成土塞，产生土塞效应，土塞效应对大直径管桩极限承载力有明显影响。本文分析了管桩内土塞的受力及对管桩承载力的影响，对现行规范中考虑土塞的竖向承载力计算公式进行了修正，并结合高应变试验三根试桩结果、现行的两种规范与修正公式进行对比验证，发现由修正公式求得的桩基承载力计算值与高应变试验测得值之间误差一般不超过 10%，计算精度较高，可为后续相似工程的设计提供相关经验。

关键词：土塞效应；大直径 PHC 管桩；高应变试验；土塞受力分析；桩基承载力计算

引言

PHC 预制管桩又称预应力高强度混凝土管桩，其优点是单支桩承载力要求高、应用范围极广、工程造价低廉等，已各类建设单位、设计单位广泛使用[1]。管桩施工过程中存在着明显的施工效应，主要包括土塞效应及挤土效应等，其中土塞效应是指桩端土一部分进入管桩内部形成"土塞"。土塞的发展直接影响到打桩阻力及单桩承载力，进而对地基的承载性能产生显著影响[3]。本文依托蒙城港综合码头工程，开展大直径 PHC 管桩现场试验，提出考虑土塞效应的大直径 PHC 管桩承载力计算公式，并与现行《建筑桩基技术规范》计算值、《码头结构设计规范》计算值及现场高应变测试值进行对比，验证本文提出公式的合理性，为后续相似工程的设计提供相关经验。

1　现场试验简介

1.1　工程概况

涡河蒙城港港口工程项目位于亳州市蒙城县双涧镇老集村境内，涡河右岸，工程共建设 13 个通用泊位，切滩后退形成港池，自上游向下游连续布置直立式泊位。桩位布置如图 1 和图 2 所示，横向桩间距为 7m，纵向桩间距为 5.25m，试桩为 48－A、49－A 和 115－A 已在图 1 和图 2 中被圈出。

1.2　现场试验方案

工程试桩共选取 3 根大直径 PHC 管桩，桩号为 48－A、49－A 和 115－A 桩径均为 1000mm，桩长均为 39m。试桩分上、下两节通过 D138－A 柴油锤打入，上桩 19m，下

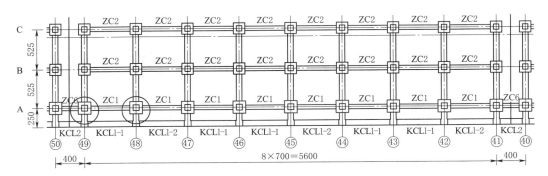

图 1 48 - A 附近桩位布置图

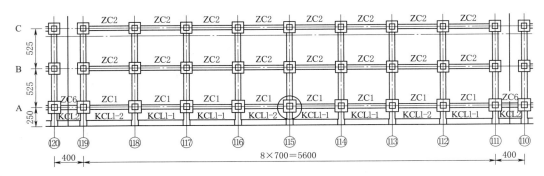

图 2 115 - A 附近桩位布置图

桩 20m。试验场地土层分布情况见图 3，土层物理力学参数见表 1。所有试桩持力层为⑩₂粉质黏土层。在沉桩结束后进行高应变检测。实测得 48 - A 桩内土塞高度为 12.5m，49 - A 桩内土塞高度为 11.6m，115 - A 桩内土塞高度为 11.0m。

表 1   **试验地基土物理力学参数**

土层代号	地层名称	密度 /(kg/m³)	内摩擦角 /(°)	黏聚力 /kPa	压缩模量 /MPa	极限侧摩阻力标准值 q_f/kPa	单位面积桩端极限阻力标准值 q_R/kPa
②	黏土	1930	9.9	22.5	5.67	25	—
④-2	粉质黏土	1880	7.7	17.7	5.37	40	—
⑤	粉土	1900	15.3	7.3	5.71	45	—
⑥-2	细砂	2000	25	—	11	50	—
⑦-1	粉质黏土	1960	11.7	23.9	6.07	45	—
⑦-2	粉土	1950	14.8	6.4	8.12	50	—
⑨	粉质黏土	1990	13.2	35.1	8.49	50	—
⑩-1	黏土	1990	13.9	55.5	10.41	45	—
⑩-2	粉质黏土	1970	12.4	29.9	7.28	50	2800
⑪	黏土	1970	12.4	46.3	10.1	60	2600

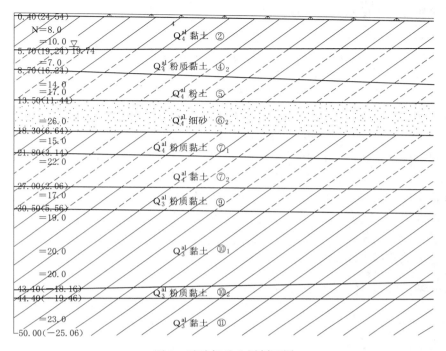

图 3 试验场地土层剖面图

2 规范确定的桩基承载力

2.1 码头结构设计规范

根据 JTS 167—2018《码头结构设计规范》[4]，预制混凝土管桩轴向抗压承载力设计值可按式（1）计算：

$$Q_d = \frac{1}{\gamma_R}(U\sum q_{fi}l_i + \eta q_R A) \tag{1}$$

式中：γ_R 为桩轴向承载力抗力分项系数；U 为桩周截面外周长；q_{fi} 为单桩第 i 层土的极限侧摩阻力标准值 kPa；l_i 为桩身穿过第 i 层土的长度；η 为承载力折减系数；q_R 为单桩极限端阻力标准值；A 为桩身截面积。

表 2　　　　　　　　　　桩端承载力折减系数 η

桩型	桩的外径 d/m	η	取值范围
混凝土管桩	$d < 0.80$	入土深度大于 $20d$ 时取 1.00	根据桩径、入土深度和持力层特性综合分析；入土深度较大、进入持力层深度较大、桩径较小时取大值，反之取小值
	$0.80 \leqslant d < 1.20$	入土深度大于 $20d$ 或 20m 时取 $1.00 \sim 0.80$	
	$d \geqslant 1.20$	入土深度大于 $20d$ 时取 $0.85 \sim 0.75$	

根据码头结构设计规范得到 48 - A、49 - A、115 - A 桩基承载力计算值为 7419kN。

2.2 建筑桩基技术规范

PHC 管桩承载力的计算，根据 JGJ 94—2008《建筑桩基技术规范》[5] 预应力混凝土空心桩的单桩竖向极限承载力标准值可按下列公式计算：

$$Q_{uk} = U \sum l_i q_{sik} + q_{pk}(A_j + \lambda_p A_{pl}) \qquad (2)$$
$$\lambda_p = 0.16 h_b/d，h_b/d \leqslant 5$$
$$\lambda_p = 0.8，h_b/d > 5$$

式中：U 为桩身周长，m；q_{sik} 为桩侧第 i 层土的极限侧阻力标准值，kPa；q_{pk} 为桩端土的极限端阻力标准值，kPa；A_j 为桩端净面积，m^2；A_{pl} 为管桩空心部分面积，m^2；λ_p 为桩端土塞效应系数；h_b 为桩进入持力层深度，m；d 为空心桩外径，m。

根据建筑桩基技术规范得到 48－A、49－A、115－A 桩基承载力计算值为 7665kN。

码头结构设计规范中桩基承载力计算没有考虑土塞效应的影响，建筑桩基技术规范中虽然该规范中的公式考虑了土塞对管桩承载力的影响，但其桩端土塞效应系数 λ_p 未考虑土层性质以及 PHC 管桩锤击后土塞高度的影响，且管桩进入持力层深度的现场测量也难以精确确定，所以本文结合已有实测数据对建筑桩基技术规范中的公式进行修正，提出考虑土塞效应的大直径 PHC 管桩承载力计算方法。

3　考虑土塞效应的桩基承载力计算

3.1　土塞受力分析

管桩内土塞主要受到桩端土的阻力，土塞与管桩内壁之间摩擦阻力以及土塞自身的重力作用。土塞的形成过程是一个动态过程，在沉桩过程中，土体不断进入桩内，因此土塞的受力情况也在一直处于动态变化过程中，所以选择从微观的角度选取某一土塞微单元来分析其受力情况，土塞微单元受力分析见图 4。

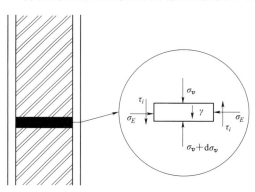

图 4　土塞微单元受力分析示意图

根据这一分析，不少研究已给出了土塞端阻的解答。较典型的如 Randolph 等[6]：任意取土塞内的一个微单元，对其进行受力分析，可知土塞微单元上部所受的应力 σ_v 是微单元上部土体的重力，底部竖向应力为受到下部土体的支撑力 $\sigma_v + d\sigma_v$，所受的与管桩内壁之间的摩擦力为 τ_i，土塞微单元的竖向受力平衡微分方程如式（3）所示：

$$\frac{d\sigma_v}{dz} = \gamma + \frac{4}{d}\tau_i \qquad (3)$$

式中：γ 为土塞重度；d 为土塞直径；τ_i 为某一深度处的桩内侧摩阻力。

τ_i 可根据估算桩侧摩阻力的有效应力 β 法确定：

$$\tau_i = \beta(p + \gamma' z) \qquad (4)$$

式中：p 为土塞上部的超载堆重，kPa；γ' 为土塞的有效重度，kN/m^3；β 为桩侧摩阻力比例系数，与有效土塞处土体的内摩擦角和横向土压力系数有关，计算中假定其不随深度变化。

联立式（3）、式（4）可得：

$$\frac{\mathrm{d}\sigma_v}{\mathrm{d}z} = \gamma + \frac{4}{d}\beta(p + \gamma' z) \tag{5}$$

对式（5）积分得：

$$\sigma_v = \sum \gamma_i h_i + \frac{2}{d}\beta \sum \gamma' h^2 \tag{6}$$

式中：h_i 为土塞中各层土的高度，m；h 为有效土塞的高度，m，有效土塞高度取为实际土塞高度的 70%[7]。

通过土塞微单元的竖向应力表达式（6）可求得土塞所受到的竖向应力大小，结合桩端土的地基极限承载力大小，可用来判断管桩是否达到"闭塞"状态，从而判断土塞对管桩竖向承载力的发挥情况。

3.2 考虑土塞效应的承载力修正公式

《建筑桩基技术规范》中的预应力开口空心桩承载力计算公式实际上是采用了钢管桩的极限承载力计算方法。规范条文中关于土塞效应的系数是基于钢管桩在密砂层中的标贯击数来确定的。然而，PHC 管桩与钢管桩之间有明显的不同，如 PHC 管桩的长径比远小于钢管桩，且两种桩型的表面性质也大不同。因此，虽然该规范中的公式考虑了开口管桩中土塞对管桩承载力的影响，但其桩端土塞效应系数难以适用于混凝土开口管桩，并且管桩进入持力层深度的现场测量也难以精确确定。因此该公式在用于开口空心桩的承载力计算时难免偏向保守，需要进行一定的修正。

在建立修正公式前做出以下几点假设：

（1）不考虑土塞重度对承载力的影响。

（2）地下水位较高，加之粉土、粉质黏土的渗透系数较小，导致土塞的有效应力降低，从而土塞与管桩内壁的摩阻力也会有一定程度的减小，应对土塞提供的承载力乘以一定的折减系数。

（3）有效土塞高度部分的土的物理力学性质认为近似与桩端土的物理力学性质一致。

则有：

$$\sigma'_v = \frac{2}{d}\beta \sum \gamma' h^2 \tag{7}$$

对式（7）乘以管桩空心部分的周长和土塞有效高度即可求出土塞对桩基承载力的影响值：

$$Q_{tsk} = \omega \frac{2}{d} u_2 \beta \gamma' h^3 \tag{8}$$

对桩基规范中土塞影响部分用上式替换可得到基于上述假设考虑土塞效应的承载力修正公式：

$$Q_{uk} = Q_{sk} + Q_{pk} + Q_{tsk} = u_1 \sum q_{sik} l_i + q_{pk} A_j + \omega \frac{2}{d} u_2 \beta \gamma' h^3 \tag{9}$$

式中：ω 为土塞承载力折减系数，取 0.30；u_2 为管桩空心部分的周长，m；γ' 为管桩内有效土塞高度内土塞的有效重度，kN/m^3；h 为有效土塞高度，m。

4 结果分析与讨论

利用实测曲线拟合法根据桩基和地基土的性质，将"桩-土"模型和其参数输入，边界条件输入则是实测速度信号，通过特征线法来求解波动方程，从而反算出桩顶的作用力。本次试验共对 3 根 PHC 管桩基桩进行高应变检测，高应变检测结果见表 3。

表 3　　　　　　　　　　　　　蒙城港高应变检测成果表

序号	桩号	测点下桩长/m	设计极限承载力/kN	极限承载力检测值/kN
1	48 - A	37.4	7700	8966
2	49 - A	37.5	7700	8185
3	115 - A	37.7	7700	8059

将不同规范得到的值与修正公式计算出的极限承载力值列于表 4。将试验值与计算值进行对比，见表 4。

表 4　　　　　　　　　　　　　承载力计算结果对比表

计算方法	48 - A		49 - A		115 - A	
	承载力计算值/kN	误差/%	承载力计算值/kN	误差/%	承载力计算值/kN	误差/%
高应变试验值	8966	—	8185	—	8059	—
建筑桩基技术规范	7665	14.46	7665	6.35	7665	4.89
码头结构设计规范	7419	17.19	7419	9.36	7419	7.94
修正公式	8458	5.67	8071	1.39	7845	2.66

48 - A 桩高应变试验极限极限桩基承载力监测值为 8966kN，建筑桩基规范计算值为 7665kN，误差为 14.46%，港口设计规范计算值为 7419kN，误差为 17.19%，修正公式承载力计算值为 8458kN，误差为 5.67%；49 - A 桩高应变试验极限极限桩基承载力监测值为 8185kN，建筑桩基规范计算值为 7665kN，误差为 6.35%，港口设计规范计算值为 7419kN，误差为 9.36%，修正公式承载力计算值为 8071kN，误差为 1.39%；115 - A 桩高应变试验极限极限桩基承载力监测值为 8059kN，建筑桩基规范计算值为 7665kN，误差为 4.89%，港口设计规范计算值为 7419kN，误差为 7.94%，修正公式承载力计算值为 7845kN，误差为 2.66%。可以发现，修正公式计算出的极限承载力大小与高应变试验得出的极限承载力误差最小，最贴近工程实践中管桩的承载力大小。

5 结语

本文依托蒙城港码头建设项目，分析了管桩内土塞的受力及对管桩承载力的影响，对现行规范中考虑土塞的竖向承载力计算公式进行了修正，并结合高应变试验三根试桩结果、现行的两种规范与修正公式进行对比验证，主要结论如下：

（1）可以通过土塞微单元的竖向应力表达式求得土塞所受到的竖向应力大小，结合桩端土的地基极限承载力大小，可用来判断管桩是否达到"闭塞"状态，从而判断土塞对管桩竖向承载力的发挥情况。

（2）48－A 试桩修正公式计算结果与高应变试验结果误差为 5.67％；49－A 试桩修正公式计算结果与高应变试验结果误差为 1.39％；115－A 试桩修正公式计算结果与高应变试验结果误差为 2.66％，修正公式精度较高。

参考文献

［1］ 朱春来. 高桩码头大直径 PHC 预制管桩水上沉桩施工质量控制方法研究 ［J］. 散装水泥，2023（1）：29－31.

［2］ 刘路路，蔡国军，耿功巧，等. 考虑土塞效应的开口管桩承载力 CPTU 计算方法 ［J］. 东南大学学报（自然科学版），2020，50（2）：280－285.

［3］ 黄生根，冯英涛，徐学连，等. 考虑土塞效应时开口管桩的挤土效应分析 ［J］. 沈阳工业大学学报，2015，37（5）：582－587.

［4］ JTS 167—2018，码头结构设计规范 ［S］.

［5］ JGJ 94—2008，建筑桩基技术规范 ［S］.

［6］ Randolph M F，Leong E C，Houlsby G T. One－dimensional analysis of soil plugs in pipe piles ［J］. Geotechnique，1991，41（4）：587－598.

［7］ 俞峰，张忠苗. 混凝土开口管桩竖向承载力的经验参数法设计模型 ［J］. 土木工程学报，2011，44（7）：100－110.

管板组合桩码头的位移及钢拉杆轴力分析研究

皇鹏飞[1]　唐明刚[2]　胡兴昊[1]　兰金平[3]

（1. 中交四航工程研究院有限公司，广东广州　510230；

2. 中交第四航务工程局有限公司，广东广州　510290；

3. 中交四航局第三工程有限公司，广东湛江　524022）

摘　要： 为了解不同施工阶段管板组合桩码头的受力变化规律，采用定期人工观测和传感器监测方法，对码头前沿结段进行水平位移监测和钢拉杆轴力，对比分析监测点的向海侧位移变化结果与监测钢拉杆的轴力变化结果，研究码头结构受力变化规律。结果表明：码头前墙结构段监测点的位移随港池开挖深度和时间累计效应逐渐变大，同期钢拉杆的应力也逐渐变大；在疏浚完成阶段水平位移监测点向海侧位移和钢拉杆轴力趋于稳定状态，且嵌固在同一前墙钢管桩的两根下层钢拉杆轴力逐渐相近。该研究为该结构形式的码头在建设期的受力变化监测提供一定的参考价值。

关键词： 管板组合桩；钢拉杆；位移监测；轴力监测

1　引言

　　码头结构的形式迄今为止大致可以归纳为重力式、高桩承台式和板桩墙式三大类。随着码头泊位向大型化与深水化发展需求剧增，传统的板桩结构码头形式在强度、刚度及稳定性方面具有一定局限性，已经不能满足大型深水泊位需求[1-2]。为解决板桩结构在大型深水化码头中应用难题，而管板组合桩结构由钢管桩和钢板桩通过锁扣组合连接而成，具有强度高、协调性强、地质适应能力强、防水性好等特点[3]，能够承担前墙后方的水平载荷和垂直荷载，满足深水码头对前墙竖向承载力以及水平抗弯能力的需求。目前在国内外逐渐被应用在大型深水化码头中，如国外土耳其的 YARIMCA15 万吨级集装箱码头、德国汉堡港 15 万吨级 No.7 集装箱泊位[4-5]、深圳港妈湾港海星码头改造项目、广州新沙港项目、长江入海口项目[6-7]。

　　由于管板组合桩结构中钢拉杆是前墙与锚定墙之间唯一的传力构件，是管板组合桩结构码头抵抗水平力的关键构件。由于施工阶段各个主体结构受力比较复杂，特别是港池开挖前后阶段，前墙可能会发生不同程度的位移，进而导致钢拉杆的变形及应力变化，关乎着码头结构在建设期的质量安全，特别是后期运营维护阶段过程中码头结构面临着超载、性能退化的风险。目前众多科研工作者针对不同结构形式的码头主要受力构件从不同方面进行了研究。刘振平等[9] 考虑冬夏季节中的不同极限温度影响因素，采用 ABAQUS 有

作者简介：皇鹏飞（1991— ），男，河南商丘人，硕士，主要从事桩基工程等领域方向研究。

基金项目：广州市科技计划项目（201906010023）。

限元软件模拟计算分析组合型钢板桩码头结构的温度应力响应。陈朝典等[12] 对单锚钢板桩结构码头进行应力及位移的现场监测分析得出随着时间推移在港前池开挖阶段和码头试运营阶段钢拉杆轴力和码头前沿海测方向位移逐渐变大。然而，目前关于管板组合桩结构的码头应力及位移监测方面的相关研究较少，随着该结构形式的码头在国内外应用日益增长，管板组合桩码头的在不同阶段的受力变化研究亟须深入。

依托西非尼日利亚莱基深水港码头工程，通过对港前池开挖、码头后方覆土的前墙位移观测以及钢拉杆应变监测分析其变化规律，最终得出管板组合桩结构码头在不同施工阶段的受力变化规律，为该结构形式的码头在建设期的受力变化监测提供一定的参考价值。

2　工程概况

西非尼日利亚莱基深水港码头项目其主码头岸线约 680m 长，包含两个集装箱泊位，码头前墙采用钢管桩-钢板桩组合结构，主要构件为前墙钢管桩（$\phi2300$、$\phi2000$）、后轨桩（$\phi1150$）、后锚桩（$\phi1400$）、钢板桩（AZ26 - 700）、钢拉杆（$\phi140mm$、$\phi120mm$、$\phi80mm$），其中钢管桩材质为 X52～X70，钢拉杆材质为 GLG550 型，钢拉杆分两层安装，下层拉杆（$\phi140mm$、$\phi120mm$）一端由埋在桩芯（胸墙）内的预埋件与钢管桩连结，另一端与后方锚定墙连接；上层拉杆（$\phi80mm$）一端连接胸墙，另一端连接轨道梁。码头横断面图和钢拉杆安装平面图如图 1 和图 2 所示。

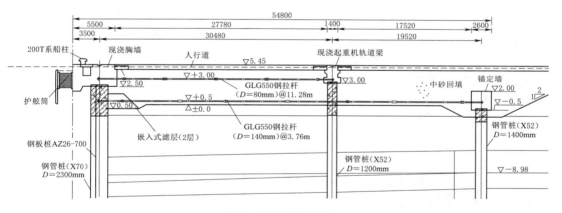

图 1　码头横断面图

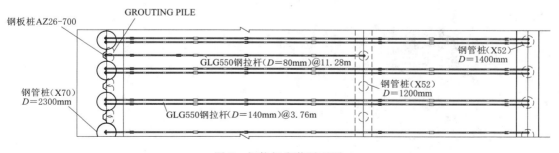

图 2　钢拉杆安装平面图

3 钢拉杆轴力监测分析

为探究码头后方回填、港池开挖阶段前墙与锚定墙、前墙与后轨梁之间的钢拉杆受力变化规律，采取在钢拉杆杆身布设安装传感器的方法，利用综合测试仪设备定期采集各阶段的数值。

3.1 监测方法

钢拉杆的监测点布设在距离后轨桩和后锚桩外边缘 1.0m 位置处，钢拉杆应力监测如图 3 所示。在钢拉杆安装完成之后，将应变计焊接安装到设计监测点位置并加以保护，主要监测钢拉杆张拉过程、覆土回填过程、港池开挖过程、疏浚完成后的拉杆轴力状态。

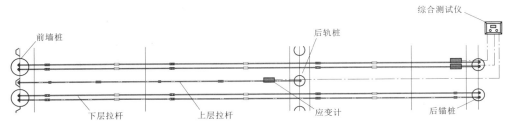

图 3　钢拉杆应力监测图

拉杆安装完成后，对 4 根下层钢拉杆和 2 根上层钢拉杆进行轴力监测，使用型号为 JMZX - 212HAT 的表面型智能弦式应变计及型号为 JMZX - 300X/300XL 的综合测试仪。具体安装顺序为：将钢拉杆表面处理平整、干净，先用安装模管定位基座并利用焊机点焊固定基座，焊固应变计基座。待基座冷却后，取出模管，将应变计安装固定在两个基座之间，安装固定应变计。安装固定好以后，将应变计与综合测试仪连接，并进行预测试，查看综合测试仪读取应变计数值是否正常，确认应变计是否能够正常工作。如果预测试结果正常，可将钢壳保护罩覆盖保护应变计并安装固定被测结构表面，同时对引出的应变计信号传输线通过覆盖或通过镀锌钢管穿引保护，以保证后期能够长期读取监测数据。此外由于应变计工作环境在海域附近，腐蚀环境恶劣，可通过在钢壳保护罩内部填充发泡剂保护应变计。应变计安装与保护如图 4 所示。

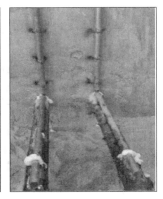

图 4　应变计安装与保护

3.2 监测分析

此次监测分别对该项目的一号泊位和二号泊位的管板组合桩钢拉杆轴力进行应力监测,监测点见表1,位于码头前墙第三结构段 CB3-2(从码头前沿西侧起 200.16m)和第七结构段 CB7-2(从码头前沿西侧起 525.71m),其中一组管板组合桩钢拉杆包含2根下层钢拉杆和1根上层钢拉杆,如图3所示。被监测的钢拉杆轴力变化曲线如图5、图6所示。

表1   钢 拉 杆 监 测 点

码头前墙结构段	CB3-2		CB7-2	
监测点位置	上层钢拉杆	下层钢拉杆	上层钢拉杆	下层钢拉杆
监测点号	S1	S2、S3	S4	S5、S6

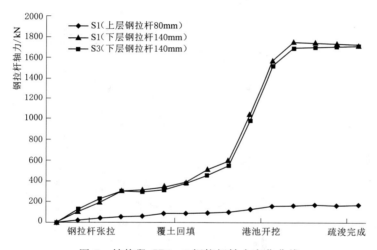

图5   结构段 CB3-2 钢拉杆轴力变化曲线

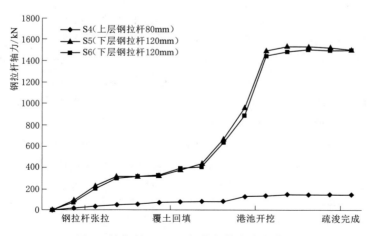

图6   结构段 CB7-2 钢拉杆轴力变化曲线

由图 5、图 6 可以看出：结构段 CB3－2 和结构段 CB7－2 位置的钢拉杆轴力随施工阶段进展而不断增大；钢拉杆的轴力在钢拉杆张拉阶段和覆土回填阶段增长缓慢；在港池开挖阶段，由于码头前墙土压力随着疏浚挖泥船开挖深度增大而急剧增大，钢拉杆受到更大的拉伸作用，钢拉杆轴力增长较快；在港池疏浚完成阶段，钢拉杆轴力趋于平稳走势，且嵌固在前墙钢管桩内部的下层两根钢拉杆 S2 与 S3、S5 与 S6 的轴力大小不断接近。根据表 2 可知：140mm、120mm、80mm 的钢拉杆最大轴力均小于钢拉杆设计轴力标准值，均有很大的安全储备空间。

表 2   钢 拉 杆 受 力 汇 总 表

胸墙结构段	管板组合桩	钢拉杆	直径/mm	截面积/mm²	许用应力/MPa	轴力设计标准值/kN	最大应力/MPa	最大轴力/kN
CB3－2	$\phi2300＋AZ26－700$	S1	80	5024	550	322.65	33.44	167.98
		S2	140	15386	550	3933.90	114.36	1759.49
		S3	140	15386	550	3933.90	111.62	1717.40
CB7－2	$\phi2000＋AZ26－700$	S4	80	5024	550	279.45	29.61	148.77
		S5	120	11304	550	3302.10	136.20	1539.62
		S6	120	11304	550	3302.10	133.55	1509.65

4   码头前沿表层水平位移监测

码头前沿分 9 个结构施工段，考虑码头后方回填、港前池开挖等因素的影响，在码头前沿胸墙布设 26 个水平位移监测点进行定期位移监测。为分析监测钢拉杆所属该结构段的前沿表层位移变化之间的变化规律，文中仅对第三结构段和第七结构段的水平位移监测点 CB3－Q2、CB7－Q2 的监测数据进行统计。

如图 7、图 8 所示，可知码头前沿结构段三和结构段七的水平位移监测点 CB3－Q2、CB7－Q2 向海测累计水平位移随对应疏浚挖泥船累计开挖港池深度（即累计砂面沉降量）增大而增大。由图 7 可知，在码头前沿结构段三的港池开挖前期开挖速率较低，监测点 CB3－Q2 向海侧水平位移不明显，在开挖期 2021 年 12 月 15—22 日的 8d 内，疏浚挖泥船净开挖港池深度 16.6m，平均每天开挖速率 2.08m/d，该监测点向海侧水平位移增大 4mm，平均位移速率达 0.50mm/d，累计开挖港池深度 20m 至设计标高附近位置，停止开挖，监测点向海测水平位移累计 9mm，并趋于稳定状态。由图 8 可知，在码头前沿结构段七的港池累计开挖深度 7m 左右范围内，监测点 CB7－Q2 向海侧发生位移趋势平缓，在 2022 年 3 月 23—27 日的 5d 内，疏浚挖泥船净开挖港池深度为 12.5m，平均每天开挖速率为 2.5m/d，该监测点向海侧水平位移增大 7mm，平均每天位移速率达 1.4mm/d，累计开挖港池深度 21.2m 至设计标高附近位置，停止开挖，向海测水平位移累计 10mm 并趋于稳定状态。

结合钢拉杆轴力监测分析结果和钢拉杆所在码头前沿第三、第七结构段水平位移监测点 CB3－Q2、CB7－Q2 分析结果，可知：对比图 5、图 7 和对比图 6、图 8 的曲线变化走

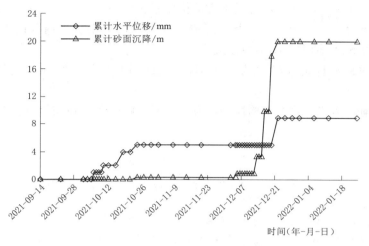

图 7 CB3 - Q2 测点水平位移变化曲线

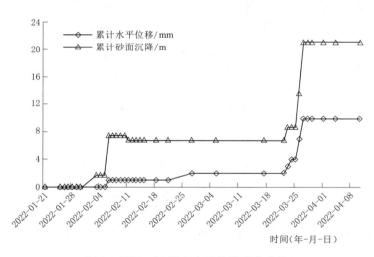

图 8 CB7 - Q2 测点水平位移变化曲线

势，钢拉杆的轴力和监测点的向海侧位移变化趋势走向相近，在港池累计开挖深度较大时，监测点向海侧位移增长较快，随之钢拉杆轴力增长变化速度增大；在港池开挖累计深度不再变化时，监测点向海侧位移以及钢拉杆轴力趋于稳定状态。

5 结论

（1）钢拉杆的轴力在施工阶段推进过程中不断增大最后趋于稳定。

（2）钢拉杆的轴力和监测点的向海侧位移均与港池开挖深度正相关。

（3）钢拉杆轴力在施工阶段 1 钢拉杆张拉、2 覆土回填阶段钢拉杆轴力变化幅度不大，呈缓慢增大趋势，由于码头前墙土压力随着开挖深度增大而急剧增大，码头前沿第三和第七结构段的水平位移监测点向海侧位移增长较快，钢拉杆受到更大的拉伸作用，在港池开挖阶段的轴力增长较快，随开挖深度增加轴力急剧提高。

（4）在港池疏浚完成阶段，管板组合结构体系受力趋于平衡，水平位移监测点和钢拉杆轴力趋于稳定状态，趋于平稳走势，且嵌固在前墙同一钢管桩内部的下层两根钢拉杆S2与S3、S5与S6的轴力大小不断接近。

（5）监测的钢拉杆最大轴力均小于钢拉杆设计轴力标准值，均有很大的安全储备空间。

（6）码头前沿第三和第七结构段的向海侧水平位移较小，在安全可控范围内。

参考文献

［1］ 季则舟，杨兴宴，尤再进，等. 中国沿海港口建设状况及发展趋势［J］. 中国科学院刊，2016，31（10）：1211-1217.

［2］ 蔡正银. 板桩结构土压力理论的创新发展［J］. 岩土工程学报，2020，42（2）：201-220.

［3］ 王福强，李庭辉. 钢管板桩结构的特点及在深水码头中的应用［J］. 港工技术，2010，47（6）：3.

［4］ 朱英，王福强. 钢管板桩结构有限元计算方法［J］. 水运工程，2011（10）：24-27，32.

［5］ 曾青松，王福强，薛瑞龙. 钢管板桩结合的新型码头结构形式的基桩施工工艺［J］. 中国港湾建设，2012（5）：47-49.

［6］ 李彬. 深圳港妈湾港区海星码头结构改造方案［J］. 港口科技，2021（10）：34-40.

［7］ 刘洪超，李华. 广州港新沙港区板桩码头结构设计方案比选分析［J］. 海岸工程，2020，39（1）：53-59.

［8］ 王福强. 钢管板桩结构计算方法研究及其在深水码头中的成功实践［D］. 天津：天津大学，2010.

［9］ 刘振平，顿军华. 温度应力对钢板桩码头的影响研究［J］. 港工技术，2013，50（4）：14-16.

［10］ 李侃，赵利平，井阳，等. 钢板桩码头施工过程受力分析［J］. 水运工程，2016（6）：5.

［11］ 戴江山，吴辉. 钢管板桩结构位移分析［J］. 水运工程，2018（6）：8.

［12］ 陈朝典，马昭，牛飞. 钢板桩码头应力及位移监测分析［J］. 中国水运（下半月），2018，18（7）：140-142.

［13］ 邓铁六，王清标，胡建明，等. 振弦传感技术的新进展及新型锚索测力计［J］. 岩石力学与工程学报，2001（S1）：1769-1771.

［14］ 张心斌，纪强，张莉. 振弦式应变传感器特性研究［J］. 传感器世界，2003（8）：19-21，13.

水运项目全过程工程咨询实践探讨

邵　帅[1]　陈海波[1,2]　龚丽飞[1,2]　刘振盛[1]

（1. 南京水科院瑞迪科技集团有限公司，江苏南京　210029；
2. 南京水利科学研究院，江苏南京　210029）

摘　要：近年来，全社会固定资产投资逐渐加大，基础设施投资比例增长迅速，传统咨询模式固有的投入大、效率低的缺点日益突出。作为对比，全过程工程咨询模式优势明显，国家近年来也大力推动全过程工程咨询的发展，工程咨询业的转型升级迎来了重要的机遇。对水运项目来说，采用全过程工程咨询同样是未来发展的方向和趋势，实际工程中已有较多的项目其本质就是全过程工程咨询模式。文章通过某水运项目填海工程为例，从咨询的主要内容、咨询管理组织框架、咨询工作重点等方面进行讨论，探讨水运项目采用全过程工程咨询服务模式的优点。

关键词：传统咨询；水运项目；全过程工程咨询

1　引言

2022 年，全社会固定资产投资 579556 亿元，比上年增长 4.9%，基础设施投资增长达 9.4%。水运项目作为基础设施项目，具有投资大、建设周期长、技术管理复杂、审批程序多等特点，传统的咨询模式往往由于业主直接对多方参建单位进行管理，导致投入大、效率低。国家近年大力推动全过程工程咨询的发展，工程咨询业的转型升级迎来了重要的机遇[8]。2017 年 2 月，国务院办公厅印发《关于促进建筑业持续健康发展的意见》（国办发〔2017〕19 号）中重点提出"培育全过程工程咨询"。对水运项目来说，全过程工程咨询的探索和实践，是未来发展的方向和趋势。

2　水运项目工程咨询传统模式

我国工程建设过程中，建设单位常用的传统咨询模式是直接参与可研、设计、监理及施工的管理工作，各个阶段的咨询服务相互割裂，业主在项目管理过程中需招聘大量专业人员组建项目专业团队，与不同的参建单位对接，项目结束后大量人员的安置问题较难解决，原有工程咨询模式如图 1 所示。在工程咨询传统模式中，市场被"分散式、碎片化"，"分散式、碎片化"的工程咨询模式又造成了工程咨询行业的"任务复杂性"[9]。各个阶段的咨询单位无法提供全寿命周期统一贯穿的服务，因而工程技术质量安全、管理组织效率、社会和经济效益等最优化无法实现。

作者简介：邵帅（1989—　）男，江苏南京人，本科，主要从事港工类设计。

图 1　原有工程咨询模式示意图

3　全过程工程咨询定义

工程咨询产生于 18 世纪末 19 世纪初的第一次产业革命，它是近代工业化的产物。1904 年丹麦国家咨询工程师协会成立，标志着工程咨询业的名称正式应用[10]。而全过程工程咨询在咨询实践中被逐步提出和推广，工程咨询模式发展进入了新的阶段。

《工程咨询行业管理办法》对全过程工程咨询的定义：采用多种服务方式组合，为项目决策、实施和运营持续提供局部或整体解决方案以及管理服务[1]。

《全过程工程咨询服务管理标准》对全过程工程咨询的定义：对建设项目投资决策、工程建设和运营的全生命周期提供包含涉及组织、管理、经济和技术等各有关方面的局部或整体解决方案的智力服务活动[2]。

《水利水电工程全过程工程咨询服务导则》对全过程工程咨询的定义：工程咨询方综合运用多学科知识、工程实践经验、现代科学技术和先进管理方法，采用多种服务方式组合，为委托方在项目投资决策、工程建设和运营维护等阶段持续提供局部或整体解决方案的智力性服务[3]。

综上，全过程工程咨询是指在项目建设过程中，由专业咨询公司提供部分阶段或整体阶段的工程咨询服务，全过程工程咨询模式如图 2 所示，分阶段或整体阶段服务的组合情况如图 3 所示。完备化、跨阶段、一体化的全过程工程咨询，能够使咨询的内容得以有效的统一，使咨询的职责更加具体、明确。[11]

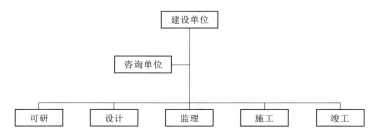

图 2　全过程工程咨询模式示意图

4　水运项目全过程工程咨询政策环境

近几年，我国全过程工程咨询在政策上不断完善，在建筑、市政、水利、交通等工程行业领域起到了积极的引导作用，见表 1。2017 年 2 月，《国务院办公厅关于促进建筑业持续健康发展的意见》（国办发〔2017〕19 号）中提出"培育全过程工程咨询"的要求[4]；2017 年 5 月，住房城乡建设部在《关于开展全过程工程咨询试点工作的通知》（建市〔2017〕101 号）中提出了在"北京、上海、江苏、浙江、福建、湖南、广东、四川 8

省（市）以及 40 家企业开展全过程工程咨询试点，探索全过程工程咨询管理制度和组织模式，为全面开展全过程工程咨询积累经验。"；2017 年 11 月，住房城乡建设部出台了《工程咨询行业管理办法》（2017 第 9 号令），从多个角度对全过程工程咨询进行了系统的阐释；到 2019 年 3 月，国家发展改革委在《关于推进全过程工程咨询服务发展的指导意见》（发改投资规〔2019〕515 号）中提出了重点培育发展投资决策综合性咨询和工程建设全过程咨询[5]。

十四五期间，2022 年在《"十四五"建筑业发展规划》中要求发展涵盖投资决策、工程建设、运营等环节的全过程工程咨询服务模式，鼓励政府投资项目和国有企业投资项目带头推行[6]；在《"十四五"工程勘察设计行业发展规划》也明确指出支持勘察设计企业向产业链前后延伸，发展涵盖投资决策、工程建设、运营等环节的全过程工程咨询服务模式[7]。

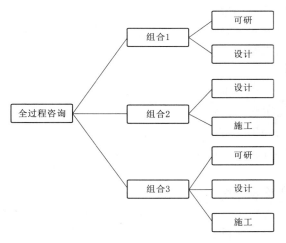

图 3　全过程工程咨询几种常见组合

表 1　　　　　　　全过程工程咨询政策汇总

相 关 政 策	发布部门	发布时间
《国务院办公厅关于促进建筑业持续健康发展的意见》（国办发〔2017〕19 号）	国务院办公厅	2017 年 2 月
《住房城乡建设部关于开展全过程工程咨询试点工作的通知》（建市〔2017〕101 号）	住房城乡建设部	2017 年 5 月
《关于促进工程监理行业转型升级创新发展的意见》（建市〔2017〕145 号）	住房城乡建设部	2017 年 7 月
《工程咨询行业管理办法》（2017 第 9 号令）	国家发展改革委	2017 年 11 月
《关于推进全过程工程咨询服务发展的指导意见》（发改投资规〔2019〕515 号）	住房城乡建设部 国家发展改革委	2019 年 3 月
《"十四五"建筑业发展规划》	住房城乡建设部	2022 年 1 月
《"十四五"工程勘察设计行业发展规划》	住房城乡建设部	2022 年 5 月

从上述全过程工程咨询政策发布部门来看，水运行业尚未见有针对性的政策指导文件。

5　全过程工程咨询优势

（1）有利于按业主既定目标实施控制。咨询单位在决策阶段介入，根据业主建设意图确定合适方案，在施工准备阶段和施工实施阶段，全程把控，确保方案符合规范要求的前提下，不脱离业主的诉求，保证方案的一贯性。

（2）有利于控制管理成本。不同于传统咨询模式咨询单位的分散化，全过程工程咨询将咨询单位统一化，由一家单位牵头，降低了业主多部门多人员管理的成本投入，能充分发挥人力资源优势，也能把几家咨询服务单位的"外部协调"变为"内部协调"[11]，各部门之间交流通畅，最大程度的避免了因沟通不畅带来的费用浪费。业主无须具备专业的工程知识和管理团队，大大降低了业主的需要承担的成本和风险。

（3）工程质量把控更加精准。传统咨询模式下各咨询单位因理念不一致可能导致方案变更频繁，在施工管理过程中施工单位和设计、监理、监测等单位的沟通不及时、不通畅，均会对工程质量的把控带来风险。全过程工程咨询服务，能积极调动企业的能动性，充分发挥企业工程咨询内部的协调，与建设单位、使用单位的沟通协调能力，有效协调决策阶段、设计阶段、投标阶段、施工阶段等各阶段之间的关系，有效减少项目业主协调的工作量，快速解决矛盾，提高工作效率[12]。

水运行业工程建设项目采用全过程工程咨询同样可以充分发挥上述优势，实际中已有较多的项目其本质就是全过程工程咨询模式。

6 水运项目全过程工程咨询实践

6.1 工程概况

某水运项目为填海造地工程，工程陆域形成面积约 300 万 m^2，填海面积共约 310 万 m^2，海堤总长约 4km，泄洪通道长 1km，市政道路总长 5km（不含桥梁长度），桥梁 1 座。图 4 为某水运项目现场施工照片。

图 4　某水运项目现场施工照片

6.2 咨询阶段和内容

咨询单位共参与了决策阶段、勘察设计阶段及施工阶段的咨询工作。咨询工作内容为工程可行性研究、初步设计及施工图设计第三方咨询审查、施工阶段项目管理等。

除上述咨询内容外，还完成了项目建设过程中业主指定的其他工作：

（1）对设计单位进行协调管理，监督合同履行。

（2）审查设计大纲和设计深度、使用技术规范合理性，并提出审查意见。

（3）审查设计进度计划并监督实施。

（4）监督与审核勘察设计工作成果，并提出审查意见。

（5）协助审核施工图预算。

（6）对工程项目的设计、施工技术交底，针对关键工序、工艺、技术难题质量控制等提出有效的技术咨询建议。

（7）审查设计变更及由此产生的设计变更费用。

（8）对项目建设总体或阶段性计划提供咨询意见，以确保项目按期完工。

（9）参与竣工验收等项目技术咨询。

（10）配合业主要求，开展其他技术咨询。

6.3 咨询组织架构

咨询单位指定了项目负责人，由项目负责人牵头，按照不同阶段的工作内容，投入不同的专业人员组建执行团队，项目团队成员根据专业各司其职，从不同专业角度，在工程建设过程中，完成咨询服务内容和解决工程问题。咨询团队管理组织框架如图5所示。

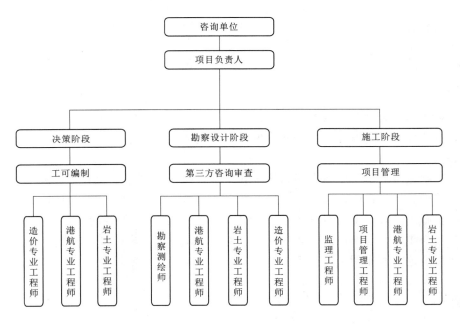

图5　咨询团队管理组织框架

6.4 咨询重点

本工程为填海造地工程，整个咨询过程中重点在于：一是填海造地地基处理方法的确定，工程填海区域大，近 $2.8km^2$，地基处理方法的选用与工程工期和造价息息相关；二是填海回填料的选用，工程总需求量高达3000万 m^3，需从料源点、料源储量、质量、开采、运输等角度进行全面的分析、计算，提出合理可行的料源方案；三是全过程工程咨询涉外技术咨询，本工程造地主要为后续项目建设提供用地，用地单位涉及外资企业，对填海工程的技术指标提出全面的控制要求。结合咨询重点，咨询各阶段形成主要的咨询成果，见表2。

表 2　　　　　　　　　　　　　　　主要咨询成果汇总表

工程阶段	主 要 咨 询 成 果
决策阶段	工程可行性研究报告
设计阶段	方案设计文件审查咨询意见
	初步设计文件审查咨询意见
	工程分标技术规格书审查咨询意见
	各标段优化方案审查咨询意见
	施工图设计文件审查咨询意见
	施工图审查报告书
	施工图审查合格书
工程招标阶段	各标段招标文件
施工阶段	设计变更审查咨询意见
	现场检查咨询意见
	施工质量、安全、进度控制咨询意见

7　结语

　　全过程工程咨询服务模式在建筑、市政、水利等领域已经得到了广泛应用，经过多年的发展，政策体系较为全面，市场认可度高。实践证明该服务模式是成熟可靠的，是今后发展的方向。

　　目前在水运行业过程中也在不断探索和实践，虽已在诸多的工程中开展全过程工程，但仍缺乏统一、针对性的政策或行业指导性文件。本文填海工程涵盖了前期立项阶段、设计阶段以及施工阶段，对于业主而言，建设意图得到了最大程度的贯彻执行，能更加有效、专业化与相关政府部门协调和沟通，在提升工作质量、降低工程风险、有效节约投资与加快项目推进方面作用十分显著。[13]

参考文献

［1］　国家发展改革委. 工程咨询行业管理办法：发改委〔2017〕9 号［Z］.
［2］　中国建筑业协会. 全过程工程咨询服务管理标准：T/CCIAT 0024—2020［S］. 北京：中国建筑工业出版社，2020.
［3］　中国工程咨询协会. 水利水电工程全过程工程咨询服务导则：T/CNAEC 8001—2021［S］. 北京：中国标准出版社，2021.
［4］　国务院办公厅. 国务院办公厅关于促进建筑业持续健康发展的意见：国办发〔2017〕19 号［Z］.
［5］　国家发展改革委. 关于推进全过程工程咨询服务发展的指导意见：发改投资规〔2019〕515 号［Z］.
［6］　住房城乡建设部. "十四五"建筑业发展规划：建市〔2022〕11 号［Z］.
［7］　住房城乡建设部. "十四五"工程勘察设计行业发展规划：建质〔2022〕38 号［Z］.
［8］　王鑫，谢凤娇. 全过程工程咨询服务的实践与探索——以"百街千巷"环境整治提升全过程管理为例［J］. 工程造价管理，2023（2）：89－93.

［9］ 卢开艳，马忠，马承禹，等. 工程全过程咨询现状及发展对策［J］. 科技资讯，2022，20（17）：253－256.

［10］ 杨光磊. 总承包设计管理向全过程工程咨询拓展的探讨［J］. 电力勘测设计，2023（5）：83－86.

［11］ 王海涛. 全过程工程咨询服务相关政策研究［J］. 建设监理，2023（6）：5－7，17.

［12］ 胡小玲，黄琦兴. 全过程工程咨询的发展及各阶段咨询要点分析［J］. 四川水泥，2022（6）：62－64.

［13］ 祁宝奎，任泽俭，景胜. 水利工程项目全过程咨询服务的思考与建议［J］. 山东水利，2022（11）：47－48，51.